本书为2019年度教育部人文社会科学研究青年基金项目“解决WTO上诉机构司法造法问题的理论路径与中国对策研究”（项目批准号：19YJC820011）的最终成果。

解决WTO上诉机构司法造法问题的
理论路径与中国对策研究

范笑迎 著

法律出版社
LAW PRESS·CHINA
北京

图书在版编目(CIP)数据

解决 WTO 上诉机构司法造法问题的理论路径与中国对策研究 / 范笑迎著. -- 北京 : 法律出版社, 2023
ISBN 978 - 7 - 5197 - 8520 - 8

Ⅰ. ①解… Ⅱ. ①范… Ⅲ. ①世界贸易组织-司法-研究 Ⅳ. ①F743.1

中国国家版本馆 CIP 数据核字(2023)第 211333 号

解决 WTO 上诉机构司法造法问题的理论路径与中国对策研究
JIEJUE WTO SHANGSU JIGOU SIFA ZAOFA WENTI DE LILUN LUJING YU ZHONGGUO DUICE YANJIU

范笑迎 著

责任编辑 李争春 赵雪慧
装帧设计 李 瞻

出版发行 法律出版社
编辑统筹 法规出版分社
责任校对 张红蕊
责任印制 耿润瑜
经 销 新华书店

开本 710 毫米×1000 毫米 1/16
印张 21 字数 320 千
版本 2023 年 11 月第 1 版
印次 2023 年 11 月第 1 次印刷
印刷 北京新生代彩印制版有限公司

地址:北京市丰台区莲花池西里 7 号(100073)
网址:www.lawpress.com.cn
投稿邮箱:info@lawpress.com.cn
举报盗版邮箱:jbwq@lawpress.com.cn
销售电话:010-83938349
客服电话:010-83938350
咨询电话:010-63939796

书号:ISBN 978 - 7 - 5197 - 8520 - 8 定价:68.00 元
凡购买本社图书,如有印装错误,我社负责退换。电话:010-83938349

英文缩略语对照表*

英文缩略语	英文全称	中文名称
WTO	World Trade Organization	世界贸易组织
GATT	General Agreement on Tariffs and Trade	《关税与贸易总协定》
ITO	International Trade Organization	国际贸易组织
GATS	General Agreement on Trade and Service	《服务贸易总协定》
《TRIPS 协定》	Agreement On Trade – Related Aspects of Intellectual Property Rights	《与贸易有关的知识产权协定》
《TRIMs 协定》	Agreement on Trade – Related Investment Measures	《与贸易有关的投资措施协定》
《SCM 协定》	Agreement on Subsidies and Countervailing Measures	《补贴与反补贴措施协定》
DSU	Understanding on Rules and Procedures Governing the Settlement of Disputes	《关于争端解决规则与程序的谅解》
DSB	Dispute Settlement Body	争端解决机构
《TBT 协定》	Agreement on Technical Barriers to Trade	《技术性贸易壁垒协定》

* 为行文便捷，本书直接使用表中英文缩略语指代相关机构和协定。

续表

英文缩略语	英文全称	中文名称
《SPS协定》	Agreement on the Application of Sanitary and Phytosanitary Measures	《实施卫生与植物卫生措施协定》
USTR	United States Trade Representative	美国贸易代表办公室
PPMs	Processes and Production Methods	产品过程和生产方法
UNCLOS	United Nations Conference on the Law of the Sea	《联合国海洋法公约》
CITES	Convention on International Trade in Endangered Species of Wild Fauna and Flora	《濒临灭绝的野生动植物物种的国际贸易公约》
CAC	Codex Alimentarius Commission	食品法典委员会
WOAH	World Organization for Animal Health	国际动物卫生组织
IPPC	International Plant Protection Convention	《国际植物保护公约》
VCLT	Vienna Convention on The Law of Treaties	《维也纳条约法公约》
AMS	Aggregate Measure of Support	综合支持量
TFA	Trade Facilitation Agreement	《贸易便利化协定》
ICS	Industrial Control Systems	工业控制系统
NGOs	Non – governmental Organizations	非政府组织
MPIA	Multi – Party Interim Appeal Arbitration Arrangement	《多方临时上诉仲裁安排》
CBD	Convention on Biological Diversity	《生物多样性公约》
JSIs	Joint Statement Initiatives	联合声明倡议
OPAs	Open Plurilateral Agreements	开放诸边协定
IPU	Inter Parliamentary Union	国际议会联盟
EP	European Parliament	欧洲议会

目录 Contents

导　论

一、研究背景与问题的提出

由于美国对 WTO 上诉机构法官甄选程序的阻挠,2020 年年底最后一位法官任期届满后,上诉机构陷入停滞状态,截至 2023 年 9 月,仍然没有恢复的迹象。美国对上诉机构的不满由来已久。在小布什和奥巴马政府执政期间,美国在 WTO 输掉了有关反倾销、反补贴税和保障措施的官司,对上诉机构的态度开始变得谨慎起来。特别是 2008 年国际金融危机之后,美国认为,上诉机构解释和执行的 WTO 规则限制了美国保护自身国内产业免受来自中国进口产品的"不公平竞争"的能力。USTR 越来越多地对上诉机构针对它的决定质疑,并通过在上诉机构成员的选举程序中采取更积极的立场表达了不满。奥巴马政府否决了就任命一名驻美国的肯尼亚法学教授担任非洲地区职位以及再次任命一名韩国法学教授担任第二任期达成的共识。尽管如此,奥巴马政府最终还是同意用学术背景较低、外交背景较强的人来填补上诉机构法官的空缺。奥巴马政府似乎认为,拥有外交背景的人选将在政治上更加精明,对国家进口救济法更加顺从,不太可能把上诉机构视为一个独立的、类似宪法的司法机构。[①] 相比之下,特朗普政府战略性地阻止启动遴选上诉机构新成员的正式程序,因此,它似乎决心让上诉机构及其权威消失。[②] 美国以一己之力停摆

---

① See Gregory shaffer, *A Tragedy in the Making? The Decline of Law and the Return of Power in International Trade Relations*, 44 (37) The Yale Journal of International Law Online 40 (2018).

② See Gregory shaffer, *A Tragedy in the Making? The Decline of Law and the Return of Power in International Trade Relations*, 44 (37) The Yale Journal of International Law Online 40 – 41 (2018).

上诉机构的理由是上诉机构有九项“罪名”①,这些“罪名”可以分为两大类:一类是程序性问题,例如上诉机构无视 90 天的审查时限,错误地允许上诉机构成员在离任后继续审理案件;另一类是实体性问题,表现为上诉机构澄清规则模糊、填补规则空白,将《马拉喀什建立世界贸易组织协定》(以下简称《WTO 协定》)及其附件(以下统称为 WTO 涵盖协定或 WTO 协定)中本不存在的权利或义务解读为 WTO 协定中的规定;错误地赋予其裁决报告先例效力;错误地审查专家组报告中的事实问题。

本研究致力于探讨上诉机构规则解释方面的问题,即司法造法问题,这是美国长期以来最关注的问题之一,也是最重要的问题之一。早在 2005 年争端解决机制改革的提案中,美国警告称,在解释 WTO 协定时,专家组和上诉机构(下文有时简称为 WTO 裁决机构)必须行使合理的注意,以符合 WTO 协定附件二 DSU 第 3.2 条的要求,避免增加或减少成员在 WTO 涵盖协定下的权利和义务。② 从 2018 年开始,美国在几乎所有对 WTO 的官方谴责中都重申了这一关切,并强调这是其 2018 年贸易政策议程中最重要的问题。美国指责上诉机构填补了成员在 WTO 涵盖协定中留下的空白,并在法律解释的幌子下违法

---

① 美国指控上诉机构的九项“罪名”分别是:(1)上诉机构成员多次违反 DSU 第 17.5 条,无视发布报告的强制 90 天期限;(2)上诉机构多次违反 DSU 第 17.2 条,允许前成员在任期结束后裁决案件;(3)上诉机构违反了 DSU 第 17.6 条的规定,通过审查专家组对事实的裁决,包括与 WTO 成员的国内法/域内法含义有关的事实裁决,超越了其审查法律问题的有限权限;(4)上诉机构违反了 DSU 第 3.7 条和第 9.2 条,就解决争端不需要的问题提供咨询意见;(5)在缺乏令人信服的理由的情况下,上诉机构错误地声称其报告有权被视为具有约束力的先例,专家组必须遵循;(6)上诉机构违反了 DSU 第 19.1 条,未能就专家组成立后措施失效的情况提出必要的建议;(7)上诉机构越权对部长级会议、总理事会和争端解决机构等 WTO 其他机构职权范围内的事项发表意见;(8)上诉机构声称,它可以将未按照《WTO 协定》第 9.2 条规定的程序作出的决定视为解释 WTO 协定的后续协议,使 WTO 成员在达成文件时感到恐惧,因为他们有理由担心,上诉机构会将文件视为权威性的解释;(9)上诉机构错误地解释和适用了许多重要的 WTO 协定。上诉机构在实质性问题上做得过头了,从事了不允许的填补缺口的工作,并将 WTO 协议中本不存在的权利或义务解读为 WTO 协议。See Office of the United States Trade Representative, *Report on the Appellate Body of the World Trade Organization*, February 2020, https://ustr.gov/sites/default/files/Report_on_the_Appellate_Body_of_the_World_Trade_Organization.pdf, p. 1 – 3, 4 – 9.

② See Dispute Settlement Body, *Negotiations on Improvements and Clarifications of the Dispute Settlement Understanding*, Communication from the United States, TN/DS/W/82/Add. 1, 25 October 2005.

地制定新法律,而这些法律又被当作先例。[①] 随后,USTR 于 2020 年发布了一份有关上诉机构违反 WTO 规则的报告,该报告使用最多的篇幅详细论述了上诉机构错误解释实体规则,进行司法造法,增加了成员的义务,损害了成员管理国际经贸关系的自主权。[②] 对此,WTO 其他成员(包括中国在内)认识到这个问题非常复杂和有争议,因此需要仔细和大量地讨论,但决定继续考虑解决这个问题的办法,正是因为拯救上诉制度的迫切需要。[③] 然而,鉴于上诉机构危机的紧迫性,WTO 成员将注意力集中在消除美国的担忧上,而不是在各种问题上进行冗长的辩论,这是可以理解的。但是,从长远来看,这些问题,尤其是上诉机构的司法造法的问题需要得到适当的审查,以便对这些问题达成共同的理解和有系统的解决办法。

需要指出的是,美国在其指控上诉机构的有关报告、声明和发言中使用了三个相关术语,分别为司法越权(judicial overreaching)、司法能动主义(judicial activism)和司法造法(judicial law-making)。

首先,美国在对上诉机构的官方报告中多次使用了上诉机构越权的表述,它的出现频率远高于能动主义。美国对上诉机构越权的表现举例如下:

> 上诉机构一再未能以符合 WTO 成员谈判和商定的 WTO 协定文本的方式适用 WTO 协定的规则。上诉机构远远偏离了 WTO 成员赋予其的有限作用,忽视了 WTO 协议的文本。通过这种持续的越权,上诉机构增加了自己的权力,并从主权国家和其他 WTO 成员那里攫取了本不具备的权力。例如,上诉机构一贯无视裁决上诉的法定期限;上诉机构允许已停止在上诉机构任职的个人继续裁决上诉,就像 WTO 成员在争端解决机构中延长了他们的任期一样;上诉机构

---

① See Office of the United States Trade Representative, 2018 *Trade Policy Agenda and* 2017 *Annual Report of the President of the United States on the Trade Agreements Program*, *March* 2018, https://ustr. gov/about – us/policy – offices/press – office/reports – and – publications/2018/2018 – trade – policy – agenda – and – 2017, p. 22 – 28.

② See Office of the United States Trade Representative, *Report on the Appellate Body of the World Trade Organization*, February 2020, https://ustr. gov/sites/default/files/Report_on_the_Appellate_Body_of_the_World_Trade_Organization. pdf.

③ See General Council – Minutes of the meeting – Held in the Centre William Rappard on 12 December 2018, WT/GC/M/175, 20 February 2019, p. 42 – 43.

> 已就事实问题,包括与 WTO 成员的国内法/域内法有关的事实问题作出裁决,尽管成员们授权该机构仅处理法律问题;上诉机构发表了咨询意见,并就一些不必要的问题发表意见,以协助 WTO 争端解决机构解决其面前的争端;上诉机构坚持认为,争端解决小组应将上诉机构先前的解释视为具有约束力的先例;上诉机构声称,它可以无视明确要求其建议 WTO 成员采取与 WTO 不一致的措施以符合 WTO 规则的 WTO 规则;上诉机构越权,通过部长级会议、总理事会和争端解决机构对 WTO 成员职权范围内的事项发表意见。①

其次,司法能动主义是一个指涉宽泛和内涵模糊的概念,这一概念的首次使用出现在美国,用于讨论法官在一个民主体制国家中的适当功能。② 司法能动主义通常被以贬义的方式加以使用,意味着法官不仅以积极能动的方式解释和适用法律规则,而且法官判决案件时与他们声称适用的法律没有看似合理的联系,或者法官以非善意或不诚实的方式作出裁判。③ 在 USTR 发布的《2019 年贸易政策议程和 2018 年美国贸易协定计划年度报告》中,美国提出上诉机构不断通过破坏和无视作为争端解决机制建立基础的规则来攫取权力,是其司法能动主义的主要表现。WTO 上诉机构的司法能动主义使一些国家通过诉讼要求特权,而不是通过谈判达成共识。④ 有观点认为,依据普通法中的司法能动主义的概念,美国指责上诉机构从事了司法能动主义的表现可以分为三种类型:(1)决策创造规则(司法造法);(2)决策创造有说服力的先例;(3)决策创造附带意见。⑤ 也有观点认为美国用司法能动主义指责上诉机构的

---

① See Office of the United States Trade Representative, *Report on the Appellate Body of the World Trade Organization*, February 2020, https://ustr.gov/sites/default/files/Report_on_the_Appellate_Body_of_the_World_Trade_Organization.pdf, p. 1.

② See Keenan D. Kmiec, *The Origin and Current Meanings of "Judicial Activism"*, 92 California Law Review 1446 (2004).

③ See Chang – fa Lo, *Treaty interpretation under the Vienna convention on the law of treaties – a new round of codifification*, Springer, 2017, p. 73.

④ See Office of the United States Trade Representative, *The 2019 Trade Policy Agenda and 2018 Annual Report of the President of the United States on the Trade Agreements Program*, https://www.docin.com/p – 2178324744.html, p. 6.

⑤ See Amrita Bahri, "Appellate Body Held Hostage": Is Judicial Activism at Fair Trial?, 53(2) *Journal of World Trade* 302 (2019).

两类行为:解释方法与创造先例。[①]

最后,斯坦伯格曾对 WTO 司法造法给出了较为确切的定义,他认为,WTO 司法造法表现为两个维度,即填补空白和澄清模糊,特别是在一些曾经陷入外交谈判僵局的领域。[②] WTO 的成员(如美国)认为,WTO 协定文本是由全体成员经协商一致达成的,专家组和上诉机构应当以严格遵守 WTO 协定文本的方式解释 WTO 规则,以避免填补或澄清谈判方在 WTO 协定中故意留下的空白和文本表述的模糊。[③]

例如,美国认为:WTO 的上诉机构强加了美国从未同意或国会批准的新规则……WTO 的上诉机构不断地从整体上创造新的义务。[④] 同时美国又在《WTO 上诉机构报告》中,在题为"WTO 争端解决的目的是解决贸易争端,而不是制定法律"的小节中发表了对上诉机构能动主义的观点:

> DSU 定义了争端解决制度的目的。DSU 第 3.7 条规定,"争端解决机制的目的是确保争端的积极解决"。因此,争端解决制度的目的不是抽象地产生解释或制定法律……DSU 不触及假设性措施或抽象的法律问题。申诉方应具体说明有争议的措施,并为其申诉提供法律依据。
>
> 争端解决体系是围绕着这样一个理念建立起来的:专家组和上诉机构不能增加或减少 WTO 成员承担的义务。文本中"澄清"(clarify)一词的使用没有也不能授权专家组或上诉机构进行抽象解释或解释对解决具体争端不必要的问题。实际上,该用语不作为专家组

---

① See Raj Bhala, *Why the WTO Adjudicatory Crisis Will Not Be Easily Solved: Defining and Responding to "Judicial Activism"*, in Chang - fa Lo, Junji Nakagawa, Tsai - fang Chen, The Appellate Body of the WTO and Its Reform, Springer, 2020, p. 115.

② See Richard H. Steinberg, *Judicial Lawmaking at the WTO: Discursive, Constitutional, and Political Constraints*, 98(2) The American Journal of International Law 251 (2004).

③ See Dispute Settlement Body, *Negotiations on Improvements and Clarifications of the Dispute Settlement Understanding*, Communication from the United States, TN/DS/W/82/Add. 1, 25 October 2005.

④ See Office of the United States Trade Representative, *The* 2020 *Trade Policy Agenda and* 2019 *Annual Report of the President of the United States on the Trade Agreements Program*, http://s3 - ap - southeast - 1. amazonaws. com/ir0ccgmur0k9yje/freeebookdownload11741. pdf, p. 7 - 8.

> 或上诉机构的指示或授权。(DSU)文本中没有"应该"或"可以",相反,它只是一份 WTO 成员同意争端解决体系的声明,当该体系以符合成员同意的条款运行时。因此,该体系导致的任何"澄清"都不能以专家组或上诉机构司法能动主义的形式进行。[①]

关于上诉机构司法造法的问题,美国的主要不满主要集中在上诉机构对 WTO 贸易救济规则的解释方面,包括:(1)上诉机构对《SCM 协定》中的"公共机构"进行了错误的解释;(2)上诉机构通过禁止归零法,向成员施加了 WTO 条约所没有规定的义务,同时还违反了《反倾销协定》第 17 条第 6 款[②]所规定的评审标准;(3)上诉机构错误地确立"外部比较基准"的适用标准,要求调查机关证明补贴国的国内价格为非市场导向的价格,并通过定量分析来证明其使用外部基准的合法性;(4)上诉机构错误地要求进口成员在实施保障措施前应证明进口产品快速增加以及国内产业受损属于"未预见的发展";(5)上诉机构对《SCM 协定》第 19 条第 3 款[③]中的"适当的金额"(appropriate amounts)的宽泛解释以及对避免"双重救济"的非法要求。

综上所述,在 WTO 语境下,司法造法属于司法能动主义的一种表现形式。司法越权在实践中使用时,其所指称的含义要广于司法能动主义的含义,司法越权的表现方式更多,美国提出的上诉机构的所有"罪名"都可以归入司法越权的概念内涵中。同时,司法越权也指明了司法能动主义的本质,即司法性机构超越其法定职权范围作出的有关决定,不同的是司法能动主义着重关注司法越权的部分而非全部方面。

---

① See Office of the United States Trade Representative, *Report on the Appellate Body of the World Trade Organization*, February 2020, https://ustr.gov/sites/default/files/Report_on_the_Appellate_Body_of_the_World_Trade_Organization.pdf, p. 47 – 52.

② 《反倾销协定》第 17 条第 6 款规定,在审查第 5 款所指的事项时:(1)在评估该事项的事实时,专家组应确定主管机关对事实的确定是否适当,以及他们对事实的评估是否无偏见和客观的。如事实的确定是适当的,且评估是无偏见和客观的,则即使专家组可能得出不同的结论,而该评估也不得被推翻。(2)专家组应依照关于解释国际公法的习惯规则,解释本协定的有关规定。在专家组认为本协定的有关规定可以作出一种以上允许的解释时,如主管机关的措施符合其中一种允许的解释,则专家组应认定该措施符合本协定。

③ 《SCM 协定》第 19 条第 3 款规定,反补贴税应在每一个调查案中,在非歧视的基础上,以适当的金额来征收。

笔者在本书中的研究对象是上诉机构的司法造法，主要原因在于：首先，本书主要关注上诉机构司法越权的实体面向的问题，即规则解释方面的问题，这是美国指控的核心内容，是美国与上诉机构及其他成员之间的主要矛盾。其次，上诉机构司法造法问题在实践中和理论上充满争议，既没有形成司法造法与否的认定标准，也不存在改革上诉机构司法造法的方法共识，该问题的开放性也决定了其重要的研究价值。最后，国际司法性机构能否造法、造法的方式是国际法研究的重要议题之一，因此对上诉机构能动主义的研究具有普遍的价值。并且，该问题存在很多不同的观点，例如一种观点认为，在国际法中，司法能动主义并不等同于司法造法。由于国际法相较于国内法充满了极大的不确定性以及国际立法机构职能发挥严重不足，司法造法是国际法中公认的一种现象，经常作为司法活动的一种功能推论提出，换言之，很少有人认为，在国际法中，一定数量的司法造法本身有什么问题。[①] 司法造法存在于任何规则体系的不完备性中。法官应该根据现有的法律规则来解决争端，但现有的法律规则往往不能提供明确的答案。当面对这种没有明确的既存规则的常见情况时，法官必须制定新规则。但是，由于对追溯法律的厌恶如此强烈，法官和当事人都不愿承认司法造法填补了现有规则的空白。[②] 可见，司法造法的认定标准是什么，如何对司法造法作出评价，这些问题具有普遍性，对上诉机构司法造法问题的研究有助于推动其他类似国际性司法性机构面临的类似困境的解决。需要指出的是，美国消极地利用司法能动主义的概念来反对上诉机构对 WTO 协定规则作出解释和澄清在价值上是不可取的，但我们需要提出强有力的反驳美国关于司法造法的观点的理由，并提出评判上诉机构规则解释是否具备合法性的更加合理的、体现 WTO 成员普遍共识的标准，是解决这一问题的实际、有效的路径。

---

① See Fuda Zarbiyev, *Judicial Activism in International Law – A Conceptual Framework for Analysis*, 3(2) Journal of International Dispute Settlement 253 (2012).

② See Tom Ginsburg, *Bounded Discretion in International Judicial Lawmaking*, 45 Virginia Journal of International Law 635 (2004).

二、研究目的、意义与方法

(一)研究目的

本书的研究目的:(1)在上诉机构解释权限的界定中协调 WTO 的成员驱动和规则导向两种模式之间的关系,提出将上诉机构司法造法控制在合理的限度和范围内的理论路径,促进 WTO 多边贸易体制的良性发展。(2)为中国应对上诉机构司法造法提出对策建议。

(二)研究意义

本书研究的理论意义:(1)本书从 WTO 的成员驱动与规则导向两种模式的冲突关系的角度分析上诉机构司法造法问题的原因。(2)本书提出解决上诉机构司法造法问题的基本理念:协调 WTO 的成员驱动和规则导向模式之间的关系,将二者统一于维护 WTO 多边体制的基本目的与职能之下。(3)本书提出解决上诉机构司法造法问题的具体路径:将上诉机构司法造法区分为合理的司法造法与不合理的司法造法,规范前者并限制后者。

本书研究的实践意义:(1)本书提出有助于平衡成员与 WTO 多边体制之间关系的上诉机构解释权限的界定标准,增进上诉机构规则解释的合法性。(2)本书提出增进 WTO 立法机制的效率和民主共识的路径,以有效制衡上诉机构的司法性权力的路径与方法。(3)本书提出中国应对上诉机构司法造法的对策建议。

(三)研究方法

本书主要运用了理论研究和案例分析的方法:(1)研究法哲学中关于司法造法的一般理论,用于分析和解释上诉机构的解释权限和司法造法的问题。(2)研究 WTO 成员驱动和规则导向治理模式的有关理论,用于分析和解释上诉机构的解释权限问题,以及两种模式在上诉机构的解释权限中的冲突与协调。(3)研究 WTO 争端解决机制的程序合法性的有关理论,以规范其进行合理的司法造法。(4)通过研究上诉机构的裁决报告,发现上诉机构规则解释的深层法理,提出上诉机构规则解释的合法性标准,对合理的司法造法与不合理的司法造法加以辨别。

三、研究思路

在本书第一章中，笔者论述了成员驱动和规则导向是WTO奉行的两种基本制度模式，构成了WTO的制度背景，这两种模式对上诉机构的规则解释权限（具体表现为上诉机构解释方法的选择权限、解释渊源的适用权限、澄清模糊和填补漏洞的权限以及审查标准的适用权限）有不同的，甚至冲突的要求。在这种背景下，人们对上诉机构的解释权限缺乏共识，对其司法造法和据法裁判之间的界限没有明确的标准，往往基于自身的标准和利益对上诉机构的某项裁决作出褒贬不一的评价。对此，我们只有发现上诉机构赖以行事的真正动因和基本逻辑，才能据此评价和判断其规则解释是否具备合法性。本章进而揭示了上诉机构以促进WTO制度的有效性为根本目的，在此目的之下其在个案裁决中需要在促进争端的有效解决、确保规则的安全性和可预测性以及政策开放性三个具体目标中作出最优选择，即只能从三个目标中选择最应当实现的两个目标，而无法同时实现三个目标。当上诉机构选择后两个目标时，就会对成员的管理自主权加以限制，从而招致其司法造法的批评，对此，我们应当作出怎样的评价，上诉机构在规则解释中如何协调成员驱动和规则导向两种模式的不同要求呢？这就是本章提出的研究的核心问题。

在本书第二章中，笔者通过探讨上诉机构的职能来界定其规则解释的合法性标准，这一思路遵循了关于上诉机构司法造法问题研究的最新文献的基本路径。现有文献的研究观点主张上诉机构的规则解释只要符合其职能规定，就不属于司法造法。然而，学者们关于上诉机构的职能有不同的认识，具体观点包括：独立的贸易宪法法院；依据所要解释的规则性质的不同，其身份在解释发挥裁决者和辅助者之间转换；司法性机构；仲裁机构，全体成员的代理人，这种争论源于DSU对上诉机构职能规定的模糊和自相矛盾。对此，笔者认为，上诉机构的职能是增进WTO的制度有效性，这决定了它不可能仅仅是代理人或者成为完全独立的司法机构，因此，上诉机构规则解释以体现WTO多边主义基本价值为合法性标准，也就能够实现成员驱动模式与规则导向模式的相互协调统一。本章为后文具体问题的研究提供了基本纲领与理论路径。

在本书第三章中,笔者通过批判美国主张的强调 WTO 成员驱动模式下的单个成员的意图的实证主义解释观点,指出美国指责上诉机构司法造法的理由是不成立的。同时,WTO 多边贸易体制作为其全体成员的共同事业,上诉机构只有把握其根本目的,才能超越 WTO 协定文本本身的模糊性以及成员利益的复杂性,发现 WTO 协定真正代表的全球贸易共同体的普遍共识。上诉机构对 WTO 法的解释应当始终站在维护 WTO 多边合作的基本立场上,这是对其价值选择的必然要求。为此,"显著性原则"可以作为指导上诉机构规则解释的检验标准,既用以排除那些不能反映 WTO 共同体的基本共识的解释观点,也用以保障 WTO 规则解释的确定性和一致性。以显著性原则为标准,专家组和上诉机构一方面可以允许成员根据国内的具体情况自主设定对于非贸易价值的保护水平,满足成员对于国内事务管理自治的要求;另一方面可以对成员选择的非贸易价值保护水平基于维护 WTO 多边合作体制的目的进行审查。

在本书第四章中,笔者探讨了上诉机构对解释渊源和解释方法适用的合法性标准。上诉机构能否以及如何援引外部国际法规则,以及与此相关的"系统整合路径"的解释方法的适用是上诉机构司法造法争论中的重要焦点问题。对此,笔者主张,引入外部国际法来解释 WTO 规则存在的三种观点与实践("WTO 全体成员说"、"争端当事方说"以及"共同意图说")以及"系统整合路径"的解释方法都存在破坏 WTO 多边体制的潜在危险,或者造成 WTO 体制的僵化,或者使 WTO 体制遭受单边行动和贸易保护主义的威胁。对此,WTO 裁决机构应当采取参与者视角的基本立场——维护 WTO 多边体制的有效性,从而为援引外部国际法规则解释 WTO 法设定标准。在此目的下,"显著性原则"涵盖于维护 WTO 多边体制有效性的内涵里,体现在 WTO 裁决机构的解释实践中,完成了对"系统整合路径"的重构。

在本书第五章中,笔者基于上诉机构的基本职能和机构目的——维护 WTO 多边体制的有效性以及多边主义原则考察了上诉机构的不合理的司法造法即在实体规则解释和程序规则解释中的填补规则空白的典型案例,同时笔者提出了避免上诉机构填补规则空白的方法:争端当事方可以请求总理事会通过决议允许裁决机构对敏感问题不予裁决,如果争端当事方在规定期限内未通过协商或调解解决争端，裁决机构重新获得了对该事项依据 WTO 协定规则进行裁决的权力。但这种方法并不能够从根本上避免上诉机构从事不合理的司法造法，因此，本章也提出多边主义原则作为 WTO 规则解释的合法性标准本质上反映了 WTO 所代表的国际贸易共同体所共享的普遍价值和一般原则，要到达这一实质合法性要求，增强上诉机构程序的民主合法性无疑成为一种有效的保障路径。

在本书第六章中，笔者探讨了解决上诉机构司法造法问题的立法路径。WTO 立法机制效率低下，协商一致的决策方式导致部长级会议和总理事会无法达成新的规则，也难以就现有规则的模糊之处作出权威性解释，最终导致上诉机构难以避免司法造法，因此，改革 WTO 立法机制，特别是协商一致的决策模式成为解决问题的关键。相关的改革建议包括：加权投票制；"临界质量"共识模式；增加行使否决权的成本；扩大立法程序中的民主参与和对话；从多边谈判到诸边谈判；改革 WTO 组织结构。然而这些建议要付诸实践将面临巨大的困难，并且决策机制本身并非 WTO 立法效率低下的根本原因，WTO 立法机制的改革关键应当是如何促使成员之间达成共识的非正式机制的完善。因此，笔者在本章中探讨了 WTO"全球辅助性原则"，该原则为增进 WTO 中的民主共识提供了具体路径，通过体现对不同利益群体的多元价值的尊重，保障参与者之间平等的民主对话与协商，进而促进 WTO 共识的达成。

在本书第七章中，笔者通过分析中国政府对 WTO 改革和上诉机构改革中的立场和建议，总结了中国对解决上诉机构僵局所秉持的五项基本原则：一是维护 WTO 多边贸易体制的有效性；二是坚持 WTO 的共识决策；三是维护上诉机构法官的独立性；四是 WTO 规则应体现包容、发展和公平的价值观；五是 WTO 应坚决与单边主义、贸易保护主义和霸权主义作斗争。笔者对五项原则的内涵分别进行了阐释，这些原则都体现了中国倡导的在 WTO 中践行"真正的多边主义"的基本理念。据此，笔者就涉及中国的 WTO 争端案件中的焦点问题，同时也是引发了美国对上诉机构有关解释的批评的问题提出了合法性解释的建议。并且，笔者提出上诉机构规则解释所要实现的三项目标（促进争端的有效解决、确保规则的安全性和可预测性以及政策开放性）在个案中进行选择时，增进 WTO 协定规则的安全性和可预测性应当是上诉机构规则解释所要实现的首要的、必不可少的目标，因为该目标体现了真正的多边主义的最核心的价值以及 WTO 的最重要的职能。上诉机构在其他两个目标的选择中需要根据个案的具体情况的不同而作出不同的选择，当然尊重国家管理自主权、快速解决争端在"合理的"情况下应当作为优先的选择。依据"真正的多边主义","合理的"的条件包括尊重"不同的发展模式"、有助于促进合作而非破坏合作、在增进本国人民福祉的同时也有助于其他国家人民福祉的增加。

第一章 WTO上诉机构司法造法问题的本质属性分析

对WTO争端解决机制而言,成员驱动模式是其建立的前提,规则导向是其存在的基础,二者均不能偏废。但是如果过于强调成员驱动模式,就会放大上诉机构司法造法的负面性,限制上诉机构为成员之间的权利义务关系提供具体、明确、原则化和可预测性的指导,反而鼓励其迎合成员(尤其是实力强大的成员)的利益,使WTO堕入权力导向的深渊。而如果过于强调规则导向路径,可能使上诉机构代行立法权力,过分侵入成员主权,反而激励成员退回到政治磋商路径中。同时实力强大的国家可以通过参与争端解决程序而影响上诉机构的规则解释,而弱小国家因对争端解决程序的参与率低而实际上丧失了就新的贸易规则进行公平谈判的权利。因此,探索WTO成员驱动和规则导向两种模式的矛盾关系的协调方法是解决上诉机构司法造法问题的"抓手",构成了本研究的一般理念与核心内容。

第一节 WTO成员驱动模式下的上诉机构解释权限

WTO是成员驱动型的国际组织,其所有决策都需要全体成员经过协商一致作出,这就要求上诉机构对WTO规则的解释必须符合全体成员的共识,否则其解释不具有合法性。但问题是全体成员的共识是什么,如何判断上诉机构的解释是否符合这种共识呢?基于WTO成员驱动模式,这种共识被认为是通过WTO协定文本呈现出来,只有符合WTO协定文本的原义的解释才是符合全体成员共识的。然而,WTO协定文本并不完善,其规则本身存在模糊和漏洞,上诉机构基于文义解释有时难以得出唯一的、合理的解释结论,那么,在文义解释所涵盖的所有可能的解释中,只有一种解释表达了全体成员的共识还是所有可能的解释都是给予成员的行动自由?笔者基于成员驱动的观点支持后者,因为上诉机构对可能的解释中的任何一种的选择都可能会遭到某一个或一些成员的反对,这就不符合全体成员的协商一致同意的决策要求。然而,这种解释观点会导致 WTO 规则的解释和适用陷入权力导向的危险之中。

一、WTO 成员驱动模式的内涵与本质

(一)WTO 成员驱动模式的内涵

众所周知,WTO 目前拥有 164 个成员(包括主权国家和单独关税区)。然而,WTO 这样一个庞大的组织,其在机构设置、决策机制和司法程序方面都体现了由全体成员共同管理、平等决策、共识驱动的特征,WTO 对成员驱动要求的强调与其他国际组织相比是独一无二的。①

首先,WTO 在机构设置方面体现了成员驱动的特性。WTO 最高权力机构部长级会议由各成员代表组成,至少每两年召开一次会议,在其休会期间,由总理事会代行其职能。同时,总理事会也作为 DSB 召开会议,履行 DSB 的职责;总理事会还作为贸易政策审查机构召开会议,行使贸易政策审查职责。同样地,总理事会也由所有成员代表组成。至于 WTO 的行政首脑,即 WTO 秘书处的首脑总干事由部长级会议任命,同时部长级会议制定有关规则确定总干事的权力、责任、任职条件和任期。总干事任命秘书处职员,并根据部长级会议确定的规则确定他们的责任和任职条件。除此之外,WTO 也设立了若干理事会和委员会,从所有成员代表中产生,但它们的成员资格对所有成员的代表开放,所有成员都可以参加每一次理事会和委员会会议。因此,可以认为,WTO 缺乏正式的管理或治理结构。② 与其他拥有秘书长和/或执行局以及具有实际权力的秘书处的国际组织不同,WTO 完全是由其成员集体行动来推动

---

① See Debra P. Steger, *The House That WTO Members Built*, Working Paper Series, University of Ottawa, p. 4.

② See John H. Jackson, *The WTO "Constitution" and Proposed Reforms: Seven "Mantras" Revisited*, 4 Journal of International Economic Law 67 (2010), p. 71 - 72.

的,各成员不允许总干事拥有任何实际权力。WTO 没有执行委员会或管理委员会制定全面的行政或实质性政策或方向。除争端解决机制外,WTO 不存在对全体成员作为一个集体的制度上的制衡。①

其次,WTO 在决策机制方面体现了成员驱动的特性。WTO 遵循 GATT 奉行的全体成员协商一致的决策惯例,即就有关事项作出决议时,如出席会议的成员未正式提出异议,视为一致作出决议。WTO 的部长级会议、总理事会、贸易政策审议机制以及 DSB 的决策都遵循协商一致的方式作出。当然,专家组和上诉机构的裁决报告由 DSB 适用"反向协商一致"的方式通过,相当于自动通过,但专家组和上诉机构的裁决报告只约束具体争端中的当事方,不是一般意义上的决定。由此可见,WTO 的决策机制不同于国际货币基金组织和世界银行,也不同于联合国,WTO 不存在一个由少数成员组成的可以代表整个组织的决策机构。然而,《WTO 协定》第 9 条规定:"除非另有规定,否则如无法经协商一致作出决定,则争论中的事项应通过投票决定。在部长级会议和总理事会会议上,WTO 每一成员拥有一票。"具体而言,部长级会议和总理事会的决定以多数票表决通过;对任何协议条款的解释适用 3/4 多数票通过;对豁免某成员的 WTO 义务适用 3/4 多数票通过;对一般条款的修改适用 2/3 多数票通过,但修改《WTO 协定》第 9 条(决策)、第 10 条(修正)、GATT1994 第 1 条和第 2 条(最惠国待遇和减让),GATS 第 2 条第 1 款(最惠国待遇)以及《TRIPS 协定》第 4 条(最惠国待遇),须经全体成员接受方可生效。尽管 WTO 决策机制有关于投票方式的规定,但实际情况是,除了在批准加入的一些情况下外,投票的做法并未被用来作为决策的基础。这一现状的原因在于成员更多地依赖于传统的实践或习惯,而不是规则。②

最后,WTO 在司法程序方面体现了成员驱动的特性。根据《WTO 协定》第 9 条的规定,部长级会议和总理事会拥有通过对 WTO 所有协定所作解释的专有权力,其解释对所有成员都具有约束力。而裁决机构(专家组和上诉机

---

① See Debra P. Steger, *The Culture of The WTO: Why It Needs to Change*, 10(3) Journal of International Economic Law, 486(2007).

② See Debra P. Steger, *The House That WTO Members Built*, Working Paper Series, WP 2014 - 13, University of Ottawa, p. 12.

构)在解决成员间的争端过程中对规则所作的解释,只对有关争议的当事方有约束力,对于未来的争端案件的解决不具有先例效力。同时,根据《WTO 协定》附件二 DSU 第 3.2 条的规定,专家组和上诉机构的建议和裁决不能增加或减少适用协定所规定的权利和义务。换言之,裁决机构的规则解释不能超出全体成员经协商一致达成的协定规则中规定的经各方同意的权利和义务范围。WTO 的成员(如美国)认为,WTO 协定文本是由全体成员经协商一致达成的,专家组和上诉机构应当以严格遵守 WTO 协定文本的方式解释 WTO 规则,以避免填补或澄清谈判方在 WTO 协定中故意留下的空白和文本表述的模糊。①

(二)WTO 成员驱动模式形成的原因与本质:披着主权平等外衣的权力导向本质

WTO 及其前身 GATT 以协商一致决策和有关程序规则为核心特征的成员驱动模式的合法性基础在于各国主权平等。对此,现实主义理论认为,经验表明,对于仅具备制定软法的权利能力的国际组织,其中强大的成员(典型如美国和欧盟)才允许该组织实行多数主义的决策机制,因为这不会给强大国家带来被迫受制于它们不认可的条约规则的风险。② GATT 在其制度中正式规定,每个缔约方均享有一票,决策采取多数决方式,不同的表决事项适用不同的多数决方式通过。大多数修正案需要缔约方 2/3 的支持,而且只有对同意修正案的缔约方才具有约束力。但是从 1948 年到 1959 年,GATT 经常使用非正式的协商一致决策而不是正式投票机制。自 1959 年以来,几乎所有 GATT/WTO 的立法决定(加入程序和豁免程序除外)都是由协商一致程序作出的。对这一现象的最普遍解释是:从 20 世纪 50 年代末开始,发展中国家开始大量地加入 GATT,美国国会和政府担心发展中国家结成政治同盟,进而对 GATT 体制的立法、行政和司法权力的行使产生巨大的影响力,足以抗衡发达国家联

---

① See Dispute Settlement Body – Special Session – Negotiations on Improvements and Clarifications of the Dispute Settlement Understanding – Further Contribution of the United States on Improving Flexibility and Member Control in WTO Dispute Settlement – Communication from the United States – Addendum, TN/DS /W/82 /Add. 1, adopted on 25 October 2005, p. 1 – 3.

② See Richard H. Steinberg, *In the Shadow of Law or Power? Consensus – Based Bargaining and outcomes in the GATT/WTO*, 56(2) International Organization 340 (2002).

盟,对此,美国必须采取一定的应对措施。美国认为,为了制衡苏联,应当吸引更多的发展中国家加入 GATT 并留住它们,进而将 GATT 倡导的自由贸易和开放市场的精神和自由市场经济制度灌输给发展中国家,因此 GATT 不可能采取加权票表决机制;符合主权平等原则的决策规则对发展中国家更加具有规范吸引力,美国应当将自身的影响力根植于其国家实力和由此产生的实际权力中,而不必体现于投票权的权重中。[①] 因此 WTO 体制也承袭了协商一致的决策制度,在《WTO 协定》第 9 条中将协商一致规定为首选的决策机制,只有在无法经协商一致作出决定的情况下,争论中的事项才通过投票决定。但实际上任何依赖一国一票的立法制衡都将招致贸易强国的反对,尤其是美国。WTO2/3 以上的成员是发展中国家,任何多数决的投票制度都将赋予发展中国家权力。发展中国家将比美国更有能力召集投票,以通过有利于他们利益的新的立法或修正案。简言之,在美欧看来,多数决的投票制度在政治上是不可行的,因为它们可能使广大发展中国家以一种违背强国利益的方式修改 WTO 协定。因此,美欧始终试图在协商一致的决策下主导着 WTO 的决策,一贯反对在 WTO 投票的提议。[②]

然而,在具有协商一致决策规则的国际组织中,较弱的国家有正式权力阻止它们认为存在不公平利益分配、单方面反映强国意愿的立法结果通过,对于这个问题,美欧如何解决?这个问题的部分解决办法是美国和欧盟自 GATT/WTO 体制建立以来就一直主导谈判过程并干预其结果,尽力防止其他国家阻碍符合其意愿的规则的达成。那么,美国和欧盟如何主导 GATT/WTO 的谈判结果?

首先,市场规模的相对优势可以成为美欧在 GATT/WTO 中谈判实力的基本来源。政治学理论认为,一国政府往往将外国市场开放(以及相关的出口机会增加)视为国内政治利益,而将国内市场开放视为成本。[③] 因此在“二战”

---

① See Richard H. Steinberg, *In the Shadow of Law or Power? Consensus – Based Bargaining and outcomes in the GATT/WTO*, 56(2) International Organization 344 – 345 (2002).

② See Richard H. Steinberg, *Judicial Lawmaking at the WTO: Discursive, Constitutional, and Political Constraints*, 98(2) The American Journal of International Law 273 – 274 (2004).

③ See Robert Putnam, *Diplomacy and Domestic Politics: The Logic of Two – Level Games*, 42(3) *International Organization* 427 – 460(1988).

后，一国市场的开放和关闭被视为贸易谈判的筹码。[①] 无论贸易谈判的形式是市场开放的相互承诺、市场关闭的威胁，还是两者兼而有之，在贸易谈判中，较大的市场比较小的市场更有优势。贸易机会的特定绝对变化对国内经济和政治的影响与国民经济的规模成反比。较大的国家经济体比较小的国家经济体具有更好的国际贸易伸缩性。既定的贸易自由化量（例如，以美元衡量）对较小国家创造的福利和净就业增加的比例大于对较大国家创造的福利和净就业增加的比例。因此，小国可能比大国更急于就贸易自由化达成协议。同样，在贸易自由化谈判中，较大的发达国家拥有较大的国内市场，这使它们比较小的国家有更好的选择，可以取代谈判达成的协定。相反地，在涉及贸易关闭威胁的谈判中，失去一定数量的出口的威胁在对付一个较大的国家时比对付一个较小的国家时是一种相对较弱的战术。因此，有大市场的发达经济体在开放的贸易体系中有很大的权力，这是建立在贸易伙伴关闭的相对机会成本的差异上的。[②] 当然，市场规模虽然一般而言是衡量贸易谈判能力的良好指标，但在不同问题领域建立联系的可能性可能会限制其有效性。市场规模作为贸易议价能力近似值的作用，会受到各国使用非贸易杠杆的意愿程度的限制。同时给定的议价是放在一个更重要的长期关系的背景下，这样长期关系就会影响特定议价过程的结果。但是制度理论表明，在特定的制度内，讨价还价通常可以被理解为局限于该制度处理的特定问题领域。“二战”后贸易政策的大多数实证分析都表明，潜在的军事或金融杠杆并未在贸易谈判中使用。因此，虽然市场规模不是衡量贸易议价能力的完美标准，但它可能被认为是最佳的初步近似值。所以，以市场规模作为衡量贸易谈判能力的标准，在乌拉圭回合谈判时，欧盟和美国是世界上最强大的经济体。在1994年乌拉圭回合结束时，欧盟和美国的商品进口额约占世界所有商品进口总额的40%，二者国内生产总值（GDP）占世界各国国内生产总产值之和的近一半。按照这一衡量标准，欧盟和美国在贸易领域的联合实力是巨大的，只要欧盟和美国能够合作，他们就

---

① See Stephen D. Krasner, *State Power and the Structure of International Trade*, 28(3) World Politics 317 – 347 (1976).

② See Stephen D. Krasner, *State Power and the Structure of International Trade*, 28(3) World Politics 317 – 347 (1976).

能在多边贸易谈判中发挥巨大的影响。①

其次,不对称的缔约和胁迫成为美欧谈判中的权力策略。一般而言,实力强大的国家在国际组织谈判中可以采用的权力策略表现为:第一,实力强大的国家可能会订立不对称的协议,从而达成对有利于自己的结果的共识支持。当以个别国家为对象时,这种协议可以被认为是一种"单边支付",即为了获得谈判一方的支持而给予其在某一特定措施上的损失的补偿。当针对几个可能因提案而遭受损失的弱国时,协议通常采取"一揽子交易"的形式,即同时就不同的问题作出决定,以达成共识。第二,对于理解GATT/WTO的谈判和结果而言,比不对称的缔约模式更重要的是,较弱的国家可能会受到强国的胁迫,以协商一致的方式支持对强国有利的措施。通过威胁产生的协商一致的结果使强国更富,弱国更穷,或者即便实现帕累托改进效应,利益分配也相对而言有利于强国。当以单一国家为目标时,胁迫可以被认为是采取制裁行动的威胁,当较弱的国家受到此种威胁时,如果它支持强国所寻求的对其自身有利的措施的协商一致意见,它的情况就会更糟。当以一组国家为目标时,胁迫采取的形式则是威胁退出该无法达成共识的组织,这样一来,在某些情况下,强国的退出会导致将该组织谈判的议题转移(或威胁转移)至另一个强国更有掌控力以致其更有可能如愿以偿的组织中。例如,早在20世纪80年代,当欧共体和美国在世界知识产权组织中无法获得更广泛的知识产权保护协议达成所需的多数票时,它们将该议题移至GATT,并在1994年达成了《TRIPS协定》。另外,退出策略可能包括简单地忽略陷入僵局的组织,并创建一个新组织,该组织将成为强国未来合法利益的来源。基于此,有一些观点认为,《北美自由贸易协定》就是基于美国的退出策略而达成的,目的是让欧盟回到乌拉圭回合的谈判桌上。退出策略也包括威胁从陷入僵局的组织中退出,进入无政府状态,并在不同的条件下重组一个新的组织,这就是欧共体和美国结束乌拉圭回合的方法。②

---

① See Richard H. Steinberg, *In the Shadow of Law or Power? Consensus – Based Bargaining and outcomes in the GATT/WTO*, 56(2) International Organization 347 – 348 (2002).

② See Richard H. Steinberg, *Judicial Lawmaking at the WTO: Discursive, Constitutional, and Political Constraints*, 98(2) The American Journal of International Law 348 – 349 (2004).

从乌拉圭回合谈判伊始，大部分发展中国家已经表明不会签署《TRIPS协定》、《TRIMs协定》以及GATS的态度。美国谈判代表考虑到发展中国家对这些协定的接受对美国利益以及国会对最终谈判结果的支持而言至关重要，于是1990年春末，USTR的谈判代表们决定，就美国政府内部某些人所说的"权力游戏"达成共识，这一策略将迫使发展中国家接受乌拉圭回合所有协议规定的义务。美国国务院支持这一做法，并于1990年10月将其提交给欧共体谈判代表，后者同意支持这一做法。该计划后来被称为结束这一回合的单一承诺办法。具体而言，正如《乌拉圭回合最后文件》所体现的，WTO协定包括"作为组成部分"和"对所有成员有约束力"的GATT1994、GATS、《TRIPS协定》、《TRIMs协定》、《SCM协定》、《反倾销协定》以及其他乌拉圭回合多边协定。《WTO协定》还规定：GATT1994在法律上独立于GATT。因此，美国和欧盟决定在加入WTO（包括GATT1994）后退出GATT，从而对那些不接受《乌拉圭回合最后文件》并不加入WTO的国家终止它们在GATT中的义务（包括最惠国待遇义务）。因此，《乌拉圭回合最后文件》和美欧退出GATT产生的综合性的法律和政治影响将确保大多数乌拉圭回合协定拥有大量成员而不是有限成员。① 从乌拉圭回合谈判结果来看，其达成的协定存在全球范围内各国之间福利分配不均的问题。以《TRIPS协定》对知识产权的保护为例，在经济学上就没有特别的理由相信增进知识产权保护能够提高整体的国内福利，发达国家从提高的专利保护中获利，而更多的发展中国家的利益受损，例如其国内的消费者因被剥夺了使用仿制药的权利而使国内整体福利大大减损。② 发展中国家确实正式签署了这项新协定，如果不是因为该协定能带来国内福利的提升，它们为什么还要这样做呢？首先，由于20世纪80年代的债务危机，许多国家被要求进行国内贸易和微观经济政策改革，作为国际货币基金组织（International Monetary Fund，IMF）放宽其债务期限的条件。其次，有观点认为，发展中国家虽然可能从某些协定中蒙受损失，但却从其他协定中得到了好处以平

---

① See Richard H. Steinberg, *In the Shadow of Law or Power? Consensus – Based Bargaining and outcomes in the GATT/WTO*, 56(2) International Organization, 359 – 360 (2002).

② See Robert Howse, *From Politics to Technocracy – and Back Again: The Fate of the Multilateral Trading Regime*, 96 The American Journal of International Law 102 (2002).

衡遭受的损失,例如发达国家对农业和纺织品贸易自由化的承诺。乌拉圭回合奉行的"一揽子协定"谈判方式使发展中国家的领导人相信,整个"一揽子计划"符合其国家利益,但是在后来的实践中,发展中国家发现它们难以从农业和纺织品规则中获益,而执行 GATS 和《TRIPS 协定》的社会成本却超出了预期。①

这表明,WTO 奉行的成员驱动模式表面上代表了对各成员主权平等的尊重,但其谈判过程和决策结果却暗含着强国,特别是欧美等成员以国家权力和政治策略的运用为基础实施的少数成员对 WTO 的决策驱动。不可否认,WTO 涵盖协定内容更多地代表了以美欧为代表的发达成员的意志和利益,这不仅体现在协定的运行效果上,而且也体现在协定条款的字里行间和美欧等发达成员的立法意图中,而这反过来又将成为美国对 WTO 裁决机构的规则解释行为进行"规范性约束"的理由,并冠之以体现全体成员驱动的民主合法性。

二、上诉机构解释权限的内涵

上诉机构的解释权限没有公认的、确定的含义,笔者认为,上诉机构的解释权限是指上诉机构对 WTO 协定规则进行解释时所拥有的裁量空间,是评判上诉机构规则解释是否具有合法性的标准,具体包括上诉机构解释方法的选择权限、解释渊源的适用权限、澄清模糊和填补漏洞的权限以及审查标准的适用权限。上诉机构解释权限的依据主要是 DSU 中的有关规定,具体包括:

1. 第 3.2 条:WTO 争端解决体制为多边贸易体制提供可靠性和可预测性。各成员认识到该体制适于保护各成员在 WTO 涵盖协定项下的权利和义务,及依照解释国际公法的习惯规则澄清这些协定的现有规定。DSB 的建议和裁决不能增加或减少 WTO 涵盖协定所规定的权利和义务。

2. 第 3.3 条:在一成员认为其根据适用协定直接或间接获得的利益正在因另一成员采取的措施而减损的情况下,迅速解决此类情况对 WTO 的有效运转及保持各成员权利和义务的适当平衡是必要的。

---

① See Robert Howse & Kalypso Nicolaidis, *Enhancing WTO Legitimacy: Constitutionalization or Global Subsidiary?* ,16(1) Governance: An International Journal of Policy, Administration, and Institutions,79(2003).

3. 第3.5条:对于根据适用协定的磋商和争端解决规定正式提出的事项的所有解决办法,包括仲裁裁决,均与这些协定相一致,且不得使任何成员根据这些协定获得的利益丧失或减损,也不得妨碍这些适用协定任何目标的实现。

4. 第19.2条:依照第3条第2款,专家组和上诉机构在其调查结果和建议中,不能增加或减少适用协定所规定的权利和义务。

根据上述条款的规定,DSU对上诉机构解释权限的基本要求是:第一,不能增加或减少WTO协定所规定的权利和义务;第二,保持各成员权利和义务的适当平衡,不得使任何成员根据WTO协定获得的利益丧失或减损;第三,不得妨碍WTO协定任何目标的实现;第四,依照解释国际公法的习惯规则澄清WTO协定的现有规定;第五,为多边贸易体制提供可靠性和可预测性。然后,这些规定就含义上而言都比较模糊,无法从中得出上诉机构解释权限的确切标准,乃至在理论和实践中产生较大的争议,主要表现为强调WTO成员驱动基础上的上诉机构解释权限观点对上诉机构解释权限过大的批评,以及学界和实务界基于维护WTO规则导向模式而对上诉机构解释权限的维护及相关观点。

三、WTO成员驱动模式对上诉机构解释权限的界定

(一)WTO成员驱动模式对上诉机构解释权限的一般要求

WTO成员驱动模式意味着每一个成员都是WTO协定的立法者,同时也是WTO协定的规制对象,既在WTO规则之内,也在WTO规则之外。与国内立法不同,国内立法机构与国内法的义务主体是分立的,即便国内法的主体可以通过各种民主机制影响立法机构的决策,但在宪法中国内法的权威解释专属于立法机构,义务主体只在法律体系内部无条件接受和遵守法律及其解释,其立法过程决定了法律解释不可能是基于对每个个体的具体同意和具体利益的体现与表达,而是要反映社会共同体整体上的普遍价值与共同利益,法律解释也需要基于国内社会共享的法律原则和目的作出。而WTO规则皆由全体成员的协商一致方式达成,是对每一个成员的具体利益的体现,表达了每一个成员的具体同意。因此,WTO成员不只是处在WTO规则体系的内部去接受与遵守该规则,以共同的价值与原则作为WTO规则的合法性来源,它们也随

时站在体系之外去审视和评价这一体系，不断以自身利益去衡量 WTO 规则的合法性，"国家同意"成为整合这种内部性与外部性的唯一可接受的但远非合理的 WTO 合法性的基准。进而，对于 WTO 规则的解释，任何与 WTO 协定规则的偏离、任何对 WTO 协定中的权利的减少和义务的增加都变得不可接受，因为成员同意的仅仅是 WTO 协定规则（实际上是成员自行解释的、彼此间理解可能不同的 WTO 协定规则），而不包含规则之外与之上的任何东西，否则都可能构成对成员绝对利益和比较利益的偏离。所以，在 WTO 成员驱动模式下，上诉机构的解释权限重点受到第一条"不能增加或减少 WTO 协定所规定的权利和义务"和第二条"保持各成员权利和义务的适当平衡，不得使任何成员根据 WTO 协定获得的利益丧失或减损"的限制。

同时，一个现实就是 WTO 协定规则必然不可能均等地体现每个成员的利益，而是不可避免地体现不同成员之间的实力对比，成员之间的权利和义务的适当平衡也只是在各自可接受的范围内达成平衡，而非绝对的平等。GATT 和 WTO 中的主要大国（如美国政府）长期以来一直要求在贸易协议中实行绝对互惠（通常以美元计算）。[①] 这种绝对互惠是单向性的，即大国要求小国提供与其让步绝对对等的优惠，而反之小国的让步则无法获得大国给予的绝对对等的优惠，对此，美欧以"一揽子协定"的方式说服发展中国家该整体性义务能够使其"失之东隅，收之桑榆"，达到权利、义务的总体平衡。这从前文论述的 WTO 协定的谈判历史中可见一斑。因此，成员要求上诉机构解释 WTO 协定规则时要精确体现 WTO 规则本身，究其本质是要精确体现 WTO 协定规则所代表的成员达成规则时的预期利益。WTO 成员驱动模式对上诉机构解释权限的要求是政治导向的，或者说是权力导向的，一方面，各成员具备平等的决策权，WTO 协定文本是对协商一致决策程序基础上的全体成员的共同意志的体现，上诉机构解释严格遵循协定文本，体现国际法上的民主的价值要求；另一方面，WTO 协定文本所蕴含的各成员的利益是不平等的，例如（至少在乌拉圭回合谈判达成 WTO 协定文本时）对美国的利益反映更多，而对发展中国家的利益反映较少，体现国际政治的权力对比的现实。成员驱动模式就是这样

---

① See John H. Jackson, *World Trade and the Law of GATT*, 22(3) Case Western Reserve Law Review 241 - 245 (1971).

一体两面的矛盾体，即形式平等之下掩藏的实质上的不平等，至少在美国看来应当如此，这种情况导致的后果就是美国对 WTO 协定规则的理解与其他国家，特别是发展中国家对 WTO 协定规则理解之间的不一致，甚至在一些问题上产生冲突，例如在贸易救济规则（包括反倾销、反补贴和保障措施的相关规则）的解释上就是如此。因此，当美国认为上诉机构作出与其理解不同的解释、有损于其利益时，美国就会指控上诉机构的解释背离了 WTO 协定文本，构成司法造法。

（二）WTO 成员驱动模式对上诉机构解释权限的具体要求

要探讨 WTO 成员驱动模式对上诉机构解释权限的具体要求就要探讨实际影响上诉机构解释权限的解释方法的适用问题、解释渊源的范围问题、能否澄清模糊和填补漏洞的问题以及上诉机构审查标准的问题。

第一，在解释方法的适用问题方面。DSU 第 3.2 条规定，依照解释国际公法的习惯规则澄清 WTO 涵盖协定的现有规定。根据 VCLT 第 31 条“解释之通则”的规定，作为解释国际公法的习惯规则包括文义解释、上下文解释、目的解释、善意解释。对此，强调 WTO 成员驱动模式的国家如美国要求 WTO 协定只能依据文本解释的方法来加以解释，辅之以有限度的上下文解释，因为其他解释方法都会赋予专家组和上诉机构较大的自由裁量权。

美国认为，上诉机构的裁决必须符合 DSU 第 3.2 条的要求，不能增加或减少 WTO 协定所规定的权利和义务。同时，美国主张，WTO 争端解决机制的任务是确定（成员行为）是否符合 WTO 涵盖的协定，而不是符合更一般的国际法。DSU 附录 1 在界定“涵盖协定”时没有一处列出国际法的善意原则。因此，上诉机构不能将善意原则作为成员的一项义务纳入其本不存在于的 WTO 涵盖协定中。上诉机构裁决某一成员没有善意地履行国际法义务明显超出了设立专家组和上诉机构的 DSU 第 7 条、第 11 条和第 19 条的授权——将其裁决限于是否符合专家组请求中所引用的涵盖协定的问题，不增加或减少这些协定规定的权利和义务。[①] 并且，WTO 涵盖协定是主权国家和单独关税区之间谈判的结果。谈判必然需要一些妥协。参与者就涵盖协定中特定条款达成

---

① See Dispute Settlement Body – Minutes of meeting – Held in the Centre William Rappard on 27 January 2003, WT/DSB/M/142, 6 March 2003, para. 57.

协议并不意味着所有WTO成员就这些条款的相同路径或基本原理达成一致。一些参与者可能想要更强的规则或纪律、在特定领域走得更远,而其他参与者可能不想要那么强的规则或纪律、走得那么远。正因如此,涵盖协议的文本最能代表WTO成员的期望。①

WTO裁决机构应当仅仅通过发现条约文本的原始含义的方式解决争端。②

第二,在解释渊源的范围问题方面。WTO协定对专家组和上诉机构解释WTO规则时可以援引的解释渊源的范围没有规定,DSU第3.2条仅规定依照解释国际公法的习惯规则澄清WTO协定规则。进而,VCLT第31条"解释之通则"中规定了以下有关WTO协定解释渊源的内容:

> 31.2条:就解释条约而言,上下文除指连同弁言及附件在内之约文外,并应包括:
>
> (a)全体当事国间因缔结条约所订与条约有关之任何协定;
>
> (b)一个以上当事国因缔结条约所订并经其他当事国接受为条约有关文书之任何文书。
>
> 31.3条:应与上下文一并考虑者尚有:
>
> (a)当事国嗣后所订关于条约之解释或其规定之适用之任何协定;
>
> (b)嗣后在条约适用方面确定各当事国对条约解释之协定之任何惯例;
>
> (c)适用于当事国间关系之任何有关国际法规则。
>
> 同时,第三十二条"解释之补充资料"规定,为证实由适用第三十一条所得之意义起见,或遇依第三十一条作解释而:
>
> (a)意义仍属不明或难解;或

---

① See Dispute Settlement Body – Special Session – Negotiations on Improvements and Clarifications of the Dispute Settlement Understanding – Further Contribution of the United States on Improving Flexibility and Member Control in WTO Dispute Settlement – Communication from the United States – Addendum, TN/DS/W/82/Add. 1, 25 October 2005, p. 1–3.

② See William Magnuson, *WTO Jurisprudence & Its Critiques: The Appellate Body's Anti – Constitutional Resistance*, 51 Harvard International Law Journal Online 125 (2010).

(b)所获结果显属荒谬或不合理时,为确定其意义起见,得使用解释之补充资料,包括条约之准备工作及缔约之情况在内。

对于上述规定,第 31.3(c)条中"当事国"的含义不明,是指争端的当事方还是指 WTO 的全体成员存在争议,裁决机构能够援引的外部国际法的范围并不确定,[①]在理论和实践中引起了诸多争议,另外 WTO 裁决机构能否援引条约准备工作及缔约情况解释 WTO 规则也意见不一。现实中上诉机构援引外部国际法解释 WTO 协定规则的实践在不同的案件中出现不一致甚至矛盾的做法,有观点认为凭借 VCLT 第 31.3(c)条的模糊性规定,上诉机构获得了广泛地适用非 WTO 规则的司法权力,属于在 DSU 所明确规定的职权范围以外进行的司法造法行为。[②] 因为 DSU 第 7 条规定专家组的职权范围仅限于 WTO 协定中的有关法律规定,DSU 第 11 条规定专家组的职能是评估 WTO 涵盖协定的可适用性以及涉案措施与涵盖协定的一致性。所以,WTO 裁决机构能够适用外部国际法规则解释 WTO 协定规则是值得商榷的。[③]

除上述规定以外,WTO 裁决机构在实践中也会援引先前的有关裁决作为案件解释的依据,因此,先例能否作为 WTO 裁决机构可以适用的解释渊源范围在理论和实践中亦存在争议。对于上诉机构在解释中遵循先例的问题,美国基于 WTO 成员驱动模式提出了质疑。所谓"遵循先例",是指上诉机构认为,除非有令人信服的理由,否则专家组应该遵循其裁决。[④] 美国认为,WTO 协议通过部长级会议和总理事会为 WTO 成员保留对这些协议进行解释的"独家权力"。尽管有这一明确的文本,上诉机构仍坚称专家组必须将上诉机构的法律解释视为有约束力的先例,除非专家组具有明确的"令人信服的理由"来背离这些解释,否则,在没有令人信服的理由的情况下,裁决机构在以后的案

---

① See Ronnie R. F. Yearwood, *The Interaction Between World Trade Organization (WTO) Law and External International Law: The Constrained Openness of WTO Law (A Prologue to a Theory)*, Routledge Press, 2012, p. 73.

② See Shoaib Ghias, *International Judicial Lawmaking: A Theoretical and Political Analysis of the WTO Appellate Body*, 24 Berkeley Journal of International Law 544 – 546 (2006).

③ See Joel P. Trachtman, *The Domain of WTO Dispute Resolution*, 40 Harvard Journal of International Law 2, 7(1999).

④ 参见杨国华:《WTO 上诉机构危机中的法律问题》,载《国际法学刊》2019 年第 1 期。

件中会以同样的方式解决同样的法律问题。[①] “令人信服的理由”一词没有出现在任何 WTO 协议中；WTO 协议也没有要求专家组遵循上诉机构先前的解释。上诉机构声称创造具有约束力的先例，在未经成员同意的情况下影响了他们的权利和义务。允许上诉机构创造先例，消除了成员谈判新贸易协定的动力。一些成员试图通过具有“约束力”的上诉机构解释获得它们无法通过谈判实现的东西；其他国家则不希望谈判新的协议，因为他们不相信 WTO 的裁决人员会遵守这些协议。[②]

由此可见，在上诉机构规则解释能够援引的解释渊源方面，以美国为代表的基于 WTO 成员驱动模式的观点主张渊源范围限于 WTO 协定文本本身。该观点的法理基础在于：条约之所以是法律，能够约束国家，是因为国家签署并批准了条约，以此表示同意受条约的约束。[③] 一个主权国家服从国际法仅在它同意被约束的范围之内。那么接下来的主要问题就是：如何对国家真正同意的条约文本的内容作出最合理的解释？美国认为 WTO 裁决机构只能依据协定文本通常的含义。

第三，在专家组和上诉机构能否澄清模糊、填补空白的问题方面。美国主张：WTO 涵盖协定包含建设性模糊。建设性模糊可以作为一个占位符，标明谈判代表认为可能需要在未来谈判中再对此规则的具体内容达成一致，以及在具体规定这些规则之前需要进一步谈判的领域。WTO 裁决机构不需要确定这种模糊是不是故意的，只需要在适用习惯解释规则后，并根据争端各方提出的证据和论点，确定文本的含义是否模糊，没有单独的要求来确定歧义背后的意图或原因。同时，WTO 成员已同意，WTO 争端解决机制不增加或减少涵盖协议下的权利和义务。他们没有同意将填补涵盖协议空白的任务委托给 WTO 裁决机构。对此，鉴于 WTO 涵盖协定的性质，除了通过成员基于有关立

---

① See Appellate Body Report, United States – Final Anti – Dumping Measures on Stainless Steel from Mexico, WT/DS344/AB/R, adopted on 20 May 2008, paras. 154 – 161.

② See Office of the United States Trade Representative, Report on the Appellate Body of the World Trade Organization, February 2020, https://ustr.gov/sites/default/files/Report_on_the_Appellate_Body_of_the_World_Trade_Organization.pdf.

③ See Adam S. Chilton, *A Reply to Dworkin's New Theory of International Law*, 80 The University of Chicago Law Review Dialogue 107 (2013).

法与权威解释程序的谈判,另外两种解释方式都是不可接受地澄清或填补涵盖协定的模糊与空白,具体包括:首先,在涵盖协定的文本中解读出文本中不存在的一项义务或权利,例如从一个不同的条文中推断而出的含义用以解释争议的条文;其次,以补充或减少涵盖协议下的权利和义务的方式澄清涵盖协议文本中的模糊,其中,援引 WTO 裁决机构先前作出的裁决报告也是不可接受的,先例不构成涵盖协议的一部分,它们本身并不代表商定的案文,因此,不宜把以前的裁决报告当作协议文本来对待或解释,也不宜利用以前的裁决报告来增加或减少所涉协议下的权利和义务。尤其在第二种情况下,如果裁决机构适用条约解释的习惯规则解释 WTO 某一条款后仍然得出至少两种不同的含义,WTO 裁决机构应使用条约文本语言本身作为确认索赔或抗辩的基础,在文本语言可能允许的含义范围内承认成员享有的权利或承担的义务。①由此可见,美国认为,WTO 协定文本中存在的空白,属于成员自治的领域,上诉机构无权填补;协定文本中存在的模糊(适用文义解释后仍然存在的语义模糊),应当被视为 WTO 给予成员国内或地区内政策的灵活空间,上诉机构不能对此予以澄清进而得出唯一的解释结论而排除其他可能的解释。

第四,在上诉机构的审查标准问题方面。何谓"审查标准"?一般而言,在国内法中,审查标准决定了不同法院之间的纵向权力关系。②"审查标准表明了审查法院对所审查的行为和决定的尊重程度。换言之,审查标准不仅是上诉法院的权力声明,也是初审法院的权力声明,以上诉法院考虑推翻初审法院判决的犹疑程度来衡量。"③审查标准通常包括全面重新审查(full de novo review)、遵从(deferential standard)以及介于二者之间的不同程度的审查。为了平衡独立和自我约束,法院适用何种审查标准取决于法院拥有的相当大的自由裁量权的影响。法院在保持独立和自我约束的相互冲突的要求之间总是需

---

① See Dispute Settlement Body - Special Session - Negotiations on Improvements and Clarifications of the Dispute Settlement Understanding - Further Contribution of the United States on Improving Flexibility and Member Control in WTO Dispute Settlement - Communication from the United States - Addendum, TN/DS/W/82/Add. 1, 25 October 2005, p. 1 - 3.

② See Thomas Cottier, *Recalibrating the WTO dispute settlement system: Towards new standards of Appellate review*, 24(3) Journal of International Economic Law 524 (2010).

③ Martha S. Davis, *Standards of Review: Judicial Review of Discretionary Decisionmaking*, 2 Journal of Appellate Practice and Process 47 - 48 (2000).

要取得平衡,这种平衡可能会根据有关决定的具体情况以不同的方式进行校准。[①] 因此审查标准取决于法官对法院适当作用的看法和态度。[②]

WTO 中规定裁决机构审查标准的条款包括 DSU 第 3.2 条、第 11 条、第 17.6 条和《反倾销协定》第 17.6 条。其中,DSU 第 3.2 条规定了专家组解决国家间争端的标准,没有规定上诉机构的审查标准问题。DSU 第 11 条要求专家组"对其受理的事项作出客观评估,包括对案件事实的客观评估以及有关适用协议的适用性和是否符合相关适用协议",也没有涉及上诉机构审查标准的问题。DSU 没有为上诉机构制定具体的审查标准,除了第 17.6 条对其职权的限定:"上诉应限于专家组报告中涉及的法律问题和专家组所作的法律解释。"除此以外,上诉机构应适用与专家组相同的审查标准。它在重新审查专家组调查结果的情况下运作。全面审查被认为是合乎逻辑的结果。[③] 在 WTO 法中,主要讨论的审查标准问题与贸易救济有关,特别是《反倾销协定》第 17.6 条。它们影响国内当局所解释的国际法和国内法的关系。《反倾销协定》第 17.6 条规定了具体而更有限的审查标准。该条款具体规定了国内当局根据实施 WTO 法律限制和程序要求的国内法确定反倾销税时对调查结果的审查,其中遵从标准是建立在合理的基础上的,给国内反倾销决定留下了相当大的自由裁量权。上诉机构在适用该条款时采用了狭义解释,其实际结果与根据 DSU 第 3.2 条和第 11 条进行的全面审查没有区别。它没有在《反倾销协定》中明确提及"合理性"或"允许的"解释。例如,在美国—归零案中,专家组认为,根据《反倾销协定》第 4.2 条,归零并非不允许的方法。专家组考虑了第 17(6)(ii)条,认为美国的解释(在倾销幅度的计算中采取归零法)是允许的与合理地解释。[④] 然而在上诉阶段,上诉机构推翻了反倾销裁定(第 2.4.2 条)和征收

① See Andrew Lang, *The Judicial Sensibility of the WTO Appellate Body*, 27 European Journal of International Law 1101 (2016).

② See Thomas Cottier, R*ecalibrating the WTO dispute settlement system*: *Towards new standards of Appellate review*, 24(3) Journal of International Economic Law 525 (2021).

③ See Thomas Cottier, *Recalibrating the WTO dispute settlement system*: *Towards new standards of Appellate review*, 24(3) Journal of International Economic Law 526 (2021).

④ See Appellate Body Report, United States—Laws, Regulations and Methodology for Calculating Dumping Margins ("Zeroing"), WT/DS/294/R, adopted on 31 October 2005, paras. 7.222, 7.280, 7.284 - 7.285.

反倾销税(第 9.3 条)的区别,全面适用禁止系统性归零的规定,而没有广泛处理专家组提出的论点和援引的先例。上诉机构裁决报告没有对《反倾销协定》第 17.6 条进行详细分析。[①] 此外,上诉机构对成员国内/地区内决定的审查和对专家小组裁决的审查适用的标准之间没有区别,基本上是同等对待之,即上诉机构在适用《反倾销协定》第 17.6 条时,对国内当局的决定也进行了全面审查,而缺乏尊重,这构成了美国阻挠上诉程序法官遴选的主要原因之一。总之,基于上诉机构的裁决实践,上诉机构既没有就法律的国内决定采取遵从的审查标准,也没有就专家组的调查结果适用遵从标准。

对于上诉机构的审查标准问题,美国基于 WTO 成员驱动模式主张:"成员授权专家组作出事实调查结果和法律结论,但他们授权上诉机构只审查后者。与 DSU 的明确文本和对法律问题的明确限制相反,上诉机构例行审查专家组的事实调查结果。上诉机构还审查了成员国内/地区内法作为法律问题的含义,尽管 WTO 成员同意这是一个不受上诉审查的事实问题。上诉机构未经授权扩大其审查权限和范围。上诉机构审查专家组的事实调查也增加了上诉的时间和复杂性,加剧了争端解决进程日益严重的拖延。"[②]

总之,美国主导了建立 WTO 的谈判,从而决定了 WTO 协定规则的实质内容。[③] 美国抱怨的核心是 WTO 争端解决机制的司法化。美国认为,在 WTO 争端解决机制中,裁决机构的运作方式就像是一个建立判例体系的国际法院,而不是一个为帮助 WTO 成员解决具体争端而作出临时决定的代理机构。[④] 在美国看来,上诉机构要么以与美国谈判相反的方式审理案件,要么在填补 WTO 规则中存在含糊之处(其中许多都是有意为之)方面采取了积极行动。具体地说,美国对这种司法程序如何被用来违反美国的贸易救济法律表示关

---

① See Appellate Body Report, United States—Laws Regulations and Methodology for Calculating Dumping Margins("Zeroing"), WT/DS/294/AB/R, adopted on 18 April 2006 at para. 134.

② Office of the United States Trade Representative, Report on the Appellate Body of the World Trade Organization, February 2020, https://ustr.gov/sites/default/files/Report_on_the_Appellate_Body_of_the_World_Trade_Organization.pdf, p. 37.

③ See Gregory Shaffer, *A Tragedy in the Making? The Decline of Law and the Return of Power in Internatioanl Trade Relations*, 44(37) The Yale Journal of International Law Online 39(2018).

④ See Gregory shaffer, *A Tragedy in the Making? The Decline of Law and the Return of Power in Internatioanl Trade Relations*, 44(37) The Yale Journal of International Law Online 41(2018).

注。在中国和其他成员向美国提出挑战的问题上，上诉机构推翻了有利于美国的专家组裁决，从而限制了美国提高进口关税的能力。[①] 美国的基本逻辑是“法无禁止即可为”，只要是 WTO 各协定未明确禁止的国内措施（如反倾销调查中的“归零法”等特殊做法），那么成员就拥有采取此类措施的自主权。但是，如果任由成员在 WTO 各协定的“空白之处”进行“肆意的填补”，那么客观上将增加成员在协定下本不享有的权利，而且多边贸易体制的安全与可预见性也将难以获得保障，后退至 GATT 时期“纲纪不振、规则体系支离破碎”的困境，而构建以规则导向的、统一化的国际经贸关系正是 WTO 区别于 GATT 的关键所在。[②]

第二节 WTO 规则导向模式下的上诉机构解释权限

WTO 规则导向模式建立在上诉机构对 WTO 协定规则所作的一致性的解释、详细充分的说理、解释方法的有效运用以及争端解决机制的反向协商一致的决策的基础上，该模式为 WTO 成员和从事国际贸易的个人的权利与义务提供了安全性和可预测性，由此，WTO 争端解决机制受到了欢迎，上诉机构也成为人们口中的“皇冠上的明珠”，截至 2021 年 12 月 31 日，WTO 成员向 DSB 提交了 607 项争端。然而，WTO 裁决机构运转的高效与基于协商一致决策模式的 WTO 立法机构的低效形成了对比，造成政治机制与司法性机制之间的不平衡。WTO 协定规则中的模糊与漏洞无法得到立法机制的修订与完善，上诉机构对规则模糊的澄清被认定为司法造法，这种现象反映的是人们在 WTO 成员驱动模式和规则导向模式下对上诉机构解释权限的不同认识。与成员驱动模式要求的符合每一个成员的意志界定上诉机构的解释权限不同，规则导向要求上诉机构的解释基于法律规则本身的解释法理，发现规则解释的唯一正解，

---

① See Gregory Shaffer, *A Tragedy in the Making? The Decline of Law and the Return of Power in Internatioanl Trade Relations*, 44(37) The Yale Journal of International Law Online 43 – 44(2018).

② 参见刘勇、柯欢怡：《WTO 多边贸易体制的困境与解决方案研究——以 USTR〈上诉机构报告〉为切入点 》，载《经贸法律评论》2021 年第 3 期。

从而为 WTO 成员的权利义务关系提供确定性。

一、WTO 规则导向模式的内涵与本质

(一)WTO 规则导向模式的内涵

WTO 规则导向模式的概念最初是由已逝的国际经济法巨擘杰克逊教授(John Jackson)提出的,在杰克逊教授的语境中,规则导向的贸易就是基于规则的贸易。杰克逊认为,规则导向模式的核心特征和根本目标是“创造更大的可预测性,纠正不公平的权力失衡,防止国际紧张局势升级”①。他曾经就南部非洲发展共同体(Southern African Development Community,SADC)的规则导向的性质进行评估时将基于规则的贸易定义为“受国际协定管辖的国家之间的贸易安排,其中包含有关结果和实践的具体义务。各方必须遵守这些义务,以确保确定性和可预测性,而透明度是先决条件”②。因此,“基于规则的”贸易的重点是输出和效果(规则的可预测性和稳定性;规则对所有人的中立性适用),而不是首先考虑规则的输入和内容(由谁定义规则;规则是如何被采用的;规则是否增加了福利,是否连贯并适应了新的发展?)③。正如杰克逊所言:“在某些情况下,国际争端得到安静与和平的解决,比符合所有正确的经济政策目标更为重要。”④

杰克逊教授认为,乌拉圭回合谈判文本以及整个贸易体制得以实施的关键就在于达成了新的争端解决谅解书。与 GATT 的争端解决规定的简短和粗糙相比,(包括附件在内的)DSU 长达 35 页,是相当精致的程序。⑤ 这一程序确保了 WTO 体制的规则导向路径的运行和发展模式。杰克逊教授认为,对于

---

① John Jackson, *The World Trading System: Law and Policy of International Economic Relations*, MIT press, 1997, p. 110.

② Quoted in Gerhard Erasmus, *Is the SADC Trade Regime a Rules – based System?* 1 SADC Law Journal 17 – 18 (2011).

③ See Joost Pauwelyn, *Rule – Based Trade 2.0? The Rise of Informal Rules and International Standards and How They May Outcompete WTO Treaties*, 14 Journal of International Economic Law 2 (2014).

④ John Jackson, *The World Trading System: Law and Policy of International Economic Relations*, MIT press, 1997, p. 110.

⑤ 参见[美]约翰·H. 杰克逊:《世界贸易体制——国际经济关系的法律与政策》, 张乃根译, 复旦大学出版社 2001 年版,第 140 页。

规则导向模式的观察和判断有两个途径：一是审视 DSU 规则的影响，二是审视 WTO 争端解决机制的实践和案例。DSU 文本中的许多用语都强调规则的重要性，例如 DSU 第 3.2 条规定："WTO 争端解决机制是为多边贸易体制提供可靠性和可预测性的核心要素。各成员认识到该体制服务于保护各成员在 WTO 涵盖协定下的权利和义务，并依据解释国际公法的习惯规则澄清涵盖协定的规则。DSB 的建议和裁决不能增加或减少涵盖协定所规定的权利和义务。"除此以外，成员对 DSB 通过的裁决报告具有遵守的义务，"反向协商一致"的报告通过程序，一审专家小组和二审上诉机构程序的确立，"依循先例"的实践以及初步的抵消或损伤原则都强化了 WTO 体制的规则导向性质和贸易争端解决的司法性质。然而，DSU 中还包含了一些旧时 GATT 带有强烈磋商和外交路径意味的语言，这些语言可能被解读为 WTO 体系保留了一些 GATT 时期的反对法律化的观点。例如 DSU 第 3.4 条规定，"DSU 所作裁决或所提建议应当旨在实现问题的满意解决"，但该款同时规定，"依照 DSU 和适用协定项下所规定的权利和义务"。DSU 还要求争端解决应当与协定的规定相一致，并向有关的 WTO 机构报告。所以，总体来看，DSU 的规定展示了以法律规则和司法性程序为导向的 WTO 体制的法律化路径。继而检视 WTO 争端解决机制的实践，我们同样也可以发现强烈的规则导向路径的意味。WTO 上诉机构报告行文比早先的 GATT 裁决报告更像国内法院的司法判决书。实际上，很多上诉机构报告都强调这些案件的普遍国际法性质，并显示出了上诉法庭精心处理法律问题（包括上诉机构自身的工作程序所包含的一些程序问题）的努力。除此以外，一审的专家小组程序更为关切上诉机构的可能意见以及其裁决报告可能被上诉机构推翻的危险也可以作为证明 WTO 争端解决程序的司法性和规则导向的证据。另外，规则导向的强调似乎正在影响一审程序的专家小组成员的选取，因为争端当事方希望专家小组的报告能够不被上诉机构推翻，或者至少能够出具一份有助于说服上诉机构其没有违反 WTO 规定的法律报告。并且，当事方发现该程序要求他们在申诉和辩护中应当表现出更为尊重法律的态度。提交争端解决程序的威胁往往被认为是谈判的重要筹码。[①]

WTO 最为耀眼的成就在于确立了两级争端解决机制,WTO 上诉机构作为最后的仲裁者,由令人尊敬的国际法律人员组成,[②]以扭转 GATT 时期争端解决机制作为政治性机构而饱受批评的局面。这种独一无二的争端解决机制对 WTO 成员之间的贸易争端具有强制管辖权,标志着国际贸易争端从外交、权力导向的路径向规则导向的机制的转变。[③] 作为 WTO"宪章"的附件二,即 WTO 的 DSU 提供了一个长约 25 页的核心条约文本,为 WTO 的争端解决程序提供了指导,极大地改善了原有的 GATT 争端解决程序。

第一,DSU 规定由 DSB 全面负责该程序的监督工作。

第二,DSU 为 GATT/WTO 体系建立起了一个统一的争端解决程序,适用于几乎所有的乌拉圭回合文本,包括服务贸易和知识产权等新领域,这样一来就不会再发生关于适用何种程序的争议。DSU 第 1 条规定 DSU 规则和程序应当适用于所有涉及 DSU 附录罗列的涵盖协定项下的争端。所以可以据此推定,DSU 的程序优先于其他特定的争端解决程序。[④]

---

① See John H. Jackson, *The World Trade Organization: Constitution and Jurisprudenc*, Royal Institute of International Affairs, 1998, p. 97 – 99.

② 上诉机构由 7 名成员组成,任何一个案件都有其中 3 人组成一组(成为一个小组)任职。上诉机构人员任期 4 年,可连选连任。每个小组配备一名秘书,该秘书与上诉机构成员一道被非常小心地与 WTO 的一般秘书分开,以避免出现任何不合法的影响。在特定的案件中,选择哪些上诉机构成员任职的程序非常机密,以预防任何潜在的上诉争端方预期谁将成为其案件小组的一员。因此,这种选择部分是随机的、不可预知的,以及依据工作量的公平分配。任何成员都可以在任何的案件中任职,而不管其国籍。此外,还发展出一套"共同审议"的做法,这使得所有的 7 名上诉机构成员都能够见到文件与所提交的资料。在某一个阶段上,他们还将在日内瓦会面以探讨该案件,虽然所选择的该小组 3 名成员将实际上决定该案件并准备上诉机构报告。该报告没有披露哪个小组成员持哪种观点,而且通常也没有披露任何"异议"或未能协商一致的措施,虽然在一些上诉机构报告中也表达了一些明显的观点分歧(以匿名的方式作出)。John H. Jackson, *Sovereignty, the WTO and Changing Fundamentals of International Law*, Cambridge University Press, 2006, p. 157.

③ See Ernst – Ulrich Petersmann, *The GATT/WTO Dispute Settlement System: International Law, International Organizationsand Dispute Settlement*, Kluwer Law International, 1997, p. 64 – 65.

④ 然而,DSU 也规定了一些例外。例如 WTO 协定附件四中的诸边协定会单独规定有关的争端解决程序以及 DSU 是否适用。另外,DSU 附录也具体规定了特定文本的不适用例外。所以,WTO 争端解决程序的统一适用的目标并非百分之百地达到了。John H. Jackson, *Dispute Settlement in the WTO: Policy and Jurisprudential Considerations*, Discussion Paper Presented on Research Seminar in International Economics, Ann Arbor, Michigan, February 9, 1998, p. 14.

第三,各方必须首先寻求通过磋商以解决分歧。[①] DSB 也规定随时可以进行自愿的调解(这种选择通常很少使用),[②]它还规定了一个可以选择的仲裁程序,该程序也很少使用。[③] 如果磋商失败,那么起诉方有权要求成立一个独立的专家组对该争端进行裁决,以防止当事方阻挠这一程序启动的情况。在 DSU 中,当事成员方启动专家组程序的权利是确定性的,不像 GATT 时期受到阻挠。如果当事方经过磋商而不能在规定的 60 天内达成协议,则申诉方可以要求成立专家组,并且这一要求自动通过,除非 DSB 协商一致拒绝成立专家组。专家组由 3 名专家组成,并且各方可以相对自由地选择专家组的成员,但如果争端双方不能够在 20 日内就专家组成员达成一致意见,则任何一方都可以要求 WTO 总干事依职权指定专家组成员。[④] 另外,DSU 规定,专家组成员必须是独立的和中立的,应当以个人身份任职,不得是争端当事方或有关第三方国家的公民,应当避免直接或间接的利益冲突,遵循程序的保密性要求。不仅如此,DSU 还要求专家组成员披露其应知悉的任何会对其独立性或公正性产生影响或合理质疑的利益冲突、关联关系或事项。争端当事方亦可就对这些规定构成实质性违反的人员提出抗议,如果成立,那么受到质疑的人士就会被替换。同时,专家组对于案件的审查权限是争端各方在文件中提交的事项。专家组出具的报告必须详细阐明争议的问题,并附上起诉方法律理由的简要概述,以充分而清楚地说明问题。[⑤] DSU 第 11 条还规定,专家组应当对案件事

---

① 进行磋商的具体方式由争端各方自己决定。DSU 仅要求相关各方进行磋商时应当秉承善意,并应当在一方正式提出要求后的 30 日内启动。在磋商过程中,双方都试图对事实以及对方的法律观点进行澄清。若在提起请求的 60 日内未能通过此种磋商解决争端,那么申诉方可以请求成立专家小组。John H. Jackson, *Sovereignty, the WTO and Changing Fundamentals of International Law*, Cambridge University Press, 2006, p. 152 – 153.

② 详见 DSU 第 5 条规定。

③ 详见 DSU 第 25 条规定。

④ 专家小组的成员有三种类型:政府官员(现任或前任)、前秘书处官员以及贸易学者/律师。大部分的专家小组成员(80%)为现任或前任政府官员。DSU 规定,在发展中国家成员与发达国家成员之间发生争端时,如果该发展中国家成员提出请求的话,则该专家小组至少应包括一名来自发展中国家成员的专家。[美]约翰·H. 杰克逊:《国家主权与 WTO:变化中的国际法基础》,赵龙跃、左海聪、盛建明译,社会科学文献出版社 2009 年版,第 182 页。

⑤ See John H. Jackson, *Sovereignty, the WTO and Changing Fundamentals of International Law*, Cambridge University Press, 2006, p. 153 – 154.

实、WTO 相应协定的适用性和一致性作出客观评估。[①] 最后,DSU 对专家组程序规定了详尽且确定的时间表,而在一些较为复杂的案件中可以适度延长。[②]

第四,WTO 争端解决机制与 GATT 争端解决机制的显著不同在于,废除了饱受诟病的"一致同意"的阻挠裁决报告通过的制度。在 WTO 中,除非协商一致反对报告的通过,否则报告即被认为获得通过。由于胜诉方肯定拒绝反对报告通过的决定,所以 WTO 争端解决机制报告的通过被认为是自动通过的。这一规则被称为"反向协商一致"。所以,WTO 争端解决报告只能通过"反向协商一致"(所有成员一致反对)的方式拒绝通过,否则报告自动通过。然而,如果当事方提起上诉,则报告就不通过,取而代之的是启动 WTO 上诉机构的程序。

第五,任何一方都有就争端上诉到上诉机构的可能性,这是 DSU 中的一个新规定。参与乌拉圭回合贸易谈判的官员之所以作出必须设立某种针对专家小组裁决的上诉程序的决定,部分原因在于专家组的裁决报告能在成员无法阻拦的情况下获得自动通过。对于某一争端方,即使它在案件中的所有或大部分的法律争执点上都获得了"胜诉",该方仍然可以提起上诉。上诉机构实行一种"联合原则",上诉机构有 7 名常任专家,其中 3 名参与审理案件,但其余 4 名也要了解案情,查看相关案文,并在某一特定时刻在日内瓦会见共同商议案件。所以案件的最终裁决报告是集合了 7 名上诉机构专家的智慧集体作出的。这种做法不仅可以保证裁决报告的上乘的质量,而且能够保证上诉机构专家在审理将来的案件中与之前的裁决保持一致性和融贯性。最初,上诉机构成员是一种兼职,但后来随着案件数量的增多,这些成员转为了全职。上诉机构通常被要求在上诉的 60 日内作出最终报告,有时延长至 90 日。尽管时间紧迫,但与世界上大多数司法机构相比,上诉机构提供的报告的质量是非

---

① 在欧共体—牛肉案中,上诉机构对这个要求作了更为详尽的说明:除了其他事项外,考虑向专家小组提交的证据以及在该证据的基础上作出的事实性裁决,对于事实作出客观评估是专家小组的义务。如果弃之不顾或拒绝考虑向专家小组提交的证据,那么它与专家小组对于上诉事实作出客观评估的职责不符。如果故意扭曲或误述向专家小组提交的证据,那么同样不符合对事实进行客观评估的精神。Appellate Body Report, EC – Measures Concerning Meat and Meat Products (Hormones), WTO Doc. WT/DS26 &48/ AB/R, adopted on Feb. 13, 1998, at para. 133.

② 详见 DSU 第 12 条、第 15 条和第 16 条及谅解附件的规定。

常高的。另外,DSU 规定上诉机构可以支持、修改或推翻专家组的法律结论,但不具有发回重审的权力。而当上诉机构完成最终报告时,也将通过反向协商一致的方式自动通过报告,并且,专家组的报告中未被上诉机构变更的部分也获得自动通过。除此以外,上诉机构还处理了一些重要的司法问题,如国家政府措施的审查标准问题,专家组报告的审查标准问题,证据责任分配问题,先例对于上诉机构与专家组裁决的价值,裁决报告的遵守,以及 WTO 法与其他国际法的关系等棘手问题。①

第六,如果起诉方胜诉了,那么 DSB 就负责监督其建议的履行。如果建议没有得到履行,那么就可能产生谈判磋商或授权撤销减让。争端解决最终报告执行的总体情况良好,有充分的证据表明,人们对 DSU 保障裁决遵守的措施是非常满意的,在大多数案件中,它成功说服了成员方政府的政治领导人采取一些措施来遵守针对本方的裁决。②

第七,DSU 明确承认了源于 GATT 惯例的违反之诉与非违反之诉的区分。对于违反之诉而言,它规定了一套详尽的救济措施,要求违反义务者使其措施符合 WTO 规则要求。而对于非违反之诉,则要求较为温和,因为被诉方并无义务使其措施符合 WTO 规则,因为没有违反义务的行为发生。但是被诉方应当为其非违反义务的措施所造成的抵消和损伤的影响负责,与利益受害方进行磋商,实施旨在恢复贸易利益的均衡和公平互惠的措施。由于“抵消和损伤”的概念从来都不够明确,从而在某种程度上与 DSU 的警告“专家小组和上诉机构不能增加或减损当事方的权利与义务”之间存在一定的紧张关系,这可以视为是对司法能动主义的一种警告。③

总之,我们可以得出结论认为 DSU 选择了规则导向的程序,WTO 争端解决机制奠定了 WTO 规则导向模式的基础。

---

① 参见[美]约翰・H. 杰克逊:《国家主权与 WTO:变化中的国际法基础》,赵龙跃、左海聪、盛建明译,社会科学文献出版社 2009 年版,第 185、186 – 187 页。

② 参见[美]约翰・H. 杰克逊:《国家主权与 WTO:变化中的国际法基础》,赵龙跃、左海聪、盛建明译,社会科学文献出版社 2009 年版,第 188 页。

③ See John H. Jackson, *Sovereignty, the WTO and Changing Fundamentals of International Law*, Cambridge University Press, 2006, p. 196.

(二)WTO 规则导向模式的本质

我们如果要探究 WTO 规则导向模式的本质,就要首先考察该模式的起源和发展过程。

GATT 在创造了一个由缔约方组成的表现为定期进行贸易谈判的简单的政治实体和一个基本的行政机构——GATT 秘书处以外,还建立起了争端解决机制。尽管司法性的贸易冲突解决机制并不在 GATT 缔约方的计划之内,并且,缔约方反复强调 GATT 协定只是关于贸易谈判而非法律化的决策机制,但法律化的制度安排却开始在 GATT 中生长。GATT 第 22 条和第 23 条是规定 GATT 争端解决机制的主要条款,第 23 条的规定尤其构成了核心内容。[①] 在 GATT 历史上的最初阶段,贸易争端通常经由外交程序解决。最初,这些争端在缔约方的每半年一次的会议上进行处理,其后被交给"非会议期间委员会"(intercessional committee),再后来被交给 20 世纪 50 年代形成的为审理 GATT 所有争端或特定争端而设立的工作组(working parties)。之后,在 1955 年,GATT 总干事埃里克·温丹·怀特决定,与其使用一个由各国指派代表组成的工作组(其中每个国家都可以指定能够遵守该国政府的指示而代表该国的人士作为工作组成员),还不如把争端提交给一个"专家小组"。由 3 名或 5 名专家组成的小组将在个案中具体制定,以其自身的能力而非以任何政府代表之名义行事。这种发展可以认为是 GATT 争端解决机制的一个重大转变,即从一个以多边"谈判"氛围浓厚的程序转变为一个以规则裁判为主的程序,其目的在于以公正的方式查明事实真相并对相关法律作出恰如其分的解释。GATT 此后几乎所有的争端都被设想为将使用上述专家小组的方式加以审理。[②]

首先,GATT 争端解决机制要求将磋商作为启动多边程序的前置条件,同时明确承认 GATT 总干事的调解角色(尽管事实上从未使用过这一权力)。如果争端未就此解决,则规定由各缔约方组成的"代理理事会"这一 GATT 常设

---

① See Deborah Z. Cass, *The Constitutionalization of the World Trade Organization: Legitimacy, Democracy, and Community in the International Trading System*, Oxford University Press, 2005, p. 10.

② 参见[美]约翰·H. 杰克逊:《国家主权与 WTO:变化中的国际法基础》,赵龙跃、左海聪、盛建明译,社会科学文献出版社 2009 年版,第 165 – 166 页。

机构决定是否启动专家小组程序。[①] 而至于申诉方是否有权提起专家小组程序则存在一些模糊性。如果该程序继续，则规定申辩双方进行口头或书面的争论，专家小组应当就案件的事实和法律问题的认定以及案件结果出具书面报告。[②] GATT 规定专家小组作出书面报告后应当呈交给"理事会"，所有争端解决结果都必须通过理事会的一致同意的程序获得通过。这一规定要求所有国家，包括被诉方，可以以一票否决任何不符合本国利益的决定。这一规定导致在整个 20 世纪六七十年代，这种否决票被反复使用，从而削弱了该组织作为一个整体发展出一整套在 GATT 协定基本规定以外的普遍适用的贸易规则的任何努力。反复使用的否决票也导致了对于整个制度作为政治化的、无效率的以及对于少数强国（而这些国家又受到技术性贸易政策精英的控制）的屈从的状况的批评。所以，这种"一致同意"衍生出的"否决票"状况被认为是 GATT 争端解决机制最为严重的缺陷。然而，尽管对于 GATT 争端解决程序的强烈不满始终存在，但这一体系仍然日益发展得越发复杂和有效。[③]

其次，GATT 规定，缔约方可以以对协定下的预期利益的"抵消或损伤"为理由援引 GATT 争端解决机制，而无须以实际的违反法律义务为条件。因此，在最初阶段，诉诸 GATT 争端解决机制的关键依据都是利益的"抵消或损伤"这一具有高度模糊性的术语，暗示着一种权力或协商导向的路径，使"违反义务"之诉在援引 GATT 争端解决机制时既无充分理由又无必要，至少在 GATT

---

① 代理理事会将定期召开会议并对大多数的事务拥有处置权，但 GATT 文本中并未对该机构作出任何规定，其之所以应运而生，完全是通过缔约方的惯例与决策的结果。John H. Jackson, *Sovereignty, the WTO and Changing Fundamentals of International Law*, Cambridge University Press, 2006, p. 141.

② See John H. Jackson, *Dispute Settlement and the WTO: Emerging Problems*, 1(3) Journal of International Economic Law 335 (1998).

③ See Deborah Z. Cass, *The Constitutionalization of the World Trade Organization: Legitimacy, Democracy, and Community in the International Trading System*, Oxford University Press, 2005, p. 11. 在 1982 年的部长级会议上，有人就该程序的改善进行了新的尝试，但这一次也收效甚微。根据随后作出的决议的建议，专家小组的裁决报告就有可能在背离传统的"一致同意"的情形下获得通过，从而使得败诉方无法对裁决报告的通过进行阻挠或拖延。然而，随后的行动并没有取得什么进展。后来，GATT 的很多成员继续探讨对上述争端解决程序进行改进的必要性，从而使得该议题被纳入 1986 年的《埃斯特角宣言》，而第八轮贸易谈判回合的框架内容正是在该宣言中得以确立的。John H. Jackson, *Sovereignty, the WTO and Changing Fundamentals of International Law*, Cambridge University Press, 2006, p. 141.

初期如此。GATT 的一个早期的案件将"抵消和损伤"定义为"某个缔约方实施了损害另一缔约方的贸易利益,而这一损害是后者在就减让进行谈判时所不能合理预见的"①。从而,"合理预期"这一合同法上的概念被引入。但即便如此,仍不能完全澄清"抵消和损伤"一词的模糊性。② 但这种情况因以下案件而发生了转变。

1962 年,乌拉圭声称某些工业国家的一些做法违反了 GATT 规定的义务而提起申诉。专家小组为此反复斟酌了 GATT 第 23 条所规定的将"抵消和损伤"作为申诉基础的要求,最终决定在这一法律语言之外发展 GATT 的法理,在其报告中认定任何违反 GATT 规定的行为都被认定为一种抵消或损伤的表面证据。③ 那么,应诉的缔约方应当据此承担证明不存在抵消或损伤的举证责任,如果他不能证明,即可以认定存在抵消或损伤的主张成立。这一案件创造的法理为之后的专家组所遵从。这一重大转变使 GATT 朝着规则导向的方向迈出了重要的一步。然而,尽管专家小组仍然探讨促进和解的必要性,并时而像调解员一般行事,但是,在之后发生的一些案件中,当专家小组过于努力地发挥其调解员的角色时,就会因没有发展出精致且透彻的法律方法而饱受诟病。④

而到了 20 世纪 80 年代,随着 GATT 争端解决机制变得更为精致化和司法化,人们产生了一个想法,即将提交到 GATT 争端解决机制的案件分为两类:违反(GATT 法律义务)之诉(关于抵消或损伤的表面证据成立的案件)与非违反(GATT 法律义务)之诉(虽然没有违反 GATT 义务,但声称存在抵消或损伤的事实)。事实上,非违反之诉的案件相对较少,在 GATT 的整个历史上,只有四个这种类型的案件发生。⑤ 一份 1987 年的专家小组报告将抵消与损伤

---

① GATT, Australia – Subsidy on Ammonium Sulphate, BISD Ⅱ/188, adopted on Apr. 3, 1950, para. 12.

② See John H. Jackson, *Dispute Settlement and the WTO: Emerging Problems*, 1(3) Journal of International Economic Law 332 (1998).

③ See Uruguayan Recourse to Article XXIII, BISD 11s/95, adopted on Nov. 16, 1962, paras. 14 – 19.

④ See John H. Jackson, *Dispute Settlement and the WTO: Emerging Problems*, 1(3) Journal of International Economic Law 334 (1998).

⑤ 而 GATT 时期有几百个案件。

的"表面证据"概念进行了发展。这一案件是欧洲共同体、墨西哥和加拿大诉美国,理由是美国1986年的立法规定对进口的石油产品征税。[①] 由于美国对进口石油产品所征税收明显高于国内产品,美国并不否认其违反了GATT第3条国民待遇义务,但是美国力图证明这种小额税收并未造成任何贸易利益的抵消或损伤(美国以贸易流统计数据证明该税收对贸易流没有任何影响)。然而,专家组没有采纳美国的证据,并指出,在GATT的历史上,还没有哪个缔约方能够对违反GATT义务从而造成抵消或损伤的假设(表面证据)成功予以反驳。尽管各缔约方没有明确表明这种假设能否予以驳斥,但该假设在实践操作上的确是不能反驳的。[②] 这一"石油税费"案可算是GATT史上的经典先例,因为它明确地改变了GATT协定的语言,认定抵消与损伤的假设可以在事实上源自对条约义务的违反,只要缔约方违反了GATT义务,那么无论是否在实际上具有抵消或损伤的效果,都应当被认定为构成一种抵消或损伤。

最后,GATT规定,各缔约方有权在其认为较为严重的案件中授权(通过多数票的方式)某一或某些缔约方中止履行其对其他缔约方的GATT义务(通过报复,或使利益重新平衡的方式)。然而,这种情况仅发生在一个案件中。1953年,荷兰诉美国对从荷兰进口的奶制品施以进口限制而违反了GATT的规定。最终,荷兰被授权对美国的谷物实施7年期的进口限制,尽管荷兰实际上没有使用这一授权。而美国不仅依然我行我素,而且还在没有任何授权的情况下实施了报复行为。[③]

与GATT相比,WTO的规则更详尽,更具有约束力。WTO补充了长达22000页的乌拉圭条约中遗漏的细节。创立WTO的协定扩大和加强了GATT的原则,即贸易应当由多边规则而非单边行动或双边谈判来管理。[④]

曾经在GATT谈判期间,各国谈判代表们对于法律和纠纷解决机制存在

---

① See Panel Report, United States – Taxes on Petroleum and Certain Imported Substances, L/6175 – 34S/136, adopted on 17 June 1987.

② See John H. Jackson, *Sovereignty, the WTO and Changing Fundamentals of International Law*, Cambridge University Press, 2006, p. 141, 142.

③ See John H. Jackson, *Dispute Settlement and the WTO: Emerging Problems*, 1(3) Journal of International Economic Law 333 – 334 (1998).

④ 参见[美]罗伯特·吉尔平:《全球政治经济学:解读国际经济秩序》,杨宇光、杨炯译,上海人民出版社2006年版,第199页。

两种不同的态度。最终,占据主导地位的态度(目的性法律)主要将法律视为一种工具,以实现和表达共同的社会和政治目的。结果是,这种法律体系具有四个核心特征:频繁地采用模糊的、灵活的以及容易适应的法律规范;在贸易外交圈内社会性和结构性地嵌入纠纷解决机制;解释风格是极度并且相对明确地依据外交圈内形成的非正式规范和期望;软性地执法,其主要依据贸易外交圈内对于系争措施支持或反对所达成的共识。历史上,美国对于GATT纠纷解决机制采取了一种更为"法律主义"的态度,并在20世纪70年代又倾向于这种态度。除了关于非关税壁垒的新规范,改革GATT纠纷解决机制也是美国参加东京回合的明确目标。这个目标和不公平贸易转向有密切关系:对美国官员来说,能够解决不公平贸易问题的,应该是一系列明确的规则,并由正式的、有效的纠纷解决机制来严格执行。按照这种想法,GATT法律制度的存在目的就很直接,即确保GATT缔约方遵守它们所作出的承诺。条约文本记录了这些承诺,纠纷解决机制尽可能地保证缔约方遵守这些承诺。国际贸易法之所以存在是为了向缔约方和其他贸易伙伴提供确定性和可预测性,保护它们免受外国政府的专断和公共权力的不法行使。20世纪70年代各种新的保护主义措施强化了这样一种观点:GATT需要一种更强硬和有效的机制来实施它的规则。这种观点受到强化的原因在于20世纪60年代和20世纪70年代的GATT纠纷解决机制充满了阻碍、迟延和敌意。按照新自由主义的观点,法律是作为对政府的限制而出现的,保护经济参与者的私人权利免受政府的干预。此外,法律通过提供执行市场参与者合同权利的机制,来为参与者追求个人经济目标奠定制度基础。换句话说,法律很大程度上是为了回应经济参与者对于确定性和可预测性的需要。国际贸易法的存在是为了限制公权力的专断,为贸易商提供确定性和可预测性,这个理念对于在这期间疑难案件的解释有着根本性的影响。①

东京回合之后,贸易体制的观察家欢呼"限制国际贸易的政府专断减少了",对于贸易商而言,可预测性和确定性也相应提高了。整个20世纪80年代,杰克逊教授积极地发展了这些观点,他主张法律和制度框架的不充分是20

---

① 参见[英]安德鲁·朗:《世界贸易法律和新自由主义:重塑全球经济秩序》,王缙凌、樊健译,法律出版社2016年版,第243-244页。

世纪 70 年代整个体制濒临崩溃的原因之一，国际贸易政治的运作需要一个更加法律化的框架，他支持一种更正式的、更法治的以及更专业的纠纷解决机制。这些主张依据这样一个理念：国际贸易法存在的一个主要原因是向政府和商人提供可预测性和稳定性，方便国家之间以及不同国家的商人之间进行互利的合作和贸易。在 20 世纪 80 年代中期至整个 20 世纪 90 年代，彼德斯曼发表了一系列的论文来发展其所谓的国际贸易法“宪法性”功能的理论。他认为国际贸易法通过对贸易政策进行准宪法性的限制，纠正了特殊利益团体不成比例的影响力。国际贸易法存在的目的是保护经济自由和贸易商的权利，使之免受公权力不合理的干预。其他学者讨论了 WTO 协议能否或者应当授予贸易商个人权利，或者是否应当对国内立法权产生直接效力。WTO 法律的宪法观甚至出现在了 WTO 专家组决定中。例如，在 20 世纪 80 年代，美国—金枪鱼案专家组似乎在他们的决定中很看重以下这个事实：在他们看来，批准有争议的美国措施将严重损害交易相对方和其他国家的“法律安全”。① 美国—301 条款案专家组显著地将个人视为 WTO 体系中的利益相关方，“DSU 或者 WTO 的目标是为国内和国际市场上的私人经济活动创设有益的市场条件，提供一个安全和可预测的互利交易体系”。② 1960 年之后 GATT 分析索引的出现，1981 年 GATT 法律事务局的创建，从那时起法律专家不断地加入 GATT 秘书处中，大量地聘用具有法律知识的专家以及最终在乌拉圭回合期间创立上诉审查机制等都极大地增强了法律推理的水准和统一性。在 WTO 早期，服务于上诉机构的秘书处有意地与其他部门保持距离，这也反映在了早期上诉机构报告中法律推理的特征中，即高度形式化、准确以及高度文本主义。③

重要的是，对于 GATT 程序客观性和中立性的广泛关切，使其渐渐免受贸

---

① See Panel Report, United States – Restrictions on Imports of Tuna (unadopted), DS21/R, 3 September 1991, paras. 5.27 – 5.32; Panel Report, United States – Restrictions on Imports of Tuna (unadopted), DS29/R, 16 June 1994, paras. 5.26 – 5.27.

② See Panel Report, United States – Sections 301 – 310 of the Trade Act of 1974, WT/DS152/R, adopted on 27 Janunary 2000, para. 7.71.

③ 参见［英］安德鲁·朗：《世界贸易法律和新自由主义：重塑全球经济秩序》，王缙凌、樊健译，法律出版社 2016 年版，第 244 – 246 页。

易外交的影响。虽然在外交程序下纠纷解决机制的机构完美地适应了目的性法律,但是从新的观点来看,它似乎成为形成中立和严格的纠纷解决机制的障碍。用组成 GATT 外交代表小圈子内部形成的主流观点和期待来将一些不可接受的管制视为是可接受的,这种方法已经不可行了。关于 GATT/WTO 体系和法律框架作用的新观点着重强调法律与国际贸易政治的分离,不考虑任何共同的社会目的或者法律背后共同的政治共识,法律的目的仅仅是保护个人对于私利的追求、对于不同的利益追求进行决断以及为实现这些追求提供一个制度性空间。把法律看作防止公权力侵害私人权利的壁垒,需要将贸易法远离"贸易政治"或贸易外交的自我认识;新的结构形式和一系列的专业实践在这两者之间划出明确的界限。渐渐地将"贸易法"作为法律本身来看待,意味着在贸易法领域产生一种职业化的思维,很大程度上抵制了对于外交界思维的明显和过分的屈从,这正是法律自治的方式。这样,虽然政府官员依然是专家组成员的优先人选,但越发清楚的是,他们以独立的身份从事活动,不得接受本国政府的指示。要求和使用外部非政府官员的专家作为专家组成员的现象越来越多,而对于 GATT 工作比较了解的专家更受欢迎。抵消和损伤条款从微不足道但是重要的机制(确保与贸易外交家的期待相符的 GATT 法律体系灵活并有目的地运行)变成了目前被闲置的条款。①

由上述 GATT/WTO 争端解决机制的发展历史可以清晰地看到,WTO 规则导向模式的本质是:据法裁判,保持独立,与政治保持距离,为成员和从事国际贸易的个人提供法律确定性。WTO 争端解决机制,尤其是专家组和上诉机构对争端的裁决不是基于权力导向,而是以事实为依据,以规则为准绳,体现争端解决机制的客观性与中立性。WTO 规则导向模式要求裁决机构依据规则进行裁判,对案件事实和规则进行客观评估,不增加或减少 WTO 协定所规定的权利和义务,从而为多边贸易体制提供可靠性和可预测性。因此,在该模式下,WTO 裁决机构的合法性来源于据法裁判,从而符合裁决机构的独立公正和民主的合法性要求。WTO 成员驱动模式同样要求裁决机构依据规则进行裁判,从而符合成员的"同意"的合法性要求。但是成员驱动模式强调司法

---

① 参见[英]安德鲁·朗:《世界贸易法律和新自由主义:重塑全球经济秩序》,王缙凌、樊健译,法律出版社 2016 年版,第 247 页。

克制，而规则导向模式则要求司法中立。所以，就规范性上而言，WTO 规则导向模式的目的是确保对于规则的客观、中立和严格地执行，独立于政治，与权力导向型模式相对立。而成员驱动模式恰是对政治的呼应以及对规则导向模式的限制。

二、WTO 规则导向模式对上诉机构解释权限的界定

WTO 规则导向模式的核心是要求 WTO 争端解决机制为多边贸易体制提供可靠性和可预测性，在该模式下，WTO 对上诉机构解释权限的具体规定包括以下内容：

第一，DSU 第 3.2 条被普遍认为是 WTO 规则导向模式得以发展的依据。从该条款出发，依据其第一句，WTO 裁决机构逐步建立起援引、参照先前裁决报告中的法理的实践，学界多称之为 WTO 先例制度。并且，根据第二句，裁决机构裁决案件时要以 WTO 涵盖协定规则为依据，对规则含义的澄清运用解释国际条约的习惯规则，即 VCLT 第 31 条规定的文本解释、上下文解释、目的解释和善意解释方法。然而，上述条款最具迷惑性的规定是第三句，人们固然可以理解这一句的目的在于限制和规范裁决机构的裁量权，保障全体成员的民主权利，具有法理上的合法性，但是什么样的解释行为、何种解释结果能够被认为增加或减少了 WTO 涵盖协定所规定的权利和义务缺乏公认的评判标准，引发了学理和实践上的诸多争议。总体而言，规则导向模式实际上扩展了裁决机构的裁量权限，表现为在实践中裁决机构遇到疑难案件（规则模糊或空白时）时只要在有关规则中能够推导出依据（例如依据 GATT/WTO 先例、习惯做法、国际法的一般原则或者解释国际法的习惯规则），就属于据法裁判，因为其推理具有法律逻辑的外观。第 3.2 条帮助专家组和上诉机构维护 WTO 的司法职能，并加强涵盖协定和其他条约与一般国际法之间的关系。[①] 因此我们可得出结论，这一过程实际上赋予了裁决机构较大的自由裁量权，有时候实际上的司法越权往往被掩盖在以规则（广义上的，不限于 WTO 涵盖协定）为导向的形式合法性之下，而被人们忽略。

---

① See Isabelle Van Damme, *Treaty Interpretation by the WTO Appellate Body*, 21(3) The European Journal of International Law 607 (2010).

第二,《反倾销协定》第 17.6(ii)条重申了第 3.2 条 DSU 的语言,但增加了关于如何解释《反倾销协定》的特别指导:“专家组应按照国际公法解释的习惯规则解释《协定》的有关条款。如果专家组认为《协定》的相关条款允许有一种以上的可容许解释,专家组应认为当局措施是符合《协定》的,如果该措施是基于其中一种可容许的解释。”然而,对第 17.6(ii)条的解释实践表明,上诉机构拒绝适用其中规定的原则,理由是该原则与法官的任务不协调。[①]

第三,《WTO 协定》第 9.2 条确认,关于司法解释与权威解释关系的一般原则也适用于 WTO 所涵盖的协定:“部长级会议和总理事会应具有对本协定和多边贸易协定作出解释的独家权力。”权威解释的目的是明确现有义务的含义,而不是修改其内容。权威解释不能增加或减少 WTO 成员的权利和义务,只有修正案或义务豁免才能。WTO 成员的权利和义务可经其同意而更改,修正案仅对同意的成员有约束力。[②]

要想探讨 WTO 规则导向模式对上诉机构解释权限的界定问题,我们需要从上诉机构解释方法的适用问题、解释渊源的范围问题、能否澄清模糊和填补漏洞的问题以及上诉机构审查标准的问题四个方面逐一进行分析。

第一,规则导向模式下上诉机构的解释方法适用。

DSU 第 3.2 条确认了法官知法原则;专家组和上诉机构可以自行决定如何解释 WTO 涵盖的协议,只要它们尊重条约解释的习惯国际法原则。[③] 上诉机构在其首份报告中确认,VCLT 第 31 条和第 32 条已获得国际公法解释习惯规则地位,[④]随后又对第 33 条作出了同样的评价。[⑤]

其中,VCLT 第 31 条第 1 款规定的解释原则是,对条约的解释应本着善

---

① See Isabelle Van Damme, *Treaty Interpretation by the WTO Appellate Body*, 21(3) The European Journal of International Law 607 (2010).

② See Isabelle Van Damme, *Treaty Interpretation by the WTO Appellate Body*, 21(3) The European Journal of International Law 612 (2010).

③ See Isabelle Van Damme, *Treaty Interpretation by the WTO Appellate Body*, 21(3) The European Journal of International Law 607 – 608 (2010).

④ See Appellate Body Report, United States – Standards for Reformulated and Conventional Gasoline, WT/DS2/AB/R, adopted on 20 May 1996, p. 16 – 17.

⑤ See Appellate Body Report, United States – Final Countervailing Duty Determination with Respect to Certain Softwood Lumber from Canada, WT/DS257/AB/R, adopted on 17 February 2004, para. 59.

意,并根据其上下文所赋予的一般含义,以及根据其目的和宗旨。但这一原则并没有解释如何做到这一点。上诉机构适用第31条至第33条强化它作为一个法院的决定,并在WTO中发挥司法功能。这解释了上诉机构适用第31条时表现出的高度的形式主义,但同时上诉机构也越发在对第31条至第33条的形式依赖和承认VCLT最终只能提供一些基本原则之间摇摆不定。逐渐地,上诉机构在解释时对VCLT的参考越来越少。[①]

通常地,上诉机构并未以纯粹的语法或文本方式解释WTO协定文本语言。上诉机构经常将字典的定义或文本的简单含义置于语境中。起点通常是WTO协定条款的一般含义。上诉机构遵循国际法委员会的假设,即假定文本反映了当事各方的意图,并表达了WTO成员使用的词语的目的。[②] 在美国—汽油案中,上诉机构认为GATT1994第20条的文本反映了通情达理的WTO成员的意图,并指出:"假定WTO成员试图要求在每一种类别中被评估的措施与要促进、实现的国家利益、政策有同样的联系或者同等程度的关系是不合理的。"[③]

在日本—酒精饮料Ⅱ案中,上诉机构认为解释的裁量幅度将受到条约条款目的的影响。对同类产品更宽泛或更狭义的解释的裁量,不能得到一个精确和绝对的定义,因为受到个案中产品的不同特性的影响。上诉机构发现,"相同"(likeness)的概念和含义是一个相对的概念,使人联想到手风琴的形象……随着WTO协定的不同条款的适用,这些条款会在不同的地方延伸和挤压。就GATT1994第3条第2款的第一句话而言,"相同"概念的手风琴意味着要被严格地挤压。[④] 借此,上诉机构向WTO成员提供了它在解释WTO协定时将遵循的详细分析标准,并警告他们,它(和专家组)将适用较为严格的审

---

① See Isabelle Van Damme, *Treaty Interpretation by the WTO Appellate Body*, 21(3) The European Journal of International Law 634 - 635 (2010).

② See Appellate Body Report, United States - Standards for Reformulated and Conventional Gasoline, WT/DS2/AB/R, adopted on 20 May 1996, p. 18.

③ Appellate Body Report, United States - Standards for Reformulated and Conventional Gasoline, WT/DS2/AB/R, adopted on 20 May 1996, p. 18.

④ See Appellate Body Report, Japan - Taxes on Alcoholic Beverages, WT/DS8/AB/R, WT/DS10/AB/R, WT/DS11/AB/R, adopted on 1 November 1996, p. 114.

查标准,特别是在开放式条款的情况下。[①]

另外,有效性原则也是上诉机构解释 WTO 协定规则时经常适用的方法,该原则可以发挥不同的作用:一方面,有效性原则发挥正向的作用,作为上诉机构在解释 WTO 协定规则含义时所依赖的独立依据;另一方面,有效性原则发挥否定的作用,被用作检查特定解释的基准,对解释结论进行确认或纠正。[②]上诉机构强调有效性原则是国际公认的解释性原则,[③]条约需要被作为一个整体来解释,有效性原则要求解释者赋予条约所有条款有效含义。[④] 上诉机构解释说,解释者不能自由采用一项会导致条约整个条款或段落冗余或无效的解读。[⑤] 有效性原则也是上诉机构广泛依赖相互参照解释技术的根本原因。[⑥] 上诉机构认为,对 WTO 涵盖协定的协调一致的解释,是指解释者以一种赋予 WTO 涵盖协议所有适用条款和谐融洽的意义的方式解读这些条款,[⑦]换言之,WTO 涵盖协定必须毋庸置疑地被理解为代表一套不可分割的权利和纪律,必须一并加以考虑。

上诉机构对 WTO 成员权利和义务的重视,以及对 WTO 法律体系的价值和目标的拓展,已经转化为对有效性原则的不同类型的适用。有效性原则的适用随着其他解释原则的适用,并作为条约最终解释的终极理由发挥作用。有效性原则也有助于证明对条约的与时俱进的解释是合理的。有效性原则意味着条约必须保持有效而不是无效,因此条约的语言需要被与时俱进地解释

---

① See Isabelle Van Damme, *Treaty Interpretation by the WTO Appellate Body*, 21(3) The European Journal of International Law 622 (2010).

② See Isabelle Van Damme, *Treaty Interpretation by the WTO Appellate Body*, 21(3) The European Journal of International Law 635 (2010).

③ See Appellate Body Report, United States – Continued Dumping and Subsidy Offset Act of 2000, WT/DS217/AB/R, WT/DS234/AB/R, adopted on 27 January 2003, para. 217.

④ See Appellate Body Report, Japan – Taxes on Alcoholic Beverages, WT/DS8/AB/R, WT/DS10/AB/R, WT/DS11/AB/R, adopted on 1 November 1996, p. 106.

⑤ See Appellate Body Report, United States – Standards for Reformulated and Conventional Gasoline, WT/DS2/AB/R, adopted on 20 May 1996, p. 21.

⑥ See Appellate Body Report, Chile – Price Band System and Safeguard Measures Relating to Certain Agricultural Products, WT/DS207/AB/R, adopted on 23 October 2002, para. 217.

⑦ See Appellate Body Report, Japan – Taxes on Alcoholic Beverages, WT/DS8/AB/R, WT/DS10/AB/R, WT/DS11/AB/R, adopted on 1 November 1996, p. 111.

以确保其持续有效性。①

然而,有效性原则是一个相对的概念。上诉机构认为何种解释是有效的,在一定程度上取决于其所处的体制背景和职能,以及其要解释的条约的目标和宗旨。这一原则的相对性特征也有助于解释为什么它最终没有被纳入 VCLT:用确定的语言定义这个概念是很困难的。② 到目前为止,上诉机构还没有将有效性原则作为通过争端解决实现某些政治目标的工具。但这一原则是一种工具,在不以 VCLT 第 31 条作为论证的基础时,也可以使 WTO 协定的背景、目标和宗旨变得富有意义。③

第二,规则导向模式下上诉机构的解释渊源范围。

首先,在权威解释方面,上诉机构有时表示,它欢迎成员对特定条约案文的含义作出权威解释或不太正式的决定。由于某些条约语言的某些意义比其他条约语言的某些意义更具有争议性,因此 WTO 委员会和其他 WTO 机构的讨论可以告知上诉机构,条约文本的含义是特别敏感的。同时,如果上诉机构将 WTO 条约语言及其权威性解释视为一个不可分割的解释主题,就像它将条约条款与附录条款一起解读一样。上诉机构将权威解释与所涉及的协议合并,然后使用条约解释的习惯原则进行解释。④在欧共体—香蕉Ⅲ(第 21.5 条厄瓜多尔Ⅱ)案/欧共体—香蕉Ⅲ(第 21.5 条美国)案中,上诉机构比较了豁免、权威解释和修正案,就 VCLT 第 31(3)(a)条的意义而言,条约语言与其权威解释之间的关系被比作条约语言与随后的协议之间的关系,至少就条约解释而言是如此。⑤

其次,在遵循先例方面,由于在 WTO 没有遵循先例的规定,甚至 WTO 不

---

① See Isabelle Van Damme, *Treaty Interpretation by the WTO Appellate Body*, 21(3) The European Journal of International Law 637 (2010).

② See Isabelle Van Damme, *Treaty Interpretation by the WTO Appellate Body*, 21(3) The European Journal of International Law 636 - 637 (2010).

③ See Isabelle Van Damme, *Treaty Interpretation by the WTO Appellate Body*, 21(3) The European Journal of International Law 638 - 639 (2010).

④ See Isabelle Van Damme, *Treaty Interpretation by the WTO Appellate Body*, 21(3) The European Journal of International Law 611 - 613 (2010).

⑤ See Appellate Body Reports, European Communities - Regime for the Importation, Sale and Distribution of Bananas (Article 21.5 - Ecuador II)/ (Article 21.5 - US), adopted on 22 December 2008, para. 383.

承认判例法,因此专家组和上诉机构的解释的效力仅限于个案。然而,WTO争端解决中有一个柔性的先例制度,许多关于实体和程序的解释在随后的裁决报告中得以保留。[①] 但如果专家组或上诉机构认为先前裁决报告发展的法理对之后的案件中某项WTO规则的解释观点的证明具有说服力,专家组和上诉机构很可能会反复遵循它。例如,在欧共体—海豹产品案中,上诉机构引用了67个专家组和上诉机构的决定来证明其对WTO协定条款的解释是正确的。[②] 国际法学家鲍威林(Joost Pauwelyn)发现:35.4%的上诉机构决策相互参照,专家组经常遵循上诉机构的决策,只有少数例外。[③]

专家组在印度—专利保护案中对援引先前裁决报告的理由论述如下:

"专家组不受专家组或上诉机构以前决定的约束,即使主题是相同的。在审查WT/DS79争议时,我们不受上诉机构报告修改后的专家组WT/DS50结论的法律约束。然而,在按照DSU第10.4条规定的正常争端解决程序过程中,我们将考虑专家组和上诉机构在WT/DS50报告中的结论和推理。此外,在审议过程中,我们认为应重视DSU第3.2条,其中强调WTO争端解决机制在为多边贸易体制提供安全和可预测性方面的作用,需要避免不一致的裁决(这方面的关切已被双方提及)。"[④]

同样地,上诉机构在美国—不锈钢案中表明:

"争端解决实践表明,WTO成员重视以前专家组和上诉机构报告中提供的推理。通过的专家组和上诉机构报告经常被当事方引用,以支持争端解决程序中的法律论据,并在随后的争端中被专家组和上诉机构依赖。此外,WTO成员在制定或修改与国际贸易事项有关的国内法律和法规时,也会对已经通过的专家组和上诉机构裁决报告中的法律解释予以考虑。因此,专家组和上

---

① 参见[美]约翰·H.杰克逊:《国家主权与WTO:变化中的国际法基础》,赵龙跃、左海聪、盛建明译,社会科学文献出版社2009年版,第207-208页。

② See Gregory Shaffer, Manfred Elsig & Sergio Puig, *The Extensive (Yet Fragile) Authority of WTO Appellate Body*, 79 Law & Contemp. Probs. 260 (2016).

③ See Joost Pauwelyn, *Minority Rules: Precedent and Participation Before the WTO Appellate Body*, in Joanna Jemielniak, Laura Nielson and Henrik Palmer Olsen eds, Judicial Authority in International Economic Law, Cambridge University Press, 2016, p. 141-172.

④ Panel Report, *India - Patent Protection for Pharmaceutical and Agricultural Chemical Products*, WTO Doc. WT/ DS79/R, adopted on Sept. 22, 1998, p. 57.

诉机构作出的获得通过的裁决报告中的法律解释构成 WTO 争端解决体系的重要组成部分。正如 DSU 第 3.2 条所述,确保争端解决体系的安全性和可预测性意味着,裁决机构将在随后的案件中以与先前裁决同样的方式解决相同的法律问题,除非裁决机构有令人信服的理由推翻先前裁决中的调解观点。"①

最后,在 WTO 外部国际法渊源方面,上诉机构在多大程度上表明愿意将非 WTO 法律作为 WTO 条约文本解释的依据? 在这方面,上诉机构的做法越来越复杂,很难对其实践作出明确的概括,但具有倾向于适用非 WTO 法解释 WTO 规则的渐进主义趋势。②

DSU 第 3.2 条反映了一种承认规则,即不能以与国际公法临床隔离的方式来解读 WTO 协定。③ 虽然这一声明在形式上的法律意义不大,因为第 3.2 条只涉及有关解释条约的习惯国际法律规则,但它具有相当的象征意义,无疑是一项重要的意向声明。两年后,在美国—虾案中,上诉机构似乎兑现了这一承诺,在解释 GATT1994 第 20 条(g)项下的"可用竭的自然资源"时,完全以人们能够期待的一般国际公法法庭的方式使用了相当广泛的国际法解释渊源。④ 但实际上,美国—虾案的真正意义相对有限。通过观察国际社会如何在其他国际法律文件中使用"可用竭的自然资源"这样的术语是一回事;而考虑来自非 WTO 法的潜在冲突性的规范原则,以塑造模糊的 WTO 文本中的义务的解释,则完全是另一回事。在前一种情况下,风险要低得多。在欧共体—生物技术案的专家组裁决中,这一区别的重要性变得非常明显。一方面,专家组经常求助于其他国际组织,以协助解释《SPS 协定》中的有害生物、添加剂或毒素等技术术语;另一方面,当被要求考虑 CBD 及规定有预防原则的《卡塔赫纳生物

---

① Appellate Body Report, United States – Final Anti – Dumping Measures on Stainless Steel from Mexico, WTO Doc. WT/ DS344/AB/R, adopted on May 20, 2008, p. 160.

② See Lang, Andrew, *Twenty years of the WTO appellate body's "fragmentation jurisprudence"*, available in LSE Research Online: January 2016, p. 3, http://eprints. lse. ac. uk/64810/.

③ See Appellate Body Report, United States – Standards for Reformulated and Conventional Gasoline, WT/DS2/AB/R, adopted on 20 May 1996, p. 17.

④ See Appellate Body Report, United States – Import Prohibition of Certain Shrimp and Shrimp Products, WT/DS58/AB/R, adopted on 6 November 1998, paras. 127 – 134.

安全议定书》时，专家组改变了立场，并对 VCLT 第31(3)(c)条[①]的解释采取了有争议的限制性办法，它认为根据这一规定，该条只要求考虑适用于正在解释的条约所有缔约方之间关系的国际法规则。[②] 这是一种极端的限制性举措：正如人们经常指出的那样，所有 WTO 成员都参加的条约（如果有的话）少之又少。那么，这种解释的结果将是剥夺了第31(3)(c)条在 WTO 规则解释中的有效适用性，以及 WTO 法律体系的开放性、与外国国际法体系的协调一致性。[③] 而在欧共体—生物技术案专家组中，上诉机构表示在某些情况下愿意背离生物技术小组的做法。然而，它在这方面的决定是隐晦而谨慎的。它指出，在借鉴一项并非所有 WTO 成员都参加的国际协议时，必须谨慎行事。与此同时，它谨慎地提出，必须在两者之间取得微妙的平衡：一方面，适当考虑一个 WTO 成员的国际法义务；另一方面，在所有 WTO 成员中确保实行一致、协调的 WTO 法的解释方法。[④] 同样在该案中，上诉机构决定无论争端方如何解释 VCLT 第31(3)(c)条中的"当事方"，它都不需要考虑这一问题，因为欧共体没有确切证明所要援引的外部条约如何与争议的具体法律问题是"有关的"。[⑤] WTO 关于第31(3)(c)条法理的另一个值得注意的特点：尽管一些其他机构倾向于淡化第31(3)(c)条中"有关的"术语的法律意义，但上诉机构将其视为一项实质性要求，需要相当大的证明努力。[⑥]

除 VCLT 第31(3)(c)条，专家组和上诉机构还有其他考虑非 WTO 规则的途径吗？例如 VCLT 第31(3)(a)条规定的"嗣后协定"，以及第31(3)(b)条规定的"嗣后惯例"。但在迄今为止的 WTO 先例中，这些途径只被用来采纳

① "适用于当事方间关系之任何有关国际法规则。"

② See Panel Reports, European Communities – Measures Affecting the Approval and Marketing of Biotech Products, WT/DS291/R, Add. 1 to Add. 9 and Corr. 1 / WT/DS292/R, Add. 1 to Add. 9 and Corr. 1 / WT/DS293/R, Add. 1 to Add. 9 and Corr. 1, adopted on 21 November 2006, para 7. 70.

③ See Andrew Lang, *Twenty years of the WTO appellate body's "fragmentation jurisprudence"*, available in LSE Research Online: January 2016, p. 4, at: http://eprints. lse. ac. uk/64810/.

④ See Appellate Body Report, European Communities and Certain Member States – Measures Affecting Trade in Large Civil Aircraft, WT/DS316/AB/R, adopted on 1 June 2011, para. 845.

⑤ See Appellate Body Report, European Communities and Certain Member States – Measures Affecting Trade in Large Civil Aircraft, WT/DS316/AB/R, adopted on 1 June 2011, paras. 846 – 851.

⑥ See, eg, Appellate Body Report, Peru – Additional Duty on Imports of Certain Agricultural Products, WT/DS457/AB/R, adopted on 31 July 2015, para. 5. 100ff.

WTO 内部文件,即在 WTO 谈判或 WTO 委员会中产生的文件,部长级宣言等,这些都包含在 WTO 涵盖的协议中,但显然仍是更广泛的 WTO 现行法的一部分。[①] 此外,试图让上诉机构将非 WTO 条约作为"国际标准"考虑的努力也没有取得太大进展,而非 WTO 条约是《TBT 协定》第 2.4 条要求成员使用的。上诉机构在美国—金枪鱼案中明确指出,为了有资格成为一项国际标准,该条约必须向所有 WTO 成员开放,也就是说,如果 WTO 成员表示愿意加入,那么加入条约基本上是自动的。[②] 而能够达到这一要求的条约是非常少的。最后,适用 VCLT 第 41 条(仅在若干当事方间修改多边条约之协定)作为考虑"彼此之间的协定"的窗口的可能性也在先例中受到限制,上诉机构在秘鲁—农产品案中认定 WTO 成员在 GATT1994 第 24 条所涵盖的自由贸易协定方面,大体上已脱离第 41 条。[③]

总之,虽然上诉机构已表明愿意阐明和适用其他国际法领域的规则解释 WTO 规则中的专门术语,但是在利害关系重大的地方,也就是说,在 WTO 法和非 WTO 法之间存在潜在冲突的地方,它采取了一种非常克制的方法。

第三,规则导向模式下上诉机构填补空白和澄清模糊的理论与实践。

首先,在填补空白方面。在某些情况下,上诉机构制定了填补 WTO 协议程序空白的法律,尽管这一空白的存在是由于成员在如何填补这一空白方面存在严重分歧。例如,上诉机构在没有 WTO 协议明确指引的情况下,决定专家组可以考虑非国家行为者提交的法庭之友陈述。[④] 上诉机构作出这一裁决的依据的是 DSU 第 13 条,其中规定专家组可以向它认为适当的任何个人或机

---

① See Andrew Lang, *Twenty years of the WTO appellate body' s "fragmentation jurisprudence"*, available in LSE Research Online: January 2016, p. 5, at: http://eprints. lse. ac. uk/64810/.

② See Appellate Body Report, United States – Measures Concerning the Importation, Marketing and Sale of Tuna and Tuna Products, WT/DS381/AB/R, adopted on 13 June 2012, para. 386 and surrounding.

③ See Appellate Body Report, Peru – Additional Duty on Imports of Certain Agricultural Products, WT/DS457/AB/R, adopted on 31 July 2015, para. 5. 113 and surrounding.

④ 上诉机构认为,根据 DSU 第 13 条的规定,专家组有权接受、考虑或拒绝提交给它的信息和建议,无论专家组是否提出要求。专家组可自行提出索取资料的请求,但这一事实本身并不约束小组接受和审议实际提交的资料。Appellate Body Report, United States – Countervailing Duties on Certain Corrosion – Resistant Carbon Steel Flat Products from Germany, WT/DS213/AB/R, adopted on 19 December 2002, para. 108.

构寻求信息和技术咨询。尽管如此,上诉机构对第 13 条的解释是在南北双方就是否允许法庭之友的问题僵持数年的背景下作出的。很少有发展中国家会同意就这一结果达成协议,但上诉机构将 DSU 解释为支持这一结果。① 同样地,在欧共体—香蕉案中,上诉机构确立了私人律师可以在口头法律程序中代表当事方,欧盟和美国对此表示反对,他们的理由是基于以往的 GATT 实践就只允许政府律师或政府贸易专家参与争端解决程序对上诉机构的决定加以反对,上诉机构的做法与 GATT 近 50 年的惯例不符。但上诉机构的理由是 WTO 协定、习惯国际法或国际法庭的现行惯例均未阻止 WTO 成员在上诉机构程序中决定其代表团的组成。② 这一做法被印度尼西亚—影响汽车工业的某些措施案的专家组遵从,从而允许非政府机构的律师参与专家组程序。③

其次,在澄清模糊方面,上诉机构对模糊的澄清表现为以下两种方式:

1. WTO 协定文本的模糊性使文本含义较为宽泛,包含几种解释结论,WTO 成员利用这种模糊性从事其中包含的某种解释的行为,而上诉机构赋予了这种模棱两可的条约语言特定的含义,限制了成员据以行事的范围。④ 例如,在美国—虾案中,上诉机构必须决定,美国是否可以依靠 GATT 第 20 条(g)项来禁止某些虾和虾产品进口,因为出口这些虾和虾产品的成员并没有为此要求采取特别的方法来保护在捕捞虾时濒临灭绝的海龟的法律。GATT 第 20 条(g)项规定,如果某些措施对于"保护可能用竭的自然资源"是必要的,则不属于 GATT1994 肯定性义务的一部分,但该条款模棱两可,没有明确规定这些可用竭的自然资源是否必须位于援引该例外的国家的管辖范围内。上诉机构对可以援引 GATT 第 20 条(g)项例外的条件作出了有力的解释,指出必须

---

① See Richard H. Steinberg, *Judicial Lawmaking at the WTO: Discursive, Constitutional, and Political Constraints*, 98(2) The American Journal of International Law 251 (2004).

② See Appellate Body Report, European Communities – Regime for the Importation, Sale and Distribution of Bananas, WT/DS27/AB/R, adopted on 25 September 1997, paras. 5 – 10.

③ See Panel Report, Indonesia – Certain Measures Affecting the Automobile Industry, WT/DS54/R, adopted on 23 July 1998, paras. 4.1 – 4.35.

④ See Richard H. Steinberg, *Judicial Lawmaking at the WTO: Discursive, Constitutional, and Political Constraints*, 98(2) The American Journal of International Law 252 (2004).

"根据国际社会当前对保护和维持环境的关切"来解读该条款。[①] 上诉机构在得出有关措施属于第 20 条(g)项含义的结论后,对第 20 条的序言作了解释,并确定了在审议一项措施是否违反序言条款时至少适用的五个具体因素。其中一些因素没有文本依据,例如被告的行为是否"对外国政府、WTO 成员所作的具体政策决定造成有意的和实际的强制影响"。[②] 简言之,上诉机构的裁决为平衡贸易环境问题提供了一种方法,尽管 WTO 成员在这个问题上僵持了 10 年之久。[③]

2. 上诉机构对谈判代表故意留下的含混不清的语言(因为他们无法就更具体的语言达成一致,或者希望允许一系列替代行为或国家惯例)赋予了精确和狭隘的含义。[④] 例如,在以美国为被诉方的三个保障措施案件的裁决中,[⑤]上诉机构澄清了用于认定保障措施的因果分析,而 WTO 保障措施条款中关于因果关系的规定原本是较为模糊的,这是由于乌拉圭回合谈判代表的故意为之。因为在乌拉圭回合谈判中,美国谈判代表拒绝接受一项要求各国当局量化进口和其他因素对国内工业的相对影响的测试。美国试图使 WTO 裁决机构遵循美国采取的定性方法而非定量方法来分析保障措施案件中的"实质原因"问题。[⑥] 上诉机构认为其有义务不将其他原因造成的损害归因于作为保障措施调查对象的进口产品,并据此确立了一项肯定性的要求,即国家当局不仅要分

---

① See Appellate Body Report, United States – Import Prohibition of Certain Shrimp and Shrimp Products, WT/DS58/AB/R, adopted on November 6, 1998, para. 129.

② See Appellate Body Report, United States – Import Prohibition of Certain Shrimp and Shrimp Products, WT/DS58/AB/R, adopted on November 6, 1998, para. 129.

③ See Richard H. Steinberg, *Judicial Lawmaking at the WTO: Discursive, Constitutional, and Political Constraints*, 98(2) The American Journal of International Law 252 (2004).

④ See Richard H. Steinberg, *Judicial Lawmaking at the WTO: Discursive, Constitutional, and Political Constraints*, 98(2) The American Journal of International Law 252 (2004).

⑤ See Appellate Body Report, United States – Definitive Safeguard Measures on Imports of Circular Welded Carbon Quality Line Pipe from Korea, WT/DS202/AB/R, adopted on Mar. 8, 2002; Appellate Body Report, United States – Safeguard Measures on Imports of Fresh, Chilled or Frozen Lamb Meat from New Zealand and Australia, WT/DS177/AB/R, adopted on May 16, 2001; Appellate Body Report, United States – Definitive Safeguard Measures on Imports of Wheat Gluten from the European Communities, WT/DS166/AB/R, adopted on Jan. 19, 2001.

⑥ See Richard H. Steinberg, *Judicial Lawmaking at the WTO: Discursive, Constitutional, and Political Constraints*, 98(2) The American Journal of International Law 253 (2004).

析其他原因的性质,而且要分析其他原因的程度。①

第四,规则导向模式下上诉机构审查标准的实践。

《反倾销协定》第 17.6 条规定的审查标准专门适用于 WTO 裁决机构对成员采取的反倾销措施的审查,关于该条确立的特殊的审查标准在上诉机构和一些成员之间存在不同的观点。第 17.6(ii)条②的含义引发了一些争议,该条实际上要求 WTO 裁决机构适用 VCLT 规定的条约解释的方法,审查一项措施是不是基于对《反倾销协定》的可允许的解释。如果只有一种解释是可能的,大多数争议就不会出现,当有多种可能的解释时,什么样的解释属于允许的解释就产生了争议。例如有观点主张有必要将"可能的解释"与"最符合《反倾销协定》的解释"(最适合法律文本、使该文本变得高尚、成为最好的那种解释)区分开来。③ 上诉机构在实践中似乎拒绝适用第 17.6(ii)条,理由是不存在多种允许的解释,有时则是认定某种解释是不被允许的。④ 在其他情况下,第 17.6(ii)条的问题完全被回避了。⑤ 上诉机构对第 17.6(ii)条的怀疑是可以理解的,因为依据法官知法原则,法官应该了解法律及其确切的含义。⑥ 有关上诉

---

① See Appellate Body Report, United States – Safeguard Measures on Imports of Fresh, Chilled or Frozen Lamb Meat from New Zealand and Australia, WT/DS177/AB/R, adopted on May 16, 2001, para. 185.

② 《反倾销协定》第 17.6(ii)条规定:"专家组应依照关于解释国际公法的习惯规则,解释本协定的有关规定。在专家组认为本协定的有关规定可以作出一种以上允许的解释时,如主管机关的措施符合其中一种允许的解释,则专家组应认定该措施符合本协定。"

③ See Isabelle Van Damme, *Treaty Interpretation by the WTO Appellate Body*, 21(3) The European Journal of International Law 608 – 609 (2010).

④ See e. g. , Appellate Body Report, European Communities – Anti – Dumping Duties on Imports of Cotton – Type Bed Linen from India – Recourse to Article 21. 5 of the DSU by India, WT/DS141/AB/RW, adopted on 12 March 2001para. 65, 118; Appellate Body Report, United States – Final Dumping Determination on Softwood Lumber form Canada, WT/DS264/AB/R, adopted on 31 August 2004, para. 116; Appellate Body Report, United States – Laws, Regulations and Methodology for Calculating Dumping Margins ("Zeroing"), WT/DS294/AB/R, adopted on 9 May 2006, para. 134; Appellate Body Report, United States – Measures Relating to Zeroing and Sunset Reviews, WT/DS322/AB/R, adopted on 23 January 2007, paras. 188 – 189.

⑤ See e. g. , Appellate Body Report, Mexico – Anti – Dumping Investigation of High Fructose Corn Syrup (HFCS) from the United States – Recourse to Article 21. 5 of the DSU by the United States, WT/DS132/AB/RW, adopted on 21 November 2001, para. 133.

⑥ See Isabelle Van Damme, *Treaty Interpretation by the WTO Appellate Body*, 21(3) The European Journal of International Law 610 (2010).

机构对该条的具体观点笔者在后文中会进行详细的论述，但总体而言从上诉机构的裁决实践可知，上诉机构寻求的是恰当或正确的解释，而不是任何可能的解释，在上诉机构看来，正确的解释和可能的解释是不一样的，一个可能的解释并不等于更好或最好的答案解释。

总之，上诉机构裁决报告创造的大量法理促进了 WTO 多边贸易体制的可预测性和安全性，以争端解决的方式对未来的专家组成员和各潜在的争端当事方提供具有可预测性与安全性的规则适用指导。[①] WTO 协定的起草者主要是外交官，外交的本质就是运用迎合大多数人的表达方式以达成协议。因此，WTO 协定的条款并非体现法律人一贯的严谨性和准确性的最佳范例。对于 WTO 协定中存在的模糊和空白，WTO 立法机构应当通过多边谈判的方式来加以澄清或填补，但是自 WTO 成立以来，多边谈判鲜少取得进展。当具体的争端案件涉及模糊规则时，专家组和上诉机构无可避免地需要对模糊的规则进行解释。往往在裁决实践中，法律规则的解释往往等于对法律规则的澄清，澄清法律条文的模糊性有时可能导致填补空白，填补法律规则的空白或灰色地带可以被批评者视为司法立法行为，法律解释、法律澄清、填补空白和司法造法之间难以划出一条泾渭分明的界线。[②] 对此，有观点认为，上诉机构一直在寻求通过确立其独立性、努力寻求平衡和表现自我克制来建立其合法性，只是需要不同的、有时是对立的技术来实现这些效果，这取决于上诉机构在个案裁决中面对的具体背景。有时，上诉机构需要与成员的意见保持距离；又有时，独立将需要尊重成员的意见。有时，平衡和客观的解释需要借助形式主义和文本主义，但有时，这种客观解释需要通过使用更多目的论的推理来实现。总之，上诉机构一直在保持独立和司法克制这两种相互竞争的要求之间取得平衡，这种平衡很可能根据有关案件的具体情况以不同的方式加以调整。[③] 结果是，上诉机构的这种法理风格使其受到“前后不一”和“缺乏纪律”的指

---

① See Amrita Bahri, *Appellate Body Held Hostage'*: *Is Judicial Activism at Fair Trial*? ,53(2) Journal of World Trade 310 (2019).

② See Amrita Bahri, *Appellate Body Held Hostage'*: *Is Judicial Activism at Fair Trial*? ,53(2) Journal of World Trade 308 (2019).

③ See Andrew lang, *The Judicial Sensibility of the WTO Appellate Body*,27(4) European Journal of International Law 1101 (2016).

控——美国指控某些上诉机构成员的“激进主义”所依据的理由。[1] 这深刻说明了上诉机构面临的困境的本质：WTO 成员驱动模式与规则导向模式分别对其解释权限和其在争端裁决中应当扮演的角色提出了截然不同甚至相互矛盾的要求。上诉机构正处于这两种模式冲突之下导致的矛盾任务之中，它一方面要保持司法克制以尊重成员的主权，在解决争端之外不逾越权力限制；另一方面要澄清 WTO 协定规则，确保 WTO 体制整体上的可靠性和可预测性，为此需要不受 WTO 成员的政治影响而保持客观性与公正性。在这种背景下，上诉机构创造了复杂的、令人迷惑的法理，对此，有成员指责其司法越权、司法能动，但也有观点认为其不仅没有司法造法，而且以文本解释为主，体现出较强的司法保守主义倾向；同时亦有观点指出上诉机构的规则解释前后不一、自相矛盾，常常在一个案件中表现出司法克制，却转而在另一个案件中表现出较大的开放性与能动性。[2] 这些相互冲突的评价缘于上诉机构的裁决实践本身的

---

① See Andrew lang, *The Judicial Sensibility of the WTO Appellate Body*, 27(4) European Journal of International Law 1102 (2016).

② 例如，美国指责上诉机构经常忽视 WTO 协定的文本，通过错误地解释 WTO 协定进行持续的越权，剥夺了成员的权利，并强加了新的义务。上诉机构强加了美国从未同意或国会批准的新规则，这是司法能动的表现。上诉机构应采取严格的文本解释方法，以避免填补谈判代表在 WTO 协定中故意留下的空白或含混不清之处。Office of the United States Trade Representative, The 2020 Trade Policy Agenda and 2019 Annual Report of the President of the United States on the Trade Agreements Program, https://ustr.gov/sites/default/files/2020_Trade_Policy_Agenda_and_2019_Annual_Report.pdf, p.7－8. Office of the United States Trade Representative, Report on the Appellate Body of the World Trade Organization, https://ustr.gov/sites/default/files/Report_on_the_Appellate_Body_of_the_World_Trade_Organization.pdf, p.1－2. 但同时，有学者认为，上诉机构在中国—稀土案中拒绝将 GATT1994 第 20 条的例外适用于中国的出口关税，是一种过渡节制的文本主义，上诉机构期望文本主义使其免受批评，并将责任转嫁给成员。上诉机构未联系 WTO 协定中规定的目标与宗旨单纯适用文本主义解释路径的方法是不合理的。Bond, Eric W. & Joel Trachtman, *China - Rare Earths: Export Restrictions And the Limits of Textual Interpretation*, 15 World Trade Review 208 (2016). 然而，不同于上诉机构在中国—稀土案中的过度保守的文本主义解释路径，上诉机构在美国—虾案中对 GATT1994 第 20 条的序言作了解释，并确定了在审议一项措施是否违反序言条款时至少适用的五个具体因素，其中一些因素没有文本依据，例如被告的行为是否对 WTO 成员政府所作的具体政策决定造成有意的和实际的强制影响。Appellate Body Report, United States – Import Prohibition of Certain Shrimp and Shrimp Products, WT/DS58/AB/R, adopted on 6 November 1998, para. 161. 理查德·斯坦伯格对上诉机构在解释方法和解释风格中的诸多矛盾做法作了较为充分的论述，see Richard H. Steinberg, *Judicial Lawmaking at the WTO: Discursive, Constitutional, and Political Constraints*, 98(2) The American Journal of International Law 251－254 (2004)。

复杂性，出现了代表不同利益的主体对上诉机构或者批评或者褒扬且各执己见、莫衷一是，谁也无法完全占理的局面，最终是谁强势谁就有理，其他成员免不了要被强势者牵着鼻子走。因此，如果试图对上诉机构进行改革、解决其司法造法的问题，就需要首先理解上诉机构裁决实践，在其散漫的，甚至矛盾的实践之中发现隐藏其中的规律，这是厘清上诉机构规则解释是否存在问题、存在什么问题以及如何改革的基础。

第三节　WTO 上诉机构规则解释的内在逻辑与目标选择[①]

WTO 上诉机构的解释实践具有相当的复杂性甚至矛盾性。在该机构停滞并亟须改革的当下，隐藏在其规则解释表象之下的深层法理需要被揭示，以便发现真正的问题所在并促进问题的有效解决。上诉机构规则解释的目标在于促进 WTO 制度的有效性，具体包括促进争端的有效解决、确保规则的安全性和可预测性以及政策开放性三个方面。然而，上诉机构在个案裁决中面临目标选择的困境，即只能从三个目标中选择最应当实现的两个目标，而无法同时实现三个目标。当上诉机构在个案裁决中选择实现政策开放性、规则的安全性和可预测性两个目标，而对成员的管理自主权加以限制，即可能损抑促进争端解决的目标时，其政策选择是否符合 WTO 的民主合法性是其规则解释的真正问题所在。

一、问题的提出：拨开上诉机构规则解释的迷障

上诉机构规则解释法理具有相当的复杂性，这一评价在学界和实务界已是不争的事实。例如安德鲁·朗（Andrew Lang）认为："上诉机构优先考虑灵活性和对背景的关注，创造了一个过于复杂和不透明的法理学体系。"[②]上诉机

① 本章第三节的内容已经发表在期刊中，范笑迎：《WTO 上诉机构规则解释的内在逻辑与目标选择》，载《武大国际法评论》2022 年第 3 期。

② Andrew Lang, *The Judicial Sensibility of the WTO Appellate Body*, 27 European Journal of International Law 1102 (2016).

构规则解释的法理复杂性具体表现为以下四种冲突：

第一，一致与不一致。有时上诉机构的解释与先前的裁决保持一致，有时却推翻了先前裁决中的观点而采取一种新的解释结论。①

第二，透明与不透明。上诉机构有时对规则的解释十分详细、具体，清晰地表明了其分析的方法、思路与结构，有时却以一种不甚清晰的、含糊其词、跳跃闪烁的方式得出其结论。②

第三，保守与开放。上诉机构有时对规则的解释谨慎限制价值偏好、回避政策选择，有时却在规则解释中表现出明显的价值偏好、作出明确的政策选择。诚然，在许多情况下，上诉机构经常自觉地回避目的论推理，固守文本主义确保解释的合法性，但在其他情况下，它采用目的论推理获得解释的与时俱进性，这也是事实。③

第四，遵从与不遵从。上诉机构有时在规则解释中表现出对成员管理自主权的高度遵从，有时却对成员管理自主权进行严格审查并加以限制。④

上诉机构法理呈现出的上述复杂性与矛盾性的原因值得研究。虽然上诉

---

① 例如上诉机构在欧共体—海豹产品案中充分援引先例和在欧共体—石棉案中轻易推翻先例的对比。See Gregory Shaffer, Manfred Elsig & Sergio Puig, *The Extensive* (*Yet Fragile*) *Authority of WTO Appellate Body*, 79 Law and Contemporary Probloms 260 (2016); Appellate Body Report, European Communities – Measures Affecting Asbestos and Asbestos – Containing Products, WT/DS135/AB/R, adopted on 5 April 2001, paras. 172 – 174.

② 例如上诉机构在美国—双反（中国）案中的详尽解释和在欧共体—沙丁鱼案中的模糊解释的对比。See Appellate Body Report, United States – Definitive Anti – Dumping and Countervailing Duties on Certain Products from China, WT/DS379/AB/R, adopted on 25 March 2011, paras. 288 – 318; Henrik Horn & Joseph H H Weiler. *European Communities – Trade Description of Sardines*: *Textualism and its Discontent*, 4 World Trade Review 258 (2005).

③ 例如上诉机构在美国—虾案中采取与时俱进的解释方法和在中国—稀土案中严格适用文本主义解释的对比。See Appellate Body Report, United States – Import Prohibition of Certain Shrimp and Shrimp Products, WT/DS58/AB/R, adopted on 6 November 1998, paras. 127 – 134; Bond, Eric W. & Joel Trachtman, *China – Rare Earths*: *Export Restrictions And the Limits of Textual Interpretation*, 15 World Trade Review 208 (2016).

④ 例如上诉机构在美国—归零案中对成员管理自主权的严格限制和在欧共体—石棉案中对成员管理自主权的遵从的对比。See Gregory Shaffer, Manfred Elsig & Sergio Puig, *The Extensive* (*Yet Fragile*) *Authority of WTO Appellate Body*,79 Law and Contemporary Probloms 260 (2016); Appellate Body Report, European Communities – Measures Affecting Asbestos and Asbestos – Containing Products, WT/DS135/AB/R, adopted on 5 April 2001, paras. 172 – 174.

机构规则解释法理从表面上看是散漫的、不成体系的甚至是相互矛盾的,但万变不离其宗,笔者试图拨开迷雾,发现上诉机构规则解释背后的内在逻辑。

就上诉机构解释法理的内在逻辑,罗伯特·豪斯(Robert Howse)、安德鲁·朗和约斯特·鲍威林(Joost Pauwelyn)都进行了诠释。罗伯特·豪斯认为,上诉机构的解释看似复杂,实则始终反映了其一贯的司法政策选择,即保持独立。[①] 上诉机构没有成为 WTO 新自由主义贸易制度的捍卫者,而是"自觉地与作为一个制度(institution)的 WTO 保持距离"。[②] 上诉机构认为自身的作用主要是维护成员的管制权与行使该权利需要遵守的 WTO 纪律之间的平衡,而不是新自由主义的贸易价值观的代言人。[③] 上诉机构对 WTO 协定框架内存在的可接受的合法性公共政策的理解主要是基于外部情况,而非 GATT/WTO 内部人士的直觉及其传统。[④] 所以,上诉机构在解释中运用了一系列确保独立的技术,包括:从 WTO 体系之外求助规范资源;将文本解释而非目的解释作为主要的解释方法;对自身裁决结论作为专家组裁决参照的重要性加以强调;尽可能地完成法律分析以及允许私人律师参与程序等。[⑤]

安德鲁·朗认为上诉机构复杂的解释法理的本质是从以往强调非歧视到越来越多地强调竞争中立的转变。[⑥] 他提出,上诉机构在解释(边境)后歧视规

---

① See Robert Howse, *The World Trade Organization 20 Years On: Global Governance by Judiciary*, 27 European Journal of International Law 17 (2016).

② See Robert Howse, *The World Trade Organization 20 Years On: Global Governance by Judiciary*, 27 European Journal of International Law 24,25,28 (2016).

③ See Robert Howse, *The World Trade Organization 20 Years On: Global Governance by Judiciary*, 27 European Journal of International Law 44, 60 (2016).

④ See Robert Howse, *The World Trade Organization 20 Years On: Global Governance by Judiciary*, 27 European Journal of International Law 76 (2016).

⑤ See Robert Howse, *The World Trade Organization 20 Years On: Global Governance by Judiciary*, 27 European Journal of International Law 37 - 38 (2016).

⑥ 安德鲁·朗所称的"竞争中立"的含义是:目前学界和实务界对于 GATT1994 第 3 条(国民待遇条款)和第 20 条(一般例外条款)中的非歧视要求有两种不同的解释:一种观点将非歧视看作一种反保护主义的规范,认为 WTO 的主要目的是约束那些试图通过向本国产品提供不公平竞争优势来作弊的政府;另一种观点将非歧视视为竞争中立规则,认为 WTO 在进行一项更广泛的纪律管理设计项目,确保进口由于国内管理措施而遭受的所有竞争劣势都得到仔细审查和严格证明。因此,安德鲁·朗所称的"竞争中立"是针对进口产品和国内产品之间的竞争条件而言的。Andrew Lang, *The Judicial Sensibility of the WTO Appellate Body*, 27 European Journal of International Law 1097 - 1099 (2016).

范时采纳的"管制平衡"路径最好不要被理解为与作为制度的 WTO 的新自由主义意识形态的根本决裂,而应当被理解为是一种持续进行的潜在的机构内部的对话,上诉机构在这一对话中发挥了事实上的思想领袖的角色,它的法理学已成为一个中心,与此相关的更广泛的制度共识已逐渐达成。[①] 同时,安德鲁·朗补充了罗伯特·豪斯的观点:"上诉机构在过去 20 年里一直通过确保独立性、寻求平衡和表现自我克制来建立其合法性。上诉机构对于这一目标的实现取决于个案的背景,从而采取了不同的甚至是相反的技术。有时表现独立性要求上诉机构与成员的观点保持距离;而有时确保独立需要对成员表示尊重。有时平衡和客观性的表现需要采取形式主义和文本主义;而有时运用更多的目的论推理可能会更好。当然,在'保持独立'和'自我克制'这两种相互竞争的要求之间,上诉机构总是需要达到一种平衡,这种平衡可能会根据有关决定的具体情况,以不同的方式进行校准。上诉机构对这一现实极为敏感,因此形成了一种专门设计的法理风格,以保持其在环境变化时作出适当反应的灵活性和自由。"[②]因此,安德鲁·朗认为上诉机构法理学的一个突出特征就是灵活性,由于上诉机构需要基于个案的背景校准平衡线的位置,因此它总是保留对问题的推理,避免在未来的案件中自缚手脚,灵活性应当被列入罗伯特·豪斯提出的上诉机构的"司法政策"[③]之中。[④]

然而,约斯特·鲍威林认为,上诉机构的有效性与合法性不能通过与 WTO 成员或日内瓦的贸易政策精英保持距离的方式实现,其具备合法性的原因只能是基于其解释反映和回应了 WTO 全体成员基本的和不断演变的偏好。"值得注意并令人钦佩的是上诉机构整体上的谨慎,仔细听取(成员的)怨言和

① See Andrew Lang, *The Judicial Sensibility of the WTO Appellate Body*, 27 European Journal of International Law 1100 (2016).

② Andrew Lang, *The Judicial Sensibility of the WTO Appellate Body*, 27 European Journal of International Law 1101 (2016).

③ 罗伯特·豪斯提出的上诉机构奉行的五项司法政策包括:(1)非歧视制度中的有条件遵从;(2)"后歧视"的乌拉圭回合规范与非歧视规范的同化;(3)尊重(国内社会)集体偏好;(4)选择性司法极简主义;(5)WTO 司法体系相对于 WTO 其他贸易论坛的自治性。Robert Howse, *The World Trade Organization 20 Years On: Global Governance by Judiciary*, 27 European Journal of International Law 45 - 75 (2016).

④ See Andrew Lang, *The Judicial Sensibility of the WTO Appellate Body*, 27 European Journal of International Law 1101 (2016).

不断变动的偏好,对此给予不同程度的容忍,尽管从正式的法律角度来看,个别上诉机构的裁决超出了成员的控制。”[①]因此,约斯特·鲍威林不赞同罗伯特·豪斯的观点,他提出,上诉机构的解释实践实际上是反映了而不是反对成员的观点,证据包括:上诉机构对保障措施、反倾销和反补贴税的审查采取较专家组更为严格的立场,是基于日内瓦贸易精英圈子将这些措施视为本质上的保护主义而予以反对,尽管上诉机构的做法引发了美国国内利益集团的不安。另外,上诉机构对区域自由贸易协定的批判态度也是如此。在这两个问题上,上诉机构似乎内化了(而不是背离了)日内瓦贸易政策精英们的观点。[②]同时,与专家组成员类似,上诉机构成员通常具有政府(而非司法、法学研究或私营部门)背景,在司法争端解决方面经验相对有限。但是这不妨碍上诉机构乃至整个争端解决机制取得成功,这种人员背景恰恰增强了其国际合法性,因为他们的解释更能够使 WTO 成员易于理解。[③]

综上所述,现有研究都认为上诉机构是为了实现一定的司法政策、确保自身的合法性,而需要在案件裁决中适用复杂、灵活的技术和法理。但这些研究的分歧在于一方面对上诉机构的合法性来源认识不同,存在该机构是否独立于 WTO 成员的争论;另一方面对上诉机构采取的司法政策认识不同,存在嵌入式自由主义、竞争中立和 WTO 全体成员的偏好之间的争论。

笔者认为,上述相互对立的观点都有相应的上诉机构裁决实践作支撑,没有一种观点可以取得完胜。这进一步印证了上诉机构法理的复杂性,也说明从上诉机构的合法性来源或司法政策出发解释其法理复杂性原因的路径不可取,这是由于学者提出的上诉机构合法性来源或司法政策都是基于个人的价值观念,虽然佐以上诉机构裁决实践加以证明,但学者对于上诉机构裁决实践

---

① Joost Pauwelyn, *The WTO* 20 *Years On*: "*Global Governance by Judiciary*" *or*, *Rather*, *Member-driven Settlement of* (*Some*) *Trade Disputes between* (*Some*) *WTO Members*?, 27 European Journal of International Law 1120 (2016).

② See Joost Pauwelyn, *The WTO* 20 *Years On*: "*Global Governance by Judiciary*" *or*, *Rather*, *Member - driven Settlement of* (*Some*) *Trade Disputes between* (*Some*) *WTO Members*?, 27 European Journal of International Law 1124 - 1125 (2016).

③ See Joost Pauwelyn, *The WTO* 20 *Years On*: "*Global Governance by Judiciary*" *or*, *Rather*, *Member - driven Settlement of* (*Some*) *Trade Disputes between* (*Some*) *WTO Members*?, 27 European Journal of International Law 1125 - 1126 (2016).

的提取和解释也会受到其事先设定的价值观念的影响,同时会受到其他学者持有的不同价值观念及相应实践证据的反驳。因此,这种论证方式的客观性存疑,且人们目前无法提出一种最终的、真实的、包容上诉机构全部实践的合法性来源的观点。笔者认为,对上诉机构法理复杂性的观察与解释应当绕开对其合法性来源的争论,转变观察视角,作出更具有价值中立性、客观性的解释。

二、上诉机构规则解释与 WTO 制度有效性的关系

笔者提出,上诉机构进行规则解释以促进 WTO 的"制度有效性"为职能目标。

(一)概念区分:作为制度的 WTO 与作为机制/组织的 WTO

一些关于 WTO 研究的重要文献将 WTO 作为一种国际制度(institution)。[①] 与之相关联的一个概念是"国际机制"(international regime),对于"机制"(regimes)的普遍接受的定义是"一系列明确或者暗含的原则、规范、规则和决策程序,由此在一个既定的国际关系领域汇聚起行为体的预期"。其中,"原则是对事实、因果和公正的信念。规范是在权利和义务方面的行为标准。规则是具体的行为规定或禁令。决策程序是制定和执行集体选择的通行做法"[②]。从这个概念出发,WTO 当之无愧为国际贸易机制,其赖以建立的原则包括非歧视、自由贸易等;WTO 的规范,例如,"如果贸易不能以自由的方式进行,那么关税是比有形配额更好地制约贸易的机制"[③];WTO 的规则就是其涵盖协定之中的具体条款;WTO 的决策程序包括其各个组织机构,也包括争端解决程序。那么,机制与制度之间的关系是什么,这两个概念如何区分,为什么罗伯特·豪斯和安德鲁·朗等学者使用"WTO 制度"或"作为制度的 WTO"这一表述?并且,WTO 制度与 WTO 机制、WTO 组织之间有什么区别与联系?

---

① See Robert Howse, *The World Trade Organization* 20 *Years On*: *Global Governance by Judiciary*, 27 European Journal of International Law 9 – 77 (2016); Andrew Lang, *The Judicial Sensibility of the WTO Appellate Body*, 27 European Journal of International Law 1095 – 1105 (2016).

② Stephen D. Krasner, *International Regimes*, Cornell University Press, 1983, p. 2.

③ [英]克里斯·布朗、克尔斯滕·安利:《理解国际关系》(第 3 版),吴志成等译,中央编译出版社 2010 年版,第 160 – 161 页。

国际机制本质上也是社会制度。制度(institutions)是由公认的角色加上一套规则或约定组成的惯例,这些规则或约定支配这些角色的使用者之间的关系。组织(organizations)是具有办公室、人员、设备、预算等的实体,例如国际货币基金组织和世界银行都是组织。相比之下,布雷顿森林体系是一个国际制度。战后国际贸易机制的一个显著特征是,GATT 建立了一种几乎不需要组织方式的制度安排。① 而 WTO 则是一个国际机制,其中将贸易制度与一个明确的组织结合起来。

因此,罗伯特·豪斯和安德鲁·朗所谓的上诉机构独立于"作为制度的 WTO",实际上是说上诉机构的规则解释与 WTO 制度蕴含的新自由主义价值观保持距离,而不是说上诉机构独立于作为组织的 WTO。上诉机构是 WTO 组织的构成部分,无法脱离于组织整体而单独存在。笔者提出的上诉机构规则解释目的在于促进 WTO 的有效性也是指促进 WTO 的"制度"的有效性。

(二)从 WTO 制度有效性概念看上诉机构规则解释的目的

国际制度以追求具备并增强有效性为目的,因为"有效性"概念与制度能够实现的功能直接相关。国际制度是促进国际合作、解决集体行动问题的制度安排,国际制度有效性的评估通常是根据它们(可预期)的表现与在它们缺席的情况下可能出现的事态的比较,以及它们解决其被设计用于解决的问题的能力来进行的。② 国际制度的有效性概念作为一种因变量,是衡量制度在塑造或规范国际社会行为方面所起作用的标准。③ 国际制度的"有效性"概念用于衡量该制度发挥其据以成立的国际协议中规定的作用的评价指标,这类似于一个合同有效是该合同存在的前提,如果合同一方当事人拒不履行合同、履行不能或者存在欺诈等情况,就会导致合同目的落空,另一方当事人可以主张撤销合同或合同无效。同样地,以多边条约为基础建立的 WTO,有效性是其存在的充分且必要条件,WTO 需要具备并不断增强其制度的有效性。

---

① See Oran R. Young, *International Regimes: Toward a New Theory of Institutions*, 39 World Politics 107 – 108 (1986).

② See Arild Underdal, *The concept of regime effectiveness*, 27 Cooperation and conflict 230 – 231 (1992).

③ See Oran R. Young, *The Effectiveness of International Institutions: Hard Cases and Critical Variables*, 34 Governance without government: Order and change in world politics 161 – 162 (1992).

进而,上诉机构作为 WTO 组织的一个构成部分——准司法性机构,其发挥职能的目标当然是促进 WTO 制度的有效性。这好比 WTO 组织相当于电脑的硬件,WTO 制度相当于电脑的软件,一台电脑的每一个硬件的作用都是为了确保其所要驱动的软件的顺利且良好地运行。同样地,WTO 成员的权利义务从确立到实现离不开 WTO 的立法机构、司法性机构和执行机构。GATT 时期的历史也印证了这一观点:为了促进自身制度的有效性,GATT 不断建立并发展相应的机构和程序,依靠其组织硬件的完善来增强其制度软件的有效性。并且,上诉机构是由 7 人组成的常设性裁决机构,其成员具有 4 年至 8 年的任期,不同于为个案裁决需要临时组成的专家组,其目标不仅是解决手头的案件,也包括对长期性的目标与价值的追求。如果将"临时仲裁庭"和"完全法院"当作光谱的两端,专家组趋近于临时仲裁庭,而上诉机构则趋近于法院,二者的不同性质决定了专家组主要负责个案争端在当事方之间得到满意的解决,而上诉机构不仅要解决争端,也要维护 WTO 制度的权威,为此要增进该制度的有效性。

当然,如上文所述,有观点认为上诉机构规则解释独立于 WTO 制度,上诉机构是 WTO 中一个独立的、半自治的司法分支,在相当大的范围内脱离了 WTO 的政治机构的控制。上诉机构关注并同情反全球化者的利益关切,而非 WTO 内部共同体的新自由主义理念。上诉机构不对 WTO 成员负责,因为其决定不必得到成员的积极同意。上诉机构从作为新自由主义事业的 WTO 制度中分离出来具体方式包括:(1)采用 GATT/WTO 法律领域之外的规范来源;(2)用文本主义和形式主义取代贸易自由化的目的论和功能解释;(3)发展了隐性司法权原则,包括填补空白(如允许法庭之友陈述的决定);(4)专门强调不会特别尊重,甚至不尊重正在被提起上诉的专家组的决定,甚至对专家组裁决予以严厉批评;(5)拒绝遵从(deference)WTO 规则制定的政治/外交程序;(6)强调上诉机构裁决的先例作用;(7)赋予自身一种事实上的发回重审权(完成分析);(8)允许非隶属于政府贸易部门的私人法律顾问对案件进行辩论;(9)强调上诉机构内部成员的共识裁决(避免异议)和共同合作(所有案件由全部 7 名成员讨论)。①

---

① See Robert Howse, *The World Trade Organization* 20 *Years On*: *Global Governance by Judiciary*, 27 European Journal of International Law 25 – 26, 31 (2016).

笔者认为上述观点不影响笔者提出的命题的成立：首先，该观点所指的上诉机构与 WTO 制度保持距离，实质上是与 WTO 政治机构的观点保持距离，并不能够证明上诉机构规则解释的目的与 WTO 制度作为一个整体的有效性无关。其次，上诉机构解释法理中体现的事实上的先例制度、对专家组裁决的严格审查、偏重文本主义和形式主义的解释方法、引入法庭之友和私人法律顾问参与争端解决程序等做法都是上诉机构促进 WTO 制度有效性的表现，可以分别归入笔者在下文中提出的上诉机构规则解释为增进 WTO 制度有效性所寻求的三项目标之中。再次，该观点的主要论据存疑。该观点提出 WTO 协定文本和内部共同体明确采纳了由 20 世纪晚期新自由主义思想确定的新贸易议程，并试图围绕这一议程重塑国际贸易法。然而，WTO 协定和其成员是否在新自由主义思想上取得共识缺乏确切的证据，成员的观点是模糊和彼此间矛盾的。WTO 协定文本具有鲜明的冲突性和多面性，反映了成员内部潜在的矛盾和缺乏共识。[①] 最后，上述观点提出的上诉机构保持独立的实践证据总是有相反的实践予以抵消。例如，在许多情况下，上诉机构经常自觉地回避目的论推理，以在文本中确立其合法性，但在其他情况下，它采用目的论推理来达到不同的效果。又如，在有关《SPS 协定》的案例中，上诉机构有时以一种相对遵从成员管理自主权的方式适用其审查标准，而有时却使用相同的审查标准来实施具有侵入性的审查。再如，上诉机构有时拒绝给予 WTO 各委员会提交的内部文件特别重视，但有时对这些文件却采取了完全相反的态度。[②]

（三）WTO 制度有效性的评价指标

尽管对国际制度有效性的研究主要集中于国际环境法领域，但有关研究提出的评价指标不仅适用于国际环境法，也对其他领域的国际制度具有普遍适用性。在这些研究中，奥兰 · R. 杨（Oran R. Young）提出的国际制度有效性

---

① See Andrew Lang, *The Judicial Sensibility of the WTO Appellate Body*, 27 European Journal of International Law 1099 – 1100 (2016).

② See Andrew Lang, *The Judicial Sensibility of the WTO Appellate Body*, 27 European Journal of International Law 1100 – 1101 (2016).

的评价指标最具广泛性与普遍性,[①]笔者加以借鉴提出了 WTO 制度有效性的评价指标。

奥兰·R. 杨提出了国际制度有效性的六个评价指标,分别是:问题解决的有效性、目标实现的有效性、行为有效性、过程有效性、构成有效性和评价有效性,这六个指标彼此之间相互独立,且不存在正相关性。具体而言:(1)问题解决的有效性用以衡量国际制度对其成员所要解决的问题发挥的作用。(2)目标实现的有效性是对一个制度的目标(包括明确宣称的目标和未明确宣称的隐含目标)随着时间的推移所达到的程度的衡量。国际制度要实现的目标与要解决的问题是不同的,目标实现的过程中可能有很多具体问题需要解决,同时问题的解决不一定促进目标的达成,而目标的达成也未必有助于问题的解决。问题解决的有效性和目标实现的有效性之间的关联往往特别脆弱。(3)行为有效性是考察制度的运行是否会导致其中一个或多个成员(或成员管辖下的个人、公司和组织)改变他们的行为。(4)过程有效性体现为国际制度在成员国内/地区内法律和政治制度中得到实施和执行的程度。(5)构成有效性(社会建构有效性)是指制度的形成引起了一种广泛参与的社会实践,参与者投入了相当多的注意力和资源于其中,该制度甚至对他们定义自身的身份发挥重要作用。(6)评价有效性是指制度的性能或表现,即制度的运行能否产生有效、公平、可持续或强有力的结果。评价有效性不同于问题解决的有效性或目标实现的有效性。例如两种制度设计都能够解决同一个问题或实现相同的目标,但是成本更低或更具公平性的制度更具有效性,或者在两种制度成本相同时,对问题解决或目标实现获得更优结果的制度更具有效性。[②] 这六个指标适用于 WTO 制度时,笔者认为,上诉机构规则解释旨在增进 WTO 的问题解决的有效性、目标实现的有效性以及评价有效性。至于行为有效性、过程有效性和构成有效性并不是作为裁决性机构的上诉机构及其通过个案中的规则解释所能够直接追求和实现的,而是需要通过 WTO 的其他机构或者 WTO 作为

---

① See Detlef F. Sprinz, *Research on the Effectiveness of International Environmental Regimes*: *A Review of the State of the Art*, Potsdam Institute for Climate Impact Research & University of Potsdam, 4 (2000).

② See Oran R. Young, *The Effectiveness of International Governance Systems*, in Oran R. Young, International Governance, Cornell University Press, 2018, p. 143 – 150.

一个整体来追求的有效性指标。因此,上诉机构规则解释与行为有效性、过程有效性以及构成有效性之间无法建立直接的联系。

三、上诉机构规则解释的三项目标

约翰·H. 杰克逊(John H. Jackson)认为,上诉机构作为一种裁判机制潜藏着许多目标,DSU 第 3 条明文提及了两个目标,除此以外,还存在其他默示的目标。这些目标之间存在一定的矛盾关系甚至冲突,因此,对这些目标的内涵进行探讨,有助于人们更好地理解并运用 WTO 争端解决机制。① DSU 第 3 条明确规定了上诉机构需要实现的两个目标:一个是确保 WTO 下的争端的有效解决,另一个是增进 WTO 制度的安全性和可预测性。同时,笔者提出上诉机构还有一个隐含的目标就是回应国际社会的普遍价值与利益诉求,增进 WTO 制度的合法性。因为 WTO 协定条款存在很多模糊和空白之处,在个案裁判中,遇到必须解释的模糊条款时,上诉机构需要依照解释国际公法的习惯规则澄清 WTO 协定的现有规则。这就赋予了上诉机构较大的裁量权,因为规则模糊往往意味着仅通过文本解释无法得出明确、唯一的结论,往往需要结合其他解释方法,尤其是目的解释。因此,上诉机构需要根据 WTO 有关协定的目的和宗旨来推断条约文本的含义,其中必然涉及不同价值之间的权衡,在经济价值以外还会涉及公共道德、国家安全、可持续发展等非经济价值,其解释法理往往不仅影响经济行为者,还影响成员政府的国内法规(如其透明度、非歧视性质、效率、法治)和受益于这些政策或受到这些政策不利影响的国内公民。② 可见,上诉机构的解释直接关涉 WTO 制度的合法性,影响 WTO 制度的评价有效性。③ 上诉机构追求的这三个目标分别对应国际制度有效性评价指标中的

---

① 参见[美]约翰·H. 杰克逊:《国家主权与 WTO:变化中的国际法基础》,赵龙跃、左海联、盛建明译,社会科学文献出版社 2009 年版,第 174 – 175 页。

② See Ernst – Ulrich Petersmann, *Legitimacy and International Courts*; *The Legitimacy of International Trade Courts and Tribunals*, 32 Leiden Journal of International Law 201 (2019).

③ 有观点认为,全球分配正义所需要的可能不是 WTO 正式的条约改革,而是对上诉机构的解释实践的改变。这一观点也表明上诉机构规则解释与 WTO 制度的评价有效性之间的关系,因此上诉机构的规则解释需要增进 WTO 的合法性,以实现 WTO 制度的评价有效性。See A. Follesdal, *Constitutionalization*, *Not Democratization*: *How to Assess the Legitimacy of International Courts*, in N. Grossman et al. ,eds. , Legitimacy and nternational Courts, Cambridge University Press, 2018 ,p. 499.

问题解决的有效性、目标实现的有效性以及评价有效性。

（一）WTO 问题解决的有效性：促进 WTO 争端解决

上诉机构规则解释寻求增进 WTO 问题解决的有效性，主要指上诉机构规则解释旨在促进成员之间的争端的积极、有效的解决。DSU 第 3.3 条规定："迅速解决争端对 WTO 有效地发挥其作用至关重要。"上诉机构在美国—《抵消法》（伯德修正案）案和欧共体—鸡肉块案指出："DSU 的总体目标和宗旨在该协议第 3.3 条中得到了表达，其中相应规定了'迅速解决'争端对'WTO 的有效运作至关重要'。"[①]"积极有效地解决争端是 WTO 争端解决机制的核心目标之一。"[②]在美国—羊毛衬衫案中，上诉机构声明："鉴于争端解决的明确目标渗透到 DSU 中，我们不认为 DSU 第 3.2 条旨在鼓励专家组或上诉机构在解决特定争端的背景之外，通过澄清 WTO 协定的现有条款来'制定法律'。专家组只需要处理那些为了解决争端中的问题而必须处理的申诉请求。"[③]因此，上诉机构规则解释以促进争端解决为其核心目标之一。

同时，促进争端解决的目标本质上要求上诉机构对自身的规则解释权限进行限制，仅对涉及 WTO 涵盖协定的法律性争端进行裁决，只能适用规则，而不能制定规则，不审查对解决争端而言非必要的事项。这实质上是上诉机构与成员之间的权力分配问题，表现为对成员管理自主权（national regulatory autonomy）的尊重。

尽管 WTO 涵盖协定中没有明确出现"国家管理自主权"的术语，但是在 WTO 争端解决实践中，专家组和上诉机构均一再强调，成员在制定贸易政策方面享有广泛的自由裁量权。[④] 例如在中国—出版物和音像制品案中，上诉机构指出："我们注意到，从抽象意义上讲，我们认为管理权是成员享有的一种固

---

① Appellate Body Report, United States – Continued Dumping and Subsidy Offset Act of 2000, WT/DS217/AB/R, WT/DS234/AB/R, adopted on 27 January 2003, para. 311.

② Appellate Body Report, European Communities – Customs Classification of Frozen Boneless Chicken Cuts, WT/DS269/AB/R, WT/DS286/AB/R, adopted on 27 September 2005, para. 161.

③ Appellate Body Report, United States – Measures Affecting Imports of Woven Wool Shirts and Blouses from India, WT/DS33/AB/R, adopted on 23 May 1997, p. 19.

④ "国家监管自主权"经常与"主权"、"政策空间"或"裁量余地"等其他类似概念互换使用。Michael Ming Du, *The Rise of National Regulatory Autonomy in The GATT/WTO Regime*, 14 Journal of International Economic Law 640 (2011).

有权利，而不是 WTO 协定等国际条约赋予的一种权利。”[①]国家管理自主权有两层含义：一是国内法规应反映国内社会偏好并响应国内需求，即使这些偏好和需求不同于其他成员的或国际的标准；二是只要国内法规反映的是国内公民真正的利益偏好，而非贸易保护主义，即便该法规对贸易产生了不利影响，其所追求的监管目的也应受到尊重。换言之，一个 WTO 成员应当有权选择其所追求的政策目标，并有权选择追求这些政策目标的方式，只要这些目标和方式不构成公开的或隐蔽的贸易保护主义。[②] 并且，在 WTO 成员驱动模式的制度性约束背景下，上诉机构的规则解释尊重成员的管理自主权是确保 WTO 获得持续有效性的关键。

（二）WTO 目标实现的有效性：增进 WTO 协定规则的安全性和可预测性

上诉机构规则解释增进 WTO 目标实现的有效性，主要指上诉机构规则解释旨在增进 WTO 协定规则的安全性和可预测性。在日本—酒精饮料Ⅱ案中，上诉机构表明：“我们将通过建立争端解决机制，实现 WTO 成员寻求的多边贸易体制的‘安全性和可预测性’。”[③]在美国—301 条款案中，专家组讨论了“安全性和可预测性”概念的重要性，并指出“为多边贸易制度提供安全性和可预测性是该制度的另一个中心目标和宗旨，这可能有助于实现序言部分的广泛目标。在 WTO 的所有纪律中，DSU 是保护多边贸易体制安全性和可预测性的最重要工具之一，并通过它保护市场及其不同经营者”[④]。

就“安全性和可预测性”概念的内涵，上诉机构在美国—不锈钢（墨西哥）案中指出，“如 DSU 第 3.2 条所述，确保争端解决体系的安全性和可预测性意味着在没有充分理由的情况下，裁决机构将在随后的案件中以同样的方式解

① Appellate Body Report, China – Measures Affecting Trading Rights and Distribution Services for Certain Publications and Audiovisual Entertainment Products, WT/DS363/AB/R, adopted on 19 January 2010, para. 222.

② See Michael Ming Du, *The Rise of National Regulatory Autonomy in The GATT/WTO Regime*, 14 Journal of International Economic Law 644 (2011).

③ Appellate Body Report, Japan – Taxes on Alcoholic Beverages, WT/DS8/AB/R, WT/DS10/AB/R, WT/DS11/AB/R, adopted on 1 November 1996, p. 31.

④ Panel Report, United States – Sections 301 – 310 of the Trade Act of 1974, WT/DS152/R, adopted on 27 January 2000, para. 7.75.

决同样的法律问题"[①]。相应地,在美国—差别定价方法案中,专家组认为:"我们在本报告中的结论与专家组和上诉机构在美国—洗衣机案和美国—反倾销方法(中国)案中的结论不同……我们认真审议了专家组和上诉机构的报告,找到了令人信服的理由,得出了不同的结论。"[②]在中国—出版物和音像制品案中,上诉机构指出,专家组使用论证假设可能与"促进安全性和可预测性"的目标不符,因为"WTO 争端解决的目的是,按照国际公法解释的习惯规则,以保护 WTO 成员的权利和义务并澄清所涉协议的现有条款的方式解决争端。在这样做时,专家组和上诉机构不一定会赞成最有利的办法或争端一方或多方建议的办法,相反,它们必须采用一种适合于解决问题的分析方法或结构,以便能够对相关事项作出客观评估,并有助于争端解决机构作出建议或裁决"[③]。同样地,在美国—大型民用飞机(第二次申诉)案中,上诉机构认为专家组的错误在于"拒绝对 DSB 如何启动附件五程序的法律问题进行更全面的分析","剥夺了成员得到'明确阐明的相关 WTO 法律'的权利,并未能'以保护成员的权利和义务,并根据国际公法解释的习惯规则澄清所涉协议的现有条款的方式'推进 WTO 争端解决"。[④] 在智利—酒精饮料案中,上诉机构认为"如果专家组的结论反映了对所涉协议条款的正确解释和适用,我们很难设想在何种情况下专家组可以增加 WTO 成员的权利和义务"[⑤]。

综上所述,上诉机构规则解释旨在增进 WTO 协定规则的安全性和可预测性目标,该目标的内涵包括:(1)在没有充分理由的情况下,对同样的法律问题的裁决与先前的案件保持一致,但基于对案件事实的客观评估、相关协议的适用性和符合性的结果以及具备令人信服的理由,后案可以适用与前案不同的

---

① Appellate Body Report, United States – Final Anti – dumping Measures on Stainless Steel from Mexico, WT/DS344/AB/R, adopted on 20 May 2008, para. 160.

② Panel Report, United States – Anti – Dumping Measures Applying Differential Pricing Methodology to Softwood Lumber from Canada, WT/DS534/R, circulated on 9 April 2019, para. 7.107.

③ Appellate Body Report, China – Measures Affecting Trading Rights and Distribution Services for Certain Publications and Audiovisual Entertainment Products, WT/DS363/AB/R, adopted on 19 January 2010, para. 213.

④ See Appellate Body Report, United States – Measures Affecting Trade in Large Civil Aircraft (Second Complaint), WT/DS353/AB/R, adopted on 23 March 2012, para. 500.

⑤ Appellate Body Report, Chile – Taxes on Alcoholic Beverages, WT/DS87/AB/R, WT/DS110/AB/R, adopted on 12 January 2000, para. 79.

结论;(2)不能仅仅寻求案件的快捷、便利地解决,而应该对争端事项进行客观评估,采用适合问题解决的分析方法与分析结构,明确阐明 WTO 法律;(3)保护各成员在 WTO 协定项下的权利和义务,需要正确解释协定规则。

(三)WTO 评价有效性:WTO 政策开放性

上诉机构规则解释增进 WTO 的评价有效性,主要指上诉机构规则解释依据案件事实和有关规则选择相应的政策目标,回应国际社会的普遍价值与利益诉求、体现国际法的一般法律原则,保持政策的开放性。上诉机构对 WTO 规则的解释并不是完全封闭、隔绝于外部国际法体系的,而是具有开放性与灵活性。这体现在上诉机构的规则解释不仅体现自由贸易价值,也会回应受到 WTO 规则影响的国家、群体和个人对非贸易价值的诉求,具体方法包括采用目的解释方法、援引 WTO 外部的国际法规则等,以此缓和 WTO 受到的外部压力。受到 WTO 规则影响的团体与个人无法直接参与到 WTO 政策与规则制定的法律程序中,只能通过间接的方式影响 WTO 决策,例如,通过影响国内政府的决策来对 WTO 进行施压,或者通过 NGOs 影响 WTO 决策。WTO 缓和这些外部压力的手段一方面是在立法中进行回应,另一方面是在个案的裁决中加以体现,前者由于协商一致的程序常常陷入停滞,因此后者的回应就显得尤为重要。因此,上诉机构在很多裁决中使用了广泛的司法政策,以应对其面临的合法性挑战,[①]例如尊重成员的管理自主权、引入法庭之友、适用与时俱进的解释方法等。

上诉机构在规则解释中的政策选择的主要依据是《WTO 协定》序言中规定的宗旨与目的。例如在中国—原材料案中,上诉机构指出:"《WTO 协定》序言列出了各种目标,基于此,我们认为《WTO 协定》总体上反映了 WTO 成员在贸易和非贸易相关问题之间达成的平衡。"[②]美国—汽油案上诉机构强调了《WTO 协定》序言在环境问题方面的重要性:"事实上,在《WTO 协定》的序言和《关于贸易与环境的决定》中,对协调贸易和环境政策的重要性有特别的认

---

① See Robert Howse, *The World Trade Organization* 20 *Years On*: *Global Governance by Judiciary*, 27 European Journal of International Law 45 (2016).

② Appellate Body Reports, China – Measures Related to the Exportation of Various raw Materials, WT/DS394/AB/R, WT/DS395/AB/R, WT/DS398/AB/R, adopted on 22 February 2012, para. 306.

识。WTO 成员有很大的自主权来决定他们自己的环境政策(包括与贸易的关系)、他们的环境目标以及他们制定和实施的环境立法。就 WTO 而言,这种自主权仅受尊重《WTO 协定》和其他涵盖协定的需要的限制。"①其他依据也包括 WTO 涵盖协定中的一般例外条款,以及 DSU 第 3.2 条规定的"依照解释国际公法的惯例澄清这些协定的现有规定"所指向的 VCLT 第 31(3)(c)条"适用于当事国间关系之任何有关国际法规则"。由此可见,上诉机构规则解释蕴含政策选择,在政策选择方面具有灵活性与开放性。

四、上诉机构规则解释的目标选择

笔者提出,上诉机构规则解释追求的 WTO 制度有效性的三个目标基于其内在的矛盾性,在一个案件中只能实现其二,而无法同时实现三个目标。因此,上诉机构在个案中会根据具体的事实与有关规则作出最优化选择——从三个目标中选择最应当实现的两个目标。对此,笔者结合逻辑推理和案例分析对这一观点加以证明。

从逻辑推理上看,上诉机构在规则解释的政策选择中存在三种情况(见表 1),分别是:(1)保持价值中立,回避政策选择;(2)偏向自由贸易价值,存在政策选择;(3)偏向非贸易价值,存在政策选择。

在(1)条件下,上诉机构回避政策选择意味着在规则解释中尊重成员的管理自主权,严格适用文本解释,限制适用或不适用目的解释,因此具备三个目标中的两个:促进争端解决和增进规则的安全性和可预测性,例如美国—双反(中国)案。

在(2)条件下,上诉机构偏向自由贸易价值意味着对成员管理自主权的干预与限制,需要明确的规则依据,故而会就规则解释方法、推理路径和分析步骤作出详细说明,因此具备三个目标中的两个:政策开放性和增进规则的安全性和可预测性,例如美国—归零案。

在(3)条件下,上诉机构偏向非贸易价值,其规则解释会出现两种情况:一是上诉机构规则解释限制成员的管理自主权,并明确这一限制的规则依据和

---

① Appellate Body Report, Appellate Body – United States – Standards for Reformulated and Conventional Gasoline, WT/DS2/AB/R, adopted on 20 May 1996, p. 30.

解释法理,因此具备三个目标中的两个:政策开放性和增进规则的安全性和可预测性,例如美国—虾案。二是上诉机构规则解释尊重成员的管理自主权,对此一般不会作出具有确定性、可预测性的解释,而是根据案件的具体情况进行个案个判,以避免对成员的明确授权与放任,防止单边行动损害 WTO 多边合作,因此具备三个目标中的两个:政策开放性和促进争端解决,例如欧共体—石棉案。

表 1　上诉机构规则解释为增进 WTO 制度有效性所作的目标选择组合类型

规则解释目标	政策选择类型			
	回避政策选择	偏向自由贸易价值的政策选择	偏向非贸易价值的政策选择	
促进争端解决	√		√	
安全性和可预测性	√	√		√
政策开放性		√	√	√

(一)美国—双反(中国)案:实现促进争端解决、安全性和可预测性目标

上诉机构在本案中对《SCM 协定》第 1.1 条(a)款(1)项中"公共机构"的解释回避了政策选择,促进了争端的解决以及规则的安全性和可预测性。

首先,上诉机构对"公共机构"提供了较为清晰的判断标准,实现了对安全性和可预测性目标的追求。上诉机构在文本解释基础上运用上下文解释和目的解释等方法,并在协调一致的基础上得出结论:"公共机构"必须是享有、执行或被赋予政府权威的一个实体。该结论也遵循了其在加拿大—乳制品案中的观点。[①] 同时,上诉机构阐释了"政府权力标准"的具体判断方法:一是一项法令或其他法律文件明确授权有关实体;二是一个实体事实上正在行使政府职能的证据可以作为它拥有或已被赋予政府权力的证据,特别是当这种证据

① See Appellate Body Report, United States – Definitive Anti – Dumping and Countervailing Duties on Certain Products from China, WT/DS379/AB/R, adopted on 25 March 2011, para. 290 (citing Appellate Body Report, Canada – Measures Affecting the Importation of Milk and the Exportation of Dairy Products, WT/DS103/AB/R ; WT/DS113/AB/R, adopted on 27 October 1999, para. 97.).

表明存在一种持续和系统的做法时,[①]即法律授权和事实授权。[②] 可见,上诉机构的解释不仅提出了较为完整、清晰的分析标准与分析方法,而且遵循了先例。

然而,有观点认为"政府权力标准"仍然含糊,例如"政府权力"、事实授权的判断因素有哪些等问题均不完全确定。[③] 对此,笔者认为法律规则的解释就如同法律规则本身,其含义与判断标准不可能是绝对确定和封闭的,否则无法适应复杂多变的实践发展;同时,无论看似多么明确的法律概念与标准也都会因为实践的复杂性而存在模糊与不确定性。这些现象是法律的固有属性。上诉机构对"公共机构"的判断提出了较为清晰的路径指引和相对明确的认定方法,而具体的认定结果必然随着不同案件的具体事实而有所不同,毕竟不存在一劳永逸的如同计算公式般的精确到底的法律解释。

其次,上诉机构对"公共机构"的解释回避了政策选择,体现了对促进争端解决目标的追求。上诉机构在解释中限制了目的解释方法的作用与影响,这与美国旗帜鲜明地主张这一概念所应当体现的《WTO 协定》的目的与价值的主张形成了反差,表明上诉机构在这一问题上保持价值中立、回避政策选择。这种做法体现了对成员主权的充分尊重,将案件涉及的政策问题留待成员之间通过政治性机制和平等协商加以解决,并未将一个成员的国内价值强加于另一个成员。

美国主张 WTO 为市场经济服务,认为上诉机构对"公共机构"的解释以牺牲市场经济为代价来支持非市场经济。[④] 而上诉机构认为:《SCM 协定》并不包含一个序言或对其目的和宗旨的明确说明。在界定"公共机构"一词的范围时,对目标和宗旨的考虑是有限的……对该术语过于宽泛的解释可能破坏

① See Appellate Body Report, United States – Definitive Anti – Dumping and Countervailing Duties on Certain Products from China, WT/DS379/AB/R, adopted on 25 March 2011, para. 318.

② 参见陈卫东:《中美围绕国有企业的补贴提供者身份之争:以 WTO 相关案例为重点》,载《当代法学》2017 年第 3 期。

③ 参见陈卫东:《中美围绕国有企业的补贴提供者身份之争:以 WTO 相关案例为重点》,载《当代法学》2017 年第 3 期。

④ See Office of the United States Trade Representative, Report on the Appellate Body of the World Trade Organization, https://ustr.gov/sites/default/files/Report_on_the_Appellate_Body_of_the_World_Trade_Organization.pdf, p. 89.

《SCM协定》中呈现的寻求对补贴的使用施加更多纪律的成员与寻求对反补贴措施的使用施加更多纪律的成员之间的微妙平衡。[①]

美国一直以来都不承认中国的市场经济地位,并希望通过对“公共机构”的广义解释打压中国的国有企业,最终剑指中国的经济治理模式,意图干涉中国的经济主权。然而,WTO并未对国有企业和非市场经济问题进行规定,“公共机构”与国有企业是不能混淆的两个问题。国有企业引发的各种问题应当通过平等协商和国际合作制定新的多边规则加以解决,而不应通过滥用并无直接相关性的反补贴制度单边地加以解决。[②] 上诉机构的这种客观、中立的解释立场体现了对双方国内管理自主权的尊重,符合促进WTO争端解决目标的内涵与要求。

最后,上诉机构对“公共机构”的解释没有不当限制美国的管理自主权。美国认为词典的定义中没有将“公共机构”的含义限缩为拥有或行使政府权力的实体。上诉机构对“公共机构”进行的狭义解释没有反映在《SCM协定》的文本中,严重限制了政府有效打击不公平补贴进口的能力。[③] 美国主张WTO协定文本的解释应当严格依据文本主义方法,任何超出文本表面含义的解释都是司法越权行为,[④]并且法无禁止即可为,只要WTO协定未明确禁止某种特殊做法,那么成员就拥有采取此类措施的自主权。对此,有观点认为该方法并非成员善意履行WTO条约义务的方式,如果任由成员在WTO协定的“空白之处”进行“肆意地填补”,那么客观上将增加该成员在协定下本不享有的权

① See Appellate Body Report, United States – Definitive Anti – Dumping and Countervailing Duties on Certain Products from China, WT/DS379/AB/R, adopted on 25 March 2011, paras. 301 – 303.

② 参见胡建国、刘柒:《美国对华反补贴中“公共机构”的泛化及法律规制》,载《法学》2019年第10期。

③ See Office of the United States Trade Representative, Report on the Appellate Body of the World Trade Organization, https://ustr.gov/sites/default/files/Report_on_the_Appellate_Body_of_the_World_Trade_Organization.pdf, p. 82 – 83, 89.

④ See WTO, Dispute Settlement Body – Special Session – Negotiations on Improvements and Clarifications of the Dispute Settlement Understanding – Further Contribution of the United States on Improving Flexibility and Member Control in WTO Dispute Settlement – Communication from the United States – Addendum, TN/DS /W/82 /Add. 1, 25 October 2005, p. 1 – 3.

利。[1] 美国采取的做法本质上是以单边的方式钻WTO规则的空子,构成对其他成员的武断的与不合理的歧视,造成成员之间的权利与义务的失衡。尽管各成员有权选择国内政策目标以及选择政策实现的手段,但前提是不构成隐蔽的或变相的保护主义,不构成对其他成员的不合理、不公正的歧视,不对其他成员的主权进行不合法的干涉。

(二)美国—归零案:实现政策开放性(偏向贸易价值)、安全性和可预测性目标

本案涉及美国在反倾销程序中使用归零法确定倾销幅度的问题,其中的关键问题在于《反倾销协定》第17.6条规定的审查标准的解释问题。上诉机构对此作出了明确解释,并遵循先例,限制成员反倾销调查机构的裁量权,防止成员采取贸易救济措施超出必要与合理的限度而损害自由贸易秩序。

《反倾销协定》第17.6条第2款规定了反倾销规则解释的审查标准:首先,专家组"应依照关于解释国际公法的习惯规则,解释本协定的有关规定";其次,"专家组认为本协定的有关规定可以作出一种以上允许的解释时",只要成员国内/地区内主管机关的解释符合其中一种,专家组应当遵从该解释。[2] 在本案中,上诉机构只在一处提及审查标准问题:在审查美国的措施是否符合《反倾销协定》第9.3条及GATT1994第6.2条时,上诉机构表示已留意《反倾销协定》第17.6条第2款所规定的审查标准。美国的措施不符合《反倾销协定》第2.1条、第9.3条和GATT1994第6.2条规定的"产品的倾销幅度的确定"依据国际法的习惯解释规则所允许的解释。[3] 上诉机构遵循了先例包括欧共体—床上用品案[4]和美国—软木材(V)案[5]的上诉机构意见,认为被调查产

---

① 参见刘勇、柯欢怡:《WTO多边贸易体制的困境与解决方案研究——以USTR〈上诉机构报告〉为切入点》,载《经贸法律评论》2021年第3期。

② See WTO, Agreement on Implementation of Article VI of The General Agreement on Tariffs and Trade, Article, 17.6(ii).

③ See Appellate Body Report, United States – Laws, Regulations and Methodology for Calculating Dumping Margins ("Zeroing"), WT/DS294/AB/R, adopted on 9 May 2006, para. 134.

④ See Appellate Body Report, EC – Antidumping Duties on Imports of Cotton – Type Bed Linen From India, WT/DS141/AB/R, adopted on 1 March 2001, para. 53.

⑤ See Appellate Body Report, United States – Final Dumping Determination on Softwood Lumber From Canada, WT/DS264/AB/R, adopted on 11 August 2004, para. 96.

品必须被作为"一个整体"加以确定"倾销"和"倾销幅度"。如果倾销幅度是根据出口价格与正常价值的多次比较来确定的,那么必须把所有这些价格比较的结果汇总起来,以确定"被调查的整体产品"的倾销幅度。①

但是,"倾销"和"倾销幅度"是否只能对被调查产品的整体进行确定存在争议。例如美国—归零案与美国—软木材第(Ⅴ)案的专家组认为除使用平均对平均比较方法的调查外,归零属于反倾销协议的一种允许的解释。② 同时,在乌拉圭回合谈判时,有些代表反对归零,认为在计算倾销幅度时应考虑负倾销交易,而另一些代表赞成归零,认为不考虑负幅度对于解决针对特定账户、产品线、地区或时间段的有针对性的倾销是必要的。③ 由于各方分歧较大,《反倾销协定》回避了这个问题,没有提及"负"倾销幅度与"归零",也没有明确禁止归零,只是规定了出口产品的出口价格和正常价值之间的三种比较方法。④ 实际上,GATT1994 第 6.1 条和《反倾销协定》第 2.1 条的规定与 GATT 时代保持了一致,乌拉圭回合并未对此进行修改,同样的规定,GATT 时代的专家小组允许归零,而 WTO 上诉机构禁止归零,由此可见,上诉机构对归零问题的解释更多的不是基于文本,而是基于自身的政策选择。⑤ 因为乌拉圭回合以后,反对归零法的队伍日益壮大,归零法在 WTO 中的合法性根基已经发生不可逆转的动摇。⑥ 基于此,上诉机构在所有这类案件中都坚持认为归零法不符合

---

① See Appellate Body Report, United States – Laws, Regulations and Methodology for Calculating Dumping Margins("Zeroing"),WT/DS294/AB/R, adopted on 9 May 2006, paras. 126 – 128.

② See Appellate Body Report, United States – Laws, Regulations and Methodology for Calculating Dumping Margins("Zeroing") ,WT/DS294/AB/R, adopted on 9 May 2006, para. 7.266; Panel Report, United States – Final Dumping Determination on Softwood Lumber from Canada – Recourse to Article 21.5 of the DSU by Canada WT/DS264/RW, adopted on 3 April 2006), paras. 5.28 – 29, 5.66.

③ See Quoted in Roger P. Alford, *Reflections on US – Zeroing: A Study in Judicial Overreaching by the WTO Appellate Body*, 45 Columbia, Journal of Transnational Law 207 (2006).

④ 参见盛建明、李明奇:《WTO 对欧盟诉美国沿袭与沿用归零做法一案的裁决要点及几点评论》,"WTO 法与中国论坛"暨中国法学会世界贸易组织法研究会 2011 年年会会议论文,2011 年 11 月于天津。

⑤ See Roger P. Alford, *Reflections on US – Zeroing: A Study in Judicial Overreaching by the WTO Appellate Body*, 45 Columbia. Journal of Transnational Law 209 (2006).

⑥ 参见盛建明、李明奇:《WTO 对欧盟诉美国沿袭与沿用归零做法一案的裁决要点及几点评论》,"WTO 法与中国论坛"暨中国法学会世界贸易组织法研究会 2011 年年会会议论文,2011 年 11 月于天津。

WTO 协定,防止贸易救济措施演变为贸易保护壁垒。

(三)美国—虾案:实现政策开放性(偏向非贸易价值)、安全性和可预测性目标

上诉机构在本案的价值选择中没有处于中立的或是对 WTO 内部政治决策的绝对服从的立场,而是表现出了较为明显的价值倾向。[①] 特别是上诉机构在审查美国是否有权实施涉及域外管辖的环境保护措施时,依据条约有效解释原则确认了国内环境措施的域外效力,对成员实施的与贸易有关的社会政策的 WTO 合法性议题产生了深远的影响。

首先,上诉机构认为,有条件地进入一成员国内/地区内市场,以出口成员是否遵守或采取了进口成员单方面规定的政策为条件,在某种程度上,是落入 GATT1994 第 20 条(a)项至(j)项例外规定范围的措施的共同特征。没有必要假设要求出口国遵守或采用进口国规定的某些政策是一种先验性的无法基于第 20 条予以合法化的措施。否则,第 20 条的各具体例外规定都将归于无效,这不符合条约的有效解释原则。[②] 上诉机构这一结论是依据 WTO 协定文本本身和 VCLT 的解释原则作出的,符合规则解释的安全性和可预测性要求。

其次,上诉机构对国内环境措施的域外效力的确认引发了另一个重要问题:成员对 PPMs[③] 的规制是否符合 WTO 协定的相关规则。专家组基于司法经济原则没有审查仅仅根据收获方法和保护政策而区别对待物理特性上相同的虾的问题。[④] 因此这个问题也不在上诉机构的职权范围之内。但是,上诉机构实际上潜在地认可了 PPMs,也因此得到了很多环保组织的褒扬,缓和了 WTO 协定与国际环境协定之间的潜在冲突。然而上诉机构的裁决会对发展

---

① See Robert Howse, *The Appellate Body Rulings in the Shrimp/Turtle Case: A New Legal Baseline for the Trade and Environment Debate*, 27 Columbia Journal of Environmental Law 508 (2002).

② See Panel Report, United States – Import Prohibition of Certain Shrimp and Shrimp Products, WT/DS58/R, adopted on 6 November 1998, para. 121.

③ PPMs,即生产或加工产品以及提取或收获自然资源的方式,通常会对环境产生重大影响。一般而言,如果 PPMs 直接影响产品的特性时而并入产品的物理特性时,那么此类产品应当受 WTO 的《SPS 协定》和《TBT 协定》的规制;如果像美国—虾案中在生产阶段影响环境的非产品相关的 PPMs 是否属于 WTO 协定的规制范围具有争议。

④ See Appellate Body Report, United States – Import Prohibition of Certain Shrimp and Shrimp Products, WT/DS58/AB/R, adopted on 6 November 1998, paras. 7.18 – 7.23.

中国家的管理自主权造成了不利影响,[①]使强大和富裕的国家能够将自己关于环境或其他社会领域的标准强加给世界其他地区,引发“生态帝国主义”。[②] 但上诉机构的高明在于,避免了正面回应 PPMs 可能造成的“滑坡效应”[③],只是对 GATT1994 第 20 条序言进行解释,审查有关措施是否构成对国际贸易的武断或不合理的歧视或者变相限制,以此在两种价值之间进行平衡。上诉机构如果审查具有不同 PPMs 的产品是否应被视为“同类产品”的问题,就需要作出更偏重概念性、原则性的决定,模糊性与不确定性在所难免,而审查国内法规的实施方式和程序则更能得出一致与清晰的标准。[④] 上诉机构的这一裁决是对 WTO 法理的重大发展,深刻影响了 WTO 对劳工和竞争等越来越多的非传统议程的政策。

(四)欧共体—石棉案:实现促进争端解决、政策开放性目标(偏向非贸易价值)

在欧共体—石棉案中,上诉机构摒弃了以往类似案例中的“最小贸易限制”标准,转而适用司法权衡方法,体现了对成员管理自主权的遵从,也蕴含了上诉机构的价值选择,但是该方法的适用具有不确定性,缺乏对后续同类案件的明确指引。

在该案中,上诉机构需要审查法国采取的旨在保护人类生命和健康的生产、销售和进口石棉纤维的禁令是否符合 GATT 第 20 条(b)项规定的“必要性”检验。在以往案件中,上诉机构一般采取“最小贸易限制”标准,但是一些成员认为该标准忽视了成员的管理自主权,武断地提出假设可行的替代措施,最大限度减少对贸易的不利影响,没有考察该替代措施依据成员的社会、政

---

① See Jagdish Bhagwati, *After Seattle: Free Trade and the WTO*, in Roger B. Porter et al. ,eds. , Efficiency, Equity, and Legitimacy: The Multilateral Trading System at the Millennium, Brookings Institution Press, 2001, p. 60 – 61.

② See John H. Jackson, *World Trade Rules And Environmental Policies: Congruence Or Conflict?*, 49 Washington and Lee Law Review 1241 (1992).

③ “滑坡效应”是由约翰·H. 杰克逊提出的,指如果运行成员根据自身价值判断采取相应国内政策以限制外国产品的市场准入,那么就有可能出现限制贸易的无限可能性。Robert Howse, *The Appellate Body Rulings in the Shrimp/Turtle Case: A New Legal Baseline for the Trade and Environment Debate*, 27 Columbia Journal of Environmental Law 507 (2002).

④ See Dukgeun Ahn, *Environmental Disputes in the GATT/WTO: Before and After US – Shrimp Case*, 20 Michigan Journal of International Law 854 (1998).

治、经济条件是否具备实质可行性。① 对此,上诉机构在该案中认可了法国采取完全排除风险的措施,并将该保护水平作为基准确定加拿大建议的替代措施是否合理可得。② 上诉机构认为争议措施追求的目标——保护人类生命和健康——至关重要。③ 上诉机构的推理遵循了事实上的基于价值判断的方法。如果上诉机构认为案件涉及的价值位阶很高,即使对进口造成很大的负担,也会考虑为实现零风险而采取非常严格的执行措施。只有当监管目标涉及一些不太重要的利益时,并且所提议的替代方案对贸易的限制性大大降低,上诉机构才更有可能判定争议的国内措施违反 WTO 规则。④ 上诉机构的价值权衡就是对各种价值进行排序,但是排序的方法却处于"黑箱"之中,无从判断其客观性,也不具备可预测性。

五、结论

上诉机构规则解释旨在增进 WTO 制度有效性中的三个要素,分别是:问题解决的有效性,即促进成员之间的贸易争端的有效解决;目标实现的有效性,即保障规则的安全性和可预测性;评价的有效性,即政策选择的开放性。上诉机构在个案的裁决中只能寻求实现三个目标中的两个。这一现象不仅发现了上诉机构规则解释呈现复杂性的本质原因,而且揭示出其解释法理的真正问题所在,即当上诉机构在个案裁决中选择了实现政策选择的开放性和保障规则的安全性和可预测性两个目标时,就不得不对成员的管理自主权加以限制、损抑促进争端解决目标。这种选择的合法性是值得讨论的关键,也是最引发外界批评的核心问题,即上诉机构的政策选择是否符合 WTO 的民主要求。因此,笔者的研究意义正是实现对上诉机构规则解释呈现出的复杂问题的精准聚焦,发现问题的本质,进而促进问题的有效解决。

---

① See Michael Ming Du, *The Rise of National Regulatory Autonomy in The GATT/WTO Regime*, 14 Journal of International Economic Law 665 (2011).

② See Appellate Body Report, European Communities – Measures Affecting Asbestos and Asbestos – Containing Products, WT/DS135/AB/R, adopted on 5 April 2001, paras. 172 – 174.

③ See Appellate Body Report, European Communities – Measures Affecting Asbestos and Asbestos – Containing Products, WT/DS135/AB/R, adopted on 5 April 2001, para. 169.

④ See Michael Ming Du, *The Rise of National Regulatory Autonomy in The GATT/WTO Regime*, 14 Journal of International Economic Law 667 – 668 (2011).

第二章　解决 WTO 上诉机构司法造法问题的基本理念与路径

从美国对上诉机构的司法造法表现的论述来看，其不满的不是司法造法本身，而是上诉机构的解释偏向自由贸易价值限制了成员方的管理自主权，而对于偏向非自由贸易价值而限制成员方管理自主权的解释，例如美国—虾案，美国没有提出反对意见。并且，美国的反对也主要集中在货物贸易领域的贸易救济规则的解释方面。美国在批评上诉机构的解释时，适用了条约解释的目的解释方法，引入了公平贸易的价值。对此，有观点认为 WTO 上诉机构在解释中系统地将贸易自由化价值置于各成员的政治和社会价值（被嵌入 WTO 例外条款和贸易救济条款）之上，抑制了美国贸易救济法的效力，而这些法律本来是为了帮助在全球化中受到伤害的美国工人而设计的。[①] 由此可见，影响美国对司法造法问题的看法的不是上诉机构适用的解释方法本身，而是上诉机构的解释结果引发的利益问题，在法理中表现为国家主权与 WTO 司法政策之间的冲突。

基于此，美国多次强调 WTO 的成员驱动属性，认为 WTO 规则解释的最终权威属于 DSB，上诉机构应当谨守全体成员方表示同意的规则本意，而不能增加或减少规则中规定的成员方的权利与义务。然而，全体成员方对于规则的统一、一致的理解并不存在，规则中存在的模糊与空白也是事实，对此，美国主张法无禁止即可为，同时，基于全体协商一致的成员驱动性质，只要有一个成员表示反对的解释就不能代表全体成员的共同意图。这种观点当然有利于美

---

① See Richard H. Steinberg, *The Impending Dejudicialization of the WTO Dispute Settlement System?*, in Proceedings of the ASIL Annual Meeting, Cambridge University Press, 2018, p. 317.

国的单边主义和霸权主义行径，但是分析美国这样做的背后的利益动机不是本书研究的主旨，笔者想要论述的是美国指责上诉机构司法造法所依据的法理是否成立。该问题的关键在于，上诉机构的解释权限究竟有多大，依据其权限，上诉机构的解释是否合法，以及如何改革。美国的"双标"(自己可以适用目的解释、价值解释，上诉机构不可以；上诉机构在一般例外规则中的解释更灵活，为什么没有受到美国的指责，而上诉机构对贸易救济规则的解释更多基于文本解释，却遭受美国的批评)说明其指责上诉机构司法造法的理由是不可信的，不能以此为依据改革上诉机构，上诉机构有没有司法造法需要更具客观性、合法性以及合理性的标准。同时，很多理论观点给出的上诉机构的改革建议明显偏向美国的利益、回应美国的特殊诉求，背离了 WTO 多边主义的基本原则。其他成员方不应当受到美国胁迫，仅仅为了恢复上诉机构而满足美国单方面的要求，而是应当以此为契机，明确上诉机构的职能与权限，向着真正造福于全体成员、体现真正的多边主义的方向塑造上诉机构，提出公平、公正的改革建议。

第一节　上诉机构规则解释权限的有关争论

上诉机构司法造法争论的核心问题在于上诉机构规则解释的合法权限，换言之，上诉机构规则解释的合法性标准究竟是什么，这是辨别是非曲直的基准，也是在今后防止上诉机构司法越权的关键。要解决这个问题，我们首先需要了解在法理学中是否存在一般性地认定司法造法、司法能动主义[①]的标准？司法或准司法机构造法或在裁判活动中表现出能动主义就一定构成司法越权吗？或者司法造法、司法能动在什么情况下构成司法越权？然而遗憾的是，试图在法律范围内定义司法能动主义是没有希望的事业，因为无论法官得出什么结果，这样的结果总是可以被重构为法律允许的解决方案，这正是法律事业

① 笔者在导论中已经论述司法能动主义包含司法造法，在法理学和研究 WTO 的文献中，学者们用司法能动主义这一术语更多些，在本章笔者为行文方便，也使用司法能动主义一词，但这不影响本书主要讨论人们通常所讲的"上诉机构司法能动主义"的主要表现"上诉机构司法造法"的问题。

的逻辑。这不是一个关于法律的根本不确定性的主张,而是一个经验主义的主张,即法官不可能以法律上不可识别的方式来决定案件,同时继续声称自己在做法律。在这种情况下,似乎司法能动主义只能以一种高度语境化的方式来定义。因此,对司法能动主义可以按照以下方式尝试对其进行定义,即在每一个由法律加以组织的共同体中,都有一系列被认为是适当司法的行动方针:对于法官裁量权的合法限度,存在一种大致的共识。这种定义既不是基于法律和政治之间在概念上有争议的区别,也不是基于司法能动主义在法律上是不可接受的这一前提。它所表明的是,司法能动主义的概念取决于在一个特定社会中有效的关于司法机构的适当作用的社会惯例。[①]

从上述观点可以看到,人们逐渐达成了一个共识,就是上诉机构司法能动主义争论的关键在于上诉机构的职能。上诉机构司法能动一定构成越权吗?上诉机构司法能动和司法克制的界限是什么?是否允许上诉机构采取合理的司法能动?对于这些人们关心的重要问题,最新的相关文献都主要从上诉机构的职能出发加以回答。例如学者提出:"上诉机构采取司法能动主义,是否已经超出 WTO 成员集体的控制,这是一个关键问题,对该问题的讨论应当从 WTO 的成员驱动和上诉机构的角色性质(是裁决者还是帮助 WTO 成员决策的辅助者?)的角度进行分析。"[②]也有学者认为专家组和上诉机构具有不同的性质,"上诉机构更像一个独立的法院,其职能在于对专家组代表的行政权力加以制衡"[③]。基于上诉机构的职能,有学者提出:"如果上诉机构的解释符合 WTO 的基本职能,就不应被视为越权。"[④]

---

① See Fuda Zarbiyev, *Judicial Activism in International Law – A Conceptual Framework for Analysis*, 3(2) Journal of International Dispute Settlement 251 – 252 (2012).

② Chang – fa Lo, *A Proper Balance Between WTO's Members – Driven Nature and the Appellate Body's Role as an Adjudicator – Careful Exercise of Judicial Activism*, in Chang – fa Lo, Junji Nakagawa, Tsai – fang Chen, The Appellate Body of the WTO and Its Reform, Springer, 2020, p. 125.

③ Thomas Cottier, *Recalibrating the WTO dispute settlement system: Towards new standards of Appellate review*, 24(3) Journal of International Economic Law 523 (2021).

④ Henry Gao & Weihuan Zhou, "*Overreaching*" *or* "*Overreacting*"? *Reflections on the Judicial Function and Approaches of WTO Appellate Body*, 53(6) Journal of World Trade 960 (2019).

DSU 第 3.2 条[①]、第 11 条[②]、第 17.6 条[③]和第 19.2 条[④]是学者们探讨上诉机构职能的规则依据，其中，第 3.2 条是学者们讨论上诉机构职能的核心条款，也是争议最大的条款。前上诉机构大法官赵宏教授认为："我们不能轻易忽视第 3.2 条第 1 句，它为多边贸易体系提供了争端解决的重要功能。"[⑤]然而，该条款的语言具有很大程度上的模糊性，其自身具有内在的冲突性，句子之间的关系也没有定论，造成理论和实践中的很大争议。

DSU 第 3.2 条经常被视为对专家组和上诉机构的权限的规定。对于美国而言，它着重强调第 3.2 条第 2 句的规定，该句明确指出："争端解决机构的建议和裁决不能增加或减少 WTO 所涵盖的协议所规定的权利和义务。"以此论述上诉机构的职责仅仅是解决具体争端，不能制定对成员方具有约束力的新规则，既不能澄清模糊性规则，也不能填补规则的空白。[⑥] 然而，很难想象一个解决争端的准司法性制度不会被赋予维护条约的完整性和尊重条约案文的任务，而仅被授权解决争端。[⑦] 上诉机构则认为：专家组和上诉机构报告中的法律解释已经成为 WTO 争端解决机制的重要组成部分。如 DSU 第 3.2 条规定，确保争端解决体制的安全性和可预测性意味着，如果裁决机构没有令人信服的理由去推翻先前裁决中的解释法理，那么它将在后续案件中以和先前裁

---

① DSU 第 3.2 条规定："WTO 争端解决体制在为多边贸易体制提供可靠性和可预测性方面是一个重要因素。各成员认识到该体制适于保护各成员在适用协定项下的权利和义务，及依照解释国际公法的习惯规则澄清这些协定的现有规定。DSB 的建议和裁决不能增加或减少适用协定所规定的权利和义务。"

② DSU 第 11 条规定："专家组的职能是协助 DSB 履行本谅解和适用协定项下的职责。因此，专家组应对其审议的事项作出客观评估，包括对该案件事实及有关适用协定的适用性和与有关适用协定的一致性的客观评估，并作出可协助 DSB 提出建议或提出适用协定所规定的裁决的其他调查结果。专家组应定期与争端各方磋商，并给予它们充分的机会以形成双方满意的解决办法。"

③ DSU 第 17.6 条规定："上诉应限于专家组报告涉及的法律问题和专家组所作的法律解释。"

④ DSU 第 19.2 条规定："依照第 3 条第 2 款，专家组和上诉机构在其调查结果和建议中，不能增加或减少适用协定所规定的权利和义务。"

⑤ 赵宏：《条约下的司法平等——离任演讲》，载《国际经济法学刊》2021 年第 2 期。

⑥ See Office of the United States Trade Representative, The 2020 Trade Policy Agenda and 2019 Annual Report of the President of the United States on the Trade Agreements Program, http://s3 - ap - southeast - 1. amazonaws. com/ir0ccgmur0k9yje/freeebookdownload11741. pdf, p. 7 - 8.

⑦ See Isabelle Van Damme, *Treaty Interpretation by the WTO Appellate Body*, 21(3) The European Journal of International Law 643 (2010).

决同样的方式解决同样的法律问题。[①] 上诉机构的观点显然是强调了第 3.2 条第 1 句的规定,并依此对自身职能加以界定。

对于第 3.2 条第 2 句,美国建议上诉机构采用严格的文本主义解释方法,以避免对各成员在 WTO 协定中故意留下的空白和模糊表述加以填补或澄清。[②] 然而,相反的观点认为条约解释的习惯法规则规定的解释方法必须得到专家组和上诉机构的尊重,WTO 争端解决才能兑现提供和维持安全和可预测性的承诺。[③] 该观点认为,第 3.2 条只是确认了"法官知法"的基本原则[④],专家组和上诉机构在尊重条约解释的习惯法规则的前提下,可自行决定如何解释 WTO 涵盖协定的规则。[⑤] DSU 第 3.2 条似乎是不言自明的,但该条款强调,WTO 成员期望他们能够根据条约解释的习惯原则理解专家组和上诉机构的报告。[⑥] 根据 DSU 第 3.2 条,WTO 的争端解决体系是为以规则为导向的多边贸易体系提供安全和可预测性的核心要素,只有专家组和上诉机构在就 WTO 成员提出的申诉作出裁决时解释和适用法律的方式是可预见的,这一声明才能成为现实。交易系统的安全和可预见性取决于各小组和上诉机构的报告能够在多大程度上达到法律的确定性和可预见性。DSU 第 3.2 条规定的国际条约解释的习惯法规则指的是 VCLT 第 31 条至第 33 条所述的解释规则,其中表达了关于国家所缔结条约的解释的习惯国际法,因此对 VCLT 的非缔约国也具有约束力。因此,DSU 所涵盖的所有协定,包括其附录和构成其组成部

---

① See Appellate Body Report, United States—Final Anti - Dumping Measures on Stainless Steel from Mexico, para. 158, 160, WT/DS344/AB/R, adopted on Apr. 30, 2008.

② See Dispute Settlement Body, Negotiations on Improvements and Clarifications of the Dispute Settlement Understanding, Communication from the United States, TN/DS/W/82/Add. 1, 25 October 2005.

③ See Mercurio, Bryan and Tyagi, Mitali, *Treaty Interpretaiton in WTO Dispute Settlement: The Outstanding Question of the Legality of Local Working Requirements*, 19 Minnesota Journal of International Law 297 (2010).

④ 关于法官知法原则参见 Appellate Body Report, European Communities - Conditions for the Granting of Tariff Preferences to Developing Countries, WT/DS246/AB/R, adopted on 20 April 2004, para. 105。

⑤ See Isabelle Van Damme, *Treaty Interpretation by the WTO Appellate Body*, 21(3) The European Journal of International Law 608 - 609 (2010).

⑥ See Isabelle Van Damme, *Treaty Interpretation by the WTO Appellate Body*, 21(3) The European Journal of International Law 647 (2010).

分的附件,必须首先根据这些术语在其上下文中的一般含义,并根据其目标和宗旨,善意地加以解释(见VCLT第31条)。[①] 根据具体情况考虑,第3.2条有助于专家组和上诉机构维护WTO的司法职能,并有助于加强所涵盖的协定和其他条约以及一般国际法之间的关系。[②]

从上述不同的观点中可以发现,单纯依据DSU有关条款确定上诉机构的职权,进而评判其是否进行了司法造法难以得出共识性的结论。问题的关键在于DSU第3.2条应当作何解释,这是一个应然性的问题,不仅是关于上诉机构职能的实在法依据是什么的问题,而且是关于上诉机构职能应当是什么的问题,决定这一问题的法理构成上诉机构规则解释的合法性基础(legitimacy)。在此,笔者想要区分两个概念,分别为legality和legitimacy。在英语世界中,无论是政治学著述,还是法学文献,legitimacy都是一个出现频率极为广泛的概念,中文译著一般把它翻译为"合法性",但这样一来,就很难与英文中的另一个概念legality(合法性)相区别。在无政府的国际政治中,一般只有legitimacy,而没有legality。因此,legitimacy可以翻译为"正当性"。[③] 在法学中,legality更严格的翻译应当是"形式合法性"或"合法律性",它是指在实证法学理论中一项规则是不是法律的判断标准,即是否符合上位法,最终,所有的初级规则要符合作为次级规则的"承认规则"就具备了形式合法性,从而能够被认定为属于法律共同体中的一项法律规则。在国际法中,legitimacy应当被翻译为"合法性"或"实质合法性",因为国际法的发展与国内法相比不够成熟与发达,无法与它赖以产生的国际道德、自然法中的价值相脱离,人们在评价一项国际法规则或国际法主体的某个行为的合法性时,除了需要依据有关的上位法规则(如宪法学条约规则、一般习惯法规则或原则)以外,也会依据国际社会普遍的公平、正义观念来加以衡量。国际法的运行与发展(包括其规则的制定、规则的确认与解释、规则的执行等在内)都无法与价值和原则相分离,因此,笔者

---

① See Wolfgang Weiss, *Security and predictability under WTO law*, 2(2) World Trade Review 183 - 184 (2003).

② See Isabelle Van Damme, *Treaty Interpretation by the WTO Appellate Body*, 21(3) The European Journal of International Law 607 (2010).

③ 参见[美]罗伯特·麦克洛斯基:《美国最高法院》(第3版),任东来等译,中国政法大学出版社2005年版,作者絮语第7页。

在本书中所指的上诉机构规则解释的合法性正是在 legitimacy 的意义上进行论述的。实际上,规则允许的解释有很多,解释结论都是在规则的形式、技术允许范围内,除非规则空白,或者明确违反规则的情况,因而对模糊性规则,争论的本质是价值的问题,例如权力的合理分配、上诉机构的规范性职能、全体成员方的普遍共识等,这些都属于价值的范畴。正如德沃金(Ronald Dworkin)所言:"如果法律被理解为政治道德的一个特殊部分,如果它很好地服务于它的群体,它的教义将随着时间的推移而具体化。它在政治道德上的根基将变得不那么突出——尽管在需要的时候会在普通的法律争论中发挥作用。从原则到教义的进步将标志着它的成功。但是,在国际法的发展中严格地把法律论点和道德论点分开,现在还为时过早,而且会加速国际法在实际中变得无关紧要。我们必须把国际法从法律实证主义的麻木中解放出来。我们现在需要的是滋养国际法的根,而不是枝丫。"①但与此同时,我们也不应当在谈论国际法的某些棘手问题时抛开规则而仅对行为的道德性进行评价,而是应当在国际法规则的解释中恰当地引入道德原则,否则尚且脆弱的国际法将被扼杀在襁褓中。② 因此,笔者认为,在国际法的语境中,legitimacy 被解释为合法性而非正当性更为恰当。

总之,DSU 第 3.2 条含义的解释明显受到人们对上诉机构职能的不同认识的影响与制约,这背后受到有关上诉机构的合法性职能的不同观念的影响。具体而言,这种不同的认识主要包括以下几种观点:

第一种观点:上诉机构是独立的国际贸易领域的宪法法院,与作为行政法法院的专家组的职权相区分。

该观点认为专家组应被视为 WTO 在全球行政法上的机构代理人,须接受上诉机构的独立法律审查或根据 WTO MPIA 第 25 条的上诉仲裁。③ 这个观点的提出是基于专家组和上诉机构的不同性质,该观点主张上诉机构应当发

① Ronald Dworkin, *A New Philosophy for International Law*, 41 Philosophy & Public Affairs 30 (2013).

② See Ronald Dworkin, *A New Philosophy for International Law*, 41 Philosophy & Public Affairs 35 (2013).

③ See Thomas Cottier, *Recalibrating the WTO dispute settlement system: Towards new standards of Appellate review*, 24(3) Journal of International Economic Law 533 (2021).

挥对专家组代表的行政权力的制衡的作用,从这个意义上讲,上诉机构更像一个独立的宪法法院。[1] WTO 法的一部分规则是全球行政法,即规范、约束政府行为,保护个人权益,各国国内行政法的司法审判中一般对行政机关的自由裁量权给予较大的尊重。上诉应集中于宪法问题,并对专家组作出的裁决进行全面和重新审查。因此上诉机构的主要和最重要的功能是引领所谓的冲突解释、宪法和系统问题、非歧视和透明原则、与非贸易问题的关系、WTO 不同涵盖协定之间的关系,以及 WTO 协定与非 WTO 协定(如双边贸易协定,以及国际法其他领域条约)之间的关系。[2] WTO 协定条款和规则的解释应主要交由专家组进行,并根据合理性标准进行审查,这特别包括贸易救济措施,其中 WTO《反倾销协定》规定的特殊的审查标准应当得到专家组的认真对待,同时这一标准的适用还应当扩大到其他贸易救济措施。[3]

第二种观点:上诉机构面对不同性质的法律规则发挥不同的作用、具有不同的性质,在两种身份即裁决者和辅助者之间进行切换。

该观点从 WTO 成员驱动模式和上诉机构的角色性质的角度讨论了这一问题。它建议,上诉机构在行使司法能动主义时必须非常谨慎。只有在维护重要的人类价值、避免 WTO 的运作受到重大泄露或中断或与其他主要国际条约进行协调等必要的情况下,应期待上诉机构作为裁决机构发挥积极作用,以确保 WTO 国际贸易规范的宪法性。上诉机构在只涉及技术问题和商业利益的情况下,应避免实行司法能动主义。相反,它应该发挥辅助作用,以帮助 WTO 成员作为一个整体履行其决策职责,这是 DSU 中的默示规定。尽管在 DSU 中没有关于上诉机构的辅助职能的类似规定,但上诉机构的辅助作用仍可从 DSU 第 17.14 条中理解和隐含,为使上诉机构的报告生效,并成为 DSB

① See Thomas Cottier, *Recalibrating the WTO dispute settlement system*: *Towards new standards of Appellate review*, 24(3) Journal of International Economic Law 523 (2021).

② See Thomas Cottier, *Recalibrating the WTO dispute settlement system*: *Towards new standards of Appellate review*, 24(3) Journal of International Economic Law 532 (2021).

③ See Thomas Cottier, *Recalibrating the WTO dispute settlement system*: *Towards new standards of Appellate review*, 24(3) Journal of International Economic Law 533 (2021).

的建议和裁决内容,上诉机构的报告必须得到 DSB 的采纳。[①] 然而,必须指出的是,上诉机构也同时具有裁决者的职能。这个职能在一些 DSU 条款中是隐含的。DSU 第 3.2 条部分规定,WTO 争端解决制度(通过专家组和上诉运作)旨在维护成员在相关协议下的权利和义务,并根据国际公法解释的习惯规则来澄清这些协定的现有条款。因此,上诉机构积极解释基于 VCLT 的 WTO 协议。这与任何根据 VCLT 解释国际条约以解决争端的国际法院非常相似。DSU 第 17.1 条和第 17.13 条规定,上诉机构应审理专家组案件的上诉,并可支持、修改或推翻专家组的法律裁决和结论。这类似于终审法院审理下级法院案件的上诉,并在国内司法制度范围内支持、修改或推翻下级法院的法律裁决。非常重要的是,第 17.14 条部分规定,上诉机构的报告应由争端解决机构通过,争端各方应无条件接受,除非争端解决机构以协商一致方式决定不通过上诉机构的报告。这种反向共识机制几乎确保了上诉机构的报告能够有效地管理争端,它使报告具有实际约束力。这一特点也非常类似于终审上诉法院在国内作出的具有约束力的裁决。[②] 然而,对《反倾销协定》的解释无视第17.6 条第 2 款的规定,可被认为是上诉机构所采取的不可取的司法能动主义。这是因为上诉机构自认为是在积极地践行正义,而忽视了 WTO 成员在《反倾销协定》第 17.6 条第 2 款中所表达的集体意愿(要求找到符合《反倾销协定》的措施,如果该措施是基于其中一种允许的解释)。上诉机构的做法也偏离了 WTO 的成员驱动模式。在这方面,上诉机构相当积极地行使其权力,以实现它认为正确或正义的目标。实际上,这可能是上诉机构个别成员对自己作为真正的法官的角色和不受 WTO 成员约束的无限权力的个人误解或错误信念。[③]

---

① See Chang – fa Lo, *A Proper Balance Between WTO' s Members – Driven Nature and the Appellate Body' s Role as an Adjudicator – Careful Exercise of Judicial Activism*, in Chang – fa Lo, Junji Nakagawa, Tsai – fang Chen, The Appellate Body of the WTO and Its Reform, Springer, 2020, p. 133.

② Chang – fa Lo, *A Proper Balance Between WTO' s Members – Driven Nature and the Appellate Body' s Role as an Adjudicator – Careful Exercise of Judicial Activism*, in Chang – fa Lo, Junji Nakagawa, Tsai – fang Chen, The Appellate Body of the WTO and Its Reform, Springer, 2020, p. 134.

③ See Chang – fa Lo, *A Proper Balance Between WTO' s Members – Driven Nature and the Appellate Body' s Role as an Adjudicator – Careful Exercise of Judicial Activism*, in Chang – fa Lo, Junji Nakagawa, Tsai – fang Chen, The Appellate Body of the WTO and Its Reform, Springer, 2020, p. 135.

上诉机构应发挥积极作用的另一种情况是涉及 WTO 与其他重要国际条约之间的协调。在这方面,上诉机构不应仅仅遵循 WTO 成员的意愿。它应该发挥领导作用,以确保适当的国际法律秩序。依赖司法能动主义的消极概念来阻止不同条约的协调以及将其他条约的本质引入 WTO 的运作中,以使 WTO 的运作不与其他国际条约相隔离,也是不可取的。①

在其他情况下,上诉机构应尊重 WTO 成员的集体意愿,并受不偏离 WTO 协议授权和不制定法律的一般原则的约束,要有一定的自制力。在这种情况下,上诉机构应发挥协助作用,帮助 WTO 成员作为一个整体履行其决策职责。上诉机构成员不应将自己视为法官。这将有助于平衡各方的商业利益,并找到适当的解决办法来解决纯商业性质的争端。②

第三种观点:上诉机构是司法性机构,其职能的本质是进行价值的权衡。

WTO 的规则在很大程度上符合经济理论(自由贸易和公共选择理论)的指导,规范了贸易政策和政策工具的选择。因此,这些规则促进使用贸易限制较少和经济效率较高的政策工具来实现政策目标。然而,WTO 这一职能的一个主要限制条件是,该体系不要求成员为了追求自由贸易而牺牲"对任何经济或社会政策目标的追求"。③ 因此,WTO 争端解决的裁决结果如果不适当地损害了成员方追求国内政策目标的能力,那么该裁决在经济上和政治上都是不可取的。因此,WTO 约束成员方政策工具使用的职能不应成为成员方追求合法政策目标的不良障碍。将这一职能应用于司法能动主义的评估意味着,关键的考虑因素将是上诉机构的裁决是否在保护主义政策工具的管制和成员追求非贸易利益的灵活性之间取得适当的平衡。值得注意的是,这种方法超越了衡量一项具体裁决本身的合法性,并允许对其经济和政治上的公正性进行评价。因此,它概括了多边贸易制度的基础,并提供了一种确定司法能动主义

---

① See Chang - fa Lo, *A Proper Balance Between WTO' s Members - Driven Nature and the Appellate Body' s Role as an Adjudicator - Careful Exercise of Judicial Activism*, in Chang - fa Lo, Junji Nakagawa, Tsai - fang Chen, The Appellate Body of the WTO and Its Reform, Springer, 2020, p. 137.

② See Chang - fa Lo, *A Proper Balance Between WTO' s Members - Driven Nature and the Appellate Body' s Role as an Adjudicator - Careful Exercise of Judicial Activism*, in Chang - fa Lo, Junji Nakagawa, Tsai - fang Chen, The Appellate Body of the WTO and Its Reform, Springer, 2020, p. 138.

③ See Henry Gao & Weihuan Zhou. "*Overreaching*" *or*"*Overreacting*"? *Reflections on the Judicial Function and Approaches of WTO Appellate Body*, 53(6) Journal of World Trade 961 (2019).

的系统方法。[①]

第四种观点:上诉机构是全体成员方的代理人、类似于仲裁性机构。

这种观点为美国政府所主张。美国抱怨的核心是 WTO 争端解决机制的司法化。美国认为,上诉机构的运作方式就像是一个建立判例法体系的国际法院,而不是一个为帮助 WTO 成员解决具体争端而作出临时决定的代理机构。[②] 协定文本中存在的空白,属于成员方自治的领域,上诉机构无权填补;协定文本中存在的模糊(经适用条约解释的国际习惯法规则加以解释后仍然存在模糊),上诉机构还不能澄清,而是应当尊重文本模糊为成员提供的国内政策空间。对此,美国主要针对的就是上诉机构对美国的贸易救济措施的审查。因为它们在上诉机构的终结中所扮演的角色,以及它们在美国的政治重要性,所以 WTO 下的贸易救济措施值得仔细研究。从历史上看,美国将保持容易获得反倾销税置于政治优先地位,这有时被称为美国贸易政策的第三轨。尽管自 1934 年《互惠贸易协定法案》生效以来,国会已授权总统就贸易协定和互惠关税削减进行谈判,但条件之一是美国保留征收反倾销税的权利。例如,在乌拉圭回合谈判中,当美国想要保留实施这些防御性关税的权利时,包括日本和韩国在内的出口大国越来越感到刺痛。他们希望美国的反倾销限制和潜在的滥用受制于 WTO 新的争端解决机制。最终,WTO 在反倾销税的使用和审查两方面都作出了妥协。一个重要的例子涉及一种被称为归零的做法,当时美国和欧洲都采用了这种做法,这种方法被用来计算倾销(或不公平定价)是否发生以及发生了多少。它的使用使倾销更有可能被发现,并扩大了补偿性关税的规模。美国人希望保留这种做法,而受影响的出口商希望禁止这种做法(这在贸易谈判中很常见),因此 WTO 协定文本故意含混不清,《反倾销协定》对归零问题保持沉默。它没有说一国可以归零,但也没有说一国不能归零。更大范围的妥协是 WTO《反倾销协定》第 17.6 条,依据该条规定,WTO 裁决机构本应能够审查各国使用反倾销税的情况,只要他们尊重国内调查机构。

---

① See Henry Gao & Weihuan Zhou. "*Overreaching*" *or* "*Overreacting*"? *Reflections on the Judicial Function and Approaches of WTO Appellate Body*, 53(6) Journal of World Trade 962 (2019).

② See Gregory shaffer, *A Tragedy in the Making? The Decline of Law and the Return of Power in Internatioanl Trade Relations*, 44(37) The Yale Journal of International Law Online 41 (2018).

在美国看来,这意味着 WTO 裁决机构在作出判断时应该接受美国商务部和美国国际贸易委员会(United States International Trade Commission,USITC)提供的调查、事实和决定。①

从上述不同观点可以看出,对于上诉机构的职能的定位与性质,不同的人有不同的看法,例如美国认为上诉机构越发趋近于司法性机构了,应当去司法化,向着仲裁性、政治性回转;也有不少学术观点和实务观点认为上诉机构应当进一步加强其司法性。前上诉机构成员赫尔南德斯(Ramírez - Hernández)对该机构的任命危机的分析中也提到这部分反映了"成员之间对 WTO 性质的观念差异,也就是说,WTO 协定究竟是契约还是宪法"。② DSU 乃至《WTO 协定》都没有对上诉机构的性质加以规定,其性质的认定存在争议,取决于人们对其职能的认知,上诉机构的职能在 DSU 有明示与暗示的规定,也可以视为全体成员方对上诉机构的明示授权与暗示授权。然而,现有观点都是削减或变相削减上诉机构的职能,弱化其法律性,增强其政治性。但无论如何,不同观点之间的争论说明了问题的关键所在:上诉机构能否司法造法,其规则解释的权限取决于其职能,上诉机构的职能是上诉机构规则解释的合法性标准。

第二节 上诉机构的职能界定:基于 WTO 成员驱动与规则导向的两种制度模式

国际组织及其机构的自主性主要基于国际关系中的委托—代理理论来加以解释。官僚机构的领导人虽然是由该组织的政治机构来任命的,但是官僚机构的运作具有了相当的自主性,其权威主要在于官僚和专家的专业水平,以及政治机构无法实现对官僚机构的常态化制约,WTO 争端解决机制就是这种

① See Chad P. Bown & Soumaya Keynes, *Why trump shot the sheriffs: the end of WTO dispute settlement* 1.0, Peterson Institute for International Economics Working Paper 20 - 4, 2020, p.6 - 7.

② See Farewell speech of Appellate Body Member Ricardo Ramírez - Hernández, 28 May 2018, available at https://www.wto.org/english/tratop_e/dispu_e/ricardoramirezfarwellspeech_e.htm.

情形的典型例子。在 WTO 的争端解决机制中,专家组和上诉机构的专家因为其专业水平具有了仲裁争端以及司法造法的权威性,而政治机构因为各方面的原因又不能有效制衡上诉机构,从而导致上诉机构具有了高度自主性。[①]

在国际关系的相关文献中,委托—代理理论对两个或两个以上国家将特定权力委托给国际组织的原因归为理性选择:在这个框架中,委托人,即行政权的最初持有者,决定将一定的权力委托给负责执行任务的代理人,[②]因为将权力授权给国际组织不仅可以让政府在国际上做一些在国内很难做的事情,而且同时将相应的责任转移给国际组织也能够避免在事态恶化时受到国内的指责。[③] 然而,国家对国际组织的授权除了国际组织宪章中明确规定的明示授权以外,还包括隐含授权和衰减授权,虽然有观点认为后两者是意想不到的后果和需要预防或修复的偏差,但也有观点认为这不是偏差,而是国际决策过程中可以预料到的、令人满意的特点。[④]

理性选择理论认为,政治行为者(主要是国家)受到自身利益的驱动,并采取战略行动来促进这些利益,在结果逻辑的驱动下,行为者的行为是为了促进固定的偏好。因此委托人是出于工具上的原因,认为其目标的最佳实现方式是授权代理人代表其行事,国家委托国际组织的主要原因有:受益于国际组织的专业知识,锁定政策偏好,帮助管理争端,并提高承诺的可信度。[⑤]

那么,国际组织为什么会拥有独立偏好?对此,建构主义理论给出了较好的解释,建构主义理论认为国际组织受到其所处的社会环境影响从而产生了一定的独立偏好。建构主义强调的社会环境的一个中心特征是组织的内部文

---

① 参见宋伟、罗姝瑶:《霸权利益与国际组织自主性: WTO 争端解决机制为何陷入危机》,载《世界政治研究》2020 年第 1 期。

② See Curtis Bradley & Judith Kelley, *The Concept of International Delegation*, 71(1) Law and Contemporary Problems 25 - 27 (2008).

③ See Oona A. Hathaway, *International Delegation and State Sovereignty*, 71(1) Law and Contemporary Problems 126 (2008).

④ See Ian Johnstone, *Law - Making by International Organizations: Perspectives from IL/IR Theory*, Interdisciplinary Perspectives on International Law and International Relations: The State of the Art 279 (2013).

⑤ See Ian Johnstone, *Law - Making by International Organizations: Perspectives from IL/IR Theory*, Interdisciplinary Perspectives on International Law and International Relations: The State of the Art 276 - 277 (2013).

化。组织文化体现了"一套集体持有的关于正确思考和行动方式的处方"。[①] 职员如何解释其任务,反映了其特殊的专业背景和专门知识领域。出于这个原因,并非所有国际组织都会形成独立偏好。只有那些由专业人员或专家组成的管理要素才有可能形成独立的偏好。由成员代表或借调官员组成的国际组织不太可能拥有共同的世界观。[②] 国际组织中的职员的目标是产生适当的政策,通过调整现有的规则和承担新的任务,使国际组织在他们的任务中更有效率和实效。与组织文化相关的社会规范对职员的偏好产生压力。出现哪种偏好取决于职员对自己的身份以及与之相关的角色压力形成的特定观念。特别是,职员担心自己在其他人眼中的形象是否合法。如果国际组织的职员认为自己是国际社会的一部分,这种地位或合法性的担忧可能会导致他们的偏好与成员产生分歧。职员不仅把自己看作国家的代理人,而且把自己看作国际社会的一员,肩负着监督国际社会价值观的责任。WTO 上诉机构的法官并不仅仅是成员的代理人,他们也是为国际社会维护国际条约的人,该条约旨在促进公平和自由贸易。与服务特定国际社会目标或规范价值相关的恰当性逻辑,导致国际组织以有时可能与国家偏好相反的方式理解其工作。[③]

相比之下,如果职员认为自己主要依赖于国家的存在和资源,国际组织的偏好可能会更接近于成员的偏好。在这种情况下,职员将设法以符合成员偏好的方式履行其任务。实际上,职员如何谋求生存不仅仅是内部产生的组织文化的功能,这也反映了国际组织的从属地位。因此,职员可能会经历其认为符合其专业职能的行为与其认为适当的行为之间的冲突,这种紧张感会抑制职员的独立倾向。[④]

---

① See Jeffrey Legro, *Which Norms Matter? Revisiting the Failure of Internationalism*, 51(1) International Organization 36 (1997).

② See Andrew P. Cortell & Susan Peterson, *Synthesizing rationalist and constructivist approaches to international organizations: lessons from the WTO and WHO*, https://people.wm.edu/~smpete/files/synthesizing.pdf, 2021, p. 3 – 4.

③ See Andrew P. Cortell & Susan Peterson, *Synthesizing rationalist and constructivist approaches to international organizations: lessons from the WTO and WHO*, https://people.wm.edu/~smpete/files/synthesizing.pdf, 2021, p. 5 – 6.

④ See Andrew P. Cortell & Susan Peterson, *Synthesizing rationalist and constructivist approaches to international organizations: lessons from the WTO and WHO*, https://people.wm.edu/~smpete/files/synthesizing.pdf, 2021, p. 6.

同时,委托—代理理论也解释了国际组织产生独立偏好的原因。该理论的中心目标是了解委托关系的后果,特别是委托人在什么条件下最能够让代理人按照自己的意愿履行委托合同。该理论通常预期任何授权都会产生一些成本,例如代理懈怠导致的代理损失。代理懈怠主要有两种形式:一是当代理人选择不努力完成任务时,就会出现代理逃避;二是当代理人机会主义地将政策从委托人偏好的结果转向自己偏好的结果时,就会出现代理迁移。①

在 WTO 中,由于组织的重要决策都是需要由 164 个成员协商一致达成的,因此成员方对该组织的控制力非常分散。主要表现就是全体成员方组成的立法机构对作为司法性机构的上诉机构的控制力方面。DSU 规定了上诉机构必须遵循的某些程序,包括对作出决定设定严格的时间限制,并要求匿名提出个人意见。然而,DSU 还要求上诉机构制定自己的《上诉审查工作程序》,从而加强其自由裁量权。上诉机构与 DSB 主席和 WTO 总干事共同制定这些程序规则,但是程序规则的通过不需要后两个官员的批准。前上诉机构成员克劳斯(Claus – Dieter Ehlermann)认为,《上诉审查工作程序》总体上从客观和主观两方面促进了上诉机构的独立性。②《上诉审查工作程序》第 16(1)条规定:"为了上诉过程的公平和有序,当本规则未涵盖的程序问题出现时,上诉机构可仅为该上诉的目的采用适当的程序,但该程序不得与 DSU、其他适用协议和本规则相冲突。"同时,DSU 授予专家组和上诉机构自由裁量权。它们被期望对成员遵守 WTO 协定义务的情况提供独立的解释,并被授权建议成员如何使有关的贸易措施符合其 WTO 义务。并且,上诉机构基于自身的组织结构,形成了自己的独立身份。上诉机构前主席詹姆斯·巴克斯(James Baachus)③曾

---

① See Darren Hawkin, David A. Lake, et al. Tierney, Delegation under Anarchy: States, International Organizations, and Principal – Agent Theory, Paper prepared for presentation at the Delegation to International Organizations Conference, San Diego, CA, 19 – 20 September, 2003, p. 4.

② See Claus – Dieter Ehlermann, *Experiences from the WTO Appellate Body*, 38 Texas International Law Journal 478 (2003).

③ 詹姆斯·巴克斯曾任上诉机构法官,并于 2002 年成为上诉机构主席,也是在任时间最长的上诉机构法官。

揭示了他和他的同事偏好的来源。① 他认为,尽管上诉机构的 7 名成员来自不同的文化和国家,但是他们共享一种指导哲学方法来塑造他们的视角,因此也塑造了上诉机构的裁决报告。

> 关于上诉机构,我们认为,通过相互批评的原则实践,愿意进行理性和合理的审议,是创造和维持人类自由的关键之一。我们还认为,扩大人类同情心范围的最好方法之一,就是通过相互间的理性思考来扩大我们的思维范围。我们相信,通过相互倾听,我们可以相互学习,我们也可以学习相互信任。我们也相信,以这种方式寻求和获得的信任可以为人类自由的事业服务……我们的职责范围是对 WTO 所有 164 个成员的全体人民负责。50 亿人与我们一起坐在我们的桌子……他们的需要,他们的渴望,他们的激情,他们对更充分、更真实的人性的渴望,他们对自由的最热切的希望,都永远与我们同在,因为我们在一起努力,帮助 WTO 成员澄清和维护其国际条约义务。我们相信,通过共同推理,我们可以最好地满足他们对自由的所有希望。②

詹姆斯·巴克斯对集体裁决过程的描述表明,上诉机构迅速形成了对其角色的独特理解,以及与之相关的最适当的行动。与此同时,上诉机构成员认识到,他们的共同目标从一开始就是建立一个独立的司法性机构,平等有效地为 WTO 所有成员服务。同时,詹姆斯·巴克斯也认为:WTO 成员创立了争端解决机制,以维护各国一致同意的贸易规则。他们发明了上诉机构的小圈子,以帮助他们澄清自己在这些规则下的义务,以便他们能够在不断扩大的世界贸易体系圈子内维护这些义务。因此,上诉机构成员都要为 WTO 的所有 164

---

① See Andrew P. Cortell & Susan Peterson, *Synthesizing rationalist and constructivist approaches to international organizations: lessons from the WTO and WHO*, https://people.wm.edu/~smpete/files/synthesizing.pdf,2021,p.31.

② See James Baachus, *Open Doors for Open Trade: Shining Light on WTO Dispute Settlement*, Remarks to the National Foreign Trade Council, Mayflower Hotel, Washington, DC. 29 January, 2004. p.6 –7.

个成员服务。[①] 由此可见，以詹姆斯·巴克斯为代表的上诉机构成员似乎敏锐地意识到，它是两种社会背景的一部分：一种涉及成员政府，另一种涉及受 WTO 规则和国际贸易影响的个人。这两种背景对上诉机构的偏好和行动的影响可以通过上诉机构在解决贸易争端过程中面临的程序问题时的处理方式加以印证，因为正是在此方面，上诉机构被赋予了最大的自由裁量权，其中典型的程序问题就是在争端解决程序中，专家组和上诉机构能否接受非政府组织的法庭之友陈述的问题。[②] 上诉机构曾裁定 DSU 授予其和专家组接受来自非政府组织的法庭之友陈述的自由裁量权。[③] 詹姆斯·巴克斯对此解释道：上诉机构接受法庭之友陈述可以使更多的来自民间社会的人们有机会表达自己的意见，而不会以任何方式破坏这类程序的政府间本质。与世界各地的司法机构一样，法庭之友陈述可以提供额外的、有价值的观点。[④] 这一行动实际上反映了上诉机构对受 WTO 影响的更广泛人群的承诺。[⑤] 上诉机构接受法庭之友陈述的裁决是在 1999 年西雅图反全球化运动的背景下作出的，当时人们越来越多地抱怨该机构缺乏透明度，与非国家行为体保持距离。所以，上诉机构关于法庭之友程序的裁量正是回应这些要求的体现。

然而，对于上诉机构的这一做法，绝大多数成员（特别是发展中国家）表示

---

① See James Baachus, *Open Doors for Open Trade: Shining Light on WTO Dispute Settlement*, Remarks to the National Foreign Trade Council, Mayflower Hotel, Washington, DC. 29 January, 2004, p. 5, 7.

② See Andrew P. Cortell & Susan Peterson, *Synthesizing rationalist and constructivist approaches to international organizations: lessons from the WTO and WHO*, https://people.wm.edu/~smpete/files/synthesizing.pdf, 2021, p. 33.

③ See Appellate Body Report, United States – Countervailing Duties on Certain Corrosion – Resistant Carbon Steel Flat Products from Germany, WT/DS213/AB/R, adopted on 19 December 2002, para. 108.

④ See James Baachus, *Open Doors for Open Trade: Shining Light on WTO Dispute Settlement*, Remarks to the National Foreign Trade Council, Mayflower Hotel, Washington, DC. 29 January, 2004, p. 4.

⑤ See Claus – Dieter Ehlermann, *Experiences from the WTO Appellate Body*, 38 Texas International Law Journal 484 (2003).

反对,他们认为上诉机构的行为改变了成员在 WTO 中的义务。[①] 为处理这个问题,WTO 理事会召开了一次特别会议。基于成员的负面反应,理事会主席主张上诉机构在未来的案件中应当采取更加谨慎的态度,直到成员考虑需要什么样的规则。[②] 因此,上诉机构随后拒绝了所有遵循其新程序的 17 份法庭之友陈述。[③] 上诉机构表现出的这种司法克制体现了对 WTO 成员驱动属性的遵从,即由于只有少数成员欢迎非政府组织的参与,在协商一致的决策机制下,这种程序改革是不符合全体成员方的意志的。

综上所述,上诉机构的决策偏好反映了他们对至少两种制度背景的认同,这两种背景分别代表了 WTO 的两大驱动力:一是成员驱动,二是规则驱动。前一种驱动力的表现就是上诉机构在裁决中尊重成员方的管理自主权,没有对规则作出明显不符合大多数成员方观点的澄清或填补;后一种驱动力的表现则是上诉机构在裁决中澄清 WTO 涵盖协定的规则,回应国际社会的普遍价值与利益诉求,保障个人权利的可预期性,维护国际法治。但我们很难在总体上确定上诉机构的决策更多地受到哪种驱动力的影响更多,我们只能在具体案例的裁决中观察到上诉机构在个案中的偏好选择。这表明,上诉机构的职能无法得到单一的、清楚的界定,其职能是在一端为全体成员方的代理人和另一端为独立的司法机构之间的数轴上不断移动的,具体移动到哪一位置取决于个案的具体情形。但有一点是确定的,无论上诉机构的职能在数轴中如何移动,其决策都必然致力于促进该机构的生存与繁荣,以及促进 WTO 的生存与繁荣。所以,上诉机构职能在个案裁判中如何在横向数轴中移动取决于如何使代表 WTO 制度有效性的纵向数轴上的值最大化(见图 1)。

---

① See WTO, General Council – Minutes of Meeting – Held in the Centre William Rappard on 10 October 2000, WT/GC/M/58, 22 November 2000, p. 21 – 22; WTO, General Council – Minutes of Meeting – Held in the Centre William Rappard on 22 November 2000, WT/GC/M/60, 23 January 2001.

② See WTO, General Council – Minutes of Meeting – Held in the Centre William Rappard on 22 November 2000, WT/GC/M/60, 23 January 2001, p. 28.

③ See Appellate Body Report, European Communities – Measures Affecting Asbestos and Asbestos – Containing Products, WT/DS135/AB/R, adopted on 12 March 2001, p. 22 – 23.

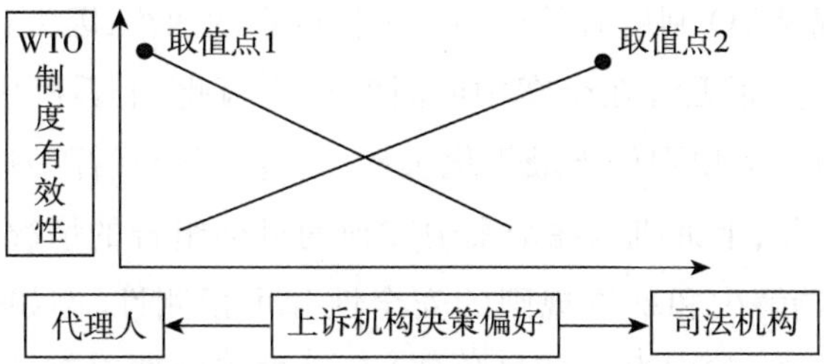

图 1　上诉机构在个案中的职能选择

当然，有人会问，上诉机构在职能上为何不能明确选择一种而舍弃另一种，即要么作为代理人，要么作为司法机构，正如本章第一节的观点。正如图 1 所展现的那样，上诉机构的最终职能是增进 WTO 的制度有效性，这决定了它不可能仅仅只是代理人或者成为完全独立的司法机构，同时，上文的论述也表明，建构主义从上诉机构所处的两种社会背景解释了上诉机构角色无可避免的复杂性。我们由此可以从上诉机构的职能推论出其规则解释的合法性的最高标准和底线标准，在此区间内的规则解释都应当被认为是允许的，突破合法性底线的规则解释则是应当被禁止的，这种方法体现了 WTO 成员驱动和规则导向两种特性的协调，也为上诉机构司法造法提出了判断标准。换言之，WTO 的成员驱动和规则导向的协调应当统一于维护 WTO 制度有效性的目标之下，基于此，笔者将在下文提出上诉机构规则解释合法性的最低标准，在司法造法不可避免的前提下以此区分合理的司法造法与不合理的司法造法，进而有助于 WTO 对上诉机构合理的司法造法加以规范，对其不合理的司法造法予以禁止。

第三节　解决上诉机构司法造法问题的基本路径

经由上一节的论述，我们可以得出结论，上诉机构需要在由作为纵轴的 WTO 制度有效性和作为横轴的上诉机构职能组成的坐标系中，使个案裁决结果达至纵轴能够取得的最大值，该值对应的横轴取值就是上诉机构在个案中的职能选择。笔者在第一章最后一节中已经论证，上诉机构规则解释在个案中只能寻求实现 WTO 制度有效性的三个目标中的两个,因为这些目标之间基于其内在的矛盾性而无法在个案中同时实现。因此,上诉机构在个案中会根据具体的事实与有关规则作出最优化选择——从三个目标中选择最应当实现的两个目标。因此,上诉机构在个案中实现的目标组合的情况包括四种情形,分别是:促进争端解决和增进规则的安全性和可预测性,例如美国—双反(中国)案;政策开放性(偏向自由贸易价值)和增进规则的安全性和可预测性,例如美国—归零案;政策开放性(偏向非贸易价值)和增进规则的安全性和可预测性,例如美国—虾案;政策开放性(偏向非贸易价值)和促进争端解决,例如欧共体—石棉案。上诉机构所要实现的三个目标在个案中的选择对应了其职能选择。例如在美国—双反(中国)案中,促进争端解决目标的选择体现了对成员方管理自主权的遵从,没有增加 WTO 涵盖协定义务,符合 WTO 成员驱动模式下的全体成员代理人的职能要求;同时,上诉机构在该案中对安全性和可预测性目标的选择体现了维护国际法治的努力,符合 WTO 规则导向模式下的非政治化的中立的司法机构的职能要求。因此,在美国—双反(中国)案中,上诉机构的规则解释实现了成员驱动模式下的职能要求和规则导向模式下的职能要求的相互协调、融合,从而具备了 WTO 规则解释的合法性,并且趋近于上文提到的 WTO 合法性区间中的最高标准。而上诉机构在美国—归零案、美国—虾案以及欧共体—石棉案中都进行了价值选择,使上诉机构具有了一定程度的政治性,具有成为政治性机构、削弱该机构在成员方眼中的合法性的危险。其中,上诉机构在美国—归零案中更偏向于规则导向下的司法机构职能,在美国—虾案中也更偏向于规则导向下的司法机构,而在欧共体—石棉案中则更偏向于成员驱动模式下的代理人职能。对此,我们需要分析在这三个代表性案件中,上诉机构的规则解释是否符合 WTO 合法性要求的最低标准。对此,我们需要首先找到这一标准。从上文论述可知,上诉机构是在新自由主义、国际贸易法治和保障个人权利的背景下产生的,但受到 WTO 成员驱动模式的制约。因此,上诉机构在规则解释中必须满足的合法性要求的最低标准或者称为最低限度的合法性应当是 WTO 成员驱动的本质要求与基本价值:多边主义。对此,可能有人会反驳,为什么不是遵照规则本身加以解释,或者遵从全体成员方的共同的真实意图呢?因为这一标准是不可能的,或者说是不存在的,亦即无法追求的。

一、上诉机构规则解释引入价值的必要性

VCLT 第 31.1 条规定了三种基本的解释条约的方法:文本解释法、上下文解释法和目的解释法。在某些情况下,这三种解释可能指向相同的方向,表明某一特定解释结论具有较高的正确程度以至于成为唯一正解。在其他情况下,一项因适用一种解释方法而显得不确定的条款,可由另一种解释方法加以印证,从而对应采用的解释提供相对的确定性。然而,在其他情况下,不同的解释方法指向不同的方向。在这种情况下,必须找到一种方法,在条款的一般含义(文本含义)和条款的目的(目的论)所暗示的解释之间作出选择。[①] 然而,VCLT 规定的解释方法和条约解释的其他习惯法方法都没有规定这些解释方法发生冲突时裁决机构如何作出选择。[②] 在此情形下,当文本解释出现模棱两可的结论时,上诉机构在先前案例中的普遍做法是识别全体成员方在相关协议中的共同目的,而不是争端当事方的单个意图。如果一项协定明确规定了其目的,我们可以把它看作由全体成员方通过的。但遗憾的是,WTO 涵盖协定有些并没有规定目的和宗旨,有的即便规定了,对解释者却不具备特别的有意义的启发性。在协定缺乏关于共同目标的陈述时,该协定就很难被认为存在 WTO 全体成员的共同的实际意图,这说明关注全体成员方的实际意图,无论是历史的意图还是当代的意图,都不能提供所需的答案。这将导致的后果是:如果我们坚持对 WTO 法律采取严格的实证主义解释,那么我们就有可能破坏这种确定性,用政治选择取代法律解释。[③] 然而,正如任何处理合同事务的律师都会证实的那样,在实践中,对合同的解释在很大程度上依赖于法官关于在当事人之间什么是公平合理的观点,尽管这些观点以客观意图的语言

---

① See Oisin Suttle, *Rules and Values in International Adjudication*: *The Case of the WTO Appellate Body*, 68(2) International and Comparative Law Quarterly 424 (2019).

② See Isabelle Van Damme, *Treaty Interpretation by the WTO Appellate Body*, 21(3) The European Journal of International Law 616 – 620 (2010).

③ See Oisin Suttle, *Rules and Values in International Adjudication*: *The Case of the WTO Appellate Body*, 68(2) International and Comparative Law Quarterly 427 (2019).

为外衣。[①] 因此，法律推理关注的应当是我们现有实践的规范意义。法律命题的真实性不仅取决于它们与社会事实的关系，还取决于它们在多大程度上证明了这些事实，并以最好的方式展示了我们的实践。因此，对法律的推理包括明确或含蓄地询问法律是为了什么，不是从法律实际作者的角度，而是从我们自己的角度，至于作为在世界上行动的负责任的道德代理人的立法者，我们无法获得他们的观点。我们问法律能为我们服务的目的是什么。一旦我们对法律的目的有了解释，这反过来可以为法律的建设性解释奠定基础，进而为那些具有实践性的，却在实证主义法学教条中无法得到明确解释的具体问题提供答案。在强调语言解释中不可避免的规范成分时，它突出了(通常未明说的)道德假设，这些假设在很大程度上支撑着表面上基于规则的法律推理。价值观必然牵涉法律推理的所有方面，那么我们就不再需要把棘手的案件视为涉及法律之外的自由裁量权。相反，我们可以认识到一种连续性，基于规则和基于价值的推理在所有情况下都适用，尽管它们的重要性可能有所不同。因为价值对于基于规则的推理是必要的，引入价值的推理并不意味着裁决者已经超越了法律。相反，裁决者在处理疑难案件时，或明或暗地进行的基于价值的推理本身就是法律推理。因此，这种更广泛的法律概念意味着，即使在疑难的案件中，法律也可能产生一个正确的答案，尽管不是一个无可争议的答案。[②]

采用反实证主义的方法使语言的不确定性与 DSU 对法律完整性的要求得以调和。但是，它也对 WTO 法必须诉诸的价值和原则的种类提出了相当具体的要求。其结果是，人们会不禁询问是否有一个原则或一组原则，可以被用来理解现有的实践，并同时能够显示最好的道德。也就是说要寻求一套既适合现行法律又能证明现行法律合理的原则，从而一种与现有实践非常吻合，但在道德上有缺陷的观点需要被摒弃，并且一种与现有实践稍微不太吻合，但在道德上更可取的观点也需要被摒弃。[③]

---

① See Oisin Suttle, *Rules and Values in International Adjudication*: *The Case of the WTO Appellate Body*, 68(2) International and Comparative Law Quarterly 409 (2019).

② See Oisin Suttle, *Rules and Values in International Adjudication*: *The Case of the WTO Appellate Body*, 68(2) International and Comparative Law Quarterly 433 - 434 (2019).

③ See Oisin Suttle, *Rules and Values in International Adjudication*: *The Case of the WTO Appellate Body*, 68(2), International and Comparative Law Quarterly, 434 - 436 (2019).

总之,基于上诉机构的特殊制度背景,我们对其规则解释不应当从完全的法律实证主义角度来考察,而是应当从解释主义的角度看待,以此理解上诉机构规则解释中的价值选择的作用,同时,WTO 法律制度不存在任何导致我们在解释、适用和评价 WTO 法律时排除价值的因素。那么,上诉机构应当引入何种价值来解释 WTO 规则呢? 是否存在一种价值或原则,既符合 WTO 体制的实践,又代表了人们对于 WTO 体制应当具备的最为重要的道德的普遍共识? 笔者认为,这一价值或者说原则是存在的,就是多边主义原则。

二、WTO 多边主义原则的内涵

WTO 是制度化的多边主义。[①] 根据国际关系理论学家鲁杰(John Ruggie)的观点,多边主义是一种制度形式,它在普遍行为原则的基础上协调三个或三个以上国家之间的关系。[②] 为什么说多边主义构成 WTO 全体成员的共同价值观的核心? WTO 多边主义的内涵是什么?

鲁杰指出,多边主义的独特之处在于,国家之间的协调政策是建立在一定的处理国际关系的原则的基础上的。[③] 他认为,这些原则规定了某类行动的适当行为,而不考虑当事各方的特殊利益或在任何具体事件中可能存在的战略紧急情况。[④] 在鲁杰的语境中,原则类似于价值观,因为它们被表达为关于什么是可取的、超越特定情况的、指导行为选择和影响评估的排序思想或作为事实、因果关系和公正的信念。权力分配不足以解释多边合作,国家价值观被认为是外交政策的重中之重,而核心信念、规范和价值观的存在被认为是多边主义成功的先决条件。多边主义被认为是一种社会建构,会不断演变,按照这种解释,贸易多边主义也不例外。多边主义的起源与体现在 GATT 和 WTO 中的新古典经济理论以及国际贸易的运作有关:由于国际贸易日益相互依赖和全

---

① See Julieta Zelicovich, *Are there still shared values to sustain multilateralism? Discourse in World Trade Organization reform debates*, 43(2) Third World Quarterly 333 (2022).

② See John Ruggie, *Multilateralism: The Anatomy of an Institution*, 46(3) International Organization 571 (1992).

③ See John Ruggie, *Multilateralism Matters: The Theory and Praxis of an Institutional Form*, Columbia University Press, 1993, p. 7.

④ See John Ruggie, *Multilateralism: The Anatomy of an Institution*, 46(3), International Organization 571 (1992).

球化,只有通过多边方式才能实现贸易监管的协调和包容性。然而,正如鲁杰所认为的,在普遍行为原则方面的趋同以及与之相一致的国内战略的制定,也是多边主义发挥作用的必要条件。事实证明,GATT 和 WTO 逐渐发展而成的多边贸易体制是有弹性的机制,能够适应成员之间价值观和利益安排的变化,这些变化也在不断演变。从 1947 年的俱乐部式协议到 1995 年的多边组织的建立就是一个成功的例子,这个多边组织占据了世界贸易的 90% 以上。然而,多边贸易合作范围的扩大和成员的多样性对该组织达成共识和合法性的能力产生了影响。[①] 彼德斯曼(E. – U. Petersmann)也指出了 WTO 中更大的参与者如何具有不同的价值观,这些价值观源自塑造其经济的社会历史因素。他指出,新自由主义经济体,比如美国,信奉盎格鲁 – 撒克逊功利主义;再者,自由经济,如欧盟,推动了以权利为基础的经济宪政。根据彼德斯曼的观点,这些法律差异被认为是多边制度设计的一个主要挑战。[②] WTO 中的价值观分歧与该多边体制受到的国家之间日益增长的多样性的挑战说明,成功的多边主义不仅需要普遍的行为原则,还需要共同的社会目标,这是多哈回合时期 WTO 所缺乏的多边贸易体制的核心要素。[③] 因此,非歧视原则(最惠国待遇原则)不足以概括 WTO 的贸易多边主义,尽管最惠国待遇是多边合作的结构性原则,但除此之外,WTO 还需要作为次级规则的一套共同价值观和原则。事实上,在 WTO 中,除了支配成员行为的最惠国待遇原则之外,还有一套关于贸易多边主义应该如何以及成员应该如何行事的信念和理念。随着世界向多边合作的更加多元化的形式演变,多边主义作为一种制度化的形式被大量的形容词丰富了,因为许多价值和意义都与它直接相关。公平、赋权、平等代表权,甚至民主的概念逐渐被融入了多边主义的概念之中。[④]

---

① See Julieta Zelicovich, *Are there still shared values to sustain multilateralism? Discourse in World Trade Organization reform debates*, 43(2) Third World Quarterly 334 (2022).

② See E. – U. Petersmann, *Ten Lessons from 'Institutional Economics' for Designing Multilateral Trade and Investment Institutions*, EUI Department of Law Research Paper, May, 2020.

③ See Valbona Muzaka & Matthew Louis Bishop, *Doha stalemate: The end of trade multilateralism?*, 41(2) Review of international studies 403 (2015).

④ See F. Osler Hampson, *Deconstructing Multilateral Cooperation*, *in International Cooperation. The Extents and Limits of Multilateralism*, in W. Zartman and S. Touval, Cambridge University Press, 2010, p. 61.

对此，有学者统计并分析了 2019 年和 2020 年 WTO 遭遇上诉机构停摆危机时总理事会会议发言中所包含的价值观和原则，这些辩论都是在全球化危机的背景下展开的，特别关注的是中美之间的贸易争端。[①] WTO 成立 25 年后，从成员们的发言内容来看，大多数成员仍然坚持多边主义是国际贸易关系的优先选择，成员之间对实现多边主义保持高度的共识，但其中也出现了一些不同的声音和做法。例如美国认为多边主义只是其贸易关系的一个选择，并且不是首要的选择。这与特朗普对 WTO 和国际自由主义秩序制度的立场一致。美国政府将双边和单边战略放在优先位置，这些信念在其实际行动中具有显著性体现。[②] 就欧盟而言，它仍然倾向于多边主义，但也表示有其他方案可供选择。在支持 WTO 的同时，欧盟于 2017 年批准了《加拿大 - 欧盟全面经济贸易协定》(CETA)和《欧盟 - 欧盟智利联合协定》的现代化进程，并在随后几年与日本、新加坡、越南、南方共同市场(Mercado Común del Sur，MERCOSUR)、墨西哥、澳大利亚和新西兰推进了协议谈判。[③] 在总理事会会议上，由于各种原因，大多数成员表示，WTO 本身或多边主义作为国际贸易合作的制度化形式受到威胁或受到严重削弱。只有日本和南非没有明确提及这一点，尽管它们也发表了与这一想法相一致的其他声明。对于 WTO 成员来说，多边主义的威胁来自 WTO 作为贸易论坛的功能失灵；同时，一些成员(如美国)的行为构成了对 WTO 的一种威胁(发起贸易战)；最后，新冠病毒大流行引发了一场贸易危机。例如，巴巴多斯代表说，多边主义乃至多边贸易制度所面临的威胁是重大的，该制度正处于严重的危机之中。贸易保护主义抬头，民族主义倾向加剧，WTO 上诉机构成员无法任命，全球地缘政治平衡面临挑战，多边主义和以规则为基础的多边贸易体制面临系统性挑战。[④] 摩洛哥代表认为 WTO 多边贸易体制应坚持公平包容、促进发展、保护环境，这些条件将为国际市场

---

① See Julieta Zelicovich, *Are there still shared values to sustain multilateralism? Discourse in World Trade Organization reform debates*, 43(2) Third World Quarterly 332 – 351 (2022).

② See Chad P. Bown & Soumaya Keynes, *Why trump shot the sheriffs: the end of WTO dispute settlement 1.0*, Peterson Institute for International Economics Working Paper 20 – 4, 2020.

③ See Julieta Zelicovich, *Are there still shared values to sustain multilateralism? Discourse in World Trade Organization reform debates*, 43(2) Third World Quarterly 340 – 341 (2022).

④ See WTO, General Council – Minutes of the meeting – Held in the Centre William Rappard on 28 February 2019, WT/GC/M/176, 15 April 2019, p. 2.

的可预测性铺平道路。单边主义或诸边主义永远不能取代多边主义和协商一致意见，在这种多边主义和协商一致意见中，所有成员的所有敏感性和利益都得到了代表。① 中国指出，持续僵局的上诉机构成员选拔是 WTO 目前面临的最严重的危机。② 尽管成员们都愿意采取多边主义，但他们对于多边主义的内涵和多边主义合作应当坚持的价值和原则的意见存在分歧。

WTO 总理事会会议中提到，多边主义需要或应该与发展、透明、包容、协商一致、公平、非歧视和灵活性联系起来。③ 此外，贸易多边主义应该是基于规则的、开放的和可预测的。其中一些原则包含在 GATT1994 和 WTO 的根基中（如非歧视和透明度），而另一些则是体制演变的结果，包括包容性、公平和开放等。同时，这些价值观是以一种积极的而非对抗的方式来加以表达的。例如，有几个成员表示支持将透明度作为多边主义的一项关键价值，没有一个成员对此表示反对。在成员们提到与多边主义有关的价值中，得到最多支持的价值是发展，发展意味着贸易必须或应该对发展产生积极影响，这是贸易多边主义的传统价值观，它包含在 GATT 协定的序言和《WTO 协定》中。④ 总体而言，成员们支持度较高的原则有：透明度、以规则为基础的制度、公开性和可预测性。透明度和可预测性被认为是多边贸易体制的核心原则，包含在 GATT1994 第 10 条和 GATS 第 3 条，以及贸易政策审议机制的程序中。因此，成员们认为贸易多边主义既体现了透明度，又体现了可预测性。规则导向的体系一直是反对权力导向机制的基础。它强化了国际贸易需要制度化合作的信念。开放既是程序性的，也是实质性的。一方面，成员们主张多边主义应作为一种国际民主标准，向所有成员开放。另一方面，成员们也提到开放相当于贸易政策自由化，为多边主义的内容提供了条件。第一种定义更接近于非洲集团等新兴大国和联盟的定义，而第二种定义出现在日本、欧盟和美国三边贸

---

① See WTO, General Council – Minutes of the meeting – Held in the Centre William Rappard on 28 February 2019, WT/GC/M/176, 15 April 2019, p. 17.

② 参见《中国关于世贸组织改革的立场文件》，载中国商务部官方网 2018 年 12 月 17 日，http://www.mofcom.gov.cn/article/jiguanzx/201812/20181202817611.shtml。

③ See WTO, General Council – Minutes of the meeting – Held in the Centre William Rappard on 28 February 2019, WT/GC/M/176, 15 April 2019, p. 70.

④ See Julieta Zelicovich, *Are there still shared values to sustain multilateralism? Discourse in World Trade Organization reform debates*, 43(2) Third World Quarterly 342 (2022).

易代表的演讲中。最后一组的价值观和原则是非歧视、包容性、公平、共识和灵活性。其中一些价值意味着关于决策过程的程序原则,而另一些则暗示在 WTO 中采取不同的、灵活的方式实现互惠。非歧视和协商一致是 WTO 法律的一部分,而包容性是 WTO 词汇表中的一个术语,指的是确保所有成员都参与到一个进程中,即使会议只涉及部分成员。相比之下,灵活性和公平性更加分散,没有明确的定义。非洲集团、印度和南非等发展中国家特别推崇这些原则,中国也接受这些原则。公平也被欧盟提到。[①] 有一个现象就是,关于多边主义的主张越抽象,成员的认识就越趋同。当考虑到成员与多边贸易合作有关的具体价值时,这种趋同就变得模糊了。此外,当成员讨论政策的具体操作时(如关于货币政策或关于市场经济条件的辩论),成员之间就出现了意见分歧。越有操作性、越具体的原则,成员对其认识上的分歧就越大。与此同时,成员之间对于程序性原则似乎比实质性原则的认识分歧较少。[②] 但无论如何,这些发现倾向于支持这样一种观点,即多边主义是超越其他具体行为原则的次级价值和原则,WTO 成员普遍认为对多边主义的讨论是挽救 WTO 体制所遭遇的危机的出路。

对于上述分析与观点,笔者认为,虽然多边主义内涵还具有较大程度的不确定性,WTO 成员方并未就多边主义的具体原则达成共识,但可以确定的是,多边主义是 WTO 成员驱动所追求的目标,是国际贸易多边合作的核心价值,是对国际贸易民主的集中体现,也是国际贸易法治的基石。因此,如果上诉机构将 WTO 多边主义的基本价值作为规则解释的合法性标准对 WTO 涵盖协定加以解释,就能够实现 WTO 成员驱动模式与规则导向模式的相互协调统一。上诉机构规则解释所追求的目标——增进 WTO 的制度有效性——就是维护 WTO 多边主义,因此,上诉机构规则解释的合法性最低标准就是不破坏 WTO 多边体制有效性。尽管我们难以从正面给出 WTO 多边主义的内涵和具体原则,但是可以在考察上诉机构在个案中的裁决时发现其中不符合甚至威

---

① See Julieta Zelicovich, *Are there still shared values to sustain multilateralism? Discourse in World Trade Organization reform debates*, 43(2) Third World Quarterly 343 (2022).

② See Julieta Zelicovich, *Are there still shared values to sustain multilateralism? Discourse in World Trade Organization reform debates*, 43(2) Third World Quarterly 347 (2022).

胁到 WTO 多边主义原则的做法，从而以一系列的否定完成所欲求的肯定，通过确认外延来包围内涵的方式逐步完成对何为“维护 WTO 多边体制有效性”概念的勾勒。笔者将在后续章节的分析中通过这种方式提出 WTO 多边主义对上诉机构规则解释的合法性要求。

第三章 上诉机构规则解释的合法性标准与合理司法造法的限度

美国认为 WTO 上诉机构应当严格适用文本解释和谈判意图解释方法，上诉机构援引外部国际法规范解释 WTO 法不符合“国家同意”的合法性标准，属于“司法造法”。但是，上诉机构适用文本解释和谈判意图解释方法无法为成员提供明确可靠的指导，并可能掩盖其结论背后的真正意图，反而赋予其更大的司法裁量权。WTO 法的目的解释可以作为检验上诉机构是否进行“司法造法”的一种可行路径。上诉机构只有把握 WTO 多边贸易体制的根本目的，才能超越 WTO 协定文本本身的模糊性以及成员利益的复杂性，发现 WTO 规则真正反映的全球贸易共同体的普遍共识，保障 WTO 多边贸易体制的有效性和可预测性。

与此同时，WTO 一般例外条款中的“必要性检验”在实践上涉及对价值的司法权衡，因此受到理论的批判，有观点认为这种做法侵犯了成员的管理自主权、损害了成员的权利义务的确定性。实际上，批判性观点是基于成员利益考量的外部视角，而如果以维护 WTO 多边合作体制为基本立场审视该观点，就会发现该观点可能在 WTO 法律边界上为贸易保护主义和单边行动打开缺口，具有潜在的破坏 WTO 多边体制的危险。因此，我们应当肯定 WTO 必要性检验中对于价值的司法权衡，同时为这种权衡施加必要的限度，为此可以引入“显著性原则”，作为检验成员设定的非贸易价值保护水平是否符合 WTO 多边体制要求的安全阀，并为价值的司法权衡提供确定性。

第一节 WTO 上诉机构“司法造法”之美国主张批判与标准重构[①]

WTO 争端解决机制一直以来被人们赞誉为世界多边贸易体制这顶王冠上的明珠,其所奉行的规则导向的基本路径为 WTO 多边体制的安全性和可预测性提供了有力的保障。然而,并非所有的 WTO 成员都对该机制创设的法理及其实际运行感到完全满意。[②] 例如,美国批评 WTO 裁决机构(尤其是其中的上诉机构)通过解释 WTO 协定规则进行“司法造法”,这不仅是美国从 2005 年至今长期关注的上诉机构的问题,同时也是美国此次对上诉机构的批评中最核心的问题。[③] 美国依据 WTO“协商一致”的决策机制,频繁行使否决权,持续阻挠上诉机构新法官的甄选程序,导致上诉机构目前陷入停摆状态。进而,这种状况可能会导致 WTO 争端解决机制,乃至 WTO 多边贸易体制的死亡。美国指责上诉机构“司法造法”的理由主要有四点:第一,超越职权审查专家组的事实调查,包括审查成员的国内法的含义;[④]第二,对解决争端无必要的问题

① 本节内容已经发表:范笑迎:《WTO 上诉机构“司法造法”之美国主张的批判与标准重构》,载《武陵学刊》2021 年第 2 期。

② See Anabel González, Strengthening the Conditions for Global Cooperation on International Trade, Geneva: International Centre for Trade and Sustainable Development, 2018, p. 6.

③ See Dispute Settlement Body, Negotiations on Improvements and Clarifications of the Dispute Settlement Understanding, Communication from the United States, TN/DS/W/82/Add. 1, 25 October 2005. Office of the United States Trade Representative, 2018 Trade Policy Agenda and 2017 Annual Report of the President of the United States on the Trade Agreements Program, March 2018, https://ustr.gov/about-us/policy-offices/press-office/reports-and-publications/2018/2018-trade-policy-agenda-and-2017, p. 22.

④ See Statements by the United States at the Meeting of the WTO Dispute Settlement Body, 27 Aug 2018, https://geva.usmission.gov/wp-content/upload/sites/290/Aug27.DSB.Stmt.as-delivered.fifin.public.pdf.

作出附带说明；[①]第三，对上诉机构报告赋予判例法效力；[②]第四，上诉机构的解释超出了 WTO 协定文本含义和成员的立法意图。笔者聚焦于第四点理由，围绕上诉机构适用的解释方法的合法性问题，论述美国主张的 WTO 规制解释方法并非区分上诉机构进行正常的法律解释和实施“司法造法”的合理标准，而 WTO 法的目的则是评估上诉机构的法律解释是否构成“司法造法”的有效依据。

一、美国对 WTO 协定解释方法的主张及上诉机构“司法造法”的批判

虽然 WTO 上诉机构“司法造法”的问题一直以来备受学界和实务界关注，但是“司法造法”与正常的法律解释之间的界限这一关键性问题始终未有定论。正如此次美国指责上诉机构“司法造法”，其他 WTO 成员为了使上诉机构的法官甄选程序得以恢复而不致该机构陷入瘫痪，都尽力提出相应的改革方案以解决美国的关切，许多学者也在理论上提出了防止上诉机构“司法造法”问题的路径。但问题是，人们在急于解决问题之余却未质疑美国的有关论断本身是否站得住脚。对于美国指责上诉机构“司法造法”的理由之一是没有适用严格的文本解释和谈判意图解释的主张，我们首先需要探寻该主张的法理依据，进而分析该依据作为判断上诉机构是否进行“司法造法”的标准的合理性，从根本上维护上诉机构法律解释的规则导向路径以及 WTO 多边体制的有效性。

（一）美国对 WTO 协定解释方法的主张：文本解释与谈判意图解释

美国认为 WTO 上诉机构适用的解释方法不当是造成其“司法造法”原因之一。对此，美国的主张是，WTO 协定文本是由全体成员经协商一致达成的，专家组和上诉机构应当以严格遵守 WTO 协定文本的方式解释 WTO 规则。但

① See Statements by the United States at the Meeting of the WTO Dispute Settlement Body, 29 Oct 2018, https://geneva. usmission. gov/wp – content/uploads/sites/290/Oct29. DSB. Stmt_. as delivered. fifin_. rev_. public. pdf.

② See Statements by the United States at the Meeting of the WTO Dispute Settlement Body, 18 Dec 2018, https://geva. usmission. gov/wp – content/upload/sites/290/Dec18. DSB. Stmt. as – deliv. fi-fin. public. pdf.

是美国发现上诉机构在实践中越来越无视WTO成员制定的规则。[①] 因此美国建议上诉机构采用严格的文本主义解释方法,以避免填补或澄清谈判方在WTO协定中故意留下的空白和文本表述的模糊。[②] 美国指责上诉机构通过援引VCLT第31条中规定的宽泛的解释方法,对美国施加了WTO协定以外的新的义务。美国认为,上诉机构的裁决必须根据DSU第3.2条的要求,不能增加或减少WTO协定所规定的权利和义务。虽然一般国际法在WTO争端解决中可以发挥重要作用,但这种作用不是无限的。各成员对专家组和上诉机构如何适用一般国际法解释WTO协定条款,以及适用何种解释方法应当遵循WTO协定的本质要求,即成员驱动,亦即WTO协定是各成员的产物,各成员具备提供指导WTO协定解释的专属资格。[③] 基于此,WTO专家组和上诉机构解释WTO规则时,应当确切领会当事方在协定文本中所要表达的意图,一分不多,一分不少,不能创设未经美国谈判官同意的新的义务。上诉机构法官应当尊重美国参与谈判的协定条约之下的"历史意图"。上诉机构只有适用严格的文本主义方法,充分尊重美国在WTO协定谈判时所表达的意图,才能避免对WTO协定实施的填补空白和澄清模糊的"司法造法"行为,而其他解释方法的适用则可能阻碍WTO协定规则的发展。[④]

由此可见,从美国的视角出发,条约之所以是国际法,是因为国家同意当其签署条约时即受条约的约束。[⑤] 一个主权国家服从国际法仅在它同意被约束的范围之内。那么接下来的主要问题就是:对这些国家所真正同意的内容

---

① See Office of the United States Trade Representative, 2018 Trade Policy Agenda and 2017 Annual Report of the President of the United States on the Trade Agreements Program, March 2018, https://ustr.gov/about - us/policy - offices/press - office/reports - and - publications/2018/2018 - trade - policy - agenda - and - 2017, p. 24.

② See Dispute Settlement Body, Negotiations on Improvements and Clarifications of the Dispute Settlement Understanding, Communication from the United States, TN/DS/W/82/Add. 1, 25 October 2005.

③ See Dispute Settlement Body, Special session - Minutes of meeting, TN/DS/M/29, 24 October 2005.

④ See Ernst - Ulrich Petersmann, *Between "Member - Driven" WTO Governance and "Constitutional Justice": Judicial Dilemmas in GATT/WTO Dispute Settlement*, 21 Journal of International Economic Law 107, 114 (2018).

⑤ See Adam S. Chilton, *A Reply to Dworkin's New Theory of International Law*, 80 The University of Chicago Law Review Dialogue 107 (2013).

作出何种解释最为合理？其答案往往是法律文本通常的文义。[①] 因为法律文本的含义以文本本身或立法者意图为基础和支撑，与进行感觉的自我或主体相互分离和独立，但又可以被自我和主体以某种方式理解。因此，为了正确地理解一个文本，自我就要实行一种机械的技术或方法，在自己的意识中重构记录在文本中的立法者的意图，以此反映文本的客观内容。[②]

因此，基于美国的主张，文本主义和立法者意图能够为法律文本的含义提供客观的、确定的和一致性的解释。法官应当仅仅通过发现条约文本的原始含义的方式解决争端。[③] 也就是说，当文本主义的解释方法不能澄清 WTO 协定的含义，或者该方法不能就 WTO 协定含义应当作何理解给予成员明确的指引时，应当通过查明成员就 WTO 协定进行谈判时的历史意图来判定 WTO 协定的含义。进而，美国的观点所主要反对的就是上诉机构超出 WTO 协定文本之外，借助 VCLT 第 31 条规定的文本解释和谈判意图解释以外的其他解释方法，援引 WTO 协定以外的其他国际法中的价值、原则与规则解释 WTO 协定规则，进而通过判例法的方式发展出新的 WTO 规则。

（二）基于美国主张的上诉机构"司法造法"的表现

实际上，学界也有一些观点与美国的主张类似，通过强调 WTO 协定文本的限制要求和 WTO 成员驱动的根本属性，反对上诉机构依据 DSU 第 3.2 条的规定，适用解释国际法的习惯法规则，即 VCLT 第 31 条中规定的解释方法，进而广泛地援引外部国际法解释 WTO 规则。当然，学界观点和美国主张虽然表面上具有相似性，但在出发点和目的上却大相径庭。学界希望通过规范上诉机构适用的解释方法避免其受到"司法造法"的质疑，从而确保该机构的权威性和 WTO 的规则导向性；而美国将上诉机构适用解释方法的范围限定于文本解释和缔约方意图，实质上是以尊重 WTO 全体成员的立法权为名限制上诉机构充分有效地行使司法职权，并最终使上诉机构保障的 WTO 规则导向路径

---

① See Ronald Dworkin, *A New Philosophy for International Law*, 41 Philosophy & Public Affairs 5 – 7 (2013).

② 参见[美]斯蒂芬·M. 菲尔德曼：《从前现代主义到后现代主义的美国法律思想》，李国庆译，中国政法大学出版社 2005 年版，第 51 页。

③ See William Magnuson, *WTO Jurisprudence & Its Critiques: The Appellate Body's Anti – Constitutional Resistance*, 51 Harv. Int'l L. J. Online 125 (2010).

转入美国主导的权力导向的迷途。但即便如此，我们仍然应当暂时将美国主张中的法理要素和政治要素相剥离，在法理上反驳美国主张中的论据，由此才能揭示美国主张背后的真正目的。所以，笔者在这一部分梳理现有研究中与美国批评上诉机构“司法造法”主张相似的观点，说明美国主张的法理依据，为后文论述美国主张的不合理性以及提出更为合理的上诉机构规则解释的合法性标准进行铺垫。

首先，上诉机构依据 VCLT 第 31.3(c)条的规定，可以适用与当事国间关系有关的任何国际法规则对 WTO 协定进行解释。VCLT 第 31.3(c)条所规定的“适用于当事方间关系之任何有关国际法规则”中的“当事方”一词的概念模糊不清，是指争端的当事方还是指 WTO 的全体成员存在争议，裁决机构能够援引的外部国际法的范围并不确定。① 上诉机构从而获得了广泛的适用非 WTO 规则的司法权力。上诉机构的这一做法属于在 DSU 所明确规定的职权范围以外进行的“司法造法”行为。② WTO 裁决机构不应当适用外部国际法规则解释 WTO 协定文本。③

其次，上诉机构通过援引 VCLT 第 31.3(c)条获得了考量 WTO 法以外的非贸易价值的司法权力。例如在美国—虾案中，上诉机构需要解释美国能否根据 GATT1994 第 20 条(g)项的规定对那些没有采取保护海龟的措施所捕捞的海虾(在本案中是针对来自泰国、印度、马来西亚和巴基斯坦的虾及虾制品)实施禁令，以作为 GATT 第 1 条、第 11 条和第 13 条的例外。为此，上诉机构通过援引 VCLT 第 31.3(c)条的规定，说明其在该案中的任务就是依据 WTO 的序言条款，从国际法的一般原则中寻找对 GATT1994 第 20 条(g)项规定的恰当的解释指导。④ 由此，专家组和上诉机构通过 VCLT 第 31.3(c)条的规定，

---

① See Ronnie R. F. Yearwood, *The Interaction Between World Trade Organization (WTO) Law and External International Law: The Constrained Openness of WTO Law (A Prologue to a Theory)*, Routledge, 2012, p. 73.

② See Shoaib Ghias, *International Judicial Lawmaking: A Theoretical and Political Analysis of the WTO Appellate Body*, 24 Berkeley J. Int'l L. 544 – 546 (2006).

③ See Joel P. Trachtman, *The Domain of WTO Dispute Resolution*, 40 Harv. Int'l l. J. 2, 7 (1999).

④ See Appellate Body Report, United States – Import Prohibition of Certain Shrimp and Shrimp Products, WT/DS58/AB/R, adopted on 6 November 1998, para. 158.

开启了广泛援引 WTO 法以外的规定非贸易政策的国际法(如人权公约、环境法等)的方便之门,在 WTO 法中引入对诸如劳工标准、环境保护、人权等非贸易政策的考量。然而,何种非贸易政策能够在 WTO 中作为贸易自由化的例外应当由各成员以表示同意的方式决定,并反映在 WTO 协定文本中。上诉机构的职能是在争端解决程序中对 WTO 协定条款进行解释,而政策考量,无论是贸易自由化政策还是其他政策,都不在上诉机构的职责范围内。而在美国—虾案中,上诉机构从保障 WTO 协定执行的机构转变为了回应社会和政治问题的机构,使成员之间原本确定的权利、义务关系被笼罩上了一层"司法造法"的阴影。[①]

最后,上诉机构通过援引 VCLT 第 31.3(c)条获得了价值权衡的司法权力。上诉机构依据 VCLT 第 31.3(c)条援引作为国际法基本原则的比例原则,进而运用司法权衡的方法对 WTO 一般例外条款进行解释。例如 GATT1994 和 GATS 的一般例外条款(GATT 第 20 条和 GATS 第 14 条)涉及对"必要的"这一概念的解释问题,即所谓的"必要性检验"问题。对此,从韩国—牛肉案开始,经由欧共体—石棉案、多美尼加共和国—香烟案以及美国—赌博案,到巴西—翻新轮胎案,上诉机构在运用继承于 GATT 时期的"更小贸易限制"的检验方法的基础上,逐步确立了一个复杂的关于"必要性"解释的权衡检验,将所有有关变量进行权衡,[②]尤其是对非贸易价值的重要性加以考量。[③] 由此,"更小贸易限制"和权衡的方法共同构成了"必要性检验"的部分,完全契合比例原则的全部内容。同时,WTO 上诉机构在解释 GATT20 条序言时也适用了比例原则(如在美国—虾案中)。[④] 对比例原则的适用使得上诉机构在平衡贸易自由化和 WTO 成员内管理目标之间的关系上获得了更大的司法权力,超出了

---

① See Shoaib Ghias, *International Judicial Lawmaking: A Theoretical and Political Analysis of the WTO Appellate Body*, 24 Berkeley J. Int'l L. 545, 548 (2006).

② See Michael Ming Du, *The Rise of National Regulatory Autonomy in the GATT/WTO Regime*, 14(3) Journal of Economic Law 666 (2011).

③ 上诉机构对非贸易价值的司法权衡在韩国—牛肉案首次引入,用于解释 GATT 第 20 条(d)项的"必要性"概念。这一解释方法之后又在欧共体—温石棉案中被再次适用于解释 GATT 第 20 条(b)项的"必要性"概念并确立下来。

④ See Meinhard Hilf, *Power, Rules and Principles - Which Orientation for WTO/GATT Law?*, 4 Journal of International Economic Law 120 - 121 (2001).

WTO 协定文本的授权。[①] 因为依据文义解释的方法并不能从 WTO 协定中发现比例原则的存在，作为权衡对象的各种变量无法在 WTO 协定文本中找到依据。[②] 比例原则中的司法权衡会损害成员之间权利与义务关系的稳定性和可预见性，使得法官对于条约的解释不再受条约文本的约束，法律因而变得具有不确定性和不可预见性，导致类似案件的裁决出现不一致甚至矛盾的现象。[③] 并且，WTO 协定文本中明确列举的特定的贸易自由化的例外条款表明：贸易价值和非贸易价值之间的权衡过程发生在 WTO 法的立法过程，每一项例外都代表了 WTO 成员已经认可的不能为追求贸易自由化的目标所妥协的政策目标。因此，如果一项措施属于例外条款中的某项，就意味着该措施所追求的目标的相对价值是不受审查的。上诉机构通过适用比例原则获得了驳回其认为对自由贸易价值的牺牲不成比例的国内措施的自由裁量权。[④]

综上所述，基于美国的主张，对上诉机构"司法造法"予以批评的有关意见认为，上诉机构通过适用 VCLT 第 31 条的方式，广泛适用其他国际法对 WTO 法进行解释的做法一方面在 WTO 协定文本之外增加或减少了成员在 WTO 协定下的权利和义务，另一方面超出了成员就 WTO 协定进行谈判时的历史意图，不符合条约赖以存在并有效的国家同意的基本原则。因此，上诉机构所进行的上述宽泛的法律解释不能够为多边贸易体制提供可靠性与可预测性。

二、对美国关于 WTO 上诉机构"司法造法"评判标准的批判

美国的主张实质上是将法律作为一种标准化的概念。所谓标准化概念就是指我们对某一概念的理解和适用基于我们接受并遵循相同的客观标准。例如三角形就是一种标准化的概念，我们对三角形持有共同的观念，因为我们遵循相同的标准来判断什么是或不是三角形，即一种由直线线段连接不在一条

① See Gisele Kapterian, *A Critique of The WTO Jurisprudence on "Necessity"*, 59 International and Comparative Law Quarterly 106 (2010).

② See Axel Desmedt, *Proportionality in WTO Law*, 4 Journal of International Economic Law 479 – 480 (2001).

③ See Francisco J. Urbina. *Is It Really That Easy? A Critique of Proportionality and "Balancing as Reasoning"*, 27(1) Canadian Journal of Law and Jurisprudence 180 (2014).

④ See Gisele Kapterian, *A Critique of The WTO Jurisprudence on "Necessity"*, 59 International and Comparative Law Quarterly 119 (2010).

直线上的三点形成的平面图形。[①] 据此，国际法将“国家同意”作为效力来源的基本依据，国际法的概念也就成了一种标准化概念。人们对国际法的理解和适用都遵循“国家同意”这一客观标准，并衍生出经国家同意的法律文本的文义解释和国家立法意图解释的方法，从而适用一种客观、机械的方法，确保法律解释的确定性和一致性。但是，上述观点存在致命性的缺陷。首先，如果国际法的依据是一种事实问题，那么“国家同意”理论就无法回答这样一个问题：既然只有同意能够创设具有约束力的国际法义务，那么谁首先同意了“国家同意”这一基本规则？由此“国家同意”的逻辑必将陷入一种“死循环”。[②] 其次，当国家签署条约时，它们基于条约条款所同意的内容并不总是清楚明确的，毕竟，条约文本的含义经常是模糊的。[③] 因此，法律的概念并不属于上述标准化概念，法律的本质是解释性的，国际法亦不例外。法律文本并不是以独立的和未经解释的状态存在的，法律解释是本体论的，在解释之外或者解释之前并不存在客观性的意义来源，因此法律文本的意义无法通过某种机械的技术或方法推演出来。[④] 我们如果深入考察文本主义和成员意图的解释方法在 WTO 中的实践就会发现，这两种方法并不能够为 WTO 协定提供确定性和一致性的解释，其推理常常缺乏合理性，甚至可能走向合法性的反面，不能为 WTO 多边贸易体制提供可靠性和可预测性。

（一）文本主义解释难以避免上诉机构“司法造法”

法律文本在很多情况下是不具有确定性的。[⑤] 特别是国际协定文本往往被起草者故意留下一些模糊之处，因为各国无法就任何更具体的东西达成协议，而文本的模糊性使缔约方能够在不抛弃或妥协他们的立场的情况下达成

---

① See Ronald Dworkin, *A New Philosophy for International Law*, 41 Philosophy & Public Affairs 11 (2013).

② See Liam Murphy, *Law Beyond the State: Some Philosophical Questions*, 28 (1) European Journal of International Law 205 (2017).

③ See Adam S. Chilton, *A Reply to Dworkin's New Theory of International Law*, 80 The University of Chicago Law Review Dialogue 108 (2013).

④ 参见[美]斯蒂芬·M. 菲尔德曼：《从前现代主义到后现代主义的美国法律思想》，李国庆译，中国政法大学出版社 2005 年版，第 52 页。

⑤ See Ronald Dworkin, *A New Philosophy for International Law*, 41 Philosophy & Public Affairs 7 (2013).

协议。[①]就像 WTO 协定在制定时不可避免地沦为了主权国家之间相互妥协的产物,因而其文本存在许多模糊与空白之处不足为奇。[②] 所以,解释者固守文本主义的方法对 WTO 协定进行解释必然较其他方法具有更大的合法性的观点并非不证自明的。实际上,在很多时候,文本主义方法可能对它所致力于的合法性产生反作用力。[③] 笔者以欧共体—沙丁鱼案为例进行分析,说明上诉机构在解释 WTO 协定条款的模糊之处时,仅仅适用文本主义的解释方法难以提供具有说服力的、明确的结论,无法为成员的决策提供可靠的指导。

在欧共体—沙丁鱼案中,争端双方秘鲁和欧共体就沙丁鱼的标记问题产生争议。本案的起因是一项 1989 年的欧共体条例规定只有欧洲沙丁鱼(sardina pilchardus)这一种物种能够被标记为"沙丁鱼"在市场上销售。但是秘鲁要求其向欧共体出口的太平洋沙丁鱼(sardinops sagax)也可以标记为"沙丁鱼"。秘鲁将欧共体诉至 WTO,理由是欧共体条例违反了《TBT 协定》的有关规定。秘鲁指出国际食品法典标准(Codex Alimentarius)允许太平洋沙丁鱼和其他有关鱼类被标记为沙丁鱼。上诉机构同意秘鲁的观点,认为欧共体违反了《TBT 协定》第 2.4 条的规定[④],没有适用相关的国际标准作为其制定技术法规的基础性依据。

首先,上诉机构对《TBT 协定》第 2.4 条中规定的"技术法规"进行了解释。《TBT 协定》附件 1 规定一项技术法规是"规定强制执行的产品特性或其相关工艺和生产方法、包括适用的管理规定在内的文件"。上诉机构将该条款解释为技术法规就是符合以下三个条件的文件:(1)适用于一种同类的产品;(2)规

---

① See Bryan Mercurio & Mitali Tyagi, *Treaty Interpretation in WTO Dispute Settlement: The Outstanding Question of the Legality of Local Working Requirements*, 19(2) Minnesota Journal of International Law 278 (2010).

② See Bryan Mercurio, *TRIPS, Patents and Access to Life - saving Drugs in the Developing World*, 8 Marquette Intellectual Property Law Review 211, 218 (2004).

③ See Henrik Horn & Joseph H. H. Weiler, *European Communities - Trade Description of Sardines: Textualism and its Discontent*, 4 World Trade Review 253 (2005).

④ 《TBT 协定》第 2.4 条规定:如需制定技术法规,而有关国际标准已经存在或即将拟就,则各成员应使用这些国际标准或其中的相关部分作为其技术法规的基础,除非这些国际标准或其中的相关部分对达到其追求的合法目标无效或不适当,例如由于基本气候因素或地理因素或基本技术问题。

定产品的特性;(3)要求强制执行产品的特性。① 上诉机构的这一解释似乎与《TBT 协定》第 2.4 条的文本规定并无二致,实际上很难说是一种解释,而更像是对协定文本的同义反复。上诉机构的这一文本解释没有为成员提供在模糊的文本用语以外的任何更进一步的、具体的指引。②

其次,上诉机构回答了欧共体是否适用了国际食品法典标准作为其制定技术法规的基础性依据的问题。《TBT 协定》第 2.4 条没有强制要求成员方适用国际标准,而是要求成员方将国际标准作为其制定技术法规的基础性依据,这一要求与《SPS 协定》类似。对此,上诉机构查询了字典中对"基础性依据"的定义。上诉机构指出《韦氏词典》将"基础性依据"定义为"任何事物的知识体系中的主要组成部分、基础原理或理论"③。同时,上诉机构还查找了《新简明牛津英语词典》,该词典将"基础性依据"定义为"主要组成部分"和"其他事物是依据该事物构建的或者其他事物的构造和运行是由其决定的"④。由此,上诉机构认为,从这些不同的定义中,我们可以发现其中相同的关键词,例如"主要组成部分""基础原理""决定性的原则",这些关键词指向一个结论,即两个事物之间必须具有非常强的和极其紧密的关系,以至于人们能够说其中一个是另一个的基础性依据。所以,上诉机构得出结论认为欧共体没有将国际食品法典作为其制定技术法规的基础性依据。⑤ 但是,上诉机构的这一解释并不具有明确的指导性,尤其是上诉机构没有澄清其结论所涉及的一个 WTO 的基本法理问题:如何在制定国内法规的国家主权和规范这一行为的国际法

---

① See Appellate Body Report, European Communities – Trade Description of Sardines, WT/DS231/AB/R, adopted Sept. 26, 2002, para. 176.

② See William Magnuson, *WTO Jurisprudence & Its Critiques: The Appellate Body's Anti – Constitutional Resistance*, 51 Harv. Int'l L. J. Online 127 (2010).

③ Appellate Body Report, European Communities – Trade Description of Sardines, WT/DS231/AB/R, adopted on 26 September 2002, para. 243 [quoting Webster's New World Dictionary 117 (1976)].

④ Appellate Body Report, European Communities – Trade Description of Sardines, WT/DS231/AB/R, adopted on 26 September 2002, para. 244 [quoting New Shorter Oxford English Dictionary 188 (1993)].

⑤ See Appellate Body Report, European Communities – Trade Description of Sardines, WT/DS231/AB/R, adopted on 26 September 2002, paras. 245, 258.

律义务之间划定一条界限?① 这说明,文本解释时常无法为成员制定贸易政策提供任何有效的指导,相反地,文本解释却可能借助语义宽泛的术语隐藏解释者得出的解释结论的真正原理和方法,掩盖其"司法造法"的真相。②

最后,上诉机构解释了即便是未经一致同意通过的国际标准也构成《TBT 协定》第 2.4 条规定的国际标准。欧共体主张只有经国际机构一致同意采纳的标准才能构成《TBT 协定》第 2.4 条规定的有关国际标准。国际食品法典标准对其不产生约束力,因为该标准没有经过 CAC 的成员的一致同意得以正式通过。对此,上诉机构认为《TBT 协定》附件第 1.2 条的解释性说明的最后两句回答了这一问题。③《TBT 协定》附件第 1.2 条对于"标准"的解释性说明的最后两句规定:"……国际标准化团体制定的标准是建立在协商一致基础之上的。本协定还涵盖不是建立在协商一致基础之上的文件。"④对此,欧共体认为附件第 1.2 条的最后一句是指非国际标准化团体的其他机构制定的文件。而秘鲁和专家组认为,最后一句是指国际标准化团体机构制定的不是建立在协商一致基础上的文件。最终,上诉机构认为,由于国际标准化组织(International Organization for Standardization,ISO)/国际电工技术委员会(International Electrotechnical Commission,IEC)指南中对"标准"的定义明确包括协商一致的要求,⑤因此,合理的结论是《TBT 协定》附件第 1.2 条规定的"标准"的定义中对协商一致要求的遗漏对《TBT 协定》的起草者而言是有意为之的选择。因此,

---

① See Henrik Horn & Joseph H. H. Weiler, *European Communities – Trade Description of Sardines: Textualism and its Discontent*, 4 World Trade Review 258 (2005).

② See William Magnuson, *WTO Jurisprudence & Its Critiques: The Appellate Body's Anti – Constitutional Resistance*, 51 Harv. Int'l L. J. Online 125 (2010).

③ See Appellate Body Report, European Communities – Trade Description of Sardines, WT/DS231/AB/R, adopted on 26 September 2002, paras. 219, 221.

④ 《TBT 协定》附件第 1.2 条对于"标准"的解释性说明的完整内容是:"ISO/IEC 指南 2 中定义的术语涵盖产品、工艺和服务。本协定只涉及与产品或工艺和生产方法有关的技术法规、标准和合格评定程序。ISO/IEC 指南 2 中定义的标准可以是强制性的,也可以是自愿的。就本协定而言,标准被定义为自愿的,技术法规被定义为强制性文件。国际标准化团体制定的标准是建立在协商一致基础之上的。本协定还涵盖不是建立在协商一致基础之上的文件。"

⑤ See ISO/IEC Guide (6th edition, 1991), subclause 3.2, Appellate Body Report, European Communities – Trade Description of Sardines, WT/DS231/AB/R, adopted on 26 September 2002, para. 225.

上诉机构认为《TBT 协定》附件第 1.2 条中“标准”包括国际标准化团体机构制定的非经协商一致通过的标准。[①] 上诉机构的解释存在形式逻辑上的问题，因为其解释只有在这种情况下才具有说服力：人们已经先入为主地认为附件第 1.2 条最后一句的主语是指其决定必须作为成员方决策依据的国际标准化团体。除此之外，上诉机构的结论在实质上也具有一定程度的不合理性：上诉机构的解释赋予了国际标准化机构（其成员与 WTO 的成员基本相同）不具有合意的决定约束力，而国际标准化机构本身却未赋予自己作出的决定约束力，这就导致该机构的一项国际决定在 WTO 中对其成员有效力，而在 WTO 以外对其成员不具有效力。对此，上诉机构没有对其结论给出具有可信性的解释，甚至没有表明其意识到该结论背后所涉及的更深层次的法理问题，即成员决定对国内风险的规避程度和对不同消费者群体的利益平衡的自主权限的问题。[②] 因此，上述文本主义解释路径无助于上诉机构解释的合法性。

（二）谈判意图解释不能为上诉机构解释提供明确的合法性依据

通过考察 WTO 成员的谈判意图来对 WTO 法进行解释的观点认为，成员对 WTO 协定的实际预期应当得到保护，从而解释者应当寻找每一个 WTO 成员对于 WTO 协定文本的理解以及哪一种理解体现了成员的真正意图的证据。这种解释方法的主要目的是发现和执行 WTO 成员的预期。为此，WTO 专家组和上诉机构可以根据 VCLT 第 32 条的规定探究 WTO 协定的谈判历史，以此考察协定文本的含义是否清楚明确，并进而通过谈判历史确定成员的意图来澄清协定文本的含义。[③]

然而，罗纳德·德沃金教授认为，当国家签署条约或参加某项实践时，它们在同意什么内容并不是完全清楚明确的。毕竟，条约的意思经常是模糊的，

---

① See Appellate Body Report, European Communities – Trade Description of Sardines, WT/DS231/AB/R, adopted on 26 September 2002, paras. 225, 227.

② See Henrik Horn & Joseph H. H. Weiler, *European Communities – Trade Description of Sardines: Textualism and its Discontent*, 4 World Trade Review 254 – 255, 274 – 275 (2005).

③ See Peter C. Maki, *Interpreting GATT Using the Vienna Convention on the Law of Treaties: A Method to Increase the Legitimacy of the Dispute Settlement System*, 9 Minn. J. Global Trade 349, 352 (2000).

必须历经一段时间的阐释才能加以确定。[①] 例如《联合国宪章》第 2(4) 条规定:"各会员国在其国际关系上不得使用武力或武力威胁,或以与联合国宗旨不符的任何其他方式,侵害任何国家的领土完整或政治独立。"我们应当如何理解上述条款中的"领土完整或政治独立"这一术语? 如果由一组国家实施的人道主义干预(如北约对科索沃和利比亚的干预),其目的在于停止种族屠杀或反人类罪行,而没有任何对科索沃或利比亚的疆界或宪法上的改变,那么这种干预是否违反了被干预国家的领土完整或政治独立? 德沃金认为所有在 1945 年创设联合国的国家以及之后加入该组织的国家似乎不太可能就包括这一问题在内的所有问题拥有一致的答案。如果"国家同意"是国际法的最终依据,那么我们将很快对上述问题走入解释的死胡同。[②] 同样地,就 WTO 法而言,其立法者恐怕也无法说清楚他们所同意的 WTO 法的真正内容是什么,而且当成员之间的意图彼此不同时,如何整合为统一的意图? 更何况法律已经制定出来就具有了独立的"意志",发展了的政治、经济、文化、习惯等条件会赋予法律文字新的含义,这时它已经脱离了立法者最初所同意的内容的束缚,而揉进了许多新的内涵。[③]

比如在美国—虾案中,申诉方和被诉方的争点之一就是如何解释 GATT1994 第 20 条(g)项中的"可用竭的天然资源"这一概念。申诉方印度、巴基斯坦和泰国认为"可用竭"一词的合理的解释应当是指"诸如矿产那样的有限资源而非生物资源或可再生资源"。在他们看来,有限资源是可用竭的资源是因为这些资源的总量有限,随着人类的消费会逐渐耗竭。不仅如此,他们还认为,如果"所有的"自然资源都被视为是可用竭的,那么"可用竭"一词所发挥的限定作用将成为摆设。除此之外,他们还特别提及了第 20 条(g)项的起草历史。GATT1994 第 20 条的规定最初是在 ITO 宪章草案中的商业政策章节中起草的,在整个 ITO 宪章的起草的准备会议中,代表们在讨论 GATT1994 第

---

① See Adam S. Chilton, *A Reply to Dworkin's New Theory of International Law*, 80 The University of Chicago Law Review Dialogue 108 (2013).

② See Ronald Dworkin, *A New Philosophy for International Law*, 41 Philosophy & Public Affairs 7-8 (2013).

③ 参见范进学:《德沃金视野中的法律: 走向整体性法律解释之路》,载《山东社会科学》2006 年第 7 期。

20 条(g)项的例外规定时始终关注于“原材料”“产品”“矿产”,特别是一些国家(如印度、巴西等)代表团专门就矿产资源(如锰)的保护问题进行了讨论。然而,作为被诉方的美国认为,海龟是可用竭的,因为海龟是一种濒危物种,如果该物种灭绝了,那么就会像石油和矿产一样永远消失。另外,印度、巴基斯坦和泰国忽略了 GATT1994 第 20 条(g)项的其他有关的起草历史,而这些历史表明该条款的意图包括对生物资源的适用性。尤其是,在 ITO 宪章的谈判过程中,澳大利亚的代表曾质疑 GATT1994 第 25 条(禁止数量限制)是否禁止澳大利亚限制美利奴羊的出口。该代表解释说由于严重干旱的自然条件,澳大利亚已经丧失了 2000 万头美利奴羊,所以需要禁止这种羊的出口。比利时代表对此回应称无论第 25 条的范围是什么,澳大利亚的禁令都可以依据可用竭的自然资源的例外条款得到允许。因此,美国认为,GATT1994 第 20 条的起草历史实际上反驳了本案申诉方认为(g)项排除生物资源的观点。① 由此可见,有关 WTO 成员的立法意图的证据充满了矛盾和冲突,难以对协定文本的含义作出一致性的证明。

总之,立法者意图的解释方法主要体现为解释者对条约准备工作的适用。② 而上诉机构实际上对 VCLT 第 32 条规定的诉诸条约准备工作的解释方法很少适用。因为条约的准备工作在 VCLT 中被赋予的法律地位是较低的,它只是条约解释的一种“辅助性”方法。同时,更为重要的原因是 WTO 协定的谈判历史缺乏明确可信的记录,诸多模棱两可的记载源于成员在谈判过程中的相互矛盾的表述和利益上的妥协。③ 以此,立法者意图不能为 WTO 法的解释提供确定、一致的合法性标准。

在 WTO 之前的几十年,GATT 专家组在有意借助于条约准备工作对 GATT 协定作出解释时,基本上没有任何特别的顾虑。④ 这是因为 GATT 专家

---

① See Panel Report, United States – Import Prohibition of Certain Shrimp and Shrimp Products, WTO Doc. WT/DS58/R, adopted on 15 May 1998, paras. 3.237 – 3.238, 3.242 – 3.243.

② See Federico Ortino, *Treaty Interpretation and the WTO AB Report in US – Gambling: A Critique*, 9(1) Journal of International Economic Law 146 – 147 (2006).

③ See Claus – Dieter Ehlermann, *Six Years on the Bench of the World Trade Court*, 36 J. World Trade 616 (2002).

④ 参见[美]约翰·H. 杰克逊:《国家主权与 WTO:变化中的国际法基础》,赵龙跃、左海聪、盛建明译,社会科学文献出版社 2009 年版,第 196 页。

组的做法实际上反映了 GATT 时期权力导向的制度模式。GATT 时期专家组程序的合法性来源于其对规则解释的一致性,这种一致性又取决于专家组的裁决与国际贸易俱乐部(由 GATT 谈判者、参与 GATT 实践的外交官以及贸易专家)对 GATT 规则的理解和意图保持一致。[①] 但是,权力博弈的反复无常会导致以立法者意图为依据的法律解释对国际贸易体制的可靠性和可预测性的破坏。同时,WTO 拥有 164 个成员(分为主权国家和单独关税区),其中大多数是发展中国家,以非政府组织和跨国公司为代表的非国家行为体在 WTO 中的参与度也在逐渐提升。因此,WTO 的决策机制已不可能退回到诸如 GATT 时代以美国为首的贸易俱乐部模式,尽管 WTO 协定规则在最初制定时受到美国国内贸易法的影响颇深,但其解释应当符合此时当下的全体成员的普遍共识,而不应当折射出规则协商一致表面下掩饰的大国意志。对此,我们不应当忘记 DSU 第 3.2 条规定争端解决机制"依照解释国际公法的惯例澄清协定的现有规定"的目的就是要减少 GATT 时期专家组对条约准备工作的过度依赖,以此维护 WTO 多边贸易体制的规则导向的基本路径,保障全球贸易共同体(不仅包括主权国家,也包括国际贸易关系中的个人)在 WTO 体制中所享有的可预期的权利。[②]

综上所述,美国主张上诉机构应当适用文本解释和谈判意图解释来准确无误地反映成员通过 WTO 协定文本所表达的意志,上诉机构对这两种解释方法的适用能够避免"司法造法"。但是上文中通过分析这两种解释方法在实际案例中的适用表明:是否适用这两种解释方法不构成上诉机构进行规则解释和"司法造法"的分界线,上诉机构适用这两种解释方法也可能推导出不止一种结论,或者得出与文本术语同样模糊的解释结论,实际上可能赋予上诉机构更大的司法裁量权。这两种解释方法与上诉机构最终作出的裁决结果之间不存在一条直接的、单一的因果关系,上诉机构表面上由该两种方法推导出的结论可能掩盖其所得出结论背后的真正意图,使 WTO 成员无法真正看清上诉机

---

① See Robert Howse, *Adjudicative Legitimacy and Treaty Interpretation in International Trade Law: The Early Years of WTO Jurisprudence*, in Joseph H. H. Weiler (ed.), The EU, the WTO, and the NAFTA: Towards a Common Law of International Trade?, Oxford, 2000, p. 57.

② See Federico Ortino, *Treaty Interpretation and the WTO AB Report in US – Gambling: A Critique*, 9(1) Journal of International Economic Law 147 (2006).

构通过一个又一个裁决建立的国家管制自主权与多边贸易机制监管权之间的界限,从而也就无法真正评估上诉机构的法律解释是否具备合法性,进而无法找到合理有效地约束上诉机构解释行为的方法。

三、WTO 法的目的解释对上诉机构“司法造法”的重新界定

WTO 如今已经发展为较为成熟的多边贸易体系,不仅其成员,而且也包括全世界的个体经济行为者,对 WTO 体制的稳定性与可预见性都享有重大的利益。[①] 然而基于国家同意标准的文本主义和缔约方意图方法难以为 WTO 法的解释提供充分的可靠性与可预测性。而 WTO 法律实践的参与者通过诉诸 WTO 法的宗旨与目的即可获得关于 WTO 法解释的确定、一致与合理的答案。无论上诉机构适用 VCLT 第 31 条规定的哪一种解释方法,最终都要符合 WTO 法的根本目的,其得出的解释结论需要从 WTO 法的目的中获得合法性依据,并保障上诉机构的解释有助于维护 WTO 多边体制的安全性与可预测性。因此,笔者认为,WTO 法的目的解释可以作为检验其他解释方法得出的结论是否具备 WTO 法的合法性,进而检验上诉机构是否进行“司法造法”的一种可行路径。

(一)目的解释为上诉机构提供更确定与合理的合法性解释标准

1. WTO 法的目的解释能够提供更具确定性的标准

“国家同意”不能为 WTO 法律规则提供根本性的依据,因为法律的概念并不是一种事实性的标准化概念,而是一种解释性概念,参与者会就法律实践(如国际法)所真正要求的内容意见不一,参与者会赋予法律价值和目的,从而获得受该目的以及塑造该目的的有关渊源限制的特定法律命题的洞见。尽管某些国际法命题的真实性问题可以通过“国家同意”(或者说是国家间的合意)的事实进行判断,但是人们关于法律命题的分歧和争论可能依然存在,因为这种争论实际上是对法律的价值和目的的争论,而不仅是一项规范的存在与否。

---

① See Sungjoon Cho, WTO's Identity Crisis reviewing Joost Pauwelyn, Conflict of Norms in Public International Law: How WTO Law Relates to Other Rules of International Law, 2003, https://ssrn-com.illinois.vtrus.net/abstract=988775S.

因此,当上诉机构法官试图澄清渗透在 WTO 协定文本中的模糊、漏洞和空白时,其需要悟出其所要解释的 WTO 协定规则所服务的目的以及潜藏在该项规则背后的原则或原理。从而,WTO 法律文本含义的确定应当受到 WTO 协定的目的和宗旨的限制。[①] 因为对文本的解释实际上是要从某个术语的诸多语义中确定其恰当的法律含义,即确定文本术语的众多语义学含义中的哪一种构成了该具体案件中的合理的法律含义。[②] 例如在美国—赌博案中,上诉机构认为,为了确认某一术语的通常含义,专家组会从查找字典中的定义开始解释。但是字典本身并不一定能够解决复杂的解释问题,因为字典通常要将单词的所有含义都列出来,包括通常的含义和罕见的含义,普遍的含义和特殊的含义。[③] 所以,条约文本的解释在根本上是依据条约的目的解释来作出的。例如有观点认为在欧共体—沙丁鱼案中,上诉机构表面上通过查字典等文本解释方法得出的结论,即国际机构制定的未经一致同意通过的国际协定也构成《TBT 协定》中规定的国际标准,背后体现了《TBT 协定》(与《SPS 协定》)的目的对其文本条款投射下的解释的影子。[④]

国际常设法院在 1919 年关于妇女工作的案件中的判决意见表明,文本解释方法具有局限性,目的解释实际上已经取得了优先地位。[⑤] 解释者脱开法律的目的便难以探索法律文本的真正含义。[⑥] 对此,约翰 · H. 杰克逊教授认为,解释者经常会引入目的论的解释方法,诉诸法律体系的目的和宗旨来发现法律规则的含义。目的论的解释方法能够为原本是缔约国相互妥协的产物的模

---

① See Federico Ortino, *Treaty Interpretation and the WTO AB Report in US – Gambling: A Critique*, 9(1) Journal of International Economic Law 147 (2006).

② See Ahron Barak, *Purposive Interpretation in Law*, Princeton University Press, 2005, p. 6 – 7.

③ See Appellate Body Report, United States – Measures Affecting the Cross – Border Supply of Gambling and Betting Services, WT/DS285/AB/R, adopted on 20 April 2005, para. 164.

④ See Henrik Horn & Joseph H. H. Weiler, *European Communities – Trade Description of Sardines: Textualism and its Discontent*, 4 World Trade Review 252 (2005).

⑤ See Advisory Opinion on the Interpretation of the Convention of 1919 concerning Employment of Women during the Night, 1932 PCIJ Series A/B No. 50, p. 373.

⑥ See Ronnie R. F. Yearwood, *The Interaction Between World Trade Organization (WTO) Law and External International Law: The Constrained Openness of WTO Law (A Prologue to a Theory)*, Routledge, 2012, p. 66 – 67.

糊和矛盾的条约条款注入新的生命。[①] 也就是说，只有基于共同的目的和价值，我们对于 WTO 法律含义是什么的争论才能具有统一的标准，WTO 裁决机构和成员之间关于 WTO 法的争论才有意义，从而才能得出一个合理的结论。[②] 人们通常担心目的解释会导致条约解释中的过多的灵活性，但其实这种担忧是大可不必的，因为条约解释者在任何情况下都不能得出与条约文本的含义相冲突的解释。[③] 这种辩证关系被美国—日落复审案中的专家组作了清晰的阐释，即 VCLT 第 31 条要求条约文本应当依据条约的目的和宗旨加以解读，但条约的目的和宗旨不能推翻条约文本而独立存在。[④]

2. WTO 法的目的解释能够提供更具合理性的标准

罗纳德·德沃金教授认为，如果"国家同意"作为国际法的基本依据，那么国际法就好比穿上了束缚其手脚的"紧身衣"，以致其不能够服务于它在当今世界必须服务的目标——规诫一些国家对另一些国家造成的威胁。在罗纳德·德沃金教授看来，国际法的目标或者说其合法性基础应当是：在一个经济深刻相互依赖的世界中，人民的生活更多地受到了其他国家内部发生的事情的影响，尤其是人民会受到囚徒困境风险的威胁。对此，国际法要确保对每一个国家的权力施加切实可行的和共同的限制，使每一个国家具有努力改进整体上的国际体系的义务。国际法要确保所有国家的政府通过彼此间的协调来克服囚徒困境，例如海洋中的过渡捕捞，大气层的二氧化碳污染等不能够仅仅通过各国政府在其领土范围内采取措施就能解决的国际问题，以此对人民的权利提供保护。[⑤] 同样地，WTO 法作为国际法体系中的一部分，其合法性基础亦是如此。WTO 法也是为了减轻或避免威斯特伐利亚体系下主权国家制定的以

---

① See John H. Jackson, *International Economic Law in Times That Are Interesting*, 3 J. Int'L Econ. L. 3,8 (2000).

② 范笑迎：《WTO 法解释援引外部国际法的理论与实践批判》，载《安徽大学学报(哲学社会科学版)》2018 年第 2 期。

③ See Federico Ortino, *Treaty Interpretation and the WTO AB Report in US – Gambling: A Critique*, 9(1) Journal of International Economic Law 147 (2006).

④ See Panel Report, United States – Sunset Review of Anti – Dumping Duties on Corrosion – Resistant Carbon Steel Flat Products from Japan, WT/DS244/R, adopted on 14 August 2003, paras. 7.43 – 7.44.

⑤ See Ronald Dworkin, *A New Philosophy for International Law*, 41 Philosophy & Public Affairs 7,10,18 (2013).

邻为壑的贸易政策对其他国家和整个全球贸易体系的危害。

虽然 WTO 协定在序言中规定了诸多目标，但其核心在于“维护并促进国际贸易多边合作”。[①] 如果我们认为避免战争能够有效地保障人权，那么 WTO 多边贸易体制就可以主张其自身价值的重要性。[②] 维护 WTO 多边体制本身能够缓和主权国家体系的失败和危险，[③]这一“缓和”的概念提供了国际法的最为普遍性的结构性原则和解释背景。[④]

虽然目前 WTO 多边体制因某些国家奉行的单边主义政策而遭遇危机，但在危机面前，人们反而能够从 WTO 体制的对立面更加清楚地意识到该体制真正的目的与价值——WTO 法的目的亦其合法性来源就是其宪章序言中所阐明的：旨在建立一个促进全体成员经济增长和可持续发展的完整的、更加有活力的和持久性的多边合作机制，反对贸易保护和单边主义。[⑤] 上诉机构适用目的解释，实际上是以 WTO 法的合法性基础作为其规则解释的合法性依据，在实质层面上更加忠诚于全体成员关于 WTO 多边贸易体制这一事业的根本宗旨，反对贸易保护与单边主义，为多边贸易体制提供安全性和可预测性。由此则可以解释为什么上诉机构在欧共体—沙丁鱼案中，通过对《TBT 协定》第2.4条和《TBT 协定》附件一第 2 条的文本解释得出欧共体没有以国际食品法典标准为依据制定技术法规不符合《TBT 协定》要求的结论，因为上诉机构受到了 WTO 法的根本目的——保障国际贸易合作、维护多边主义——的指引，发现《TBT 协定》的目的是要求成员应当尽可能使国内的技术法规和标准的制定与国际标准保持一致，以协调各国的政策，促进国际合作。只有基于此，上诉机构才能在具有歧义的协定文本中得出唯一合理的解释结论，并在成员之间达成共识。

---

① See Dukgeun Ahn, *Environmental Disputes in The GATT/WTO: Before and After*, 20 Michigan Journal of International Law 860 (1999).

② See Sungjoon Cho, WTO's Identity Crisis reviewing Joost Pauwelyn, Conflict of Norms in Public International Law: How WTO Law Relates to Other Rules of International Law, 2003, https://ssrn-com.illinois.vtrus.net/abstract=988775S.

③ See Ronald Dworkin, *A New Philosophy for International Law*, 41 Philosophy & Public Affairs 19 (2013).

④ See Adam S. Chilton, *A Reply to Dworkin's New Theory of International Law*, 80 The University of Chicago Law Review Dialogue 109 (2013).

⑤ See Preface of Marrakesh Agreement Establishing the World Trade Organization and Preface of General Agreement on Trade in Services (GATS).

(二)目的解释为上诉机构援引外部国际法提供合法性依据与保障

1. 目的解释为 WTO 法勾勒了一条具有开放性的合法性边界

WTO 的目的,例如"可持续发展"以及建立一个"完整的、更加有活力的和持久性的多边贸易体系"实际上涵盖了"贸易与"的关联议题。如果 WTO 进行自我封闭,与外部国际法中的其他非贸易价值相隔离,那么它的存在将会是不可持续的,并受到来自体系外部的对其合法性诘责的威胁。[①] 对此,WTO 上诉机构呼吁避免使用与国际法进行"临床隔离"的方式对 WTO 涵盖协定予以解释。[②] 在全球化条件下的高度融合与相互依赖的世界中,WTO 法律体系作为全球治理体系的一部分,它的生命力与持久性的维系离不开与其他国际法(甚至国内法)的交流、借鉴与协调,特别是不同的社会价值(如劳工标准与人权保障、环境保护与文化多样性等)需要借助 WTO 作为一种交互界面进行协调与融合,这就要求 WTO 法的合法性边界必须具有一定的灵活性与开放性。[③]

所以,在美国—虾案中,上诉机构认为,第 20 条(g)项的"可用竭的自然资源"的解释必须要根据环境保护国际共同体的当代的关切而作出。上诉机构通过援引诸多国际公约和宣言,使用了一种"与时俱进"的解释方法,对 GATT1994 第 20 条(g)项的内涵进行了符合当代国际共识的发展。上诉机构指出:"现代国际公约和宣言通常提及的天然资源同时包括有生命的和无生命的资源。"对此,上诉机构援引的国际公约和宣言包括 UNCLOS、CBD、《采取与保护迁徙物种野生动物公约协同的援助发展中国家决议》,以及 CITES。上诉机构尤其根据 CITES 强调海龟属于一种可用竭的自然资源,因为其属于 CITES 的附录 1 所列明的濒临灭绝的物种。[④] 正如约翰 · H. 杰克逊所言,在

---

① See Sungjoon Cho, WTO's Identity Crisis reviewing Joost Pauwelyn, Conflict of Norms in Public International Law: How WTO Law Relates to Other Rules of International Law, 2003, https://ssrn - com. illinois. vtrus. net/abstract = 988775S.

② See Appellate Body Report, United States - Standards for Reformulated and Conventional Gasoline, WT/DS2/AB/R, adopted on 20 May 1996, p. 17.

③ See Federico Ortino, *Treaty Interpretation and the WTO AB Report in US - Gambling: A Critique*, 9(1) Journal of International Economic Law 148 (2006).

④ See Appellate Body Report, United States - Import Prohibition of Certain Shrimp and Shrimp Products, WT/DS58/AB/R, adopted on 6 November 1998, paras. 130 - 132.

GATT/WTO 的发展过程中的一个最为重要的经验就是,国际制度本身并非一成不变的,而是会不断地发展和前进的,那些固守于条约起草者的原始意图的观念,以及试图贬低和否认制度发展变化的有效性的倾向都将损抑国际制度整体的目的的实现。①

2. 目的解释通过 WTO 共同体的"传统"为 WTO 法的合法性提供安全性保障

虽然 WTO 法的合法性边界应当具有一定的开放性,但这并不意味着外部国际法中的非贸易价值和规范通过 VCLT 第 31.3(c)条引入 WTO 法后,就获得了优先于 WTO 法律规范的地位。特别是在协调贸易价值与人权和环境价值的关系时,人权和环境价值往往被作为"普世价值"进行宣扬,将这些价值引入 WTO 法中,容易使 WTO 法律规范从属于人权或环境法律规范,令成员将人权和环境保护作为贸易保护主义合法化的理由,掩盖其以保护国内人权或环境价值之名行贸易保护之实的行为。在这种情况下,我们如果允许上诉机构对 VCLT 第 31.3(c)条不加限制地适用,那么就等于打开了破坏 WTO 多边体制的"潘多拉魔盒"。②

例如有观点认为,WTO 协定序言规定了诸如促进"普遍的福利","可持续发展","优化利用世界资源"的政策目标,说明多边贸易自由化是实现这些更高位阶的社会目标的工具,而非目的本身。所以,为增强 WTO 制度的合法性,可以在 WTO 裁决中援引 WTO 协定序言所规定的这些价值和原则,而这些价值和原则所具体指向的是 WTO 以外的国际公法所规定的广泛的环境权和人权。③ 同时,VCLT 第 31.3(c)条规定 WTO 裁决机构在解释 WTO 法时可以援引"适用于当事国间关系之任何有关国际法规则"。该条作为司法裁决者手中

---

① See John H. Jackson, *Sovereignty, the WTO and Changing Fundamentals of International Law*, Cambridge University Press, 2006, p. 82.

② See Sungjoon Cho, WTO's Identity Crisis reviewing Joost Pauwelyn, Conflict of Norms in Public International Law: How WTO Law Relates to Other Rules of International Law, 2003, https://ssrn-com.illinois.vtrus.net/abstract=988775S.

③ See Jeffrey Lagomarsino, *WTO Dispute Settlement and Sustainable Development: Legitimacy through Holistic Treaty Interpretation*, 28 Pace Envtl. L. Rev. 547-548 (2010).

的"万能之钥",允许其"进入国际法的所有房间"。[①] 甚至,对于WTO司法裁决者而言,VCLT第31.3(c)条的规定使适用WTO以外的国际法成为一种必须,以允许成员在贸易关联议题上具有相当的政策空间,更是为了给予WTO协定序言中的广泛的政策目标实际意义。[②] 上述观点的危险性却是显而易见的,其适用的结果将不可避免地使非贸易价值高于贸易价值,从而可能在WTO法律体系中引入侵蚀该体系完整性和基本共识的"癌症细胞"。该观点所提出的援引外部国际法对WTO法进行解释的方法像一个"蛇皮口袋",延展度极佳,可以不断地扩大,以至于可以装下诸多经过非贸易价值伪装的贸易保护和单边行动,最终破坏WTO多边贸易体制的整体性与安全性。[③] 所以,尽管WTO法律体系需要保持一种开放性,在其需要时与外部的法律环境进行沟通,回应国际社会多元的价值要求,但与此同时,它也必须要保持自身的自洽性与完整性。

实际上,上诉机构处在WTO法律共同体的"传统"之中,该"传统"即WTO法的目的以及在该目的之下的利益与偏好,这些利益与偏好限制和指导了上诉机构对WTO协定文本的理解。"一个人在社区或其传统中的生活必然限制着这个人的视野——也就是他可能在一个文本中看到或理解的东西。"[④] 因此,上诉机构在解释WTO法时,必然站在WTO多边贸易体制的立场上而非站在外部国际法的立场上对贸易价值与非贸易价值关系进行协调,它对规则的解释是基于贸易与人权/环境而非基于人权/环境与贸易的模式进行的。然而,上诉机构所处的WTO法律共同体的"传统"并不意味着上诉机构被由偏见筑起的墙围住了,只从狭窄的入口放进那些能够拿出一张载明"我不会说什么新东西"的通行证的东西。相反地,如上所述,WTO法的合法性边界应当具有

---

① See Campbell McLachlan, *The Principle of Systemic Integration and Article* 31 (3)(*c*) *of the Vienna Convention*, 54(2) International and Comparative Law Quarterly 280 - 281 (2005).

② See Jeffrey Lagomarsino, *WTO Dispute Settlement and Sustainable Development: Legitimacy through Holistic Treaty Interpretation*, 28 Pace Envtl. L. Rev. 546,560 (2010).

③ 作者在另外一篇文章中已经对WTO法律解释的整体性路径进行了全面的批判,参见范笑迎:《WTO法律解释"系统整合路径"的批判与重构——以"维护多边贸易合作"为基本立场》,载《西南政法大学学报》2019年第4期。

④ [美]斯蒂芬·M.菲尔德曼:《从前现代主义到后现代主义的美国法律思想》,李国庆译,中国政法大学出版社2005年版,第52页。

开放性,允许其他外部国际法规则与价值的进入,以满足 WTO 法的发展需要并强化其合法性基础。但是,WTO 法律共同体如何知道哪些外部国际法规则能够符合 WTO 法的需要呢?对此,上诉机构通过其解释进行筛选,这种筛选的过程已经被 WTO 法的“传统”——WTO 法的目的所决定。

因此,外部的环境法或人权法不应当成为 WTO 法本身,外部国际法规范只能在 WTO 法自我发展的过程中,在其内部的法律规则和制度选择的自我修正中加以体现。[①] 所以,WTO 法的目的解释在打开 WTO 合法性边界的同时,为其合法性基础的理解施加了“传统”的限制,从而为 WTO 多边贸易体制提供了安全性的保障。

总之,WTO 法的目的解释一方面能够确保在每一个个案的具体条件下贸易价值与非贸易价值、WTO 的规则与国家的管理自主权之间的协调与平衡,避免绝对主义,促进 WTO 法的可持续发展性和生命力;另一方面能够确保裁决机构对贸易价值与非贸易价值、WTO 的多边合作与成员的管理自治之间进行平衡时坚持 WTO 法的基本立场,从而确保裁决机构的法律解释具有可预测性,而不会陷入相对主义的泥潭。

四、结论

上诉机构在解释 WTO 协定规则时始终面临一种两难的司法困境:一方面要澄清 WTO 涵盖协定的现有规定,另一方面要确保其解释不能增加或减少 WTO 协定所规定的权利和义务。因此,上诉机构解释 WTO 协定的行为犹如在刀尖上舞蹈。美国的主张以“国家同意”为合法性标准,看似为上诉机构的解释提供了安全的保障,而实际上由于 WTO 协定条款存在许多模糊之处,成员的立法意图也缺乏确定一致的历史记录,使“国家同意”的标准难以提供在 WTO 协定文本之外的任何更为具体明确的指引。正是基于这一原因,美国的主张不仅难以为 WTO 上诉机构解释提供明确合理的合法性标准,而且可能成为美国达成其自身实用主义目的的工具。例如,美国一方面指责上诉机构的法律解释超出了 WTO 协定文本和美国参与谈判时的立法意图的授权,另一方

① See Sungjoon Cho, *An International Organization' s Identity Crisis*, 34 Nw. J. Int'l L. & Bus. 390 (2014).

面又在美国—虾案和墨西哥—电信案中要求上诉机构适用演进的解释方法，即使这种解释方法似乎增加或减少了 WTO 协定义务。[①] 因此，我们应当为文本主义和成员意图的解释方法加以 WTO 法律目的的限定，以维护 WTO 多边体制为基本立场，防止上诉机构的解释走向 WTO 合法性的反面。

WTO 法的目的解释为上诉机构援引外部国际法对 WTO 协定进行解释的行为提供了合法性的依据。并且，目的解释通过 WTO 共同体的“传统”为 WTO 法提供“过滤式保护”，防止引入的外部国际法成为反噬 WTO 法律体系的“癌症细胞”。毕竟，要应对 WTO 当下面临的危机，与其把希望寄托在对规则机械僵化的适用和成员意图的考古发掘上，从而使 WTO 争端解决机制沦为某些大国翻手为云覆手为雨的自留地，倒不如寄希望于 WTO 规则在多边贸易体制的应有之义和全球普遍共识下的自我发展。

第二节　价值的司法权衡在 WTO“必要性检验”中的证立与限度[②]

WTO 专家组和上诉机构对 WTO 一般例外条款进行解释时，在必要性检验中存在权衡非贸易价值的实践，对此，大多数观点认为必要性检验不应当引入价值的司法权衡，以免扩大 WTO 裁决机构的权限，赋予其过大的司法裁量权。这种批判性观点是否有道理？我们应当怎样看待 WTO 必要性检验中的价值的司法权衡？针对近年来世界范围内涌起的贸易保护主义和反全球化浪潮的时代背景，本节将在维护 WTO 多边合作体制的基本立场上对上述问题进行分析。

---

① See Ernst – Ulrich Petersmann, *Between "Member – Driven" WTO Governance and "Constitutional Justice": Judicial Dilemmas in GATT/WTO Dispute Settlement*, 21 Journal of International Economic Law 119 (2018).

② 本节内容已经发表：范笑迎：《价值的司法权衡在 WTO“必要性检验”中的证立与限度》，载《武大国际法评论》2017 年第 6 期。

一、价值的司法权衡在 WTO“必要性检验”中的实践及其理论批判

GATT1994 第20 条下的某些款项[①]和 GATS 第 14 条一般性例外规定都涉及对“必需的”这一概念的解释,由此涉及所谓“必要性检验”。WTO 专家组和上诉机构最初承继了 GATT 时代的必要性检验方法——“更小贸易限制”(the less restrictive alternative test),即考察对成员所追求的政策目标能否以具有更小贸易限制的替代措施而获得。而之后,这种检验方法经过上诉机构的改进,又引入了司法权衡的方法(weighing - and - balancing)。[②] 由此,“更小贸易限制”和权衡的方法共同构成了必要性检验的组成部分。[③]

在韩国—牛肉案中,韩国主张,为了避免将进口牛肉充当国产牛肉进行贩卖的欺诈行为、保护消费者的合法权益,实施将进口牛肉和国产牛肉相分离的双重零售体系,从而执行国内的反不正当竞争法,具有必要性。上诉机构认可韩国的上述措施可以涵盖于 GATT1994 第 20 条(d)项下的政策目标,之后,上诉机构开始对这一措施在(d)项下的必要性进行检验。首先,上诉机构认为“必需的”并不总是意味着“必不可少的”或“不可避免的”,而是指“一个必要性的程度区间”。尽管这一连续区间的一端可以将必要性定义为“有助于”,但是上诉机构强调 GATT 协定下的一项必要的措施应当更趋近于“必不可少”的另一端。进而上诉机构主张,(d)项下政策目标可能涉及的法律法规数量繁多,因此,解释者可以在恰当的情况下考虑成员在该项下所要执行的法律法规旨在保护的公共利益或价值的相对重要性。借此,上诉机构推理认为,GATT1994 第 20 条(d)项中的必要性检验内在性地包含以下对于三个要素的权衡过程:成员措施对执行法律或法规的贡献,法律或法规所要保护的公共利益或价值的重要性,以及用以执行法律或法规的措施对国际贸易的影响。对这些权衡要素,上诉机构指出,公共利益或价值越重要,并且执行措施对法律法规的目标的实现的贡献性越大,措施就越容易通过必要性检验,同时,如果

---

① 包括 GATT1994 第 20 条(a)项、(b)项和(d)项。

② See Piet Eeckhout, *The Scales of Trade - Reflections on The Growth And Functions of The WTO Adjudicative Branch*, 13(1) Journal of International Economic Law 13 (2010).

③ See Gisele Kapterian, *A Critique of The WTO Jurisprudence on "Necessity"*, 59 International and Comparative Law Quarterly 106 (2010).

一项措施对进口产品的影响越小,相对于那些对进口产品的限制性影响较大的措施更易于被认为是“必需的”。[①] 上述权衡过程构成了“更小贸易限制”检验的一部分。[②]

就该案中非贸易价值的重要性而言,上诉机构的观点与韩国的主张不同。上诉机构认为,韩国所选择的保护水平实际上并非旨在完全排除欺诈,而是合理减少欺诈的机会,因为完全排除欺诈将会要求对进口的完全禁止。从而可以考虑的替代措施,应当是符合上诉机构推定的这一相对较低的保护水平,对此,韩国能够采取符合 WTO 义务的措施实现其政策目标,“只要韩国对牛肉销售部门的反不正当竞争的执行投入更多的资源”。[③] 最终上诉机构得出结论认为,韩国对牛肉实行的双重零售体系对执行其反不正当竞争法、保护消费者权益而言是不必要的,同时韩国没有能够证明与 GATT 义务相符合的替代措施并非合理可得。

在欧共体—石棉案中,上诉机构进一步发展了上述必要性检验中的司法权衡方法。对 GATT1994 第 20 条(b)项的必要性检验的方法,上诉机构认为韩国—牛肉案的方法也适用于本案。上诉机构在本案中声明,韩国—牛肉案的权衡方法是“更小贸易限制”检验的内在组成部分,可以用来确认是否存在其他合理可得的替代措施。[④]

进而,上诉机构提出一项措施是否具有必要性必须考量如下相关因素:(1)成员追求的利益或价值的重要性;(2)争议措施对政策目标达成的贡献程度;(3)争议措施的贸易限制程度。同时,上诉机构认为应当根据非贸易价值的重要性对争议措施和替代措施进行比较。如果经过对这些因素的考察得出了初步结论认为争议措施是必要的,那么这一结果必须与可能的替代措施(该替代措施具有更小的贸易限制性,并对政策目标的达成具有同等的贡献性)相

---

① See Appellate Body Report, Korea – Measures Affecting Imports of Fresh, Chilled and Frozen Beef, WT/DS161/AB/R, WT/DS169/AB/R, adopted on 11 December 2000, paras. 161 – 164.

② See Appellate Body Report, Korea – Measures Affecting Imports of Fresh, Chilled and Frozen Beef, WT/DS161/AB/R, WT/DS169/AB/R, adopted on 11 December 2000, para. 166.

③ See Appellate Body Report, Korea – Measures Affecting Imports of Fresh, Chilled and Frozen Beef, WT/DS161/AB/R, WT/DS169/AB/R, adopted on 11 December 2000, paras. 178, 180.

④ See Appellate Body Report, European Communities – Measures Affecting Asbestos and Asbestos – Containing Products, WT/DS135/AB/R, adopted on 5 April 2001, paras. 171 – 172.

比较来进一步地加以证实。争议措施和替代措施之间的比较应当根据非贸易利益或价值的重要性进行。进而,上诉机构认可法国选择完全遏止与石棉有关的卫生风险的蔓延而采取能够完全排除风险的措施。上诉机构将法国选择的保护水平作为基准以确定加拿大所建议的替代措施是否合理可得。[①]

上诉机构认为,本案争议措施追求的目标是通过排除或减少广为知晓的威胁健康的石棉纤维的卫生风险以保护人类生命和健康,法国追求的这一目标是至关重要的。从而剩下的问题就是是否存在替代措施也能够达到同样的效果并相较于石棉进口禁令具有较少的贸易限制性。[②] 上诉机构的这一表述强调该案中的非贸易价值的重要性达到最高程度,因此法国对石棉进口的禁令具有了“必要性”。[③]

在美国—赌博案中,专家组认为,将 GATT1994 第 20 条的必要性检验方法适用于 GATS 第 14 条是合适的,因为二者具有相同的立法目的。[④] 进而,专家组对美国的措施是否属于保护公共道德进行考察,对此,它采取了三个步骤的推理:第一,公共道德和公共秩序的概念具有灵活性,影响二者概念的一系列流行的社会、文化、道德以及宗教价值等因素随着时间、空间的不同而不断变化;第二,每一个成员都拥有选择它们认为恰当的非贸易价值的保护水平的权利;第三,完全遵从成员的“公共道德”的内涵的做法并不恰当,尽管成员应当被赋予根据其价值体系定义和适用它们各自领土内的“公共道德”和“公共秩序”的权限,但专家组仍然保留了审查这两个概念的含义以将其适用于具体事实的权限。[⑤] 这表明,价值的司法权衡不仅适用于非贸易价值应当在多大程

---

① See Appellate Body Report, European Communities – Measures Affecting Asbestos and Asbestos – Containing Products, WT/DS135/AB/R, adopted on 5 April 2001, paras. 172 – 174.

② See Appellate Body Report, European Communities – Measures Affecting Asbestos and Asbestos – Containing Products, WT/DS135/AB/R, adopted on 5 April 2001, para. 169.

③ See Gisele Kapterian, *A Critique of The WTO Jurisprudence on "Necessity"*, 59 International and Comparative Law Quarterly 110 (2010).

④ See Panel Report, United States – Measures Affecting the Cross – Border Supply of Gambling and Betting Services, WT/DS285/R, adopted on 10 November 2004, para. 6.448.

⑤ See Panel Report, United States – Measures Affecting the Cross – Border Supply of Gambling and Betting Services, WT/DS285/R, adopted on 10 November 2004, paras. 6.461 – 6.462.

度上被保护的问题,也适用于应当受保护的非贸易价值的范围的确定。① 因此,专家组考察了 WTO 其他成员(如以色列、菲律宾、欧共体和埃及等)将赌博与道德相关联作为确定赌博确实属于公共道德问题的证据。② 除此之外,本案上诉机构强调,争议措施与可能的替代措施之间的权衡应当根据所要保护的利益的重要性进行考量。③

对于上述价值的司法权衡在 WTO 专家组和上诉机构裁决中的适用,在理论上有赞成的观点,亦有反对的观点。赞成的观点主要是认为这种实践表明 WTO 裁决机构在 WTO 法中引入了比例原则,这一原则是 WTO 多边贸易体制的基石。④ 而批判性观点认为,在 WTO 一般例外规则的必要性检验中引入价值的司法权衡会使 WTO 裁决机构在平衡贸易自由化和 WTO 成员内管理目标之间的关系上获得了更大的权力,导致必要性检验的不确定性,损害成员在 WTO 中的权利和义务的确定性,最终使成员的管理自主权遭受威胁。⑤ 对此,笔者主张应当在必要性检验中引入对于价值的司法权衡,同时这种引入需要有一个限度,该限度即是以维护 WTO 多边合作体制为基本立场。就这一观点的论证,笔者遵循如下路径:对批判价值的司法权衡的观点进行分析,在此基础上,对批判性观点进行批判,以此辨明价值的司法权衡对维护 WTO 多边合作体制的必要性,同时亦能够明确价值的司法权衡存在的问题及其克服的方法。在此,笔者首先对在 WTO 中引入价值的司法权衡的批判性观点的主要内容进行梳理。

第一,司法权衡不属于 WTO 裁决机构的职权范围。WTO 一般例外条款对特定合法性目标进行了列举,这表明对贸易价值和非贸易价值的权衡结果

---

① See Nicolas F. Diebold, *The Morals and Order Exceptions in WTO Law: Balancing The Toothless Tiger And The Undermining Mole*, 11(1) Journal of International Economic Law 52 (2007).

② See Panel Report, United States – Measures Affecting the Cross – Border Supply of Gambling and Betting Services, WT/DS285/R, adopted on 10 November 2004, paras. 6.471 – 6.474.

③ See Appellate Body Report, United States – Measures Affecting the Cross – Border Supply of Gambling and Betting Services, WT/DS285/AB/R, adopted on 7 April 2005, para. 307.

④ See Meinhard Hilf, *Power, Rules and Principles – Which Orientation for WTO/GATT Law?*, 4 Journal of International Economic Law 120 – 121 (2001).

⑤ See Gisele Kapterian, *A Critique of The WTO Jurisprudence on "Necessity"*, 59 International and Comparative Law Quarterly 106, 112 (2010).

已经在 WTO 立法中确定下来。每一项例外都代表了 WTO 共同体已经认可的不能为追求贸易自由化的目标所妥协的政策目标。因此,如果一项措施属于例外条款中的某项,就意味着该措施所追求的目标的重要性是不受审查的,而上诉机构对例外条款中的非贸易价值的相对重要性进行权衡在 WTO 协定文本中无法找到相应的依据。①

第二,必要性检验的司法权衡会损害成员之间权利与义务关系的稳定性和可预见性,WTO 规则因而变得具有不确定性和不可预见性,难以确保在相同情况下得到相同的适用。② 首先,专家组和上诉机构在必要性检验的法律推理中存在一个逻辑上的矛盾,其一方面承认 WTO 成员拥有确定非贸易价值保护水平的权利,另一方面对贸易价值和非贸易价值之间的相对重要性进行司法权衡。其次,必要性检验中的司法权衡对成员和裁决机构之间的权限划分始终是不确定的,专家组和上诉机构对成员的司法遵从的程度缺乏一致性和确定性,通过不断地选择性适用必要性检验的解释工具来扩大其职责权限,从而使成员的国内政策措施很难通过其自由裁量权的检验。③

第三,国内立法者是比国际性裁决机构更好解决这一问题的主体,其决策拥有更大的民主合法性。基于主权原则或机构职权的原因,成员必须拥有决定其国内对人类健康或环境保护等非贸易价值的保护水平,WTO 裁决机构不应当干涉这一权力。④ 专家组和上诉机构对贸易价值和非贸易价值的司法权衡过程充满了不确定性,并缺乏透明度,易于扭曲贸易自由化目标和成员内政策目标之间的均衡关系,其后果是引发国际社会对 WTO 裁决机构的司法权限

---

① See Gisele Kapterian, *A Critique of The WTO Jurisprudence on "Necessity"*, 59 International and Comparative Law Quarterly 119, 126 (2010).

② See Francisco J. Urbina, *Is It Really That Easy? A Critique of Proportionality and "Balancing as Reasoning"*, 27(1) Can. J. L. & Jurisprudence 180 (2014).

③ See Gisele Kapterian, *A Critique of The WTO Jurisprudence on "Necessity"*, 59 International and Comparative Law Quarterly 118 (2010).

④ See Piet Eeckhout, *The Scales of Trade – Reflections on The Growth And Functions of The WTO Adjudicative Branch*, 13(1) Journal of International Economic Law 18 (2010).

及其权力合法性的质疑。[1] 专门领域的司法机制不可避免地具有一种制度偏见,[2]例如 WTO 专家组的裁决因表现出使贸易价值高于环境价值的倾向而饱受批评,毕竟,专家组缺乏对非贸易价值的制度敏感性,而更警觉于任何对 WTO 协定的违反行为,其不可避免的价值偏见往往使其裁决偏离 GATT1994 第 20 条以及 WTO 的立法目的。[3]

二、价值的司法权衡在 WTO“必要性检验”中的否定之否定

一般而言,当法律文本出现模糊或漏洞时,解释者运用不同的法律解释方法,可能会得出不同的结论。所谓法律解释的“唯一正解”,只是发生于解释者看问题的视角和所持的基本立场相统一的前提之下的。法律的解释在深层次上离不开价值的选择,解释者对法律文本的解释从表面上看是技术性的,实则背后往往掩藏着特定时代背景下的法律目的和基本价值。

上述对于 WTO 必要性检验中的价值的司法权衡的批判观点实质上是以 WTO 法的外部视角,站在成员的立场上给出的关于 WTO 法律解释的观点,在同一视角和立场上审视该观点,其当然具有相当的合理性。但是,如果我们换一种角度和立场,即以 WTO 法的参与者的内部视角以及维护 WTO 多边合作体制的基本立场,就会发现上述批判性观点具有潜在的贸易保护和单边主义的危险。因此,WTO 法律解释的本质不是解释方法之争,而是基本立场之争。

裁决机构作为 WTO 的准司法性机构,必然以维护 WTO 多边体制的有效性为基本立场,这一点是不证自明的。因此,裁决机构对 WTO 法进行解释时持有一种内在参与者视角,该视角与成员所持的外部视角的区别在于:该机构解释 WTO 法的目的是“要为其主张的合理性和为什么提出来进行辩护”,而成员解释 WTO 法的目的是预测其行为后果。从而,参与者视角下所作的法律解

---

① See Gisele Kapterian, *A Critique of The WTO Jurisprudence on “Necessity”*, 59 International and Comparative Law Quarterly 126 – 127 (2010).

② See Thomas Kleinlein, *Judicial Lawmaking by Judicial Restraint? The Potential of Balancing in International Economic Law*, in A. Von Bogdandy & I. Venzke (eds.), International Judicial Lawmaking, Springer – Verlag ,2012, p.281.

③ See José E. Alvarez & Robert Howse, *From Politics to Technocracy – and Back Again: The Fate of the Multilateral Trading Regime*, 96 American Journal of International Law 102 – 103 (2002).

释既不是描述性的,也不是道德上中立性的,而是诠释性的、评价性的和证立性的。[①]

裁决机构以维护 WTO 多边体制的有效性为基本立场,这在当前的时代背景下具有特别的合法性。目前世界出现了反全球化的逆潮,一些国家重新开始"建墙",从贸易自由化的多边合作退回到贸易保护的单边主义,进而给世界的和平与发展蒙上了一层阴影。作为回应,中国提出"一带一路"倡议和"构建人类命运共同体"的理念,就是令世界各国正视全球化,坚持合作共赢的国际关系理念,以多边主义的立场应对各国的单边行动所带来的无序和冲突。而 WTO 作为全球最重要的多边贸易体制,在增强各国之间的相互依赖、促进贸易自由化方面发挥着举足轻重的作用,对维护世界和平与发展意义非凡。

以上述视角和立场为出发点,我们来审视 WTO 司法权衡的批判观点,会发现,这一观点本质上将对 WTO 法的认识建立在国家同意的基础之上。该观点认为 WTO 法的效力和内容来自成员同意的意思表示,[②]其依据是 WTO 协定文本,因此 WTO 法的解释应当采取文义解释的方法。从而,在对 WTO 法的一般例外条款进行解释时,专家组和上诉机构的裁量权的依据只能是 WTO 协定文本的明确授权(如 GATT1994 第 20 条序言),并受到协定文本的限制,以及遵从先例。[③] 据此,GATT1994 第 20 条对十项具体例外的手段与目标之间的关联性规定了不同程度的限定标准,主要有"必要的""有关的""采取的",要求裁决机构对争议措施和相应的政策目标基于不同程度的关联性要求进行裁量。这应当成为裁决机构在 GATT1994 第 20 条具体款项的解释中进行司法权衡的唯一的内容。而该条项下所要保护的具体政策目标和价值均构成 GATT 一般义务的合法性例外,"例外"这一术语即意味着对这些价值目标进行司法权衡是没有文本依据的。同时,在必要性检验中,对争议措施的贸易限制程度的评估也是不受文本支持的,不仅因为第 20 条的文本含义本来就是指

---

① 参见[美]R. 德沃金:《法律帝国》,李常青译,中国大百科全书出版社 1996 年版,第 12 - 14 页。

② See Jochen Von Bernstorff, *Law Beyond the State: A Reply to Liam Murphy*, 28(1) European Journal of International Law 259 (2017).

③ See Piet Eeckhout, *The Scales of Trade - Reflections on The Growth And Functions of The WTO Adjudicative Branch*, 13(1) Journal of International Economic Law 20 (2010).

GATT 义务的例外，而且因为这种评估将不可避免地与对非贸易价值的相对重要性的评估相关联。[①]

然而，这种实证主义的观点会造成成员实施更多的单边主义行为，为实行贸易保护主义打开缺口，危害到 WTO 多边体制的有效性。一般而言，某一 WTO 成员对国内非贸易价值的保护水平的设定可以依据当地利益的实际需要，但是在诸多案件中，当地利益诉求难以量化，导致国内的保护水平也没有明确的标准。除了欧共体—石棉案中的国内价值保护水平是可以量化的（法国将保护人类健康的标准明确设定为零风险）并且具备合法性以外，[②]其他案件中的价值保护水平大都难以量化。例如在巴西—翻新轮胎案中，成员的目标是尽可能对抗通过废旧轮胎传播的热带疾病；[③]在美国—赌博案中，目标是与有组织犯罪、欺诈和未成年人赌博作斗争；[④]在韩国—牛肉案中，目标则是减少涉及牛肉原产地问题的欺诈。[⑤]在这些案件中，成员的目标没有确切的保护水平，对此，在评估争议措施与政策目标之间的关系时裁决机构不可避免地要对成员的非贸易价值的保护水平作出评估。[⑥] 如果裁决机构不对非贸易价值保护水平进行评估，那么对于事前没有明确保护水平的国内政策目标，成员可能在事后根据其所采取的贸易限制措施来恣意地设定保护水平，从而破坏 WTO 体制的多边性及其规则的可预见性。

WTO 法（乃至国际法和法律）这一概念不是一种标准性概念（critical con-

---

① See Gisele Kapterian, *A Critique of The WTO Jurisprudence on "Necessity"*, 59 International and Comparative Law Quarterly 121 (2010).

② See Appellate Body Report, European Communities – Measures Affecting Asbestos and Asbestos – Containing Products, WT/DS135/AB/R, adopted on 5 April 2001, para. 168.

③ See Appellate Body Report, Brazil – Measures Affecting Imports of Retreaded Tyres, WT/DS332/AB/R, adopted on 3 December 2007, para. 134.

④ See Appellate Body Report, United States – Measures Affecting the Cross – Border Supply of Gambling and Betting Services, WT/DS285/AB/R, adopted on 20 April 2005, para. 313.

⑤ See Appellate Body Report, Korea – Measures Affecting Imports of Fresh, Chilled and Frozen Beef, WT/DS161/AB/R, WT/DS169/AB/R, adopted on 11 December 2000, para. 175.

⑥ See Piet Eeckhout, *The Scales of Trade – Reflections on The Growth And Functions of The WTO Adjudicative Branch*, 13(1) Journal of International Economic Law 19 (2010).

cept)[①],“国家同意”这一标准很难概括关于 WTO 法的全部观念和实践。WTO 法应当是一种解释性概念(interpretive concept)[②],对解释性概念应当进行规范性的诠释,即作出在特定情形下某一概念的含义“应当是什么”而非“是什么”的价值判断。因此,对国际法和 WTO 法的解释应当纳入道德要素,应当考虑 WTO 法如何能够为成员设定具有合法性的法律义务。更何况,WTO 裁决机构作为 WTO 法的内在参与者,其对 WTO 法的解释不可避免地涉及 WTO 共同体的普遍价值取向的道德评价。

就国际法的合法性而言,格劳秀斯认为,与国内法追求本国利益不同,国际法的目的在于谋求各国共同的利益,而非任何国家的一国利益。[③] 国际法作为国际社会治理的最主要方式,应当是对国际法主体之间利益关系的一种平衡,也就是对国际法主体之间共同利益的一种反映。国际法依赖于国家间的共同利益,有共同的价值观,国家就有可能认同相似的问题。[④] 因此,国际社会共同利益内在地包含了各国的国家利益。而不受约束的主权会使国家之间难以达成为避免囚徒困境的合作,[⑤]例如国家主权缺少约束就会使其不能够与其他国家进行合作以避免潜在的诸如气候变暖等环境灾难,[⑥]美国退出《巴黎气候协定》即是这一观点的最新例证。所以,罗纳德 · 德沃金认为,国家负有减

---

① 罗纳德 · 德沃金认为,所谓标准性概念,是指人们对某一个概念的适用依据一个共同的标准,例如“三角形”是一个标准性概念,因为我们在判断什么是“三角形”而什么不是“三角形”时能够适用一个相同的标准,即“由同一平面内不在同一直线上的三条线段首尾顺次连接所组成的封闭图形”。See Ronald Dworkin, *A New Philosophy for International Law*, 41(1) Philosophy & Public Affairs 11 (2013).

② 罗纳德 · 德沃金认为,所谓解释性概念,是指人们对某一个概念的分享不是基于对其适用标准的认同,而是由于某种具有重要意义的事项的发生取决于这一概念的适用,而同时,我们也会强烈反对某个概念的适用标准,因为考虑到适用这一标准会带来一些负面后果。……法律的解释性概念建立在政治道德的基础之上,从而,当我们在解释性概念意义上分析“法律”这一概念时,法律是什么和法律应当是什么这两个问题就不需要加以区分了。See Ronald Dworkin, *A New Philosophy for International Law*, 41(1) Philosophy & Public Affairs 11 - 12 (2013).

③ 参见法学教材编辑部《西方法律思想史编写组》编:《西方法律思想史资料选编》,北京大学出版社 1983 年版,第 139 页。

④ 参见李赞:《建设人类命运共同体的国际法原理与路径》,载《国际法研究》2016 年第 6 期。

⑤ See Ronald Dworkin, *A New Philosophy for International Law*, 41(1) Philosophy & Public Affairs 18 (2013).

⑥ See Adam S. Chilton, *A Reply to Dworkin's New Theory of International Law*, 80 The University of Chicago Law Review Dialogue 109 (2013).

轻本国主权对其他国家及其国民的负面效应的责任。[①] 根据罗纳德·德沃金的观点,这种减轻主权负面作用的原则为国际法提供了最为普遍性的结构原理和解释背景。[②] 一种强有力的国际法秩序约束国家以实现国际共同体的利益,如果必要的话哪怕违反国家的意愿。即使某些国际法违反了国家的利益,国家也仍然受到这些国际法的约束,因为它们仍然能够从作为整体的国际体系中获益。[③] 然而,国内民主的利益偏好有可能与国际法义务之间存在紧张关系,对此,国内政府应当如何选择?[④] 实际上,这一问题反映的是狭隘的国内民主观念。在全球化时代,一国的国内政策不仅影响国内民众的利益,也影响与其进行社会交往的其他国家民众的利益,然而后者不能参与该国的政策制定过程以改变对自身利益有害的政策。[⑤] 所以,国内民主应当考虑到其他受影响的国家民众的利益诉求,应当具有人类命运共同体的理念。据此,建立在"铁板一块"的主权观念基础上的国际法律体系显然不能满足这种超越于国家间关系之上的价值和利益的需要,难以维护国际社会共同体的利益、保护弱方利益和推动世界可持续发展。[⑥] 基于上述理念,WTO 法的解释应当体现这样一种对 WTO 法的效力来源的理解,并将法律解释建立在此基础之上:[⑦]WTO 法的效力源于 WTO 法律共同体的以共识为基础的普遍利益,这种共识体现为维护国际贸易多边合作机制的宗旨,该合作机制以促进全体成员经济增长和可持续发展的原则和规则为基础,反对贸易保护和单边主义。[⑧]

---

① See Jochen Von Bernstorff, *Law Beyond the State: A Reply to Liam Murphy*, 28(1) European Journal of International Law 263 (2017).

② See Ronald Dworkin, *A New Philosophy for International Law*, 41(1) Philosophy & Public Affairs 19 (2013).

③ See Adam S. Chilton, *A Reply to Dworkin's New Theory of International Law*, 80 The University of Chicago Law Review Dialogue 113 (2013).

④ See Adam S. Chilton, *A Reply to Dworkin's New Theory of International Law*, 80 The University of Chicago Law Review Dialogue 110 - 111 (2013).

⑤ See Peter M. Gerhart, *The Two Constitutional Visions of the World Trade Organizaiton*, 24(1) U. Pa. J. Int'l Econ. L. 74 (2003).

⑥ 参见李赞:《建设人类命运共同体的国际法原理与路径》,载《国际法研究》2016 年第 6 期。

⑦ 罗纳德·德沃金认为,即便所有人都同意"国际法"是法,但也要回答为什么某些文件构成了其法律体系的重要问题,因为国际法的规则和原则应当如何被解释依赖于这一问题的回答。Ronald Dworkin, *A New Philosophy for International Law*, 41(1) Philosophy & Public Affairs 3 (2013).

⑧ 参见 WTO 序言和 GATS 序言。

因此,如果 WTO 裁决机构在价值权衡上给予成员完全的司法遵从,就会使贸易保护主义措施逃避司法审查。例如在美国—虾案中,上诉机构不认为在一个特定的争端案件中某个成员有权决定本国的"自然资源"的范围和内容。[①] 同样地,美国—赌博案也涉及 GATT1994 第 20 条(a)项和 GATS 第 14 条(a)项中的"公共道德"或"公共秩序"是否可以进行单边性解释的问题。然而,如果裁决机构允许成员进行单边性的解释,就会引发这样一种危险,即对例外条款的过度适用甚或滥用。这不仅会影响 WTO 法律体系的稳定性和可预见性,而且可能导致在 WTO 中对公共道德或公共秩序的保护从例外条款变为一般规则。因此,"公共道德"和"公共秩序"的含义最终应当由上诉机构在解释和适用例外条款的过程中加以定义。[②] 从而,我们对国际多边条约的解释如果仅建立在单个国家的法律秩序的基础上,就是一种方法论上的错误。[③]

实际上,当某一成员主张其国内管理自主权时,需要由裁决机构界定成员在多大程度上享有管理自主,以确保其同时遵守在 WTO 协定下的义务。[④] 在巴西—翻新轮胎案中,上诉机构指出,某一成员诉诸 GATT1994 第 20 条下的例外款项的权利,与其他成员在 GATT1994 的其他实质性条款下享有的权利之间具有一条平衡线。一种权利不能抵销另一种权利,不能破坏成员之间在 WTO 协定下的权利与义务的平衡关系。[⑤] 而如果允许成员自行设定的非贸易价值的保护水平不受裁决机构的审查,就有可能导致对国际贸易的恣意的限制,破坏 WTO 共同体关于维护自由贸易价值和非贸易价值保护的平衡的共识。

例如在欧共体—石棉案中,人类健康相对于贸易价值具有更高性,这一点

---

① See Appellate Body Report, United States – Import Prohibition of Certain Shrimp and Shrimp Products, WT/DS58/AB/R, adopted on 6 November 1998, para. 128.

② See Nicolas F. Diebold, *The Morals and Order Exceptions in WTO Law: Balancing The Toothless Tiger And The Undermining Mole*, 11(1) Journal of International Economic Law 51 – 53 (2007).

③ See Christoph T. Feddersen, *Focusing on Substantive Law in International Economic Relations: The Public Morals of GATT's Article XX(a) and "Conventional" Rules of Treaty Interpretation*, 7 Minn. J. Global Trade 111 (1998).

④ See Michael Ming Du, *The Rise of National Regulatory Autonomy in the GATT/WTO Regime*, 14(3) Journal of International Economic Law 647 (2011).

⑤ See Appellate Body Report, Brazil – Measures Affecting Imports of Retreaded Tyres, WT/DS332/AB/R, adopted on 3 December 2007, para. 224.

在国际社会已经取得了普遍共识,因此允许成员将保护人类健康水平设定为零风险。[①] 但是其他价值可能缺乏国际共识,例如在韩国—牛肉案中,韩国选择完全排除欺诈,从而使其国内措施具有禁止牛肉进口的效果。韩国的措施显然具有单边性和任意性,不仅导致 WTO 成员之间权利和义务的不平衡,而且造成消费者权益保护和贸易自由化价值之间的不成比例,不符合 WTO 共同体对两种价值之间关系的共识。

三、价值的司法权衡在 WTO"必要性检验"中的限度

通过反思批判 WTO 中的价值的司法权衡的各种观点,上文认为,基于维护 WTO 多边合作体制的立场,上述批判性观点具有潜在的贸易保护和单边主义的危险性。因此,完全否定 WTO 必要性检验中的价值的司法权衡的做法是不可取的。然而,在明确这一观点后我们也要回答这样一个问题:基于维护 WTO 多边合作体制这一基本立场,我们应当如何看待在 WTO 必要性检验中专家组和上诉机构对非贸易价值进行司法权衡的实践?

对此,首先应当明确的一点是,不应过分夸大对于价值的司法权衡所导致的法律解释的不确定性和无法预测性的担忧。

WTO 必要性检验中对于价值的司法权衡并非对价值的绝对主义的排序,而只是针对具体案件中的特殊事实进行的限于个案的价值排序。在 WTO 协定条款中,无论是贸易原则还是非贸易原则都不能获得事前的、无条件的优势地位,它们之间的关系(相对优势性)只取决于个案中的特定事实。[②] 例如在巴西—翻新轮胎案中,上诉机构指出,成员诉诸贸易例外条款的权利与其他成员的贸易权利之间存在一条平衡线,这条平衡线随着措施的特定类型和内容以及案件具体事实的不同而移动。[③] 因此,WTO 裁决机构进行司法造法的危险

---

① See Appellate Body Report, European Communities – Measures Affecting Asbestos and Asbestos – Containing Products, WT/DS135/AB/R, adopted on 5 April 2001, para. 168.

② See Mads Andenas & Stefan Zleptnig, *Proportionality: WTO Law: in Comparative Perspective*, 42 Tex. Int'l L. J. 377 (2007).

③ See Appellate Body Report, Brazil – Measures Affecting Imports of Retreaded Tyres, WT/DS332/AB/R, adopted on 3 December 2007, para. 224.

性大大降低，不会预设各种价值之间的等级关系作为具有先例性的一般规范。[①] 但也正是因此使人们始终存在一种担忧，即依照个案具体事实进行必要性检验，特别是其中对非贸易价值的重要性进行司法权衡的方式，似乎无法避免必要性检验标准的无法预测性，从而损害成员权利和义务的确定性。[②]

对此，笔者认为，不应当过分夸大上述忧虑。这是因为裁决机构作为 WTO 法的解释者，其是以内在的参与者视角看待 WTO 法的，这决定了其解释 WTO 法的目的和基本立场是维护 WTO 多边体制的有效性，这种多边合作原则的内涵体现为 WTO 法律共同体的基本共识，亦即对全体成员的共同利益与普遍价值的体现。DSB 的目的使其在解释什么是 WTO 法、WTO 法律规则的含义是什么时具有融贯性，能够减轻其进行司法权衡的自由裁量权，为其他国际法主体对 WTO 法律权利和义务的争论设定了统一的框架。[③] WTO 裁决机构目的的确立使得其对 WTO 法的解释不会过于保守、拘泥于 WTO 规则的文义本身，从而避免 WTO 法的僵化及与其他国际法相隔离，以致陷入贸易偏见的泥潭中。同时，该目的的确立也使裁决机构不会过于灵活地对 WTO 规则进行解释，以避免损害成员之间的权利与义务的平衡与稳定，规避贸易保护主义和单边行动的潜在危险。实际上，在 WTO 中，对两种价值的关系依据个案事实进行司法权衡不仅不会构成对任何一种价值武断的歧视，而且能够保障成员之间权利和义务关系的平衡，更有助于增进 WTO 成员在具体问题上的共同利益的最优化彰显。这种价值的司法权衡能够促进以普遍价值为基础的国际共识的达成，逐渐消弭传统的威斯特伐利亚体系对维系国际贸易多边合作的不足与危害，而非停留在对一般意义上的多元价值冲突和民主社会分裂的妥协让步。[④]

更进一步地，我们需要在指导裁决机构进行法律解释的目的之下发现其

---

① See Thomas Kleinlein, *Judicial Lawmaking by Judicial Restraint? The Potential of Balancing in International Economic Law*, in A. Von Bogdandy & I. Venzke (eds.), International Judicial Lawmaking, Springer – Verlag, 2012, p. 278.

② 参见曾炜：《论 WTO 法中必要性检验的判断标准》，载《政治与法律》2013 年第 6 期。

③ 参见[美] P. 诺内特、[美]P. 塞尔兹尼克：《转变中的法律与社会：迈向回应型法》，张志铭译，中国政法大学出版社 2004 年版，第 85 – 86 页。

④ See Ronald Dworkin, *A New Philosophy for International Law*, 41(1) Philosophy & Public Affairs 22 (2013).

所囊括的具体内涵，从而把普遍的目的转化为具体的目标，以为裁决提供指导和清晰的评估标准。[①] 笔者认为，“显著性原则”（salience principle）可以作为指导裁决机构在解释 WTO 一般例外条款时的一种检验标准，既用以排除那些不能反映 WTO 共同体的基本共识的解释观点，也用以保障裁决机构对 WTO 法的解释具有确定性和一致性。

“显著性原则”最初是由美国著名法学家罗纳德·德沃金教授提出的，他将这一原则作为国际法的合法性来源从而用于国际法的解释。罗纳德·德沃金对国际法中的显著性原则的表述是：如果有相当数量的拥有较大规模人口的国家以国际条约等协同方式发展出了一套共同的实践准则，这些国家对这套准则的国际实践将有助于增进国家的合法性以及整体国际秩序的合法性，那么其他国家就负有了同意和遵守这一实践准则的初步义务。进而，随着更多的国家的同意和实践上的跟随，这些实践准则就会越发具有道德上的重力。[②] 罗纳德·德沃金认为显著性原则为国际法的渊源提供了令人信服的道德合法性，从而为国际法的解释提供指引。据此，国际习惯法和国际条约之所以能够作为国际法的渊源，是因为这些渊源已经具有了显著性而非因为国家的同意（因为有时国际条约和国际习惯法也适用于没有表示同意的国家）。这些符合显著性原则的国际法渊源应当得到适用是因为其能够达到这样一种目的，即缓和以国家主权为核心的威斯特伐利亚体系的缺陷和潜在危险。[③]

如果将上述显著性原则加以改造从而适应 WTO 法律解释的需要，使该原则用以检验 WTO 法律解释能否反映 WTO 法律共同体的普遍共识，那么该原则在 WTO 中的含义应当是：在 WTO 法律解释中引入的外部国际法规则或价值不仅要反映国际社会的普遍共识，而且该规则或价值所体现的国际共识要与 WTO 法律共同体的共识具有相互兼容性，引入这种规则或价值能够有助于维护 WTO 多边合作体制的稳定性和有效性。故而，如果要维护 WTO 多边体

---

① 参见［美］P. 诺内特、［美］P. 塞尔兹尼克：《转变中的法律与社会：迈向回应型法》，张志铭译，中国政法大学出版社 2004 年版，第 93 页。

② See Ronald Dworkin, *A New Philosophy for International Law*, 41（1）Philosophy & Public Affairs 19－20（2013）.

③ See Adam S. Chilton, *A Reply to Dworkin's New Theory of International Law*, 80 The University of Chicago Law Review Dialogue 110（2013）.

制,反对贸易保护主义和单边行动,限制国内政治集团的利益寻租,那么在解释 WTO 法时所引入的外部规则或价值必须是符合显著性原则的、能够促进 WTO 多边合作的国际法规范,其最根本的道德基础是增进国际贸易合作。例如在欧共体—生物技术产品案中,欧共体主张其对转基因生物采取的管制措施是基于《卡塔赫纳生物安全议定书》中所规定的预防原则,该议定书得到了国际社会多数国家的批准和加入,因此,其规定的预防原则应当用来解释《SPS 协定》第 5.7 条。但是欧共体主张适用的《卡塔赫纳生物安全议定书》所规定的预防原则与《SPS 协定》第 5.7 条中的预防原则在含义和具体要求方面存在较大差异,二者就转基因产品的风险防范的理念上存在冲突,因此欧共体的主张未得到本案专家组的支持。① 这说明《卡塔赫纳生物安全议定书》规定的预防原则不符合显著性原则,如果将其引入 WTO 法则会破坏 WTO 共同体的普遍共识。

更进一步地,显著性原则发挥着类似于“过滤网”的作用,对 WTO 成员的国内措施发挥着反向排除的功能。显著性原则要求裁决机构衡量成员设定的非贸易价值保护水平,看某种保护水平的设定是否符合 WTO 成员的普遍共识、是否与 WTO 法的目的相互兼容,以及是否有助于维护 WTO 多边合作体制的稳定性与有效性。例如在韩国—牛肉案中,上诉机构认为,韩国所要设定的消费者权益保护的水平不可能是完全排除零售商对于牛肉原产地(国内还是国外)的欺诈。其理由是,对于欺诈的完全排除将会要求对进口的完全禁止,这种因噎废食的做法显然不符合 WTO 多边合作体制的目的与要求。进而,上诉机构认为,将韩国的措施代之以调查、罚款等其他措施则可以大大降低欺诈的可能性,并且符合 WTO 协定的要求。因此,上诉机构认为韩国应当追求的是显著减少零售商对所贩卖牛肉的原产地进行欺诈的案件数量。② 又如在美

---

① See Terence P. Stewart & David S. Johanson, *A Nexus of Trade and the Environment: The Relationship Between the Cartagena Protocol on Biosafety and the SPS Agreement of the World Trade Organization*, 14(1) Colo. J. Int'l Envtl. L. & Pol'y 30 (2003). See Panel Report, European Communities – Measures Affecting the Approval and Marketing of Biotech Products, WT/DS291, 292, 293/R, adopted 21 Nov. 2006, para. 4.540.

② See Appellate Body Report, Korea – Measures Affecting Imports of Fresh, Chilled and Frozen Beef, WT/DS161/AB/R, WT/DS169/AB/R, adopted on 11 December 2000, para. 178.

国—赌博案中,专家组的裁决表明,WTO 成员不能单边性地定义“公共道德”,即便某些贸易限制措施是为了保护在成员的文化中非常重要的公共道德要素,但由于其不能反映普遍的国际实践,因而不符合 WTO 法的要求。[①]

综上所述,以显著性原则为标准,在 WTO 一般例外规则的必要性检验中,专家组和上诉机构一方面可以允许成员根据国内的具体情况自主设定对于非贸易价值的保护水平,满足成员对于国内事务管理自治的要求;另一方面可以对成员选择的非贸易价值保护水平基于维护 WTO 多边合作体制的立场进行审查。显著性原则能够对成员的管理自主权和 WTO 裁决机构的司法审查权划定必要的界限,并为这种界限的划分提供融贯性和可预见性,满足 WTO 法的合法性要求。

四、结论

WTO 发展到今天,面临的一个主要问题就是多边一体化式国际立法的难以推进,而同时世界出现了逆全球化的现象,有些国家开始走向贸易保护和单边主义。因此,当务之急是将各国拉回到多边主义的轨道中,使 WTO 体制继续向前推进。在 WTO 法中,贸易保护主义已经从传统的反倾销、反补贴和保障措施升级为非贸易价值的问题,例如人权、劳工、环境保护等。这些价值往往被认为高于贸易价值,成员可以以促进非贸易价值为借口豁免 WTO 法的义务。同时,这些非贸易价值也引发了 WTO 法的合法性问题,进而对 WTO 体制的发展构成了威胁。而 WTO 一般例外条款的“必要性”解释对成员追求的非贸易价值的相对重要性进行司法权衡,能够避免成员以保护非贸易价值为借口实施的贸易保护主义和单边行动,维护 WTO 多边合作的有效性。同时,这种司法权衡体现了 WTO 法律共同体的基本共识,能够确保法律解释的确定性和一致性,符合 WTO 法的合法性要求。WTO 裁决机构通过这种法律解释方法一点一滴、一步一个脚印地发挥着对贸易保护和单边行动的渐进式纠偏功能。其建立在个案基础上的规则解释实践不断地发现、发展 WTO 多边合作赖以存在的国际共识与共同利益,或许是在国际立法之外的增进多边合作的一种有益的选择。

---

① See Jeremy C. Marwell, *Trade and Morality: The WTO Public Morals Exceptions after Gambling*, 81 New York University Law Review 817, 819 (2006).

第四章　上诉机构法律解释方法的合理适用

VCLT 第 31(3)(c)条是援引外部国际法对 WTO 法进行解释的主要依据，该条所指引的外部国际法的范围，在理论和实践上有“WTO 全体成员方说”，“争端当事方说”以及“共同意图说”三种观点，分别对应狭义说，广义说和折中说。这三种观点虽然在表面上看具有逻辑闭合性，却不能掩盖它们在方法论方面的共同问题：首先，将手段作为目的。三种观点将手段——WTO 法的形式合法性或实质合法性[①]作为目的，都存在破坏 WTO 多边体制的潜在危险，或者造成 WTO 体制的僵化，或者使 WTO 体制遭受单边行动和贸易保护主义的威胁。其次，没有采用 WTO 法律解释的参与者视角。只有在 WTO 法律解释中运用参与者视角，才能在维护 WTO 体制的目的之下达至 WTO 法律解释的确定性与发展性的协调统一。

WTO 法中存在一种贸易壁垒，即某些国内措施以增进非贸易价值为名行贸易保护之实。这些措施对 WTO 裁决机构的解释方法提出了更高的要求，以确保贸易价值与非贸易价值之间的平衡。为此，联合国国际法委员会提出了“系统整合路径”的解释方法。然而，该方法为在 WTO 法中引入其他领域的国际法规则提供了过大的灵活性，在 WTO 法律边界上为潜在的贸易保护和单边主义打开了缺口，进而对 WTO 多边体制构成威胁。对此，WTO 裁决机构应当采取参与者视角的基本立场——维护 WTO 多边体制的有效性，从而为援引外

---

① 本章中出现较多的“合法性”“实质合法性”“形式合法性”概念，笔者认为在此有必要对这些概念在何种含义上使用加以解释。笔者所谓“合法性”就是在第二章中提及的“legitimacy”这一概念的含义上使用的，这一概念既包含实质合法性（WTO 法的道德基础，例如 WTO 成员共享的某种价值、WTO 法对国际社会价值和利益诉求的回应）也包含形式合法性（WTO 法的确定性和适用的一致性）。

部国际法规则解释 WTO 法设定标准。在此目的下，“显著性原则”涵盖于维护 WTO 多边体制有效性的内涵里，体现在 WTO 裁决机构的解释实践中，完成了对“系统整合路径”的重构。

第一节　WTO 法解释援引外部国际法的理论与实践批判①

WTO 法不是自给自足的体系，对 WTO 法的解释不可避免地要与外部国际法进行互动。DSU 第 3.2 条明确规定 WTO 涵盖协定必须根据解释国际公法的习惯法规则进行澄清。因此，VCLT 第 31 条成为援引外部国际法对 WTO 法进行解释的依据。VCLT 第 31 条规定了条约解释之通则，其中第 3 款(c)项可以被视为条约解释渊源的兜底条款，即规定“适用于当事国间关系之任何有关国际法规则”都可以用于解释条约。因此，对于 WTO 条约文本而言，无论是 WTO 专家组和上诉机构的解释，还是学理解释，都主要依据 VCLT 第 31(3)(c)条的规定。笔者即是围绕该条款用于解释 WTO 法时所产生的三种理论争议所进行的研究。VCLT 第 31(3)(c)条所指引的用于解释 WTO 法的外部国际法的范围取决于该条规定的“当事国”的含义，而该术语的含义在理论上存有争议，进而导致了实践中的不一致。在对 WTO 法的解释方面所能够援引的外部国际法的范围，对应“当事国”含义的狭义说、广义说和折中说，具有 WTO 全体成员参加的外部条约、WTO 争端当事方参加的外部条约以及反映 WTO 全体成员共同意图的外部条约三种观点。这三种观点的分歧在本质上不是关于对“当事国”术语解释技术的高下之辩，而是关于 WTO 法的确定性和发展性的价值之争。而笔者认为，无论是 WTO 法的确定性还是 WTO 法的发展性，都应当被统合于 WTO 法的目的之下，即维护 WTO 多边体制的有效性。在对 WTO 法进行解释时，解释者应当站在 WTO 法的参与者而非旁观者的立场上，坚持以维护 WTO 多边体制为目的，只有这样，才能达至 WTO 法的确定性和发

---

① 本节内容已发表：范笑迎：《WTO 法解释援引外部国际法的理论与实践批判》，载《安徽大学学报(哲学社会科学版)》2018 年第 2 期。

展性之间的协调统一。

一、"全体成员方说"批判:条约僵化的危险

"全体成员方说"认为,VCLT 第 31(3)(c)条所规定的"当事方之间关系的任何可以适用的有关国际法规则"中的"当事方"是指 WTO 全体成员,而非争端当事方或是与争端有联系的当事方。① 换句话说,一个非 WTO 国际法规则被用于解释 WTO 规则,需要它与 WTO 协定拥有完全相同的成员。② 因为,无论争端是否发生,VCLT 都适用于 WTO 协定的解释,无论 WTO 的成员是否是某个特定时点就特定问题而言的特定的争端当事方,WTO 协定条款对所有成员而言都具有依据 VCLT 的解释方法所确定的相应的含义,据此而言,VCLT 第 31(3)(c)条规定的"当事方"应当解释为条约的成员。③ 对此,国际法委员会关于 VCLT 的评论似乎也不支持任何对"当事方"在少于条约全体成员上的缩小解释。④

该观点援引欧共体—生物技术案中的专家组意见为例进行证明,在该案中,专家组认为,应当将 VCLT 第 31(3)(c)条理解为用于解释 WTO 法的外部国际法规则是指适用于 WTO 全体成员间的国际法规则。援引对 WTO 全体成员都有约束力的国际法规则对 WTO 法进行解释可以维护并增进适用于 WTO 成员之间的国际法规则的一致性与确定性,避免 WTO 成员所适用规则之间的相互冲突⑤。

然而,实际上,上述理论和 WTO 专家组的有关实践混淆了 WTO 成员同意

---

① See Michael Lennard, *Navigating by the Stars: Interpreting the WTO Agreements*, 5(1) Journal of International Economic Law 36 (2002).

② See Gabrielle Marceau, *WTO Dispute Settlement and Human Rights*, 13(4) European Journal of International Law 781 (2002).

③ See Gabrielle Marceau, *A Call for Coherence in International Law: Praises for the Prohibition against "Clinical Isolation" in WTO Dispute Settlement*, 33(5) Journal of World Trade 125 (1999).

④ See *International Law Commission Commentary on the draft Vienna Convention*, 2 Yearbook of the International Law Commission 222 (1996).

⑤ See Panel Report, European Communities – Measures Affecting the Approval and Marketing of Biotech Products, WT/DS291/R, WT/DS292/R, WT/DS293/R, adopted on 29 September 2006, paras. 7.70 – 7.71.

的法和 WTO 裁决机构所适用的法之间的区别。[①] 前者是法律解释的外部视角,而后者是法律解释的参与者视角。

首先,法律作为一种解释性概念,决定了我们对于 WTO 法的解释必须从参与者视角出发,亦即要以裁决机构的视角来解释法律。法律是思想的客体,法律来源于法官的实践,是司法机构的实践的制度输出,[②]法律不是由疆域、权力或程序界定的,而是由法律解释的态度来界定的,[③]法律的实践是一种解释性实践,只有内在的参与者(法官)才能够加入这个绵延不断的解释性实践之中。[④] 也就是说,WTO 法一经作为立法者的全体成员制定并达成,其文本含义便脱离了 WTO 全体成员而独立存在,但由于 WTO 法律文本本身是无法言语的"哑巴",它的含义完全交给了它的解释者,WTO 法绝不是一个"事实明白清楚的观点",需要裁决机构对它是什么作出解释。[⑤] 所以,WTO 法律含义应当如何界定,特别是用于解释 WTO 法的渊源有哪些,最终只能 WTO 裁决机构来决定,而非 WTO 全体成员。[⑥]

其次,法律解释是一种建构性解释,决定了相对于法律解释的外部视角而

---

① See Joel P. Trachtman, *Conflict of Norms in Public International Law: How WTO Law Relates to Other Rules of International Law by Joost Pauwelyn*, 98 (4) The American Journal of International Law 858 (2004).

② See Ronnie R. F. Yearwood, *The Interaction Between World Trade Organization (WTO) Law and External International Law: The Constrained Openness of WTO Law (A Prologue to a Theory)*, Routledge, 2012, p. 49 – 51.

③ 参见[美]R. 德沃金:《法律帝国》,李常青译,中国大百科全书出版社 1996 年版,第 367 页。

④ 参见陈景辉:《什么是"内在观点"?》,载《法制与社会发展》2007 年第 5 期。

⑤ 参见范进学:《德沃金视野中的法律:走向整体性法律解释之路》,载《山东社会科学》2006 年第 7 期。

⑥ 一般意义上而言,根据《WTO 协定》第 9 条第 2 款"部长级会议和总理事会拥有通过对本协定和多边贸易协定所作解释的专有权利"的规定,以及 DSU 第 7 条"专家组的职权范围"、第 11 条"专家组的职能"、第 17 条"上诉审议"的规定,WTO 争端解决机构,更为确切地说是专家组和上诉机构对 WTO 条约文本的解释的效力仅限于具体的争端,而不具有判例法的效力。但有不少观点认为,WTO 争端解决机构实质上是一种"司法性体制",其对 WTO 法的解释一方面能够获得自动通过,另一方面获得后续争端解决的持续援引,再加之到目前为止部长级会议和总理事会鲜少对 WTO 条约进行解释,而争端解决机构对 WTO 法的解释成为填补 WTO 法的空白与漏洞的必需,这都使得争端解决机构报告逐渐具有了判例法的效力。笔者采纳这一观点。参见左海聪:《论 GATT/WTO 争端解决机制的性质》,载《法学家》2004 年第 5 期;齐飞:《WTO 争端解决机构的造法》,载《中国社会科学》2012 年第 2 期。

言,法律解释的参与者视角具有必要性与优越性。法律解释始终面临法律的确定性与发展性这一对矛盾,解释者必须处理好这一矛盾关系,使法律的形式合法性与实质合法性两大原则之间相互协调,这就要求法律解释具有建构性,即以确定一致的解释者目的来统合法律解释的客观性与创造性。作为 WTO 法律体系的参与者,裁决机构对 WTO 法进行解释时,始终要以其机构的目的为指导,必须将维护 WTO 多边体制的有效性作为机构的目的和职责所在,稳固 WTO 多边体制得以建立的重要基础——WTO 成员之间就自由贸易和与贸易有关的权利的相互尊重,在法律解释中寻求 WTO 成员权利与义务相互平衡的"唯一正解",从而确保 WTO 法律解释的形式合法性与实质合法性的内在的协调统一。

因此,WTO 裁决机构进行法律解释的目的在于阐明并维护 WTO 成员在该多边体制之下固有的权利,这些权利有些是以 WTO 成员明确同意的方式存在于多边条约文本之中的,而还有一些则是暗含于 WTO 法律体系中的,并且,WTO 法是一个发展的体系,不断受到其外部环境的潜移默化的塑造,WTO 成员所享有的权利也会随着 WTO 法律体系的发展而发展。因此,WTO 成员的固有权利需要 WTO 裁决机构进行不断的解释和阐明,法律实践的解释本身就是在不间断地推动实践的发展,这种解释是一种建构性解释。例如美国—虾案中的上诉机构指出:"GATT1994 第 20 条(g)项中的'自然资源'这一通用术语的含义在内容和参照上不应当是静态的,而应当是发展的。"①作为 WTO 法律体系的内在参与者,因其维护 WTO 法律体系的机构目的,对 WTO 法的解释必然需要以一定的方式反映外部国际法的发展、回应国际社会的共识,以达到维护机构目的所必须的 WTO 法的实质合法性。同时,以该机构目的为指导,关于 WTO 法律含义是什么的争论才能具有统一的标准,裁决机构和成员之间关于 WTO 法的争论才有意义,从而才能得出一个合理的结论;并且,统一的目的使 WTO 专家组和上诉机构的解释不是随心所欲的,而是具有客观性,其法律解释始终被束缚在维护 WTO 多边体制有效性的框架中,从而在这一框架中探寻成员贸易权利的"唯一正解",确保 WTO 法律解释的合法性。所以,在

---

① Appellate Body Report, United States – Import Prohibition of Certain Shrimp and Shrimp Products, WT/DS58/AB/R, adopted on 6 November 1998, para. 130.

WTO 法律解释中，真正起作用的是解释者的目的，而非成员的目的，这就要求我们要以参与者的视角考察 WTO 法律解释的渊源范围。

如果以 WTO 全体成员的视角看待 WTO 法律解释的问题，它们的立场将倾向于维护现有权利的确定性，从而趋向于保守主义，维护既得利益的现有状态，将法律的形式合法性作为法律解释的目的，要求以 WTO 全体成员都同意的外部国际法来解释 WTO 法。这种解释方法会引发的问题就是，随着 WTO 成员的增加，能够匹敌它的成员数量的国际协定将越来越少，从而很少有国际协定能与 WTO 协定拥有完全相同的成员，尤其是 WTO 允许非主权国家加入，它将会使得 WTO 越发与外部国际法体系相隔离。① 这种将手段作为目的的后果就是不可避免地助长了 WTO 法的僵化，并使 WTO 法因缺少实质合法性而遭受外界批判。

这一路径的问题在于，对 WTO 的合法性要求作了最严格的解释，要求准确的规则和确定的义务。其结果就是使 WTO 专家组和上诉机构在解释 WTO 法时，将对 WTO 合法性的要求作为目的，而逐渐忽视了法律解释背后的真正的政策导向。关键的问题在于，如果一个机构忘却了规则订立的背后潜在的社会政策目的，而以规则为中心，以确定的规则和确定的义务为指导，结果只会导致法条主义，这固然能够获得和保护其机构体系和法律程序的完整性，但是这种将手段当作目的的做法，会导致规则的适用不再充满对目的、需要和结果的注重，还会受到该体系过于僵化的批评，其完整性反而会遭到来自体系外部的实质合法性要求的更猛烈的攻击和反对。② WTO 的目的在于建构一个完整的、具有发展性和持久力的多边贸易法律体系，区别于 GATT 时代的互惠性关税减让的多边合同的性质，因此，如果 WTO 呈现一种封闭性，与外部国际法、国际社会的普遍共识以及多元的价值相互隔离，那么它的存在将是不可持

---

① See Michael Lennard, *Navigating by the Stars: Interpreting the WTO Agreements*, 5(1) Journal of International Economic Law 36 (2002).

② 参见[美]P. 诺内特、[美]P. 塞尔兹尼克：《转变中的法律与社会：迈向回应型法》，张志铭译，中国政法大学出版社 2004 年版，第 70 – 71 页。

续的,并受到威胁。①

例如,在欧共体—生物技术案中,专家组对 VCLT 第 31(3)(c)条的"当事方"的狭义解释是值得商榷的。② 由于美国虽然签署但没有批准 CBD,阿根廷和加拿大签署但未批准《卡塔赫纳生物安全议定书》,美国没有签署《卡塔赫纳生物安全议定书》,专家组否决了欧共体关于适用上述两个公约对 WTO 协定进行解释的提议,仅依据 WTO 协定作出裁决。③ 这种狭义解释方法对 WTO 多边主义原则进行了最为严格的限定,但反而会造成 WTO 体制陷入僵化,无法回应国际社会对国际法的一些新的诉求,并遭受贸易价值绝对主义的实质合法性批判,从而破坏 WTO 的多边体制。

在欧共体—生物技术案中,欧共体要求援引 CBD 和《卡塔赫纳生物安全议定书》对 WTO 协定进行解释。CBD 的核心内容是生物安全问题,《卡塔赫纳生物安全议定书》正是在其要求下进行制定的,二者均得到了世界大多数国家的批准加入。其内容符合欧共体和发展中国家的意愿,允许缔约国拒绝进口转基因生物品,在执行方面采取预防原则,规定了标注某一产品为转基因的义务。该议定书考虑了发展中国家的需要,旨在加强或促进发展中国家关于维护生物安全方面的能力。同时,其文本也反映了一定程度的妥协,其中的一些模糊和空白之处体现了对转基因生物品出口国的退让。④ 而专家组忽视上述两个公约的存在及其实施的对转基因生物品的贸易限制的做法会侵蚀 WTO 贸易体制的实质合法性,因其未能站在参与者的视角对 WTO 法中的两

① See Sungjoon Cho, WTO's Identity Crisis [reviewing Joost Pauwelyn, Conflict of Norms in Public International Law: How WTO Law Relates to Other Rules of International Law (2003)], Global Law Books, 2006, available at SSRN: https://ssrn - com. illinois. vtrus. net/abstract = 988775S.

② See Benn McGrady, *Fragmentation of International Law or "Systemic Intergration" of Treaty Regimes: EC - Biotech Products and the Proper Interpretation of Article* 31(3)(*c*) *of the Vienna Convention on the Law of Treaties*, 42(4) Journal of World Trade 590 (2008).

③ See Panel Report, European Communities - Measures Affecting the Approval and Marketing of Biotech Products, WT/DS291/R, WT/DS292/R, WT/DS293/R, adopted on 29 September 2006, paras. 7.74 - 7.75.

④ See Laurence Boisson de Chazournes & Makane Mo'fse Mbengue, *GMOs and Trade: Issues at Stake in the EC Biotech Dispute*, 13 (3) Review of European Community and International Environmental Law 297 - 298 (2004).

个同等的价值之间的冲突给予合理的解决。[①] 专家组的做法是相对于美国—虾案中的上诉机构采取的发展的解释方法的一种倒退。在美国—虾案中，上诉机构明确表示 WTO 法与外部国际法之间并非相隔离的，对 WTO 法的解释应当采取发展的解释方法，考虑反映在其他国际条约中的国际社会的普遍的当下关切。[②] 而欧共体—生物技术案的专家组似乎不慎打开了对 WTO 实质合法性造成负面效应的“潘多拉魔盒”，破坏了贸易价值与健康价值之间的平衡。[③]

总之，WTO 规则的适用不应当采取一种过度死板的和拘泥于法律条文的条约解释路径。其解释方法应当像上诉机构在日本—酒精案中所阐述的那样：在发展的现实世界中，法律实践要面对各种事实的变化起伏，WTO 裁决机构对 WTO 规则的解释不应当是僵硬的和缺乏灵活性的，以至于没有为合乎逻辑并具有说服力的判断留下空间。以参与者的视角对 WTO 规则进行解释的实践应当在承前启后的整体性中不断发展，以更好地服务于多边贸易体系。以这种方式，我们将获得 WTO 成员通过争端解决体系的建立寻求的多边贸易体系的“安全和可预见性”。[④]

二、“争端当事方说”批判：单边主义的侵入

“争端当事方说”认为，CVLT 第 31(3)(c)条中的“当事方”一词应当指某个特定争端的当事方，而非多边协定的当事方。[⑤] 该观点认为，在 VCLT 文本

---

① See Thomas Cottier, *Implications for Trade Law and Policy: Towards Convergence and Integration*, in C. Bali, R. Falkner and H. Marquard (eds.), The Cartagena Protocol on Biosafety: Reconciling Trade in Biotechnology with Environment and Development?, Royal Institute of International Affairs, 2002, p. 473.

② See Appellate Body Report, United States – Import Prohibition of Certain Shrimp and Shrimp Products, WT/DS58/AB/R, adopted on 6 November 1998, paras. 129 – 130.

③ See Denise Prévost, *Opening Pandora's Box: The Panel's Findings in the EC – Biotech Products Dispute*, 34(1) Legal Issues of Economic Integration 101 (2007).

④ See WTO Appellate Body Report, Japan – Taxes on Alcoholic Beverages, WT/DS8/AB/R, WT/DS10/AB/R, WT/DS11/AB/R, adopted on 4 October 1996, Section H(2)(c), text corresponding to 66.

⑤ See David Palmeter & Petros C. Mavroidis, *The WTO Legal System: Sources of Law*, 92 The American Journal of International Law 411 (1998).

中,相同的词汇应当基于相同的含义进行使用。VCLT第31条涉及了"当事方"四次,第一次涉及是在第31(2)(a)条中,规定,"就解释条约而言,上下文除指连同弁言及附件在内之约文外,并应包括:全体当事国间因缔结条约所订与条约有关之任何协定",在这一款中,"全体"一词取代了第31(3)(c)条中的"当事方之间",这表明,第31(3)(c)条中使用"当事方"而非"'全体'当事方"意味着可用于解释WTO协定的外部国际法规则的当事方不需要覆盖WTO全体当事方。该观点由此得出结论认为,虽然VCLT没有确定的回答多少WTO成员需要被第31(3)(c)条下规定的国际法规则所约束,但是,在最低程度上,WTO争端的当事方必须被该国际法规则约束,而无须全体WTO成员都被该国际法规则约束。[1] 例如,在欧共体—电脑设备案中,上诉机构指责了专家组在解释美国的WTO时间表时没有参考统一分类体系条约(HS条约),上诉机构认为,即便HS条约的成员与WTO是不同的,尽管只约束两个争端当事方,仍然应当得到适用。[2]

并且,该观点认为,当WTO成员根据一个国际协定对另一成员的出口施加贸易限制(双方都是该协定的缔约国),如果这一举动不符合WTO义务,实行这一举动的当事方可以依据它在该国际协定下的义务主张它被申诉的行为具有合法性,因为该国际协定构成对其缔约方之间的WTO法律义务的修改。[3] 可见,该观点的理论依据是约斯特·鲍威林提出的WTO法义务的"双边性"和"互惠性"。

约斯特·鲍威林认为,WTO义务属于互惠的性质,WTO法实际上是一系列双边关系的集合。[4] WTO义务的目的是贸易,贸易的产生与存在是双边性的。货物或服务从一个国家出口至或转运至另一个国家,WTO中协商的权利

---

① See Joshua Meltzer, *Interpreting the WTO Agreements – A Commentary on Professor Pauwelyn's Approach*, 25(4) Michigan Journal of International Law 918 – 919 (2004).

② See Appellate Body Report, European Communities – Customs Classification of Certain Computer Equipment, WT/DS62/AB/R, WT/DS67/AB/R, WT/DS68/AB/R, adopted on 5 June 1998, para. 89.

③ See David Palmeter & Petros C. Mavroidis, *The WTO Legal System: Sources of Law*, 92 The American Journal of International Law 412 (1998).

④ See Joost Pauwelyn, *The Role of Public International Law in the WTO: How Far Can We Go?*, 95 The American Journal of International Law 549 (2001).

与义务亦旨在确保特定产品从一个成员到另一个成员的市场准入。虽然若干国家可能都在生产一个特定产品，但是原产地规则精确地决定了每一个产品的原产国，从而一个产品在法律上而言只能源于一个国家的事实确认了贸易的双边性。由于 WTO 的贸易主题，其义务具有差异化和个性化，不同于集体义务，因此，违反 WTO 义务，只会影响到相对的特定国家，而不会影响到所有其他的 WTO 成员的权利，例如，对一个 WTO 成员的最惠国待遇的违反，或者对一个 WTO 成员的企业征收的不合理的反倾销税。[①] 所以，援引一个双边条约解释 WTO 法并不意味着其他 WTO 成员都将受到该条约的约束。在一个案件中援引一个并非全体 WTO 成员参加的双边条约或其他多边条约并不影响不受这些条约约束的成员的权利。[②]

上述观点的问题是在 WTO 法律解释中所援引的外部国际法的条件过于灵活，其设定的 WTO 合法性的认定标准——双边关系——会造成 WTO 多边体制不断遭受成员单边主义行动的入侵与蚕食。

WTO 寻求建立贸易义务的多边平衡，在高度相互依赖的世界中，如果国家同意彼此间以与该目的不一致的方式违反 WTO 法，将严重影响第三方的权利。[③] 假设美国和墨西哥签署了一项双边条约旨在通过进口禁令惩罚过低的劳工标准。如果这一双边条约构成对 WTO 义务的彼此间修改，美国能够借此停止对原产于墨西哥的玩具的进口，只要墨西哥玩具的生产是在未充分保护工人罢工权利（不符合双边条约的要求）的条件下进行的。然而，如果这些玩具实际上是在韩国投资方设立的墨西哥工厂中生产的呢？美国和墨西哥通过双边协定对 WTO 义务的彼此间修改不会因此侵犯 WTO 其他成员（如韩国）

---

① See Joost Pauwelyn, *A Typology of Multilateral Treaty Obligations: Are WTO Obligations Bilateral or Collective in Nature?*, 14(5) European Journal of International Law 930 – 931 (2003).

② See Wolfgang Weiss, *Security and Predictability under WTO Law*, 2(2) World Trade Review 196 (2003).

③ See Joel P. Trachtman, *Conflict of Norms in Public International Law: How WTO Law Relates to Other Rules of International Law by Joost Pauwelyn*, 98 (4) The American Journal of International Law 860 (2004).

的权利吗？全球化的事实已然证明了 WTO 权利与义务的集体性。① 又如在真实的日本—半导体案中，欧共体抱怨美国与日本的自愿限制协议，②表明一个国家的进口限制会对第三国造成严重的贸易影响。所以，如果任凭若干 WTO 成员通过彼此间修改，违背 WTO 规则、限制自由贸易，这些彼此间的修改日积月累，将不断蚕食多边贸易体制的谈判成果，非 WTO 的国际权利和义务势必危及 WTO 精心构筑的贸易义务的多边平衡，使 WTO 多边贸易法律体系的整体性荡然无存。③

实际上，造成上述观点的问题的本质原因在于没有采取参与者视角考察 WTO 法的性质。法律兼具实践性与可争议性，对此，法官是最为适格的参与者。因为法律具有反事实性，不同于世界上的其他客观存在，而是通过法律体系的权威机构的承认而间接存在的，我们所定义和争论的法律实质上是司法机构的实践性的制度输出。④ 同时，虽然法律来源于法官的实践，但是法官的实践不是那种恣意的、武断的实践，而是有其内在一致性和融贯性的，因为他们最终受潜在的机构目的的指导，即维护体制的有效性。就 WTO 法而言，裁决机构始终要以维护 WTO 多边体制的有效性为其根本职责，反对一切形式的单边主义。因此，就参与者视角的基本立场而言，裁决机构的实践应当维护 WTO 法的多边主义原则以及法律解释在 WTO 成员之间的一致性，而这种立场在 WTO 专家组和上诉机构的实践中可见一斑。

在美国—虾案中，上诉机构指出："诉诸 20 条例外的某个成员的权利与该成员尊重其他成员的 WTO 条约权利之间应当有一个平衡。"⑤

---

① See Sungjoon Cho, WTO's Identity Crisis [reviewing Joost Pauwelyn, Conflict of Norms in Public International Law: How WTO Law Relates to Other Rules of International Law (2003)], Global Law Books, 2006, available at SSRN: https://ssrn - com. illinois. vtrus. net/abstract = 988775S.

② See GATT Panel Report, Japan - Trade in Semi - conductors, May 4, 1988, GATT B. I. S. D. (35th Supp.), para. 116.

③ 参见许楚敬：《非 WTO 法在 WTO 争端解决中的运用》，社会科学文献出版社 2012 年版，第 134 页。

④ See Ronnie R. F. Yearwood, *The Interaction Between World Trade Organization (WTO) Law and External International Law: The Constrained Openness of WTO Law (A Prologue to a Theory)*, Routledge, 2012, p. 49 - 51.

⑤ Appellate Body Report, United States - Import Prohibition of Certain Shrimp and Shrimp Products, WT/DS58/AB/R, adopted on 6 November 1998, para. 156.

在欧共体—香蕉案中，上诉机构裁定美国可以根据 GATT1994 提起申诉，即使它并没有生产香蕉，也没有出口香蕉。而且，上诉机构同意该案专家组的下述观点："由于全球经济日益相互依赖……各成员在执行 WTO 规则时具有比以往更大的利害关系，因偏离经谈判所达成的权利义务平衡，现在比以往任何时候都更可能直接或间接地影响它们的利益。"①

在欧共体—飞机案中，上诉机构没有直接回答 VCLT 第31(3)(c)条中的"当事方"究竟是指争端的当事方还是指 WTO 协定的全体成员，但对这一问题给出了一段耐人寻味的评论："在诸如 WTO 这样的多边体制的环境下，当不得不依据非 WTO 规则来解释 WTO 协定条款时，在考虑单个的 WTO 成员的国际义务和保证在全体 WTO 成员之间解释 WTO 法的一致性和协调性路径之间必须保持一种微妙的平衡。"②

总之，WTO 裁决机构应当在维护 WTO 多边体制的有效性的机构目的的指导下，在法律体系内部以参与者视角认识 WTO 法的性质，从而确保 WTO 法的合法性边界的统一性与一致性。尽管 WTO 法需要回应其外部法律环境，甚至受其外部国际法的影响，从而保持一定的开放度和互动性，但是 WTO 法仍然需要保持其独立性，作为一种自创生系统而存在，从而确保其法律实践的整体性。③

三、"共同意图说"批判：贸易保护主义的威胁

"共同意图说"是由约斯特·鲍威林提出的。约斯特·鲍威林认为，在条约解释的过程中，WTO 专家组可以根据 VCLT 第31条和第32条参考国际法中的非 WTO 规则，特别是依据第31(3)(c)条参考"当事方关系间可适用的任何有关的国际法规则"。对此，在解释 WTO 条款时非 WTO 规则应当限于反

---

① Appellate Body Report, European Communities – Regime for the Importation, Sale and Distribution of Bananas, WT/DS27/AB/R, adopted on 9 September 1997, para. 136.

② Appellate Body Report, European Communities and Certain Member States – Measures Affecting Trade in Large Civil Aircraft, WT/DS316/AB/R, adopted on 18 May 2011, para. 845.

③ See Sungjoon Cho, WTO's Identity Crisis [reviewing Joost Pauwelyn, Conflict of Norms in Public International Law: How WTO Law Relates to Other Rules of International Law (2003)], Global Law Books, 2006, available at SSRN: https://ssrn–com.illinois.vtrus.net/abstract=988775S.

映全体 WTO 成员的共同意图的那些非 WTO 规则,[①]其中包括 WTO 涵盖协定本身和其他 WTO 法,以及约束所有 WTO 成员或反映他们的共同意图的一般国际法与规范。[②] 约斯特·鲍威林不赞成“争端当事方说”的观点,在他看来,一个规则仅仅约束争端当事方是不够的,很难想象一个双边条约能够改变 WTO 专家组解释 WTO 多边条约的方式。同时,约斯特·鲍威林更加反对“全体成员方说”的观点。约斯特·鲍威林认为,依据 VCLT 第 31(3)(c)条适用的外部国际法规则必须反映全体 WTO 成员的共同意图,提供了某种被全体 WTO 成员共同理解和接受的含义。但是该规则没有必要是约束全体 WTO 成员的,约斯特·鲍威林反对 VCLT 第 31(3)(c)条所指的规则是指严格意义上赋予全体 WTO 成员之间的权利和义务关系的规则,它只需要反映他们的共同意图就够了。[③]

以约斯特·鲍威林经常用来证明自身观点的美国—虾案为例,在这一案件中,上诉机构在解释 WTO 条款(“可用竭的自然资源”)时,援引了其他并非约束全体 WTO 成员的条约(例如 1973 年 CITES),甚至并非约束全体争端当事方的公约(例如 1982 年 UNCLOS,1992 年 CBD,两者都未得到美国的批准),以及不具有法律约束力的国际文件(例如 1992 年联合国关于环境与发展大会的《21 世纪议程》)。[④] 对此,约斯特·鲍威林认为,上述国际环境法渊源反映了 WTO 全体成员的共同意图,上诉机构可以援引它对 WTO 法进行解释。[⑤]

可见,约斯特·鲍威林似乎是要在条约僵化和单边主义的两种极端之间选择一条中间道路,从而避免前述两种解释路径的缺陷。[⑥] 约斯特·鲍威林认

---

① See Joost Pauwelyn, *Briding Fragmentation and Unity: International Law as A Universe of Inter-Connected Islands*, 25 Michigan Journal of International Law 910 (2003).

② See Joost Pauwelyn, *Briding Fragmentation and Unity: International Law as A Universe of Inter-Connected Islands*, 25 Michigan Journal of International Law 915 (2003).

③ See Joost pauwelyn, *Reply to Joshua Meltzer*, 25 Michigan Journal of International Law 924 – 925 (2004).

④ See Appellate Body Report, United States – Import Prohibition of Certain Shrimp and Shrimp Products, WT/DS58/AB/R, adopted on 6 November 1998, para. 129.

⑤ See Joost pauwelyn, *Reply to Joshua Meltzer*, 25 Michigan Journal of International Law 926 (2004).

⑥ See Joshua Meltzer, *Interpreting the WTO Agreements – A Commentary on Professor Pauwelyn's Approach*, 25(4) Michigan Journal of International Law 922 (2004).

为，对于 WTO 法的理解不能脱离国际法的背景，同时，对于 WTO 法的解释亦需要在 WTO 成员间具有一致性。然而，如果我们坚持这一立场，即 WTO 法律解释的根本目的与宗旨在于维护 WTO 体制本身，那么，我们仍然可以发现，约斯特·鲍威林的中间道路由于其所选择的非参与者视角而对 WTO 多边体制造成了威胁。

参与者视角首先是 WTO 法律体系的内部视角，而约斯特·鲍威林的"共同意图说"的形成所采取的视角是相对于 WTO 法律体系而言的外部视角。约斯特·鲍威林认为，WTO 条约是国际公法（包括非 WTO 条约）的一部分，WTO 条约不能在与外部国际法规则相隔离的情况下进行适用，正如同合同自缔结时就自动成为国内法体系的一部分一样，条约也自诞生起就自动成为国际法的一部分，合同不需要列明所有相关的可供适用的国内立法和行政条款，条约也不需要清楚地规定可供适用的一般国际法规则。因此，非 WTO 条约也适用于这种情形：WTO 条约产生于其他已经存在的条约旁，所有外部国际法都持续存在于 WTO 条约的背景中，除非 WTO 条约明确背离外部国际法或约定自己不受其他法律的约束。[①]

因此，借由 VCLT 第 31(3)(c) 条规定的上下文解释的方法（约斯特·鲍威林认为，WTO 法和外部国际法规则之间的一个重要的桥梁就是"当事方之间关系的可适用的国际法规则"），WTO 涵盖协定不能只在 WTO 的四面高墙之内被解读，而应当依据国际法中的其他非 WTO 规则进行解释。[②] 国际法中的不同分支领域之间是相互交叠重合的，贸易问题的解决不能与环境保护和人权保护的问题相分离，这要求各分支领域在国际法框架内部进行相互协调一致的融合。[③] 因此，用于解释 WTO 条款的规则应当被全体 WTO 成员默示地接受

---

① See Joost Pauwelyn, *How to Win a World Trade Organization Dispute Based on Non – World Trade Organization Law? Questions of Jurisdiction and Merits*, 37 (6) Journal of World Trade 1001 – 1002 (2003).

② See Joost Pauwelyn, *The Application of Non – WTO Rules of International Law in WTO Dispute Settlement*, in Appleton, Arthur E., Michael G. Plummer, eds., The World Trade Organization: legal, economic and political analysis, Springer US, 2005, p. 1411 – 1412.

③ See Joost Pauwelyn, *Briding Fragmentation and Unity: International Law as A Universe of Inter-Connected Islands*, 25 Michigan Journal of International Law 904 (2003).

或容忍，表达了所有成员的共同意图和共同理解。① 也就是说，WTO 的全体成员对 WTO 协定的一致的理解能够通过对非 WTO 条约的适用而建立起来。②

由此可见，约斯特·鲍威林是站在 WTO 法律体系的外部看待 WTO 的合法性问题的（WTO 法的边界），在约斯特·鲍威林看来，WTO 法的边界是模糊的，甚至是虚无的（见图 2）。③ 约斯特·鲍威林通过将 WTO 全体成员的共同意图与外部国际法进行直接关联，搭建起了 WTO 法与外部国际法之间沟通的桥梁，达到以外部国际法解释 WTO 法，使 WTO 法与外部国际法规则相互融合的目的。然而，问题是，WTO 法是一个相对独立的法律体系，这种相对独立性，通过国际社会广泛承认的一种现象并作为问题进行研究的国际法的碎片化可以证明。WTO 法律体系的独立性使对于什么是 WTO 法、WTO 法的范围和边界的观念只能从其内部得以发现并加以阐释，只有从内部观点考察 WTO 法的解释问题——能够援引哪些外部国际法规则以及怎样援引这些外部国际法规则

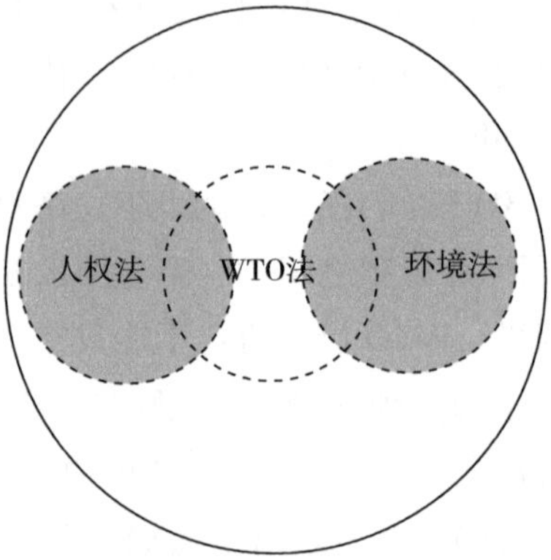

图 2　WTO 法与外部国际法的关系

---

① See Joost Pauwelyn, *The Role of Public International Law in the WTO: How Far Can We Go?*, 95 The American Journal of International Law 575 – 576 (2001).

② See Benn McGrady, *Necessity Exceptions in WTO Law: Retreaded Tyres, Regulatory Purpose and Cumulative Regulatory Measures*, 12(1) Journal of International Economic Law 171 (2008).

③ 就 WTO 法与外部国际法的互动关系问题，约斯特·鲍威林的理论被归为 WTO 法的开放性模式[See Ronnie R. F. Yearwood, *The Interaction Between World Trade Organization (WTO) Law and External International Law: The Constrained Openness of WTO Law (A Prologue to a Theory)*, Routledge, 2012, p.105]。与约斯特·鲍威林模式相同的还有彼德斯曼，他直接将 WTO 法的边界等同于国际人权法的边界，将 WTO 法的贸易价值并入人权价值。

对 WTO 法进行解释,才能确保 WTO 法律规则之间的融贯性。由于国际法的不同分支体系之间在目的、价值、原则和规范上的断层甚至冲突,如果站在 WTO 法律体系之外的国际法的角度去考察 WTO 法的立法目的,并与外部国际法规则相对应,会导致 WTO 体制的实质合法性基础的坍塌和形式合法性边界的崩溃,从而为 WTO 成员的单边主义行为提供施展的空间。

WTO 是一个独立的法律体系,WTO 法应当是什么、其基本原则和法律目的以及法律的权威性基础,需要由其参与者进行连贯的缔造与维系。[①] WTO 法律体系的参与者分享着对 WTO 法的共同理解,赋予该体系以作用和目的,同时也在不断地构筑与外部国际法体系相界分的樊篱,最终表现为不同法律体系所代表的实践理性之间的碰撞与冲突,由此形成国际法的碎片化。每一个国际法的分支体系能够创造它自己的专业术语和运行方式,从而与国际法的一般含义相区分。不同的法律体系将对世界进行不同的构想和解释,在实质上,它们创造了自身对世界的理解,并由此在更广泛的环境中运作以及与环境相互作用。[②] 这意味着,WTO 法与其他专门性国际法律体系类似,拥有自身的不同的规范性框架和对国际法的解释,其基本价值和法律目的只能在其内部依据自身的规范作出诠释。[③] 因此,各个法律体系并不在彼此间直接作用,在一个碎片化的国际法律体系中的不同分支体系之间不可能有直接的相互干预。[④] 对 WTO 法而言,外部国际法律体系作为一种外部的杂音而存在,WTO 法应当对这些杂音有一定的敏感度,但却不应自觉地被其改变。[⑤]

从而,WTO 专家组和上诉机构作为 WTO 的司法性机构应当以参与者的

---

① See Robert M. Cover, *Foreword*: *Nomos and Narrative*, 97(4) Harvard Law Review 4,7 – 8 (1983).

② See Ronnie R. F. Yearwood, *The Interaction Between World Trade Organization* (*WTO*) *Law and External International Law*: *The Constrained Openness of WTO Law* (*A Prologue to a Theory*), Routledge, 2012, p. 92 – 94.

③ See Robert M. Cover, *Foreword*: *Nomos and Narrative*, 97(4) Harvard Law Review 4,7 – 8 (1983).

④ See Gunther Teubner, *Substantive and Reflexive Elements in Modern Law*, 17 *Law and Society Review* 239, 254, 273 (1983).

⑤ See Ronnie R. F. Yearwood, *The Interaction Between World Trade Organization* (*WTO*) *Law and External International Law*: *The Constrained Openness of WTO Law* (*A Prologue to a Theory*), Routledge, 2012, p. 98.

身份从内部视角看待WTO法与外部国际法的互动关系,站在保护WTO成员的权利和义务的立场上对WTO法进行解释。与此相反,约斯特·鲍威林完全是以外部视角认为WTO裁决机构的裁决旨在维护国际法作为一个统一体系的完整性,因而他所构筑的WTO法律体系的范围是宽泛的,边界是开放的。

作为WTO裁决机构,只能站在WTO法内部,以参与者的视角从内向外观察其他法律体系,将外部法纳入WTO法要有一个转化的过程,以适应WTO法的基本规范和价值原则,WTO裁决机构的职能就是维护WTO法律体系本身,为此,它必须明确它的职能的"边界",即明确WTO法律的"边界",WTO法律的"边界"要求WTO裁决机构只能站在WTO法律体系内部去窥视外部法。从而,不能站在超然的位置,将全部国际法视为同一个体系,使得WTO法的边界虚无化,或者将WTO法的边界等同于一般国际法的边界。这种方法的结果会破坏WTO赖以存在和发展的基本价值规范和建立在其上的法律制度界定的成员之间的权利义务关系。原属于不同的体系中的不同的价值之间是不能进行比较的,它们之间不存在可通约性,如果硬要将它们纳入同一体系,就有可能导致WTO成员站在WTO法的角度指责WTO法的合法性。作为一种现象或事实存在的国际法的碎片化的出现就是因为国际法的分支体系之间的功能分化导致法律体系之间在目的上的相互冲突,各体系之间的规范不存在完全相同的配型,环境法/人权法中的环境规范/人权规范和在WTO体系内部理解的环境/人权规范之间存在认识论上的断裂。如果直接将环境法/人权法的规范引入WTO法中来,为WTO法开辟合法性的空间,那么也就等于在WTO法律内部开辟了反对WTO法的空间,成为破坏WTO法律有机体的癌症细胞。[①] 当然,WTO法不是自绝于国际法,它不是在真空中,不是自给自足的体系,但是,问题的关键是如何塑造和建构WTO规范与外部国际法规范相互沟通的方式,[②]而不是像提出"WTO全体成员的共同意图"的概念这般如此简单、

① See Ronnie R. F. Yearwood, *The Interaction Between World Trade Organization (WTO) Law and External International Law: The Constrained Openness of WTO Law (A Prologue to a Theory)*, Routledge, 2012, p. 87 - 89.

② See Sungjoon Cho, WTO's Identity Crisis [reviewing Joost Pauwelyn, Conflict of Norms in Public International Law: How WTO Law Relates to Other Rules of International Law (2003)], Global Law Books, 2006, available at SSRN, https://ssrn - com. illinois. vtrus. net/abstract = 988775S.

武断。

在WTO法律体系内部认识WTO法的合法性与站在一般国际法的内部认识WTO法的合法性是大相径庭的,前者的观念是"和而不同",后者则是人为制造的"同而不和"。约斯特·鲍威林认为在美国—虾案中,由于有关国际环境法反映了"国际共同体关于保护环境的当下关切"(从而亦反映了WTO全体成员的共同意图)而得到上诉机构的援引以解释"可用竭的自然资源",其中包括没有正式法律约束力的国际环境软法,例如《21世纪议程》,并非约束所有争端当事方的公约,例如UNCLOS和CBD以及并未约束全体WTO成员的CITES。约斯特·鲍威林是站在WTO法律体系外部,或者说是站在国际环境法的角度考察各种国际环境法的普遍性,从而与WTO全体成员的共同意图之间建立联系,这意味着外部条约将轻易地成为WTO法律解释的可适用的工具,从而使得用于解释的外部国际法的范围在实质上丧失了限制性边界。而实际上,在解释WTO法时,对外部国际法的适用只能从WTO法的内部根据确定WTO协定条款含义的实际需要确定可以援引的外部国际法的具体内容。① 同时,在涉及与WTO法的目的和价值相互冲突的国际法分支体系用于解释WTO法律条款时,需要从WTO法律体系内部考察贸易与非贸易价值的关联问题,从WTO法的立场出发,协调贸易价值与非贸易价值之间的关系,从而审视相应的外部国际法条款与WTO协定条款的关系,以维护WTO体制的内部共识的一致性,因而不能从国际法整体的角度出发处理WTO法与外部国际法律体系之间的互动关系,无视WTO法律体系与其他国际法分支体系在各自的合法性共识的参与者视角之间的断层。②

更进一步地,约斯特·鲍威林的"共同意图说"因为是相对于WTO法律体系的外部视角,从而也是一种旁观者视角,由此导致法律解释的不确定性。就法律规则的性质而言,其具有实践性和可争议性,这决定了法律解释是一个不断发展的建构性的过程,同时在这一过程中,解释者需要就法律概念之下的不

① See Benn McGrady, *Necessity Exceptions in WTO Law: Retreaded Tyres, Regulatory Purpose and Cumulative Regulatory Measures*, 12(1) Journal of International Economic Law 171 (2008).

② See Sungjoon Cho, WTO's Identity Crisis [reviewing Joost Pauwelyn, Conflict of Norms in Public International Law: How WTO Law Relates to Other Rules of International Law (2003)], Global Law Books, 2006, available at SSRN, https://ssrn-com.illinois.vtrus.net/abstract=988775S.

同观念之间找到“唯一正解”,从而确保法律解释的“整体性”,就 WTO 法而言亦不例外。就 WTO 法律规则的模糊与空白之处,就 WTO 法律解释的与时俱进和融贯一致的两种对立统一的要求而言,只能从 WTO 法律体系的参与者视角对 WTO 法进行解释,更为确切地说,应当从作为司法性机构的 WTO 专家组和上诉机构的观点对 WTO 法进行解释。

约斯特·鲍威林的“共同意图说”也特别强调 WTO 法律解释的一致性和确定性,从而符合 DSU 第3.2 条要求的“安全和可预测性”,①然而,从 WTO 法的参与者角度来看,约斯特·鲍威林希望通过“WTO 全体缔约方的共同意图”这一概念达到 WTO 法律解释的可预测性的目的,从出发点到方法都是值得商榷的。

首先,约斯特·鲍威林的“共同意图说”的目的是 WTO 法的可预测性,而参与者视角的目的在于试图证明哪一种法律解释的要求是最完美的以及提供作出这种判断的理由。虽然二者似乎都是追求法律解释的确定性,但是,约斯特·鲍威林的方法更侧重法律解释所依据的理由,由此为 WTO 成员的行为界限找到依据,在本质上会鼓励成员在 WTO 多边体制中发现单边主义的空间;而参与者视角更注重对 WTO 体制中的各成员相互之间的权利义务关系找到“唯一正解”,维护各成员在 WTO 多边体制之下的进行自由贸易、可持续发展的合法权利。

其次,约斯特·鲍威林的“共同意图说”始终强调 WTO 法律解释的确定性,然而,其理论内部却存在矛盾,无法确保这种确定性的达成。而参与者观点却能达至 WTO 法律解释的“整体性”。约斯特·鲍威林提出的“反映 WTO 全体成员的共同意图”的这一标准并不存在任何确定性,就像蛇皮口袋,可以容纳任何潜在的以结果为导向的评判标准,其后果就是赋予了 WTO 专家组和上诉机构过大的自由裁量权,损害了 WTO 法的安全性与可预测性。如果说约斯特·鲍威林的理论可以用一个公式来表示,那就是 f(x) = y,其中,x = WTO 全体成员的共同意图,y = 可以用于解释 WTO 法的外部国际法。这一公式的

① See Joost Pauwelyn, *How to Win a World Trade Organization Dispute Based on Non – World Trade Organization Law? Questions of Jurisdiction and Merits*, 37(6) Journal of World Trade 1002 – 1003 (2003).

问题在于，x 的取值范围是不确定的，或者更进一步说确定 x 的取值范围的方法是有问题的，"共同意图"本身就是模糊性较强的概念，"WTO 全体成员的共同意图"又存在量化式的概念提法和无法量化的实际操作之间的内在矛盾，①其结果就导致了 y 的数值的不确定性。所以，约斯特 · 鲍威林的观点本身存在目的和结果之间的断层，以法律解释的确定性为出发点，但最终还是陷入了相对主义的泥潭。

总之，WTO 裁决机构对 WTO 法的解释只有采取参与者视角才能达至法律解释的"整体性"，其关键在于参与者视角持有的真正的指导其实践的机构目的。作为司法性机构要取得中立性和超然地位，就必须以维护该体制为机构的目的和职责所在，为了达到维护体制的目的，就必须要保证法律解释的融贯性与发展性的协调统一，同时，以该机构目的为指导，WTO 专家组和上诉机构的法律解释自然能够得出其始终一贯的"唯一正解"，经由法律解释达至 WTO 法律体系的实质合法性与形式合法性的协调和统一。从而，我们不能忽略的是，在美国—虾案的上诉机构报告中，对于"可用竭的自然资源"概念的含义的确定，上诉机构首先依据 WTO 法的文本和有关实践考察了 WTO 法的宗旨与目的，以此为指导树立了对上述概念的演进性的解释方法，进而用这种解释方法形成的"透镜"对外部国际法进行观察，再将观察的结果和"条约解释的有效性原则"进行比对检验。② 只是，在这一过程中，WTO 法律解释的参与者视角对 WTO 法的外部环境之间的改造方式，以及 WTO 法的外部环境对 WTO 法律解释的参与者视角的影响限度，需要我们进一步地深入探究。

四、结论

在国际法碎片化的背景下，如何援引外部国际法对 WTO 法进行解释一直以来都是颇具争议的问题，VCLT 第 31(3)(c)条看似在 WTO 法与外部国际法之间架设了沟通的桥梁，却也暗藏危及 WTO 多边体制有效性的隐秘陷阱。

---

① See Chios Carmody, *WTO Obligations as Collective*, 17(2) The European Journal of International Law 429 – 430 (2006).

② See Appellate Body Report, United States – Import Prohibition of Certain Shrimp and Shrimp Products, WT/DS58/AB/R, adopted on 6 November 1998, paras. 129 – 131.

表面上看,如何援引外部国际法解释 WTO 法是一个关乎 VCLT 第 31(3)(c)条的确切含义的法律技术问题,但实质上暗含着潜在的政策导向和利益偏好。在面对贸易价值和社会价值之间的高下论争以及地方主义与国际主义之间的明争暗斗时,我们应当回顾推动"二战"的经济巴尔干化的历史,就会意识到,WTO 多边贸易体制本身就是一种具有普遍性的全球价值。① 然而,当人们希望以 WTO 体制的有效性作为基础,通过对其法律解释与适用的技术手段达至与其他国际法分支领域之间的协调一致,使国际法的碎片化演变为国际法体系内部的一致性时,却忽略了一些潜在的风险:掩盖于追求国际法体系的一致性的理想之下的某些行为,实则为主权国家和利益集团的单边主义行动和贸易保护主义开辟了空间,最终得到的是 WTO 多边体制的四分五裂以及国际法体系内部的同而不和。因此,当追求国际法体系的一致性的道路上存在单边主义和贸易保护的陷阱时,我们不如退而求其次,承认并接受国际法碎片化的事实,以国际法不同领域法律体系之间的相互独立的方式寻求至少在各分支领域中得以存在并发展的国际多边合作秩序的长治久安,毕竟也许只有在和而不同的基础上才能构筑国际法律秩序的框架。当然,WTO 法律体系的独立性不等于与外部国际法之间的相互隔离,WTO 多边体制的发展离不开对外在的国际法环境的回应,从而避免自身的僵化,增强法律的实质合法性。从而,WTO 法对外部国际法的回应,要求专家组和上诉机构在对 WTO 法进行解释时,应当运用参与者视角,以维护 WTO 多边体制的有效性为基本立场,只有这样才能在 WTO 法律解释的一致性和发展性之间找到一条超越绝对主义和相对主义的道路。

---

① See Sungjoon Cho, WTO's Identity Crisis [reviewing Joost Pauwelyn, Conflict of Norms in Public International Law: How WTO Law Relates to Other Rules of International Law (2003)], Global Law Books, 2006, available at SSRN, https://ssrn-com.illinois.vtrus.net/abstract=988775S.

第二节　WTO 法律解释“系统整合路径”的批判及其出路探析——以“维护多边贸易合作”为基本立场[①]

WTO 法的主要政策目标是促进贸易自由化，而阻碍贸易自由化的因素表现为两个方面，一个是关税壁垒，另一个是非关税壁垒。早在 WTO 的前身 GATT 时期，通过六个主要回合的多边贸易谈判，关税已经不再是妨碍贸易自由化的主要问题了，非关税壁垒则成了贸易自由化的主要障碍。[②] 为此，WTO 的主要任务之一就是使贸易自由化议题从主要关注关税问题到非关税壁垒问题的转变，其中包括竞争政策、投资、环境、劳工、税收与税收政策、人权以及其他议题等。在这一过程中，WTO 法律体系的范围和影响迅速扩张，将越来越多的国内法律和政府行为领域纳入了 WTO 的规制之下，其产生的社会影响也越发深刻。然而，国内法中的贸易限制措施并非都是基于贸易保护主义目的的非关税壁垒，也有旨在追求合法性的公共政策目标的国内措施，因其具有潜在的贸易损伤作用，是否应当认为这些措施构成了 WTO 多边贸易体制中的贸易壁垒就成了一个问题。[③] 该问题实质上关系到 WTO 法与其他领域（如人权、环境等）国际法之间的关系，进而引发了贸易价值与非贸易价值的冲突以及 WTO 法的合法性问题。为此，联合国国际法委员会（以下简称国际法委员会）于 2006 年作了一份题为《国际法的碎片化：由国际法的分化与扩张所引发的难题》的报告（以下简称国际法委员会报告），其中提出了应对此问题的 WTO 法律解释的“系统整合路径”（Systemic Integration），认为 WTO 法律义务

---

① 本节内容已发表：范笑迎：《WTO 法律解释“系统整合路径”的批判与重构——以“维护多边贸易合作”为基本立场》，载《西南政法大学学报》2019 年第 4 期。

② 参见［美］约翰·H. 杰克逊：《国家主权与 WTO：变化中的国际法基础》，赵龙跃、左海聪、盛建明译，社会科学文献出版社 2009 年版，第 116－117 页。

③ See Laurence Boisson de Chazournes, *WTO and Non－Trade Issues*：*Inside/Outside WTO*, 19 Journal of International Economic Law 380 (2016).

应当与其他领域国际法义务协调一致,[①]倡导国际法的普遍共同的善,以此克服 WTO 奉行的国际机制的管理主义的制度偏见。[②]

然而,在 WTO 法律解释中适用"系统整合路径"对 WTO 法所产生的作用和影响有待考察。在当前的国际贸易合作的背景下,全球经济发展因受到金融危机的影响,复苏缓慢,全球收入差距和贫富分化日益加剧,经济全球化出现逆流,贸易保护和单边主义的"黑天鹅"事件频现,以 WTO 为代表的全球经济多边合作机制遭遇危机。进而,在 WTO 法中,贸易保护措施的形式已经从传统的反倾销、反补贴和保障措施升级为非贸易价值的问题,例如人权、劳工标准、环境保护等,由于这些价值往往被认为高于贸易价值,成员可以借增进非贸易价值之名行贸易保护之实。对此,我们需要认真考察"系统整合路径"作为 WTO 法律解释方法究竟能否在维护 WTO 体制的前提下增进贸易价值和其他价值之间的平衡性,还是会对 WTO 多边合作体制产生反噬的作用,为 WTO 成员的贸易保护主义和单边行动提供了施展的空间。

一、WTO 法律解释适用"系统整合路径"的基本观点

WTO 法向与贸易有关的其他社会生活领域的扩张,引发了贸易价值和非贸易价值之间的冲突。对此,国际法委员会认为该问题产生的根本原因在于国际法各个领域的功能性分化,或者称之为国际法的碎片化,即功能上有限的条约体系,每一种都具有自己独特的原则、专门知识和技术,彼此之间难以协调,甚至相互冲突,引发了国际法融贯性的问题。[③] 国际法委员会认为 VCLT 第 31(3)(c) 条提供了解决国际法碎片化问题的基本法律路径,[④]能够协调

---

① See Report of the International Law Commission on the Work of Its Fifty - eighty Session, *Fragmentation of International Law: Difficulties Arising from the Diversification and Expansion of International Law*, Finalized by Martti Koskenniemi, A/CN. 4/L. 682, para. 251(d), Apr. 13, 2006.

② See Martti Koskenniemi, *International Law: Constitutionalism, Managerialism and The Ethos of Legal Education*, 1 European Journal of Legal Studies 16 - 20 (2007).

③ See Report of the International Law Commission on the Work of Its Fifty - eighty Session, *Fragmentation of International Law: Difficulties Arising from the Diversification and Expansion of International Law*, Finalized by Martti Koskenniemi, A/CN. 4/L. 682, para. 247, Apr. 13, 2006.

④ See Report of the International Law Commission on the Work of Its Fifty - eighty Session, *Fragmentation of International Law: Difficulties Arising from the Diversification and Expansion of International Law*, Finalized by Martti Koskenniemi, A/CN. 4/L. 682, para. 251(d), Apr. 13, 2006.

WTO 法律义务和其他具体领域的国际法律义务的关系，使贸易价值与非贸易价值之间达至平衡。根据这一条款，国际法委员会报告提出了条约解释的“系统整合路径”，[①]下文将对该路径的主要内容结合其在 WTO 法律解释中的应用进行介绍。[②]

条约解释的“系统整合路径”认为，VCLT 第 31(3)(c)条要求条约解释者考虑“适用于当事国间关系之任何有关国际法规则”，这表明了一种条约解释的基本原则，即国际法律体系中的“系统整合”原则。该原则赋予司法裁决者一把“万能之钥”，使其得以“进入国际法的所有房间”。条约通常根据其文本用语和上下文进行解释和适用，但是在特殊情况下，法官的目光可以注视到该条约的四面高墙之外，在其所处的国际法的一般框架中寻求明确的合法性理由。[③] 依据 VCLT 第 31(3)(c)条的规定，条约的解释可以依据的国际法规则涵盖所有的国际法渊源，包括习惯法、一般法律原则和其他可适用的国际法条约。[④] 因此，“系统整合路径”对各专门领域的国际法之间的融贯性具有深远的促进作用，避免专门领域的国际法规范之间的冲突，通过法律解释的方法达至

---

① 实际上，该方法的理论来源主要是 Campbell McLachlan 教授阐述的关于 VCLT 第 31(3)(c)条的“系统整合原则”。See Campbell McLachlan, *The Principle of Systemic Integration and Article* 31(3)(*c*) *of the Vienna Convention*, 54 International and Comparative Law Quarterly 279 – 320 (2005). Campbell McLachlan 是惠灵顿维多利亚大学的教授。该篇文章是从 McLachlan 与 William Mansfield (国际法委员会成员)合作的关于国际法碎片化的国际法委员会报告的研究中发展而来，该报告在 2004 年 7 月第 56 届国际法委员会会议上提交。

② 笔者对“系统整合路径”在 WTO 法律解释中的含义和适用的阐述，主要基于联合国国际法委员会的报告中阐述的系统整合路径和 McLachlan 的系统整合原则，以及 Benn McGrady 和 Jeffrey Lagomarsino 等人对 McLachlan 的系统整合原则在 WTO 法中的发展。See Benn McGrady, *Fragmentation of International Law or “Systemic Integration” of Treaty Regimes*: *EC – Biotech Products and the Proper Interpretation of Article* 31(3)(*c*) *of the Vienna Convention on the Law of Treaties*, 42(4) Journal of World Trade 589 – 618 (2008). Jeffrey Lagomarsino, *WTO Dispute Settlement and Sustainable Development*: *Legitimacy Through Holistic Treaty Interpretation*, 28 Pace Enironmental Law Review 545 – 567 (2010).

③ See Campbell McLachlan, *The Principle of Systemic Integration and Article* 31(3)(*c*) *of the Vienna Convention*, 54 International and Comparative Law Quarterly 280 – 281 (2005).

④ See Campbell McLachlan, *The Principle of Systemic Integration and Article* 31(3)(*c*) *of the Vienna Convention*, 54 International and Comparative Law Quarterly 290 (2005).

国际法律规则间的协调统一。[①] 对于 WTO 裁决机构而言,该路径使适用 WTO 以外的国际法对 WTO 协定进行解释成为一种必然要求。这种要求赋予了 WTO 协定序言规定的除自由贸易之外的其他广泛的政策目标以实际意义,能够增进 WTO 法的合法性,缓和其所面对的国际法律体系中的规范性冲突,也使成员获得了增进国内非贸易价值的管理自主权。[②]

然而,WTO 裁决机构依据 VCLT 第 31(3)(c)条对 WTO 法进行解释时,面临的一个关键问题就是,可以用来解释 WTO 协定的其他国际条约的具体范围是什么? 这取决于 VCLT 第 31(3)(c)条规定的条约解释者考虑"适用于当事国间关系之任何有关国际法规则"中的"当事国"的具体含义。而"当事国"的含义是该条款中最具争议性和不确定性的问题。[③] 对此,"系统整合路径"认为,如果要求 WTO 的全体成员同时是用来解释 WTO 法的条约的当事方,[④]这将是一个明确但狭窄的标准。这一狭义解释会加剧国际法的碎片化,破坏国际法实体义务的协调一致,使 WTO 法与其他国际法相隔离。[⑤] 而与此同时,如果允许裁决机构援引仅由 WTO 争端当事方参加的条约来解释 WTO 法,将极大地扩展 WTO 法律解释可以适用的条约范围,但是这种方法的风险是 WTO 裁决机构可能在个案中基于争端主体的不同而对 WTO 协定的同一条款作出不一致的解释。进而,还有一种选择是尽管一项条约的当事方不是 WTO 的全体成员,但该条约中的某项规则可以被视为国际法的习惯规则,因而能够用来解释 WTO 法。例如,在美国—虾案中,尽管美国没有签署 VNCLOS,但美国依

---

① See Campbell McLachlan, *The Principle of Systemic Integration and Article* 31(3)(*c*) *of the Vienna Convention*, 54 International and Comparative Law Quarterly 318 (2005).

② See Jeffrey Lagomarsino, *WTO Dispute Settlement and Sustainable Development: Legitimacy Through Holistic Treaty Interpretation*, 28 Pace Enironmental Law Review 546, 555, 560 (2010).

③ See Benn McGrady, *Fragmentation of International Law or "Systemic Integration" of Treaty Regimes: EC – Biotech Products and the Proper Interpretation of Article* 31(3)(*c*) *of the Vienna Convention on the Law of Treaties*, 42(4) Journal of World Trade 591 (2008).

④ 例如 GATT 专家小组在金枪鱼案中采取的解释方法。See Panel Report, United States – Restrictions on Imports of Tuna, WT/DS29/R, adopted on 16 June 1994, para. 5. 19.

⑤ See Benn McGrady, *Fragmentation of International Law or "Systemic Integration" of Treaty Regimes: EC – Biotech Products and the Proper Interpretation of Article* 31(3)(*c*) *of the Vienna Convention on the Law of Treaties*, 42(4) Journal of World Trade 598 (2008).

然承认该公约中的有关条款反映了习惯国际法的内容。[①] 然而，这种观点可能排除对那些虽然被国际共同体广泛承认但还没有达到国际习惯法层次的条约的援引；同时，这一观点也会排除对某一专门领域主题事项的国际法内容作出最重要阐释的条约的适用。[②] 除此之外，再有一种选择就是一种折中路径，即约斯特·鲍威林提出的可援引用来解释 WTO 法的条约应当是被合理地视为表达了 WTO 全体成员的共同意图的条约，[③]因此不需要所有 WTO 成员都必须受到该条约的约束，而只需要确定 WTO 所有成员都明示或暗示地容忍该条约即可。[④] 最终，国际法委员会报告认为，可用于解释 WTO 法的外部国际条约的范围包括：首先，逐渐成为或表达了习惯国际法的国际条约规则；其次，为成员提供了关于 WTO 宗旨和目的，或 WTO 某项特定条款的含义的共同理解的证据的条约。同时，国际法委员会报告认为，在 WTO 法之后生效的国际法规则也可以用于解释 WTO 法中具有开放性或发展性的概念，具体包含如下情况：(1)此概念隐含着今后的技术、经济或法律发展；(2)此概念为当事方设立了一项进一步深入发展的义务；(3)此概念具有一般性质或者是以必须考虑变化的具体情势的一般术语来表述的。[⑤]

除此之外，如果 WTO 协定中的某些规则的性质属于争端当事方之间的双边性义务而非对世性义务，那么，裁决机构可以依据争端当事方之间缔结的其他双边条约对 WTO 的该项规则进行解释，[⑥]当然也可以适用争端当事方都参

---

① See Appellate Body Report, United States – Import Prohibition of Certain Shrimp and Shrimp Products, WT/DS58/AB/R, adopted on 6 November 1998, para. 51.

② See Campbell McLachlan, *The Principle of Systemic Integration and Article* 31(3)(*c*) *of the Vienna Convention*, 54 International and Comparative Law Quarterly 314 (2005).

③ See Campbell McLachlan 援引了约斯特·鲍威林关于"WTO 全体成员共同意图说"的理论。See Joost Pauwelyn, *Briding Fragmentation and Unity: International Law as A Universe of Inter – Connected Islands*, 25 Michigan Journal of International Law 910 (2003).

④ See Joost Pauwellyn, *The Role of Public International Law in the WTO: How Far Can We Go?*, 95American Journal of International Law 575 – 576 (2001).

⑤ See Report of the International Law Commission on the Work of Its Fifty – eighty Session, *Fragmentation of International Law: Difficulties Arising from the Diversification and Expansion of International Law*, Finalized by Martti Koskenniemi, A/CN. 4/L. 682, para. 251(d), Apr. 13, 2006.

⑥ Campbell McLachlan 援引了约斯特·鲍威林关于"WTO 义务互惠性"的观点。See Joost Pauwelyn, *A Typology of Multilateral Treaty Obligations: Are WTO Obligations Bilateral or Collective in Nature?*, 14(5) European Journal of International Law 930 – 931 (2003).

加的其他多边条约。[①] 因为,当 WTO 协定的规则是双边性规则时,彼此间修改此协议规则不会影响第三方利益,依据争端当事方之间的其他国际法义务解释 WTO 规则可以保证两方之间的国际法义务在整体上的融贯性。而当 WTO 协定的某项规则为全体成员设定了具有整体性的义务时,就要求对该项规则的解释援引受到条约全体成员“同意”或反映了全体成员“共同意图”的其他国际法条约。[②]

总之,“系统整合路径”不鼓励 WTO 裁决机构对 WTO 法进行机械的、文本主义的解释,因为这种做法会限制和阻碍成员在贸易关联议题上寻求最具合法性的解决方法、协调其所承担的各种国际法义务的一致性的努力,加重 WTO 所奉行的新自由主义政策导向的负面影响,是裁决机构司法职权过度延伸的表现。因此,该路径要求 WTO 裁决机构在解释 WTO 法时与其他领域的国际法规则相互协调一致,以此对裁决机构一向奉行的“司法克制主义”和所谓的“消极美德”进行重新定义,使这一概念能够更好地描述和适应上诉机构所作的增进 WTO 法的合法性的努力。[③]

二、“系统整合路径”的批判:以维护 WTO 多边合作为基本立场

“系统整合路径”的基本立场是维护国际法的统一性,国际法委员会报告指出,“国际法是一个法律体系”。[④] 所以,“系统整合路径”是站在国际法整体的视角,通过灵活解释 VCLT 第 31(3)(c)条,扩大 WTO 法律解释渊源范围,将一般国际法和具体领域的国际法例如人权法、环境法、海洋法等引入 WTO 法中来,试图以形式主义的解释方法应对国际法的碎片化、增进 WTO 制度的

---

① See Benn McGrady, *Fragmentation of International Law or "Systemic Integration" of Treaty Regimes: EC – Biotech Products and the Proper Interpretation of Article* 31(3)(*c*) *of the Vienna Convention on the Law of Treaties*, 42(4) Journal of World Trade 601, 615 (2008).

② See Benn McGrady, *Fragmentation of International Law or "Systemic Integration" of Treaty Regimes: EC – Biotech Products and the Proper Interpretation of Article* 31(3)(*c*) *of the Vienna Convention on the Law of Treaties*, 42(4) Journal of World Trade 602, 603 – 605, 607 (2008).

③ See Jeffrey Lagomarsino, *WTO Dispute Settlement and Sustainable Development: Legitimacy Through Holistic Treaty Interpretation*, 28 Pace Enironmental Law Review 557 (2010).

④ Report of the International Law Commission on the Work of Its Fifty – eighty Session, *Fragmentation of International Law: Difficulties Arising from the Diversification and Expansion of International Law*, Finalized by Martti Koskenniemi, A/CN. 4/L.682, para. 251(d), Apr. 13, 2006.

合法性,矫正其所奉行的机制管理主义的制度偏见。[①] 由此可见,系统整合路径的方法是服务于其特定立场和特定视角的,如果我们在该路径得以产生的价值场域中对其进行评价,那么这种评价只能是程度上的,不关涉性质上的是与非。然而,如果换一种视角和立场,在另一个价值场域中去看该场域中的立场和手段,就会涉及好与坏、是与非的问题。所以,在最根本上,本研究对"系统整合路径"的批判不是方法之争,而是立场之争。

不同于"系统整合路径"的立场和价值,WTO 裁决机构作为 WTO 法的解释者,以维护 WTO 多边体制的有效性为基本立场是不言而喻的。WTO 是一个成熟的多边贸易体系,在其中,成员和个体经济参与者都因其多边体制所固有的稳定性和可预测性而获益。[②] 尽管 WTO 协定序言中表述了诸多目标,但精髓仍然在于维护自 GATT 时期就确立的目标:维护和增进国际贸易的多边合作关系。[③] WTO 作为当今世界最具普遍性的全球性贸易组织,有超过 160 个国家和地区的成员,涵盖了 98% 的世界贸易总量,如果该体制始终保持发展的活力性和持久性,那么相比于其他区域性贸易组织而言更能增进世界各国的经济福祉、实现各国之间的共赢共享。[④] 尤其是发展中国家在 WTO 中通过享有最惠国待遇,不再需要作出广泛的政治让步,也能够获得对他国经济市场准入的效果。[⑤] 从而,WTO 作为"一个完整的、更有活力的和持久的多边贸易体系"[⑥]属于全球公共物品,旨在消除"二战"前国际贸易的恶性竞争的无序状

---

① See Tomer Broude, *Keep Calm and Carry on: Martti Koskenniemi and the Fragmentation of International Law*, 27(2) Temple Int'l & Comp. L. J. 292 (2013).

② See Panel Report, United States - Sections 301 - 310 of the Trade Act of 1974, WT/DS152/R, adopted on 27 January 2000, para. 7.76.

③ See Dukgeun Ahn, *Environmental Disputes in The GATT/WTO: Before and After*, 20 Michigan Journal of International Law 860 (1999).

④ 参见[美]罗伯特·吉尔平:《全球政治经济学——解读国际经济秩序》,杨宇光等译,上海人民出版社 2006 年版,第 324 页。

⑤ 参见[美]约翰·H. 巴顿等:《贸易体制的演进——GATT 与 WTO 体制中的政治学、法学和经济学》,廖诗评译,北京大学出版社 2013 年版,第 229 页。

⑥ Marrakech Agreement Establishing the World Trade Organization, available at https://www.wto.org/english/docs_e/legal_e/04 - wto_e.htm.

态,故其构建的全球范围的合作机制本身就是一种价值与美德,是其合法性来源。[①] 对此,习近平主席指出,"要维护世界贸易组织规则,支持开放、透明、包容、非歧视性的多边贸易体制,构建开放型世界经济"[②]。这说明,维护 WTO 多边体制的有效性,是应对当前全球经济治理的困境、构建全球经济合作的人类命运共同体的重要基础,理应成为 WTO 裁决机构解释 WTO 法的必然价值选择。[③]

同时,WTO 裁决机构作为 WTO 法的解释者,是以参与者的内在视角对 WTO 法律规则进行解释的。基于其内部视角,WTO 裁决机构对 WTO 法律规则的解释既不是描述性的,也不是道德上中立性的,而是诠释性的、评价性的和证立性的,实质上是"要为其主张的合理性和为什么提出来进行辩护"。[④] 这种内在的参与者视角决定了:就 WTO 法与其他国际法的关系而言,裁决机构只能站在 WTO 法内部,以参与者的视角从内向外观察其他法律体系,在解释 WTO 法时,只能从 WTO 法的内部根据确定 WTO 协定条款含义的实际需要确定可以援引的外部国际法的具体内容。[⑤] 裁决机构需要从维护 WTO 多边体制有效性的立场出发,从 WTO 法律体系内部审视相应的外部国际法条款与 WTO 协定条款的关系。因而裁决机构不能从国际法整体的角度出发处理 WTO 法与其他国际法律体系之间的互动关系,无视 WTO 法律体系与其他国际法分支体系在各自的合法性共识之间的断层。[⑥]

从而,在参与者视角下的"维护 WTO 多边体制有效性"的基本立场上审视"系统整合路径",就会发现该方法所采取的视角是相对于 WTO 法律体系的外

---

① See Sungjoon Cho, *WTO's Identity Crisis: Reviewing Joost Pauwelyn, Conflict of Norms in Public International Law: How WTO Law Relates to Other Rules of International Law*, 5(2) World Trade Review 301 (2006).

② 习近平主席 2017 年 1 月 18 日在联合国日内瓦总部的演讲《共同构建人类命运共同体》。

③ 参见黄进:《习近平全球治理与国际法治思想研究》,载《中国法学》2017 年第 5 期。

④ 参见[美]R. 德沃金:《法律帝国》,李常青译,中国大百科全书出版社 1996 年版,第 12 – 14 页。

⑤ See Benn McGrady, *Necessity Exceptions in WTO Law: Retreaded Tyres, Regulatory Purpose and Cumulative Regulatory Measures*, 12(1) Journal of International Economic Law 171 (2008).

⑥ See Sungjoon Cho, *WTO's Identity Crisis: Reviewing Joost Pauwelyn, Conflict of Norms in Public International Law: How WTO Law Relates to Other Rules of International Law*, 5(2) World Trade Review 304 (2006).

部视角,站在国际法整体的立场上对 WTO 法进行解释。这种视角导致"系统整合路径"所构筑的 WTO 法律体系的范围是宽泛的,边界是开放的,可能使那些与 WTO 法的基本原则、理念存在断层的国际法规则进入 WTO 体系中。该路径看似为 WTO 法开辟了合法性的空间,实则在 WTO 法内部打开了反对它的缺口,具有潜在的单边主义和贸易保护主义危险,成为破坏 WTO 法律有机体的癌症细胞。[①] 对此,笔者将在对欧共体—生物技术产品案的分析中说明这一观点。

"系统整合路径"认为,在欧共体—生物技术产品案中,关于欧共体基于预防原则对转基因生物产品实施管制措施是否符合《SPS 协定》的问题,专家组的解释排除了绝大多数外部国际条约用于解释 WTO 协定的可能性。[②] 该案的专家组遵循了 GATT 时期美国—金枪鱼案专家组的观点,即只能援引那些约束 WTO 所有成员的国际条约对 WTO 法进行解释,而不能援引那些只约束部分 WTO 成员的条约。[③] 对此,"系统整合路径"认为,对这个案件而言更具合法性的解释方法应当是依据约斯特·鲍威林的"共同意图说"的观点,引入《卡塔赫纳生物安全议定书》的预防原则对《SPS 协定》第 5.7 条的内容进行解释。[④] 除此之外,依据"系统整合路径"的有关观点,如果欧共体—生物技术产品案的争端当事方同时也是《卡塔赫纳生物安全议定书》的当事方,那么专家组和上诉机构就应当援引《卡塔赫纳生物安全议定书》的有关规定对该案件的争端当事方之间的权利义务关系进行解释。[⑤] 然而,笔者认为,在欧共体—生

---

① See Ronnie R. F. Yearwood, *The Interaction Between World Trade Organization (WTO) Law and External International Law: The Constrained Openness of WTO Law (A Prologue to a Theory)*, Routledge, 2012, p. 87 – 89.

② See Report of the International Law Commission on the Work of Its Fifty – eighty Session, *Fragmentation of International Law: Difficulties Arising from the Diversification and Expansion of International Law*, Finalized by Martti Koskenniemi, A/CN. 4/L. 682, para. 450, Apr. 13, 2006.

③ See Panel Report, European Communities – Measures Affecting the Approval and Marketing of Biotech Products, WT/DS291, 292, 293/R, adopted on 21 November 2006, paras. 10 – 11.

④ See Jeffrey Lagomarsino, *WTO Dispute Settlement and Sustainable Development: Legitimacy Through Holistic Treaty Interpretation*, 28 Pace Enironmental Law Review 564 – 565 (2010).

⑤ See Terence P. Stewart & David S. Johanson, *A Nexus of Trade and the Environment: The Relationship Between the Cartagena Protocol on Biosafety and the SPS Agreement of the World Trade Organization*, 14(1) Colo. J. Int'l Envtl. L. & Pol'y 37 (2003).

物技术产品案中,如果运用"系统整合路径"对《SPS 协定》第 5.7 条进行解释,那么就会在以下几个方面对 WTO 多边合作体制造成威胁:

第一,国际合作的基础在于共识的稳固,WTO 多边体制的有效性依赖于全体当事方之间的共识的牢固性,而如果将《卡塔赫纳生物安全议定书》中具有政治妥协意味、表述模糊、含义不清的规则引入 WTO 法中来,就会破坏 WTO 多边体制的内部共识。

系统整合路径的"共同意图说"认为,依据 VCLT 第 31(3)(c)条适用的其他国际法规则必须反映全体 WTO 成员的共同意图。但是该规则没有必要是约束全体 WTO 成员的,它只需要反映他们的共同意图就够了。① 显然,"共同意图说"并没有将"国家同意"作为外部国际法反映 WTO 全体成员共同意图的标准,并不要求外部国际法为 WTO 全体成员都参与的国际条约或者作为一项国际习惯法加以证明。但是,"共同意图说"亦没有给出判断外部国际法是否反映 WTO 全体成员共同意图的其他确切标准,从而易于陷入另一种形式主义的泥潭。基于"共同意图说","系统整合路径"认为,由于已经有 68 个 WTO 成员批准了《卡塔赫纳生物安全议定书》,另外有 33 个成员签字,并且《卡塔赫纳生物安全议定书》的序言表明其与 WTO 法相互兼容,因此专家组应当援引《卡塔赫纳生物安全议定书》的有关规则对《SPS 协定》进行解释。② 然而,这种做法忽视了国际法的不同分支体系之间的"和而不同"的事实,人为制造国际法体系内部的"同而不和",不仅无法追求国际社会在国际法整体上的一致共识,反而可能导致国际社会至少在国际法各分支领域所能够达成的普遍共识的分崩离析。③

因为,《卡塔赫纳生物安全议定书》在序言中虽然规定了它与 WTO 协定的关系,但是其表述存在矛盾和模糊性,显然是政治妥协的产物。《卡塔赫纳生物安全议定书》序言规定:"贸易与环境协定应当是相互支持以促进可持续发

---

① See Joost Pauwelyn, *Reply to Joshua Meltzer*, 25 Michigan Journal of International Law 924 - 925 (2004).

② See Jeffrey Lagomarsino, *WTO Dispute Settlement and Sustainable Development: Legitimacy Through Holistic Treaty Interpretation*, 28 Pace Enironmental Law Review 564 - 565 (2010).

③ 参见范笑迎:《WTO 法解释援引外部国际法的理论与实践批判》,载《安徽大学学报(哲学社会科学版)》2018 年第 2 期。

展为目标,《卡塔赫纳生物安全议定书》不能被解释为对当事方在其他现有国际协定下的权利和义务的改变,这一表述也不意味着《卡塔赫纳生物安全议定书》服从于其他国际协定。”[①]对此,欧盟官员认为上述序言中的表述之间存在相互抵消的作用,“相互支持”的含义不清楚,不能够说明《卡塔赫纳生物安全议定书》的规则与 WTO 协定规则是相互一致的。而美国更是认为该条款的第二句话表明其是一个保留条款,意味着《卡塔赫纳生物安全议定书》不改变并完全保留当事方在 WTO 规则下的权利和义务。[②] 同时,欧共体—荷尔蒙案的上诉机构认为:国际共同体对预防原则的接受是不明确的,国际共同体对该原则的普遍接受至少在国际环境法之外仍有待权威性的证明。[③] 预防原则没有明确统一的定义,在不同的条约和国内立法中具有不同的含义,[④]该原则的具体内涵代表了一个社会可以接受的合理风险水平的某种政治决策。[⑤] 因此,专家组认为,预防原则在国际社会中没有一个统一的、一致的含义,不能作为国际法中的一般原则或习惯法规范。[⑥] 专家组最终认定《卡塔赫纳生物安全议定书》中的预防原则不能够推翻《SPS 协定》的第 5.1 条和第 5.2 条关于风险评估的要求。如果援引《卡塔赫纳生物安全议定书》来解释 WTO 协定规则,将会破坏 WTO 成员关于 WTO 法的普遍共识。

第二,《卡塔赫纳生物安全议定书》的预防原则与《SPS 协定》的风险评估和预防原则含义不同,贸易视角的环境保护与环境视角的环境保护之间存在价值认知的断层。WTO 法的规则均体现了多边一体化的贸易体制的内在要

---

① *Cartagena Protocol on Biosafety to the Convention on Biological Diversity: text and annexes*, Secretariat of the Convention on Biological Diversity, 2000, p. 2.

② See Terence P. Stewart & David S. Johanson, *A Nexus of Trade and the Environment: The Relationship Between the Cartagena Protocol on Biosafety and the SPS Agreement of the World Trade Organization*, 14(1) Colorado Journal of International Environmental Law and Policy 23 (2003).

③ See Appellate Body Report, EC – Measures Concerning Meat and Meat Products (Hormones), WT/DS26/AB/R, WT/DS48/AB/R, adopted on 16 January 1998, para. 123.

④ See David Freestone and Ellen Hey, *Origins and Development of the Precautionary Principle*, in David Freestone and Ellen Hey, The Precautionary Principle and International Law: The Challenge of Implementation, Kluwer Law International, 1996, p. 31.

⑤ See Ilona Cheyne, *The Precautionary Principle in EC and WTO Law: Searching for a Common Understanding*, 8(4) Environmental Law Review 258 (2006).

⑥ See Panel Report, European Communities – Measures Affecting the Approval and Marketing of Biotech Products, WT/DS291, 292, 293/R, adopted on 21 November 2006, para. 4.541.

求，禁止对国际贸易的歧视或变相限制，当面对外部国际法时，依然要根据这一标尺对外部国际法进行度量。[①] 毕竟，引入外部国际法对 WTO 法进行解释应当是基于 WTO 法本身的需要，而不是以其他国际法规则替代 WTO 法规则。即便是为了增进 WTO 法的合法性，依然要从维护 WTO 多边体制的有效性的基本立场出发，讨论“贸易与环境/人权”的问题，而非“环境/人权与贸易”的问题。[②]

《卡塔赫纳生物安全议定书》第 10.6 条规定，由于对一种转基因活性生物体是否存在潜在的危害性未能掌握充分的科学信息与知识，因而缺乏科学定论时，也不应当妨碍缔约方对这种转基因活性生物体的进口作出恰当的决定。因此，如果进口成员寻求一种与国际标准相比更高水平的保护，那么进口成员可以利用预防原则作为更高的标准而采取一种缺乏确定科学证据证明的贸易限制措施。[③] 而《SPS 协定》强调科学证据的确定性、客观性和透明度。《SPS 协定》允许成员采取必要的措施保护人类和动植物的生命健康，然而，该协定同样要求措施要建立在切实的科学证据的基础上，必须基于科学的风险评估，并且不会对国际贸易构成变相的壁垒。《SPS 协定》鼓励成员将 SPS 措施与国际标准进行协调，这些国际标准是与《SPS 协定》的要求相互一致的标准。对此，《SPS 协定》特别列出了三项国际标准制定组织：食品法典委员会（CAC）、世界动物卫生组织（WOAH）[④]以及国际植物保护公约（IPPC）。虽然《SPS 协定》允许成员确定自身的保护水平，但以《卡塔赫纳生物安全议定书》规定的预防原则的方式实施的更高标准的保护水平具有完全的贸易限制性。前上诉机构成员 Mitsuo Matsushita 强调预防原则没有完全被 WTO 法所承认，《SPS 协

---

① See Ronnie R. F. Yearwood, *The Interaction Between World Trade Organization (WTO) Law and External International Law: The Constrained Openness of WTO Law (A Prologue to a Theory)*, Routledge, 2012, p. 154.

② See Sungjoon Cho, *WTO's Identity Crisis: Reviewing Joost Pauwelyn, Conflict of Norms in Public International Law: How WTO Law Relates to Other Rules of International Law*, 5(2) World Trade Review 307 (2006).

③ See Ronnie R. F. Yearwood, *The Interaction Between World Trade Organization (WTO) Law and External International Law: The Constrained Openness of WTO Law (A Prologue to a Theory)*, Routledge, 2012, p. 146.

④ 该组织的另一个简称是 OIE，源于其法语名称：Office international des épizooties，也称“国际兽疫局”。

定》只是以一种有限的方式采纳了预防原则。《SPS 协定》第 5.7 条规定允许成员在进口产品的风险缺乏科学证据时根据预防原则采取进口措施,但是《SPS 协定》第 5.7 条规定的预防原则是在一定期限内临时适用的,成员仍然有义务在合理的期限内寻找证明该产品存在潜在风险的科学证据,并据此审查已经采取的措施。因此,如果《卡塔赫纳生物安全议定书》在事实上推翻了 WTO 协定的规则,那么专家组和上诉机构就不能适用《卡塔赫纳生物安全议定书》。[①] 这充分表明基于国际贸易法和国际环境法的基本价值的不同,《SPS 协定》第 5.7 条规定的预防原则与《卡塔赫纳生物安全议定书》中的预防原则在立法目的和具体内涵上是相冲突的。[②] 如果在 WTO 法中适用《卡塔赫纳生物安全议定书》中的预防原则会构成贸易的变相限制,就会损害 WTO 成员之间权利与义务的平衡。

同时,由于"系统整合路径"的外部视角,该路径所主张的"外部国际法反映 WTO 全体成员的共同意图"作为决定该外部国际法成为 WTO 法律渊源的标准,是站在 WTO 法律体系的外部对 WTO 法应当是什么所作的价值判断,和 WTO 裁决机构基于参与者视角对 WTO 法应当是什么所作的价值判断基于各自立场的不同而不同。"系统整合路径"基于外部视角,在面对 WTO 合法性问题时难以避免地陷入对于所谓"普世价值"的盲从,使成员得以借助体现人权、环境等"普世价值"的外部国际法的适用为贸易保护主义和单边行动开路。

第三,"系统整合路径"认为,如果在一个 WTO 案件中的争端当事方同时也是《卡塔赫纳生物安全议定书》的当事方,并且,《卡塔赫纳生物安全议定书》的有关规定与 WTO 协定内容相互兼容,则裁决机构可以援引《卡塔赫纳生物安全议定书》对 WTO 协定进行解释。[③] 对此,作为欧共体—生物技术产品案的争端当事方之一的美国(美国不是《卡塔赫纳生物安全议定书》的缔约方)认

---

① See *WTO Appellate Body Roundtable*, 99 Am. Soc'y Int'l. L. Proc. 184 (2005).

② See Terence P. Stewart & David S. Johanson, *A Nexus of Trade and the Environment: The Relationship Between the Cartagena Protocol on Biosafety and the SPS Agreement of the World Trade Organization*, 14(1) Colorado Journal of International Environmental Law and Policy 30 (2003).

③ See Terence P. Stewart & David S. Johanson, *A Nexus of Trade and the Environment: The Relationship Between the Cartagena Protocol on Biosafety and the SPS Agreement of the World Trade Organization*, 14(1) Colorado Journal of International Environmental Law and Policy 37 (2003).

为,即使案件的争端当事方都是《卡塔赫纳生物安全议定书》的缔约方,专家组也不应当依据《卡塔赫纳生物安全议定书》对 WTO 协定进行解释。因为《卡塔赫纳生物安全议定书》不能改变 WTO 成员的权利与义务的内容。[①] 同时,"系统整合路径"的这一观点会改变 WTO 协定下的各成员之间原有的权利与义务的平衡,甚至架空 WTO。[②] 同样地,在欧共体—香蕉案中,上诉机构同意该案专家组的下述观点:由于全球经济相互依赖程度的日益深化,各成员在 WTO 以外达成的条约对 WTO 协定所构筑的多边权利义务平衡的偏离,现在比以往任何时候都更可能直接或间接地影响其他成员的利益。[③]如果任凭成员对 WTO 协定进行违背 WTO 规则、限制自由贸易的彼此间修改,这些修改日积月累,将不断蚕食多边贸易体制的谈判成果。如此一来,非 WTO 的国际法规则势必危及 WTO 精心构筑的贸易义务的多边平衡,使 WTO 多边贸易法律体系的整体性荡然无存。[④] 并且,如果两国之间的多边条约也可以适用于二者在 WTO 争端中的权利与义务关系,那么该多边条约与 WTO 协定的成员之间重合的当事方在争端中都可以适用多边条约的规则免除 WTO 协定的义务,就会造成架空 WTO 多边体制的后果。

三、"显著性原则"在 WTO 法律解释中的适用:对"系统整合路径"的重构

"系统整合路径"所代表的法律形式主义致力于国际法整体框架的内部规则之间的一致性,也即国际法规则之间相互印证的形式合法性。[⑤] 然而,对 WTO 裁决机构而言,这种形式合法性只能是达至其机构目的的一种手段,是

① SeePanel Report, European Communities – Measures Affecting the Approval and Marketing of Biotech Products, WT/DS291, 292, 293/R, adopted on 21 November 2006, para. 4. 544.

② See Appellate Body Report, European Communities and Certain Member States – Measures Affecting Trade in Large Civil Aircraft, WT/DS316/AB/R, adopted on 18 May 2011, para. 845.

③ See Appellate Body Report, European Communities – Regime for the Importation, Sale and Distribution of Bananas, WT/DS27/AB/R, adopted on 9 September 1997, para. 136.

④ 参见许楚敬:《非 WTO 法在 WTO 争端解决中的运用》,社会科学文献出版社 2012 年版,第 134 页。

⑤ See Tomer Broude, *Keep Calm and Carry on*: *Martti Koskenniemi and the Fragmentation of International Law*, 27(2) Temple International and Comparative Law Journal 290 (2013).

说明其法律解释的合理性的一种论据，而不能成为其目的本身，否则规则的适用就会满足于对形式合理性的遵从，规避对实质合理性的注重，[①]有可能在实行贸易自由化的 WTO 多边体制中引入贸易保护主义的恶性肿瘤，导致该体系遭受从内部瓦解的潜在威胁。

在美国—虾案中，上诉机构在对 GATT1994 第 20 条(g)项中的“可用竭的自然资源”这一概念进行解释以及判断海龟是否属于可用竭的自然资源时，上诉机构没有参考 VCLT 第 31(3)(c)条，也没有适用“系统整合路径”所指向的外部国际法，更没有表明它具有考虑外部条约的义务。[②] 对此，有观点认为，争端裁决机构在条约解释中于何时援引外部条约的问题与 VCLT 第 31(3)(c)条何时约束裁决机构援引外部条约的问题是相互分离的。[③] 即使在运用 VCLT 第 31 条和第 32 条规则的过程中，WTO 专家组和上诉机构的解释也会带有多边贸易体制的许多特色和独特性，并非简单地像套用公式那样套用第 31 条和第 32 条就能解决一切问题。[④] 如果拘泥于 VCLT，则必然忽视 WTO 多边贸易体制的特点。[⑤] 实际上，决定专家组和上诉机构是否援引以及如何援引外部国际法的标准是：对某项外部国际法的援引是否能够起到维护 WTO 多边体制的作用。VCLT 中的条约解释方法虽然具有国际习惯法的性质，却不具有强制性效力，不属于国际强行法的范畴，而只是 WTO 裁决机构进行法律解释的备用工具箱，于需要时随时打开以选取合适的工具。这正说明了在不同的案件中，专家组和上诉机构报告基于 VCLT 第 31(3)(c)条对 WTO 法进行解释时会出现不同的解释方法和结果的原因。因为真正决定裁决机构是否打开工具箱以及在工具箱中选取哪一种工具的根本指导原则，是暗含于裁决机构

---

① 参见[美]P. 诺内特、[美]P. 塞尔兹尼克：《转变中的法律与社会：迈向回应型法》，张志铭译，中国政法大学出版社 2004 年版，第 71－72 页。

② See Panel Report, European Communities – Measures Affecting the Approval and Marketing of Biotech Products, WT/DS291, 292, 293/R, adopted on 21 November 2006, para. 7.94 and footnote 271.

③ See Benn McGrady, *Fragmentation of International Law or "Systemic Integration" of Treaty Regimes: EC – Biotech Products and the Proper Interpretation of Article* 31(3)(*c*) *of the Vienna Convention on the Law of Treaties*, 42(4) Journal of World Trade 593 (2008).

④ 参见王毅：《WTO 争端解决中的法律解释》，载《法学研究》2009 年第 5 期。

⑤ 参见姜作利：《评 WTO 争端解决程序中法律解释的适用法——发展中国家的视角》，载《当代法学》2014 年第 4 期。

法律解释背后的真正的价值标准和机构目的——维护 WTO 多边体制的有效性。这一机构目的也保证了 WTO 裁决机构维持这样一种平衡:某些成员保护其他非贸易价值的权利和其他成员在 WTO 下的各种实质性权利之间的微妙的平衡。即使这种平衡线的划定不是既有的和一成不变的,这条线随着贸易限制措施的种类和形式的不同而移动,在各个具体案件之间不尽相同,也能够确保各成员在 WTO 协定中的权利与义务的平衡关系不会被扭曲、损害或取消。①

WTO 裁决机构作为 WTO 法的内在参与者,在对 WTO 规则中的模糊和空白之处决疑时,必然会面对各种利益、原则、价值和方法之间的争论,在这些争论中如何进行选择取决于该机构始终一贯的目的和道德准则——维护 WTO 多边体制有效性这一自明真理。这不仅是因为 WTO 体制的存在和有效是裁决机构得以存在和有效的基本前提,更是因为推动"二战"的经济巴尔干化的历史警示我们:WTO 多边贸易合作本身就是一种具有普遍性的全球价值。② 这一目的的设定对关于 WTO 法律含义究竟是什么的争论确立了合法性依据,使这种争论的结果具有意义。③ 这一目的使裁决机构既不会拘泥于 WTO 协定规则的文字本身和立法者原意,使 WTO 与其他国际法相隔离而陷入僵化,也不会使法律解释过于灵活而威胁到 WTO 体制的基本价值和原则,以及成员之间的权利与义务的平衡。

同时,"维护 WTO 多边体制的有效性"并非哈特式的"承认规则",不是一种基于社会学观察而来的客观标准,故我们不可能为其下一个准确无误的定义,或完整地概括出其特点和表现。④ "维护 WTO 多边体制的有效性"这一概念不是一种标准性概念,而是一种解释性概念:我们共享这一概念不是基于对

---

① See Appellate Body Report, United States – Import Prohibition of Certain Shrimp and Shrimp Products, WT/DS58/AB/R, adopted on 6 November 1998, paras. 159 – 160.

② See Sungjoon Cho, *WTO's Identity Crisis*: *Reviewing Joost Pauwelyn*, *Conflict of Norms in Public International Law*: *How WTO Law Relates to Other Rules of International Law*, 5(2) World Trade Review 301 (2006).

③ 参见[美]P. 诺内特、[美]P. 塞尔兹尼克:《转变中的法律与社会:迈向回应型法》,张志铭译,中国政法大学出版社 2004 年版,第 85 – 86 页。

④ See Ronald Dworkin, *A New Philosophy for International Law*, 41(1) Philosophy & Public Affairs 11 (2013).

其适用标准的同意,而是基于对考虑某种规则适用与否所带来的后果的同意。对解释性概念的合理分析应当是规范性的:一种关于在不同情形下"应当是什么"而非"是什么"的价值判断。[①] 所以,WTO 裁决机构,尤其是上诉机构成员以"维护 WTO 多边体制的有效性"为基本立场对 WTO 法进行解释的过程,实质上是对 WTO 法进行建构性的诠释过程。WTO 法的边界的形成是在逐个案例的解释中不断勾勒而成的,那些涉及贸易价值与非贸易价值相冲突的案件是 WTO 法律边界的灰色地带,这种关乎 WTO 法实质合法性问题的案件的法律解释对于建构 WTO 形式合法性边界至关重要,就是德沃金口中的"疑难案件"以及哈特所谓的"语义学之刺"。所以,我们应当关注 WTO 法的合法性问题解释的疑难案件,发现 WTO 多边体制的边界。正如上诉机构在美国—虾案中指出对 GATT1994 第 20 条的解释和适用应当建立在逐个案件的具体分析的基础上。[②] 对 WTO 合法性边界的确定应当是这样一种过程:在每一个个案中考察引入哪些外部国际法规则会破坏 WTO 多边体制的有效性,而哪些会增进这种有效性,从而在每一个案件中都为 WTO 法律边界勾勒一笔。

笔者通过对 WTO 的"疑难案件",如欧共体—生物技术产品案和美国—虾案的分析,发现了在 WTO 裁决机构实践中潜在的有助于廓清 WTO 多边体制的合法性边界的一项原则——"显著性原则"(salience principle),作为对"系统整合路径"的重构。笔者已经在第三章中对"显著性原则"的定义和在 WTO 法律解释中的适用作了阐述。

德沃金认为,显著性原则不仅提供了具有说服力的国际法的道德基础,而且该原则还具有为国际法的渊源提供令人信服的合法理由,从而为国际法的解释提供指引。据此,国际习惯法和国际条约之所以能够作为国际法的渊源,不是因为国家对其表示"同意"(因为有时国际习惯法和国际条约也适用于国家没有对其表示同意的情况下),而是因为这些渊源已经具有了显著性,这些符合显著性标准的渊源应当得到适用以增进这样一种目的,即缓和以国家主

---

① See Ronald Dworkin, *A New Philosophy for International Law*, 41(1) Philosophy & Public Affairs 11 (2013).

② See Appellate Body Report, United States – Import Prohibition of Certain Shrimp and Shrimp Products, WT/DS58/AB/R, adopted on 6 November 1998, paras. 19, 56.

权为核心的威斯特伐利亚体系的缺陷和潜在危险。[①] 虽然德沃金是在国际法的一般框架下提出显著性原则,但是,其本质目的与我们在 WTO 法框架下找寻规则合法性依据的目的是一致的,都是要在"国家同意"的客观标准和诸如"法律确信"[②]"共同意图"的主观标准之间寻找一种折中路径,克服这两种标准的缺陷和潜在的危害性;同时,这种折中路径都是通过裁决机构的参与者视角,以及基于其基本立场(增进整体的国际秩序的有效性或维护 WTO 多边体制的有效性)对国际法/WTO 法的诠释来达成的。

因此,WTO 裁决机构要维护多边贸易合作体制,反对贸易保护主义和单边行动,限制国内政治集团的利益寻租。那么它所引入的外部国际法必须是符合显著性原则的,即对该项规则的引入不能危害 WTO 多边合作体制,其最根本的道德基础是增进国际贸易的多边合作。一项国际法规范是否达到显著性原则的门槛标准,关键是看引入该规范是否会使 WTO 多边合作所基于的共识有分裂的风险。据此,显著性原则实际上在 WTO 法律解释中发挥着类似于"过滤网"的作用,对引入 WTO 法律体系的外部国际法规则发挥着反向排除的功能。

例如在欧共体—生物技术产品案中,欧共体主张援引的《卡塔赫纳生物安全议定书》虽然得到了较多国家的批准和加入,但是该公约并不能够代表国际社会整体上在转基因领域的基本共识。同时,欧共体主张适用的《卡塔赫纳生物安全议定书》中的预防原则与 WTO 的《SPS 协定》中的预防原则的含义和要求不同,二者在就转基因产品的风险防范上存在理念上的冲突,难以兼容。如果援引《卡塔赫纳生物安全议定书》的预防原则对《SPS 协定》第 5.7 条进行解释,就会破坏 WTO 成员关于保护人类、动植物健康的价值和促进自由贸易的价值之间的平衡性的共识,不仅不能够增进 WTO 法的合法性,而且会破坏

---

① See Adam S. Chilton, *A Reply to Dworkin's New Theory of International Law*, 80 The University of Chicago Law Review Dialogue 110 (2013).

② "法律确信"是一项规则被称为国际习惯法的判断标准之一,但是这一标准因其模糊性一直为人们所诟病,这种模糊性因缺乏明确的判断标准,使得国际习惯法的形成可能由少数的国家创造出来,因为这些国家的影响力和权力比其他国家更大些,它们的活动也因此被认为具有更大的意义。这使得国际习惯无法脱离国际政治或权力。参见[英]马尔科姆・N. 肖:《国际法》(上),白桂梅等译,北京大学出版社 2011 年版,第 63 页。

WTO 多边合作体制。因此,《卡塔赫纳生物安全议定书》不符合显著性原则,不能在 WTO 法律解释中加以适用。而相反地,在美国—虾案中,上诉机构对 GATT 第 20 条(g)项中的"可用竭的自然资源"这一概念和对海龟是否属于"可用竭的自然资源"的解释上虽然援引了诸多国际环境法,但仍然体现了对显著性原则的适用。

在美国—虾案中,上诉机构认为,GATT 第 20 条(g)项中的"可用竭的自然资源"这一术语是在 50 多年前起草使用的,因此条约解释者必须根据国际共同体对环境保护的当代关切来解释这一术语,专家组和上诉机构对 WTO 法律规则的解释要与国际共同体的普遍共识相对接。进而,对于这种共识的发现,上诉机构考察了在国际环境法领域最重要的、得到世界主要国家参与和承认的现代国际公约和宣言,这些法律文件在提及自然资源时,同时指涉有生命和无生命的两种资源含义。例如,《国际海洋法公约》在第 61 条和第 62 条中提到了成员在专属经济区中对"有生命的资源"享有的特别的权利和义务。《21 世纪议程》也广泛地提到了"自然资源"以及其所包含的"海洋生命资源"。另外,《保护野生动物迁徙物种的公约》在有关发展中国家援助措施中提道:"发展的一个重要因素在于对有生命的自然资源的保护和管理,迁徙物种构成了这些资源的重要部分。"同时,WTO 成员在 WTO 协定序言中明确承认可持续发展的立法目的,说明关于"自然资源"包括"有生命的自然资源"的共识与 WTO 法对于自然资源保护的共识是协调一致的。① 所以,上诉机构认为,有鉴于各种双边条约和多边条约都涉及对有生命的自然资源的保护,并且与 WTO 协定的宗旨相一致,这足以表明国际共同体就"自然资源"的含义达成了共识。既然如此,再将 GATT1994 第 20 条(g)项中的"自然资源"解读为仅仅涉及可用竭的矿产或其他无生命的自然资源就显得不合时宜。

进而,上诉机构面对的下一个解释问题是有生命的自然资源是否属于 GATT1994 第 20 条(g)项中的"可用竭"的性质。就美国—虾案而言,有生命的自然资源涉及五个品种的海龟。对此,上诉机构考察了 CITES,该公约附录 1

---

① See Appellate Body Report, United States – Import Prohibition of Certain Shrimp and Shrimp Products, WT/DS58/AB/R, adopted on 6 November 1998, paras. 129 – 131.

将七个品种的海龟列为被贸易影响而遭受灭绝威胁的物种。[①] 同时,CITES 在 GATT 存续的 40 多年间以及在 WTO 建立后始终与 GATT/WTO 体系保持着和谐共存的关系,在 WTO 争端解决机制的 20 多年历史中,尚未发生过一起争端涉及 WTO 规则挑战 CITES 中与贸易有关的措施。[②] 可见,上诉机构对 CITES 的援引亦符合显著性原则的要求。

综上所述,本研究通过对系统整合路径的批判来描绘 WTO 多边体制的对立面,以划界确认法勾勒 WTO 多边体制的内涵边界,显著性原则正是这种解构即建构方法下的初步显形。该原则体现在 WTO 裁决机构的解释实践中,服务于维护 WTO 多边体制有效性的目的,既增进了 WTO 法反映国际社会共识的发展性,又保持了对贸易保护主义和单边行动的警惕性,使 WTO 法与外部国际法在"和而不同"的基础上相互联系。

四、结论

WTO 法关于"建立一个完整的、更有活力的和持久的多边贸易体系"的宗旨实际上意味着 WTO 法与外部国际法之间存在不可回避的关联性。如果 WTO 法自我封闭,与其他国际法中的非贸易价值相互隔离,那么它所维护的国际贸易多边体制就将受到来自体系外部的合法性批评而不可持续。对此,WTO 上诉机构呼吁避免对 WTO 涵盖协定的解释与国际法进行"临床隔离"。[③] 但同时,WTO 法上述宗旨更表明了其与外部国际法的沟通应当服务于 WTO 多边体制本身的长治久安,这不仅是因为 WTO 裁决机构作为 WTO 法的解释者所应当采取的基本立场和参与者视角,更是因为"二战"后经由联合国体制所证明的国际多边合作的合法性。国际法的根本目的是促进国际合作以应对各国的单边行动所带来的无序和冲突乃至于对个人的伤害。尽管在 WTO 法中,贸易价值与非贸易价值之间存在冲突,导致不同的利益集团之间

---

① See Appellate Body Report, United States – Import Prohibition of Certain Shrimp and Shrimp Products, WT/DS58/AB/R, adopted on 6 November 1998, paras. 132.

② See WTO – CITES Co – Publication Marks 20 Years of Cooperation on Sustainable Development, https://www.wto.org/english/news_e/news15_e/publ_22jun15_e.htm.

③ See Appellate Body Report, United States – Standards for Reformulated and Conventional Gasoline, WT/DS2/AB/R, adopted on 20 May 1996, p. 17.

的争论,但是,这种争论和冲突都是在 WTO 多边贸易体制框架内进行的,是以 WTO 多边合作为前提和基础的。因此,WTO 所建立的国际贸易的多边合作本身应当作为 WTO 法合法性的根本来源。

所以,WTO 法律解释的根本目的和基本立场应当是促进国际贸易的多边合作,明确这一目的有助于增进各成员的政治合法性,也为其遵守 WTO 法赋予了道德义务。同时,WTO 成员以及 WTO 争端解决机制是 WTO 法的参与者,这种角色定位决定了它们必须以内部视角认识、遵守和解释 WTO 法,这种参与者视角决定了它们的根本目的必须是亦应当是“维护 WTO 多边体制的有效性”。这一目的使在 WTO 法中引入非贸易价值的最低限度是不破坏 WTO 多边合作体制,最高限度是促进现有的多边合作的发展。

由此,我们会发现,VCLT 第 31(3)(c)条下的“系统整合路径”的潜在危险,即该路径在 WTO 法律体系外部对国际法规则之间的协调性的考察,易于为主权国家所利用,作为采取贸易保护主义和单边行动的借口,在 WTO 合法性边界上打开缺口,引入冲击 WTO 多边合作共识的泥石流。由此,我们通过对系统整合路径的潜在危险的辨明,描绘了 WTO 多边体制的对立面,从而以一系列的否定完成所欲求的肯定,通过确认外延来包围内涵的方式逐步完成对何为“维护 WTO 多边体制有效性”概念的勾勒。进而,我们在这种初步描画中发现了“显著性原则”,WTO 裁决机构的法律解释实践体现了对该原则的遵从,使解释者能够在 WTO 法律规则的发展性与确定性之间达致一种平衡,统一于维护 WTO 多边体制的根本目的之下,以此作为对系统整合路径的超越。

第五章 上诉机构不合理的司法造法及其程序的民主合法性

上诉机构的司法造法通常被认为包含两个方面:规则澄清与空白填补。规则澄清方面,笔者经过前面章节的论述得出结论:上诉机构对 WTO 涵盖协定的澄清不能被一概认为是司法造法的越权行为,因为规则解释与规则澄清在实践中是难以区分的两个概念;DSU 第 3.2 条也赋予了上诉机构以澄清规则的权限;如果上诉机构将所有模糊性规则都作最宽泛的解释,允许成员在最大限度内行使国内管理自主权,则会助长贸易保护和单边行动,使某些成员的国内法律规则逐渐演变为 WTO 允许的单方面权利,从而损害到其他成员原本在 WTO 中享有的权利和利益,不符合 WTO 多边主义基本价值、最终破坏 WTO 多边贸易体制的有效性。因此,对于上诉机构规则解释的合法性判断,不能以其对模糊性规则进行澄清就认为其进行了司法造法,这一过于武断的形式标准是不合理的。笔者提出,上诉机构规则解释应当以其内容来判断,从其援引的解释渊源、适用的解释方法和审查标准以及最终的解释结论来看是否符合以维护 WTO 多边体制的有效性为其机构目的和基本立场的、体现 WTO 多边主义基本原则要求的显著性原则来加以判断,其解释是否属于越权行为。上诉机构在解释过程中可以阐释法理、援引外部国际法规则以及进行价值权衡,只要符合显著性原则的要求,就具有合法性,从而在 WTO 成员驱动模式与规则导向模式间达成协调与融合。在空白填补方面,上诉机构一般而言无权从事此项活动,当然对于《上诉审查工作程序》的规则,上诉机构具有一定的填补空白的权限,对此,什么情况下属于司法造法就需要进行讨论,但标准依然是体现 WTO 多边主义的显著性原则。进而,如果人们对上诉机构司法造法持有原初的宽泛的定义,即开头提到的规则澄清与空白填补,那么这一问题的关键不是厘清规则解释、规则澄清、空白填补概念之间的区别，而是区分合理的司法造法与不合理的司法造法，前者有助于增进WTO法律体系的完整性与发展，不一定要鼓励，但可以允许，后者则应当受到限制和禁止。同时，人们之所以会担心并指责上诉机构司法造法，根本原因在于它和专家组是WTO中唯二的非成员驱动的机构，它们的裁决报告通过DSB的反向协商一致的决策方式获得了自动通过的效力，WTO缺少对这两个机构的问责机制，裁决过程缺少透明度，这些都引发了各国公众对其侵犯主权权利和个人权利的担忧，因为他们认为专家组和上诉机构缺少民主机制的制约，不对各国国内的公众负责，不代表各国的民主利益。因此，当专家组和上诉机构的裁决不符合某个国内的团体的利益时，该团体就会认为这些裁决机构的行为超出了自身通过本国政府作出的民主授权、从事了司法造法。对此，有不少学者提出了专家组和上诉机构的民主合法性不足的问题。然而，需要指出的是，我们不应从过于狭隘的视角认识民主，如果仅从国内的地区或特定团体的利益出发定义民主利益、指责上诉机构，不仅会破坏作为全球公共物品的多边贸易合作机制，也将不利于国内的个人和团体的利益，因为“所有经济都具有国际性”①，只有从相互依存、互利共赢的高度出发才能够解决当今世界面对的经济问题；当然，我们不能否认“所有政治都具有狭隘性”②，这就要求上诉机构需要在贸易的多边主义和非贸易价值的地方主义之间寻求一种平衡，使WTO规则在一定程度上回应地方特殊价值与利益的合理诉求，笔者在本书的前面章节中对这种平衡的实现路径提出了一些建议，这些是从输出的方面来保障民主的实现，除此之外，本章提出专家组和上诉机构的程序本身也需要增加透明度、为社会公众提供直接或间接参与的机会，在输入方面扩展民主参与的途径。

---

① ［美］约翰·H.杰克逊：《国家主权与WTO：变化中的国际法基础》，赵龙跃、左海聪、盛建明译，社会科学文献出版社2009年版，第313页。

② ［美］约翰·H.杰克逊：《国家主权与WTO：变化中的国际法基础》，赵龙跃、左海聪、盛建明译，社会科学文献出版社2009年版，第313页。

第一节 上诉机构的不合理的司法造法分析

随着 3D 打印、人工智能和加密货币等新技术的出现和发展,国际贸易正在迅速发生变化,WTO 的贸易规则如果不及时跟进更新,该机制就会面临过时的风险。对 WTO 规则进行更新和完善的职权属于 WTO 的立法机构,即部长级会议和总理事会,但成员在这些机构中的谈判始终未有实质进展,收获寥寥,导致 WTO 规则在面对新的贸易方式和国际社会新的诉求时出现了空白与漏洞。对此,专家组和上诉机构有可能通过规则解释来弥补多边谈判缺乏进展、填补贸易规则空白的问题。裁决机构对规则的解释往往等于对其进行澄清,澄清法律条文中模糊之处的行为有时可能导致填补空白,而填补空白或灰色地带可被批评者视为立法行为,毕竟法律总是可以用不止一种方式来解释,在实践中很难在这四种行为之间进行精确界分。因此,司法解释行为与立法行为之间并不总是能划清界限,因为它们在实践中经常重叠和汇合。① WTO 成员可以依据《WTO 协定》第 9 条第 2 款(该条款规定部长级会议和总理事会对 WTO 协议具有权威解释的权利)通过对有关规则作出立法解释的方式推翻裁决机构的规则解释,遗憾的是,实践中部长级会议和总理事会从未达成权威性解释。然而,WTO 成员虽然不能达成权威解释取代裁决机构的规则解释,却可以充分表达对于某项解释的不同意见。当大部分成员对于裁决机构的某项解释均持有异议时,这种反对就具有了"显著性",表示成员取得了反对的普遍共识,因此该项解释就成了不合理的司法造法。笔者在本节中考察了上诉机构填补 WTO 规则的典型实践,选取了实体规则填补方面的例子——引入技术中立原则和程序规则填补的例子——接受法庭之友陈述,上诉机构对这两个问题的规则解释都遭到了 WTO 多数成员的反对,构成了不合理的司法造法,如果上诉机构继续坚持这些解释,将有违 WTO 多边主义原则,损害多边贸易体制的合法性。

---

① See Amrita Bahri,"*Appellate Body Held Hostage*": *Is Judicial Activism at Fair Trial*?,Working Papers, Institute of European Law, March, 2019,p. 14.

一、实体方面:引入技术中立原则

技术中立原则在数字贸易规则中并不存在统一、明确的定义。一般而言,法律中的技术中立原则的含义是:政府对相同的交易不以其技术手段的不同而适用不同的贸易纪律,规则不应在追求监管目标时偏袒或歧视特定技术,[①]规则不应阻碍未来技术的使用或发展。[②] 技术中立原则的规范目的包括:首先,在数字化时代,承认同一种活动的线上方式与线下方式的功能等同;其次,不得歧视具有同等效果与功能的技术,禁止阻碍技术的发展;[③]最后,使既有法律规则适用于不断发展的新技术,确保规则的稳定性与持久性,无须过于频繁地修订和不断进行新的立法。[④] 技术中立原则有助于促进竞争、提升公共政策的透明度和工业创新与发展的灵活性,为数字化时代的各国经济和全球贸易发展提供了关键的规则保障。在国际贸易规则中,技术中立原则涉及的领域相当广泛,经常以各种方式嵌入电子签名、电子商务和知识产权等不同领域的规则中,涉及所有数字贸易的市场开放。[⑤]

在联合国的电子商务规则体系中,技术中立原则与非歧视原则和功能等同原则一并被广泛视为现代电子商务法的基础要素之一。[⑥] 非歧视原则是技

---

① See C. Pauletto, *Comment: Digital Trade: Technology versus Legislation*, in M. Panizzon, N. Pohl, and P. Sauvé, eds., GATS and the Regulation of International Trade in Services, Cambridge University Press, 2008, p. 531.

② See White House Office of United States, *A framework for global electronic commerce*, White House, 1997, p. 11.

③ See Chris Reed, *Taking sides on technology neutrality*, 4(3) *SCRIPT-ed.* 268 (2007).

④ See WTO, *World Trade Report* 2018 - *The Future of World Trade: How Digital Technologies Are Transforming Global Commerce*. Geneva: WTO Publications, 2018, p. 199, n. 42.

⑤ See Gabriele Gagliani, *Cybersecurity, Technological Neutrality, and International Trade Law*, 23(3) Journal of International Economic Law 731-732 (2020).

⑥ 《贸易法委员会电子商务示范法》《贸易法委员会电子签名示范法》《联合国国际合同使用电子通信公约》都规定了作为电子商务立法的三大基本原则:非歧视、技术中立和功能等同。See UNCITRAL Model Law on Electronic Commerce, 12 June 1996, available at https://uncitral.un.org/en/texts/ecommerce/modellaw/electronic_commerce; UNCITRAL Model Law on Electronic Signatures, 5 July 2001, available at https://uncitral.un.org/en/texts/ecommerce/modellaw/electronic_signatures; United Nations Convention on the Use of Electronic Communications in International Contracts, 23 November 2005, available at https://uncitral.un.org/en/texts/ecommerce/conventions/electronic_communications.

术中立原则得以确立的前提条件,如果认定法律既不应该帮助也不应该阻碍某一特定类型的技术,那么法律就应当只针对技术的功能和应用效果而非技术本身加以管制。[①] 因此,如果一项涉及技术的法律或政策确立了非歧视原则的一般命题,那么技术中立原则就是该项法律或政策的应有之义。技术中立原则所要求的法律规则的构建方式是实现非歧视原则这一总体目标的具体路径。功能等同原则要求对功能相似或等效的活动应该以同等的方式加以规范。功能等同为技术中立原则的执行确定了标准。例如在《贸易法委员会电子商务示范法》中,功能等同原则规定了将电子通信视为等同于纸面通信所依据的各项标准。特别是,其中规定了电子通信为满足传统的纸面系统中的某些概念(如"书面"、"原件"、"经签名的"和"记录")所要实现的目的和功能而需要满足的具体要求。在此基础上,法律不应歧视任何能够以电子形式执行满足纸面系统功能的电子通信技术,必须采用不偏重使用任何技术的条款。[②]

技术中立原则最早是作为信息和通信技术领域的指导原则发展而来的,电信市场的自由化,首先在美国,然后在欧洲,导致了对技术中立原则的新监管制度的呼吁,技术中立原则在该领域逐渐成为一个普遍的概念。[③]《贸易法委员会电子商务示范法》是第一个采用技术中立原则的法律文本。[④] 随后美国政府于 1997 年 7 月发布的《全球电子商务框架》主张规则应是符合技术中立原则的。[⑤] 第二年,这一术语首次被用于欧盟立法提案中,欧盟经济与社会委员会"关于在视听和信息服务中保护未成年人和人的尊严的理事会建议提案"中规定监管应该是技术中立原则的。此后,大多数欧盟技术立法中规定了技术中立原则。[⑥] 与此同时,技术中立原则也得到了其他一些国家立法和国际贸

---

① See Marcelo Thompson, *The Neutralization of Harmony: The Problem of Technological Neutrality, East and West*, 18 BUJ Sci. & Tech. L. 307(2012).

② See Uncitral Model Law on Electronic Commerce, 12 June 1996, available at https://uncitral.un.org/en/texts/ecommerce/modellaw/electronic_commerce.

③ See Chris Reed, *Taking Sides on Technology Neutrality*, 4(3) SCRIPT - ed. 264 (2007).

④ See Uncitral Model Law on Electronic Commerce, 12 June 1996, available at https://uncitral.un.org/en/texts/ecommerce/modellaw/electronic_commerce.

⑤ See White House Office of United States, *A Framework for Global Electronic Commerce*, White House, 1997, p. 11.

⑥ See Chris Reed, *Taking Sides on Technology Neutrality*, 4(3) SCRIPT - ed. 264 (2007).

易协定的承认，成为数字化时代法律与政策制定的重要原则。[①] 截至 2022 年 9 月，在已生效并已通知 WTO 的 353 项区域贸易协定中，包含电子商务章节或条款的有 114 项，其中，明确规定"技术中立原则"的有四项，分别为日本—瑞士自由贸易协定（第 71.2 条）、日本—蒙古自由贸易协定（第 9.1.3 条）、日本—澳大利亚自由贸易协定（第 13.1.3 条）以及欧盟—日本自由贸易协定（第 8.70.3 条）。

WTO 虽然没有直接规定技术中立原则，但是其中一些规则本质上体现了技术中立原则的要求。首先，在货物贸易领域，《TBT 协定》和 TFA 的某些规则都对成员施加了技术中立原则的义务。《TBT 协定》第 2.8 条关于技术法规的规定，要求成员在适当情况下应根据产品性能要求而不是设计或描述性特征来制定技术法规。美国—香烟案的专家组认为，第 2.8 条的目的和宗旨是要求在适当情况下，以"功能性"条款规定产品要求，以避免对贸易造成不必要的障碍，不应扼杀创新和技术发展。[②] 同时，对《TBT 协定》第 2.8 条关于技术中立原则的规定可以结合第 2.1 条的一般性规定加以理解。上诉机构认为第 2.1 条规定了国民待遇和最惠国待遇义务，[③]禁止通过技术法规对不同国家进口的同类产品之间的歧视，以及在国内同类产品与进口同类产品之间的歧视。[④] 由此可见，《TBT 协定》通过具体条款承认了技术中立原则，作为成员制定技术法规的基本原则，明确要求不得歧视具有同等功能的技术、不得仅仅基于产品的技术不同而对同类产品给予不同的待遇。TFA 的诸多条款也体现了技术中立原则的要求。例如第 7.2 条规定每一成员应当允许选择以电子方式支付海关对进口和出口收取的关税和其他税费。第 10.2 条规定每一成员应尽量接受进口、出口或过境手续所要求的证明单证的纸质或电子副本。第 12.10

---

① See Bert - Jaap Koops, *Should ICT Regulation be Technology - Neutral. In Bert - Jaap Koops, Miriam Lips, Corien Prins & Maurice Schellekens, Starting Points for ICT Regulation: Deconstructing Prevalent Policy One - liners*, TMC Asser Press, 2006, p. 77 - 79.

② See Panel Report, United States - Measures Affecting the Production and Sale of Clove Cigarettes, WT/DS406/R, adopted on 24 April 2012, paras. 7.481 - 7.482.

③ See Appellate Body Report, United States - Measures Affecting the Production and Sale of Clove Cigarettes, WT/DS406/AB/R, adopted on 24 April 2012, para. 87.

④ See Appellate Body Reports, United States - Certain Country of Origin Labelling (COOL) Requirements, WT/DS384/AB/R; WT/DS386/AB/R, adopted on 23 July 2012, para. 267.

条规定被请求成员不得要求对已采用电子格式的单证提供纸质单证。[①] 这些条款都体现了技术中立原则的内涵之一——承认线上线下交易活动之间的功能等同。其次,《TRIPS 协定》第 27.1 条也表达了技术中立原则的含义:"专利可授予所有技术领域的任何发明,无论是产品还是方法,只要它们具有新颖性、包含发明性步骤,并可供工业应用。……对于专利的获得和专利权的享有不因发明地点、技术领域、产品是进口的还是当地生产的而受到歧视。"[②]对该条的规定,《TRIPS 协定》理事会认为《TRIPS 协定》以"技术中立原则的语言"写成,其条文一般与在数字环境中保护和执行知识产权有关。[③]《TRIPS 协定》中规定的知识产权保护和执行标准是技术中立原则的,无论是在数字网络上还是在物理世界中,这些标准都适用。[④] 并且,第 27 条规定的技术中立原则可以适用于对其他规定的分析,因为该条是结构性条款。[⑤] 例如,加拿大—药品专利案的专家组认为:"第 27.1 条的非歧视规则确实适用于第 30 条授权的那种例外。"[⑥]又如,中国—知识产权案的专家组认为:"第 61 条第 1 句[⑦]所使用的术语,特别是'商业',是技术中立原则的,没有理由局限于《TRIPS 协定》谈判时存在的商业形式。因此,'商业规模'一词的含义可以根据不同的情况而调

---

① See Agreement on Trade Facilitation, annexed to WTO, General Council – Protocol Amending the Marrakesh Agreement Establishing the World Trade Organization – Decision of 27 November 2014, Doc. WT/L/940, 28 November 2014.

② See Agreement on Trade – Related Aspects of Intellectual Property Rights, Annex 1C of the Marrakesh Agreement Establishing the World Trade Organization, signed on 15 April 1994.

③ See WTO, Council for Trade – Related Aspects of Intellectual Property Rights (TRIPS) – The Work Programme on Electronic Commerce – Background Note by the Secretariat, Doc. IP/C/W/128, 10 February 1999, paras. 6, 14.

④ See WTO, *World Trade Report* 2018 – *The Future of World Trade: How Digital Technologies Are Transforming Global Commerce*, WTO Publications, 2018, p. 167.

⑤ See Graeme Dinwoodie & Rochelle Cooper Dreyfuss, *WTO Dispute Resolution and the Preservation of the Public Domain of Science Under International Law*, in Keith E. Maskus, Jerome Reichman, eds., International Public Goods and Transfer of Technology Under a Globalized Intellectual Property Regime, Cambridge University Press, 2005, p. 875.

⑥ Panel Report, Canada – Patent Protection of Pharmaceutical Products, WT/DS114/R, adopted on 7 April 2000, para. 7.91.

⑦ 《TRIPS 协定》第 61 条规定:"各成员应规定至少将适用于具有商业规模的蓄意假冒商标或盗版案件的刑事程序和处罚……"

整,随后的技术发展并不改变与解释第61条所用术语有关的考虑。"[①]可见,技术中立原则已经成为《TRIPS协定》的一般原则,其他条款即使没有明确表达技术中立原则的含义,但在适用和解释上也应符合第27.1条规定的技术中立原则的要求。

在WTO中,对技术中立原则的争议发生在关于GATS规则的理解上。GATS与数字贸易的联系最为紧密,随着技术的发展,新的服务以及服务的新的提供方式层出不穷,GATS的纪律和承诺能否适用于这些服务引发了WTO成员的关注和讨论。对此,美国主张市场准入和国民待遇承诺应包括通过电子手段跨境提供服务,以符合技术中立原则。[②] 服务贸易理事会在会议报告中指出:"成员们一致认为,GATS适用于所有服务,而不论这些服务以何种技术手段提供。……技术中立原则也适用于附件的承诺表,除非承诺表另有规定。"[③]"一般认为,技术中立原则适用于GATS的所有具体承诺,包括所有市场准入和国民待遇方面。"[④]"有一种普遍的看法是,GATS在技术上是中立的,因为它没有任何规定区分提供服务的不同技术手段。"[⑤]但是,服务贸易理事会关于《电子商务工作计划》的会议记录表明:在WTO/GATS的法律框架中,成员对技术中立原则是否普遍存在的问题没有形成共识。一些成员要求对这一问题进行更多的讨论和审查。[⑥] 主要是发展中成员如巴西、印度、泰国、菲律宾、

---

① Panel Report, China – Measures Affecting the Protection and Enforcement of Intellectual Property Rights, WT/DS362/R, adopted on 20 March 2009, para. 7.657.

② See WTO, Work Programme on Electronic Commerce – Submission by the United States, WTO Doc WT/GC/16, G/C/2, S/C/7, IP/C/16, WT/COMTD/17, 12 February 1999, p. 3.

③ WTO, Council for Trade in Services – Report of the Meeting Held on 14 and 15 December 1998 – Note by the Secretariat, S/C/M/32, 14 January 1999, p. 4; WTO, Council for Trade in Services – Work Programme on Electronic Commerce – Interim Report to the General Council, S/C/8, 31 March 1999, p. 1.

④ WTO, Council for Trade in Services – Work Programme on Electronic Commerce – Interim Report to the General Council, ANNEX – Chairman's Summaries of Informal Discussions – Meeting of 9 – 15 February 1999, S/C/8, 31 March 1999, p. 8.

⑤ WTO, Work Programme on Electronic Commerce – Progress Report to the General Council, S/L/74, 19 July 1999, para. 4.

⑥ See WTO, Work Programme on Electronic Commerce – Interim Report to the General Council, S/C/8, 31 March 1999, para. 3; WTO, Work Programme on Electronic Commerce – Progress Report to the General Council, S/L/74, 19 July 1999, para. 4.

乌拉圭、马来西亚、圣卢西亚等明确反对 GATS 的技术中立原则。[①] 理由包括：技术中立原则破坏了成员在 GATS 下仅在自己限定的范围内作出承诺的合法裁量权；[②]将 20 世纪 90 年代作出的承诺扩展到基于数字环境的全新和革命性的商业模式是不合理的。[③] 这种争议表明，技术中立原则在 WTO 中的规范地位是不确定的，成员并未就此取得共识，如果任由 WTO 机构超越全体成员的共同意志对技术中立原则加以确认，会破坏 WTO 作为多边贸易机制的民主性与合法性。因此，技术中立原则必须通过 WTO 的立法机制加以确认，才能在 WTO 中发挥其规范作用。

虽然 WTO 成员就 GATS 是否承认技术中立原则存在较大的分歧，但裁决机构在有关争端中已经实际上适用了技术中立原则或其法理，这在成员中引发了较大的争议。

1. 美国—赌博案：专家组明确适用技术中立原则

在该案中，安提瓜和巴布达对美国提起申诉，理由是美国对跨境提供的赌博服务作出了"完全市场准入"承诺，却禁止安提瓜和巴布达通过网络向美国跨境提供赌博服务。专家组认为，美国在 GATS 下的承诺表第 10. D 分部门包括对赌博服务的具体承诺，其中模式 1（跨境提供）的市场准入限制标明"无"，[④]意味着其他成员的供应商有权通过所有交付方式提供服务，无论是通

---

① See WTO, General Council – Exploratory Work on Electronic Commerce – Non – Paper from Brazil, JOB/GC/176, 12 April 2018, para. 4.4; WTO, Committee on Trade and Development – Note on the Meeting of 27 October and 8 November 2000, WT/COMTD/M/31, 14 December 2000, para. 57; WTO, Council for Trade in Services – Special Session – Report of the Meeting Held on 14 to 17 May 2001 – Note by the Secretariat, S/CSS/M/9, 22 June 2001, para. 182; WTO, Committee on Trade in Financial Services – Report of the Meeting Held on 6 October 2003 – Note by the Secretariat, S/FIN/M/42, 12 November 2003, para. 16; WTO, Committee on Trade in Financial Services – Report of the Meeting Held on 16 May 2003 – Note by the Secretariat, S/FIN/M/40, 30 June 2003, paras. 28, 34 – 35; WTO, Council for Trade in Services – Special Session – Report of the Meeting Held on 9 to 12 July 2001 – Note by the Secretariat, S/CSS/M/10, 21 September 2001, para. 204.

② See WTO, Council for Trade in Services – Special Session – Report of the Meeting Held on 9 to 12 July 2001 – Note by the Secretariat, S/CSS/M/10, 21 September 2001, para. 204.

③ See WTO, General Council – Exploratory Work on Electronic Commerce – Non – Paper from Brazil, JOB/GC/176, 12 April 2018, para. 4.4

④ See Panel Report, United States – Measures Affecting the Cross – Border Supply of Gambling and Betting Services, WT/DS285/R, adopted on 20 April 2005, para. 6.285.

过邮件、电话、互联网等，这符合在 WTO 成员中得到了广泛认同的"技术中立原则"。对此，专家组特别援引了服务贸易理事会的有关报告。①

尽管专家组对技术中立原则在 GATS 中的适用缺少充分、完整的法理阐释，但明确援引并适用了技术中立原则。然而，本案的上诉机构却没有审查专家组援引技术中立原则的做法，因为美国没有就此提起上诉，该问题不在上诉机构的审查范围中，上诉机构对技术中立原则的态度也就无从得知。

2. 墨西哥—电信案：专家组将规定技术中立原则的非正式法律文件作为解释之补充资料

1997 年基本电信谈判小组主席作出的《基础电信服务承诺安排的说明》规定："除部门栏另有注明外，任何列出的基本电讯服务均可通过任何技术手段（例如有线、无线、卫星）提供。"②《基础电信服务承诺安排的说明》没有明确提及技术中立原则，但是表达了技术中立原则的含义。《基础电信服务承诺安排的说明》虽然明确注明其目的是"促进代表团更好地理解承诺的意义，不打算拥有或获得任何具有约束力的法律地位"③，但是，墨西哥—电信案的专家组认为《基础电信服务承诺安排的说明》构成 VCLT 第 32 条意义上的解释之补充资料，可以作为解释 GATS 下《基础电信议定书》及其附件的补充手段。④ 该案没有经过上诉审理。尽管 WTO 裁决实践表明 VCLT 第 32 条对规则解释的作

---

① See Panel Report, United States – Measures Affecting the Cross – Border Supply of Gambling and Betting Services, WT/DS285/R, adopted on 20 April 2005, p. 202, fn. 836. 专家组援引了服务贸易理事会提交总理事会的《〈电子商务工作方案〉进度报告》的观点："人们普遍认为，《服务贸易总协定》在技术上是中立的，因为它不包含任何规定来区分提供服务的不同技术手段。" WTO, Work Programme on Electronic Commerce – Progress Report to the General Council, adopted by the Council for Trade in Services on 19 July 1999, S/L/74, 27 July 1999. para. 4. 同时，专家组还援引美国在提交给 WTO 总理事会和其他 WTO 附属机构的一份文件中的观点："市场准入和国民待遇承诺应包括通过电子手段跨境提供服务，以符合技术中立原则。"专家组以此说明美国也同意在 GATS 中适用技术中立原则。WTO, Work Programme on Electronic Commerce – Submission by the United States, WT/GC/16, 12 February 1999, p. 3.

② WTO, Group on Basic Telecommunications – Note by the Chairman – Revision, S/GBT/W/2/Rev. 1, 16 January 1997.

③ WTO, Group on Basic Telecommunications – Note by the Chairman – Revision, S/GBT/W/2/Rev. 1, 16 January 1997.

④ See Panel Report, Mexico – Measures Affecting Telecommunications Services, WT/DS204/R, adopted on 1 June 2004, para. 7. 67.

用有限,但是当协定文本含义不明时,《基础电信服务承诺安排的说明》及其中有关技术中立原则的表述势必作为解释的背景对裁决机构产生影响,只是这种影响的程度尚不明确。

3. 中国—音像制品案:上诉机构适用演进解释间接承认技术中立原则的法理

在本案中,中国禁止外资企业通过互联网和移动通信网络等方式从事录音的电子分销,这一禁令不适用于内资企业,美国就此主张中国的措施不符合 GATS 第 17 条有关国民待遇的规定。① 美国认为,依据技术中立原则,中国对“录音发行服务”的承诺也适用于录音制品的电子发行。② 中国则认为:“技术中立原则”原则在 WTO 法律框架中没有文本依据,也远非成员普遍认同的原则……③基于技术中立原则扩大成员承诺的范围将违反 GATS 序言中反映的逐步自由化原则,并将使成员,特别是发展中成员无法作出进一步的承诺。④ 对上述争论,专家组援引了美国—赌博案的专家组对技术中立原则的论述,⑤ 但是却没有适用技术中立原则解决本案的问题,因为专家组认为“在解释中国对录音发行服务的承诺时,没有必要援引技术中立原则,中国对该服务的承诺的核心意义包括在非实体媒体上分发音频内容。如果我们发现中国的承诺涵盖了实体媒体上的内容分发,而对于它是否也包括非实体媒体上的内容分发

① See Panel Report, China – Measures Affecting Trading Rights and Distribution Services for Certain Publications and Audiovisual Entertainment Products, WT/DS363/R, adopted on 19 January 2010, paras. 4.67 –4.68.

② See Panel Report, China – Measures Affecting Trading Rights and Distribution Services for Certain Publications and Audiovisual Entertainment Products, WT/DS363/R, adopted on 19 January 2010, para. 7.1154.

③ See Panel Report, China – Measures Affecting Trading Rights and Distribution Services for Certain Publications and Audiovisual Entertainment Products, WT/DS363/R, adopted on 19 January 2010, para. 4.156.

④ See Appellate Body Report, China – Measures Affecting Trading Rights and Distribution Services for Certain Publications and Audiovisual Entertainment Products, WT/DS363/AB/R, adopted on 19 January 2010, para. 390.

⑤ See Panel Report, China – Measures Affecting Trading Rights and Distribution Services for Certain Publications and Audiovisual Entertainment Products, WT/DS363/R, adopted on 19 January 2010, para. 7.1257.

存在疑问,那么技术中立原则就可能会发挥作用,但这里的情况并非如此”①。上诉机构也支持专家组的观点,没有就技术中立原则的地位和适用加以讨论。但是上诉机构的法理却耐人寻味,它反驳了中国有关 GATS 逐步自由化原则的观点,认为渐进式自由化原则只是考虑通过多轮多边谈判逐步实现服务贸易自由化,并不意在限制已受约束的具体承诺的范围。② 同时,上诉机构指出:中国承诺表中使用的术语(“录音”和“分发”)足够通用,依据美国—虾案中的演进解释方法,它们的内容会随着时间的推移而变化。③ 这表明,在迅速变化的技术环境中,技术中立原则是作出演进解释的必要条件和解释“通用术语”的基本原理。④ 尽管上诉机构没有说明如何确定一个术语是否足够“通用”,但通过演进解释方法认定通用术语的含义应当演进不断囊括新的技术方式,隐晦地承认了技术中立原则的解释法理。

裁决机构在实际中适用技术中立原则的越权行为增加了成员的义务,超出了部分成员的同意与授权。同时,裁决机构对技术中立原则的态度又较为暧昧,对该原则的适用在不同案件中做法不一,导致成员在 WTO 中的权利和义务的难以预测性,增加了成员的法律风险。因此,WTO 应当对技术中立原则的规范地位通过立法机制加以确定,以体现全体成员的共同意志,否则 WTO 的合法性根基将逐渐受到侵蚀,这顶多边主义的“皇冠”将黯然无光。

裁决机构适用技术中立原则的做法尤其对发展中成员构成不利影响,相较于发达成员对技术中立原则的普遍支持,发展中成员担心技术中立原则的承诺会导致外国企业的先进技术在本国市场中的占有份额的迅速扩大,威胁

---

① See Panel Report, China – Measures Affecting Trading Rights and Distribution Services for Certain Publications and Audiovisual Entertainment Products, WT/DS363/R, adopted on 19 January 2010, para. 7. 1258.

② See Appellate Body Report, China – Measures Affecting Trading Rights and Distribution Services for Certain Publications and Audiovisual Entertainment Products, WT/DS363/AB/R, adopted on 19 January 2010, para. 394.

③ See Appellate Body Report, China – Measures Affecting Trading Rights and Distribution Services for Certain Publications and Audiovisual Entertainment Products, WT/DS363/AB/R, adopted on 19 January 2010, para. 396, fn. 705. (Appellate Body Report, United States – Import Prohibition of Certain Shrimp and Shrimp Products, WT/DS58/AB/R, adopted on 6 November 1998, paras. 129 – 130).

④ See Shin – yi Peng, *Renegotiate the WTO Schedules of Commitments*: *Technological Development and Treaty Interpretation*, 45(2) Cornell International Law Journal 427 (2012).

到本国的技术发展,同时技术中立原则的监管在国外技术,特别是网络技术引发的各种安全问题、隐私保护和道德问题方面可能束手无策。在 WTO 中,新兴经济体和发展中国家在 WTO 中表达了对数字贸易中的个人数据保护、消费者保护、安全数据流动、网络安全等重要问题的疑虑。① 97 个发展中国家还向 WTO 表达了与技术中立原则性相关的网络安全关切。② TBT 委员会也专门讨论了广泛应用于关键信息基础设施(如能源、电力、水、关键制造和通信基础设施)的 ICS 遭到的严重和日益增长的网络安全风险。③

二、程序方面:引入法庭之友和私人律师

有观点认为,DSU 在许多程序性问题上保持沉默,是在邀请上诉机构制定程序规则。在某些情况下,上诉机构制定了填补 WTO 涵盖协定中程序漏洞的法律,尽管这一漏洞的存在是由于成员之间对如何填补这一漏洞存在严重分歧所致。例如,在美国—虾案中④,上诉机构在没有 WTO 协定规则明确授权的情况下作出裁决:专家组可以考虑非政府组织提交的法庭之友陈述。上诉机构在作出这一裁决时,依据的是 DSU 第 13 条的文义解释,该条规定专家组可向其认为适当的任何个人或机构寻求信息和技术咨询。⑤ 无论案情如何,上诉机构对第 13 条的解释是在发达成员和发展中成员就是否允许法庭之友陈述僵持数年的背景下作出的,多数发展中成员反对裁决机构接受法庭之友陈

---

① See WTO, Communication from the Russia Federation – Joint Statement on Electronic Commerce Initiative, JOB/GC/181 (INF/ECOM/8), 16 April 2018, p. 1 –2; WTO, Communication from China – Joint Statement on Electronic Commerce, INF/ECOM/19, 24 April 2019, paras. 2.4, 4.2.

② See WTO, Report of the Meeting Held on 2 June 2015 – Note by the Secretariat, S/CSC/M/73, 17 June 2015, para. 1.8.

③ See WTO Committee on Technical Barriers to Trade, Thematic Session on Risk Assessment – Moderator's Report, G/TBT/GEN/226, 19 June 2017, para. 5.

④ See Appellate Body Report, United States – Import Prohibition of Certain Shrimp and Shrimp Products, WT/DS58/AB/R, adopted on 6 November 1998.

⑤ See Understanding on Rules and Procedures Governing the Settlement of Disputes, Apr. 15, 1994, WTO Agreement, Annex 2, Art. 13.

述。[①] 同样地，在欧洲共同体—香蕉案中[②]，上诉机构规定，私人律师可以在口头诉讼中代表成员，而欧共体和美国对此提出反对，理由是自 GATT 成立初期以来，这种做法一直只允许政府律师或政府贸易专家在争端解决程序中发言。[③] 进而，上诉机构在先前案件中作出的允许私人律师参与的裁决被印度尼西亚—汽车案的专家组所采纳。[④] 在美国虾龟案中，非政府组织向专家组提交了两份法庭之友陈述：第一份由海洋保护中心和国际环境法中心联合提交，第二份由世界自然基金会提交。这些非政府组织还将这些文件的副本直接发给了争端各方。[⑤] 专家组拒绝了法庭之友陈述，理由是：根据 DSU 第 13 条，寻求信息和选择信息来源的主动权取决于专家组，在任何其他情况下，只允许争端当事方和第三方直接向专家组提交信息。专家组接受未主动寻求的非政府组织提供的资料不符合 DSU 的规定。[⑥] 但是，上诉机构推翻了专家组的推理，指出“为了所有实际和有关的目的，‘被寻求’和‘未被寻求’的资料之间的区别消失了”，[⑦]根据 DSU 第 13 条的规定，专家组有权接受、考虑或拒绝提交给它的信息和建议，无论专家组是否提出要求。[⑧] 通过引入法庭之友陈述，上诉机

---

① See Richard H. Steinberg, *Judicial Lawmaking at the WTO: Discursive, Constitutional, and Political Constraints*, 98(2) The American Journal of International Law 251 (2004).

② See Appellate Body Report, European Communities – Regime for the Importation, Sale and Distribution of Bananas, WT/DS27/AB/R, adopted on 25 September 1997, paras. 5 – 10.

③ See Appellate Body Report, European Communities – Regime for the Importation, Sale and Distribution of Bananas, WT/DS27/AB/R, adopted on 25 September 1997, para. 10.

④ See Panel Report, Indonesia – Certain Measures Affecting the Automobile Industry, WT/DS54/R, adopted on adopted on 23 July 1998, paras. 4.1 – 4.35.

⑤ See Panel Report, United States – Import Prohibition of Certain Shrimp and Shrimp Products, WT/DS58/R, adopted on 6 November 1998, para. 3.129.

⑥ See Panel Report, United States – Import Prohibition of Certain Shrimp and Shrimp Products, WT/DS58/R, adopted on 6 November 1998, para. 7.8.

⑦ See Appellate Body Report, United States – Countervailing Duties on Certain Corrosion – Resistant Carbon Steel Flat Products from Germany, WT/DS213/AB/R, adopted on 19 December 2002, para. 107.

⑧ See Appellate Body Report, United States – Countervailing Duties on Certain Corrosion – Resistant Carbon Steel Flat Products from Germany, WT/DS213/AB/R, adopted on 19 December 2002, para. 108.

构得以与WTO 外部受到该机制影响的利害关系者开展直接的对话。[①]

然而,WTO 总理事会通过的《与非政府组织关系安排的指南》第 6 段指出:成员们经过广泛讨论,目前普遍认为,非政府组织不能直接参与 WTO 的工作或其会议。WTO 可以通过其成员方一级的适当程序建设性地与非政府组织进行更密切的磋商和合作,成员政府的主要责任是考虑对贸易决策产生影响的不同的公共利益因素。[②] 由此可见,上诉机构显然没有遵从 WTO 内部的政治性机构的意见,表现出了明显的价值倾向。

值得注意的是,上诉机构在接受未经请求的法庭之友陈述方面的做法,引发了对 WTO 政治和司法性机构之间平衡的更多关注。成员们担心裁决机构接受这种陈述可能会授予非 WTO 成员(主要是非国家行为体)更大的事实上的权利。如果裁决机构接受作为非当事方的非政府组织主动提交的法庭之友陈述,那么非政府组织就会获得更多机会在裁决程序中推进其法律论点,进而可能破坏争端当事方在裁决程序中的权利义务的平衡关系,而这种平衡对维持程序上的合法性至关重要。[③] 当然,也有观点认为,WTO 裁决机构应当接受和审议未经请求的法庭之友陈述,以便于来自民间社会的个人和非政府组织参与 WTO 争端解决程序,裁决机构对法庭之友陈述的接受将使所有贸易利益相关者参与审慎对话,并促使整个社会达成理性和有说服力的结果。[④] 然而,反对的观点认为这一提议可能会削弱而不是提高民间社会所认为的合法性。首先,法庭之友的陈述可能不足以代表民间社会。只有少数团体和个人拥有提交意见书的资源或专业知识,而且不能保证这些公民代表了民间社会的多数意见或普通共识。[⑤] 这种协商对话通常只有在公民拥有共同身份和共同利

---

① See Robert Howse, *The World Trade Organization* 20 *Years On*: *Global Governance by Judiciary*, 27(1) European Journal of International Law 39 (2016).

② See WTO, Guidelines for Arrangements on Relations with Non – Governmental Organizations – Decision adopted by the General Council on 18 July 1996, WT/L/162, July 23, 1996, para. 6.

③ See Cosette D. Creamer & Zuzanna Godzimirska, (*De*) *Legitimation at the WTO Dispute Settlement Mechanism*, 49 Vanderbilt Law Review 317 (2021).

④ See Robert Howse, *From Politics to Technocracy – and Back Again*: *The Fate of the Multilateral Trading Regime*, 94(96) AM. J. INT'L L. 114 – 16 (2002).

⑤ See Yuka Fukunaga, *Participation of Private Parties in the WTO Dispute Settlement Processes*: *Treatment of Unsolicited Amicus Curiae Submissions*, 99(4) SOOCHow L. J. 122 – 24 (2007).

益的政体(民族国家)中才能成功。[①] 因此,协商对话可能被视为外国公民单方面强加外国价值。鉴于这些情况,即使裁决机构充分认识到法庭之友陈述所代表的所有利益和价值观,受裁决不利影响的公民可能只会认为他们的关切受到了对他人有利的非法贬低。[②] 事实上,许多发展中国家的利益更有可能与法庭之友的利益发生冲突,它们反对裁决机构接受和审议未经其主动寻求的法庭之友陈述。其次,裁决机构审议法庭之友陈述将使少数利益集团能够在很大程度上影响争端解决程序,并可能使人们对争端解决程序的独立性产生疑问,因为尽管自由贸易增加了世界各国的福利,但依然有保护主义利益集团通过各种途径给国家政府和国际组织施加压力,要求限制自由贸易。[③] 除了保护主义团体外,一项实证研究表明,大企业一直积极主动地向专家组和上诉机构提交法庭之友陈述。WTO 多边贸易体制面临的挑战之一是如何使贸易政策免受这种保护主义压力的影响,接受和审议法庭之友的陈述可能与这一目标相冲突。[④] 此外,尚不清楚专家组和上诉机构是否拥有接受和考虑法庭之友陈述的职权。虽然上诉机构声称其有权这样做,但 DSU 的文本既没有确认也没有否认这一权利。在实践中,由于绝大多数 WTO 成员反对上诉机构接受法庭之友陈述,上诉机构在后续案件裁决程序中基本不再考虑法庭之友的陈述,除非该陈述被附在争端当事方的书面陈述中。

三、上诉机构避免填补空白的方法

霍姆斯法官曾言:“棘手的案件造就了糟糕的法律。”[⑤]因此,有学者主张,当案件中的事实问题不清楚或者规则存在空白的情况下,上诉机构可以宣布案情不明,承认法院不是填补空白的地方,因为它们不是立法机关,从而有效

---

① See Will Kymlicka & Christine Straehle, *Cosmopolitanism*, *Nation – States*, *and Minority Nationalism*: *A Critical Review of Recent Literature*, 65(7) EUR. J. PHIL. 68 – 72, 82 – 83 (1999).

② See Yuka Fukunaga, “*Civil Society and the Legitimacy of the WTO Dispute Settlement System*,” 34(1) Brooklyn Journal of International Law 103 (2008).

③ See John O. McGinnis & Mark L. Movsesian, *Commentary*, *The World Trade Constitution*, 114 HARV. L. REV. 515 – 16 (2000).

④ See Yuka Fukunaga, *Participation of Private Parties in the WTO Dispute Settlement Processes*: *Treatment of Unsolicited Amicus Curiae Submissions*, 4 SOOCHow L. J. 120 (2007).

⑤ See Northern Securities Co v. United States, 193 US 197,400 (1904).

地作出有利于被告的裁决。[①] 或者,上诉机构也可以宣布一些案件不可受理,例如援引 GATT1994 第 21 条国家安全例外的案件。[②] 不少学者认为将敏感的政治问题排除在争端解决机制之外,特别是那些连外交官和政治家自己都无法解决的问题,可能是一种解决上诉机构僵局的有效路径。这对于维持司法制度的运作,在某种程度上甚至是维持其生存是至关重要的。[③] 学者们之所以提出上诉机构在规则空白时可以拒绝裁判的观点,原因在于他们认为有些贸易争端不应该通过争端解决机制加以解决,包括由于谈判不完整而导致 WTO 义务不明确的争端,或者某个问题(如国家安全问题)在政治上过于敏感,裁决结果有可能破坏 WTO 法律体系。这些争议可能在司法程序之外得到更好的解决。[④] 但问题是,在以往,GATT/WTO 的成员通过自我约束来避免此类敏感争端,但随着 WTO 成员的增加,贸易争端越来越深入国内监管,这种自我约束开始崩溃,大量涉及 WTO 规则的灰色地带和政治敏感的争端出现,如果裁决机构拒绝裁判,就会使贸易保护主义和单边行动大量繁衍,越来越多的国家倾向于钻规则的空子绕开 WTO 的管制,最终的结果就是 WTO 多边贸易体制名存实亡,不再具备合法性与权威性。实际上,专家组或上诉机构从未援引案情不明原则(non liquet)放任某一成员的贸易保护行为。[⑤] 在专家组和上诉机构的现有裁决中,唯一提及该原则的情况是对使用该原则的批评。[⑥]

虽然上述拒绝裁判的观点不可行,但也有学者提出了较为可行的避免上诉机构填补空白的方法:允许争端当事方寻求总理事会就它们之间的争端性

---

① See Gregory Shaffer, *A Tragedy in the Making The Decline of Law and the Return of Power in International Trade Relations*, 44 The Yale Journal of International Law Online 50 (2018).

② See Robert McDougall, *Crisis in the WTO: Restoring the Dispute Settlement Function*, CIGI Papers No. 194, October 16, 2018, p. 21.

③ See Weihuan Zhou & Henry S. Gao, "*Overreaching*" *or* "*Overreacting*"? *Reflections on the judicial function and approaches of WTO appellate body*, 53 (6) Journal of World Trade 975 – 976 (2019).

④ See Robert McDougall, *The Crisis in WTO Dispute Settlement: Fixing Birth Defects to Restore Balance*, 52(6) Journal of World Trade 888 – 889 (2018).

⑤ See Richard H. Steinberg, *Judicial Lawmaking at the WTO: Discursive, Constitutional, and Political Constraints*, 98(2) The American Journal of International Law 260 (2004).

⑥ See Panel Report, India – Quantitative Restrictions on Imports of Agricultural, Textile, and Industrial Products, WT/DS90/R, adopted on 22 September 1999, para. 3.119.

质作出声明，宣布该项争端中的某个具体问题具有高度政治性，WTO 成员尚未达成共识，因而 WTO 裁决机构应当避免对此作出解释。这种声明不同于“权威解释”，因为它不涉及 WTO 协议中所包含的实质性权利或义务，而只是使某些规则不可裁决。因此，这种声明获得通过的票数要求应大大低于权威解释的要求。一方面，如果争端当事方都同意寻求该项声明，应根据反向协商一致原则通过该声明；另一方面，如果只有一方提出要求，则该声明应以 1/3 的票数通过。同时，WTO 应当考虑基于争端各方的一致要求，总理事会可以 1/3 票数通过一项仅适用于当前争端案件的规则的解释和澄清的决议，该决议不约束裁决机构，对未来的案件中涉及相同规则的解释不产生约束力。① 对此，笔者认为为了防止成员轻易逃避 WTO 的管制，应当在该项建议的基础上增加一项要求，即当总理事会通过决议允许裁决机构对敏感问题不予裁决时，争端当事方应当尽快通过协商或调解程序解决彼此间的争端，在规定期限内如果争端未能得到解决，就应当恢复专家组或上诉机构程序，裁决机构重新获得了对该事项依据 WTO 协定规则进行裁决的权力，通过这种程序的设定，可以有效避免争端当事方扩大和升级矛盾使得贸易争端无法得到 WTO 有效管控的结果出现。

第二节　WTO 争端解决机制(上诉机构程序)的民主合法性的不足与完善

WTO 争端解决程序主要包括专家组程序和上诉机构程序。专家组是临时性机构，由争端当事方在个案中临时选出的法律或贸易专家组成，通常为 3 人。因此，专家组的职能主要是解决争端。而上诉机构是常设性机构，由 7 名大法官组成，任期 4 年，可以连选连任，每个成员任期不超过两届，个案裁决由其中 3 名法官进行，但是所有案件的裁决意见均经过 7 名大法官开会达成合意，由此确保上诉机构在所有案件中做到同案同判，确保 WTO 规则适用的一

---

① See Weihuan Zhou & Henry S. Gao, “*Overreaching*” *or* “*Overreacting*”? *Reflections on the judicial function and approaches of WTO appellate body*, 53(6) Journal of World Trade 975 (2019).

致性和可预测性。对此,上诉机构前法官赵宏教授认为:"若客观、全面且仔细理解 DSU 第 3.2 条和第 3 条的其他款项就会发现 WTO 争端解决在两方面发挥作用:一方面是解决个案争端,另一方面是为多边贸易体制整体上提供可靠性和可预测性。这两个方面应在互补的基础上有效运转。尽管没有被命名为法院,但上诉机构是根据条约和自身《上诉审查工作程序》授权运转的常设机构。作为一个常设机构,它不同于从诞生之日起就属临时性质的专家组……构建上诉机构是设计在 DSU 中的一种无可辩驳的机制化特征。若将'临时仲裁庭'和'完全法院'当作光谱的两端,该常设机构更接近哪一端? 各人心中一杆秤。"①笔者在前面章节中已经得出结论,上诉机构的职能应当体现成员驱动和规则导向两种模式的融合,上诉机构只要能够在个案裁决中最大限度地维护 WTO 多边贸易体制的有效性,遵循多边主义原则,就可以实现这种融合,其职权行使就具备合法性。进而,"只要裁决在授权范围内并且遵守适用的规则,它就落入每个裁决者应享有的裁决自治和自由裁量的范畴"②。由此可见,相比于临时路径的仲裁机制和 WTO 成员之间争端解决的代理人角色,上诉机构的职能更靠近独立的法院,但也正因如此,上诉机构的裁决结果不仅会影响到 WTO 成员,也会影响到国际社会中的非政府行为体和国内社会中的个人的利益。上诉机构裁决所要体现的多边主义本质上反映了 WTO 所代表的国际贸易共同体所共享的普遍价值和一般原则,要到达这一实质合法性要求,增强上诉机构程序的民主合法性无疑成为一种有效的保障路径。

一、争端解决机制(上诉机构)的民主合法性问题

正如 DSB 在美国—贸易法第 301 条案中的陈述所表明的那样,反映成员之间高度共识并代表争端解决机制参与所谓"多数行动主义"(majoritarian activism)的解释对争端解决机制合法性的总体衡量产生了积极影响。③ 在其语境中,多数行动主义是指法庭裁决反映多数国家的意愿,即各国可能在多数决

---

① 赵宏:《条约下的司法平等——离任演讲》,载《国际经济法学刊》2021 年第 2 期。

② 赵宏:《条约下的司法平等——离任演讲》,载《国际经济法学刊》2021 年第 2 期。

③ See Dispute Settlement Body, Minutes of Meeting Held in the Centre William Rappard on 27 January 2000, WTO Doc. WT/DSBJM/74 (Feb. 22, 2000), at 10 - 20.

规则下而非全体一致决策规则下采取的结果。“多数行动主义”有助于争端解决机制减轻其合法性问题。[①] 因此，当争端解决机制采用了成员们认为会对大多数成员（特别是发展中国家）产生负面影响的解释时，争端解决机制就陷入了所谓的“少数激进主义”。在这些情况下，代表们并不回避发出积极的批评，从而削弱了争端解决机制被认为的合法性。[②] 与此同时，随着 WTO 涵盖协定覆盖面的扩大和执行力度的加强，其对各国国内公民生活的影响变得更加广泛和深刻。争端解决机制一直受到批评，因为它在执行 WTO 协定时没有充分考虑民众的非贸易利益和价值。鉴于个人已成为国际贸易争端的重要利益攸关方，批评者要求争端解决机制不仅要反映国家和企业的关切，还要反映民间社会的关切。[③]

关于如何使 WTO 争端解决机制在民间社会具备合法性，目前已有许多建议。一些提案引入了诸如“民主”[④]和“治理”[⑤]等创新概念，而另一些提案则侧重于对争端解决机制进行具体修订，如接受未经请求的法庭之友陈述书以及纳入非贸易价值。[⑥] 尽管存在意见分歧，但大多数建议认为，争端解决机制应直接反映公民的不同利益和价值观，从而被民众视为合法。进而，我们需要分析以下问题：首先，为什么政府间的争端解决机制，特别是其中的专家组和上诉机构，需要回应民众对合法性的要求？其次，民众所感知到的合法性增强是

---

① Alec Stone Sweet & Thomas L. Brunell, *Trustee Courts and the Judicialization of International Regimes: The Politics of Majoritarian Activism in the European Convention on Human Rights, the European Union, and the World Trade Organization*, 1 J. L. & CTS 61, 63 64(2012)

② See Dispute Settlement Body, Minutes of Meeting Held in the Centre William Rappard on 24 September 1999, WT/DSBM168 (Oct. 20, 1999), at 14 – 23.

③ See Yuka Fukunaga, *Civil Society and the Legitimacy of the WTO Dispute Settlement System*, 34 (1) Brooklyn Journal of International Law 85 (2008).

④ e. g. , Jeffery Atik, *Democratizing the WTO*, 33 GEO. WASH. INT'L L. REV. 451 (2001); Americo Beviglia Zampetti, *Democratic Legitimacy in the World Trade Organization: The Justice Dimension*, 37 J. WORLD TRADE 105 (2003).

⑤ e. g. , Andrew T. Guzman, *Global Governance and the WTO*, 45 HARV. INT'L L. J. 303 (2004).

⑥ See, e. g. , Steve Charnovitz, *Participation of Nongovernmental Parties in the World Trade Organization*, 17 U. PA. J. INT'L ECON. L. 331 (1996); Daniel C. Esty, *Non – Governmental Organizations at the World Trade Organization: Cooperation, Competition, or Exclusion*, 1 J. INT'L ECON. L. 123 (1998).

否也能改善整个制度的合法性？最后，即使需要考虑到这种合法性，争端解决机制是否适合并能够直接代表和协调民众的各种关切？①

在定义合法性时，有必要区分两种不同类型的合法性——客观合法性和主观合法性。② 客观合法性来自一个规则或制度的实际属性。例如，当一项国际条约的案文明确阐明缔约国所同意的内容时，它在客观上就是合法的。同样，当一个国际机构的结构有助于实现其目标时，它在客观上就是合法的。主观合法性产生于受规则或制度影响的人对规则或制度的感知。特别是，国家通过同意（或不同意）某项规则或制度所表达的看法决定了该规则或制度的主观合法性。③ 虽然客观合法性和主观合法性的来源不同，但这两种类型的合法性可能会相互影响。例如，如果一项规则或制度无效，一个国家可以拒绝同意该规则或制度。④

对国际法而言，国家同意是其合法性的主要来源。根据约定必须遵守的原则，当国家同意一项国际规则时，该项规则对该国就具有了法律约束力，该国就有了遵守该国际规则的义务。传统上，国家同意被视为国际法中合法性的唯一来源，但随着国际法功能和范围向国内治理领域的扩展和延伸，国际法直接或间接影响到国内个人的权利与义务。如果一个国内社会认为某项国际法规则不合法，则该国家可能无法遵守该规则。⑤ 因此，合法性需要从国家内部非国家行为体的角度来确保。⑥ 对于 WTO 争端解决机制而言，其裁决不仅影响成员的权利与义务，也会影响到成员内部的个人的利益，因此，该机制的

---

① See Yuka Fukunaga, *Civil Society and the Legitimacy of the WTO Dispute Settlement System*,34 (1) Brooklyn Journal of International Law 86 (2008).

② See Jr. Henry H. Perritt , *Structures and Standards for Political Trusteeship*, 8 UCLA J. INT'L L. & FOR. AFF. 385, 424 -25 (2003).

③ See David D. Caron, *The Legitimacy of the Collective Authority of the Security Council*, 87 AM. J. INT'L L. 552, 558 -59 (1993).

④ See Yuka Fukunaga, *Civil Society and the Legitimacy of the WTO Dispute Settlement System*,34 (1) Brooklyn Journal of International Law 87 (2008).

⑤ See Harold K. Jacobson & Edith Brown Weiss, *Strengthening Compliance with International Environmental Accords: Preliminary Observations from a Collective Project*, 1 Global Governance p. 119, 142(1995).

⑥ See Daniel Bodansky, *The Legitimacy of International Governance: A Coming Challenge for International Environmental Law?*, 93 AM. J. INT'L L. 610 -611 (1999).

合法性,包括其中专家组和上诉机构的合法性,不仅来源于成员对其裁决效力的同意,也来源于成员内社会的普遍认可。

独立、透明、权威、有效是争端解决机制的客观合法性不可或缺的四个要素。① WTO 争端解决机制的主观合法性产生于贸易纠纷中利益相关者的观点。它指的是政府,尤其是有争议的各方所认为的合法性。② 该机制的主观合法性也取决于企业的看法。美国—贸易法案第 301 条案的专家组声明 DSU 第 23 条的目标和宗旨是"在国家和全球市场上创造有利于个人经济活动的市场条件,以及……提供一个安全和可预测的多边贸易体制"。③ 尽管在争端解决机制下,企业没有直接承担法律义务,但贸易争端及其在 WTO 中的裁决结果必然对企业的利益造成重要影响。然而,与政府的主观合法性不同,企业感知的合法性并没有直接反映在争端解决体系的结构中。例如,企业不被允许直接向争端解决机制提起诉讼。如果他们希望对 WTO 成员提起申诉,他们需要说服本国政府这样做。此外,企业不能参加专家组和上诉机构的程序,即使争端关涉其重大利益。虽然 WTO 的政府间性质可以解释为何将企业排除在争端解决程序之外,但在企业看来,WTO 自上而下的治理模式可能剥夺了它们直接向 WTO 争取经济利益的权利。然而,企业往往与政府有着密切的联系,这使他们能够对贸易政策施加影响。事实上,参与争端解决程序的政府往往是企业的忠实代理人,政府决定向争端解决机制提起申诉,往往是对企业要求的回应。一个典型的例子是日本—影响消费者照相胶片和纸张的措施案④,这是日本和美国之间的 WTO 争端案件,却是由私营胶卷公司富士和柯达之间的斗争引发。⑤ 因此,企业在国内领域与政府的合作关系,补充了企业所认为的

---

① See Yuka Fukunaga, *Civil Society and the Legitimacy of the WTO Dispute Settlement System*, 34 (1) Brooklyn Journal of International Law 90 (2008).

② See Ian Hurd, *After anarchy: legitimacy and power in the United Nations Security Council*, Princeton University Press, 2008, p. 7.

③ See Panel Report, United States – Sections 301 – 310 of the Trade Act of 1974, WT/DS152/R, adopted on 22 December 1999, paras. 7.71 – 7.94.

④ See Panel Report, Japan – Measures Affecting Consumer Photographic Film and Paper, WT/DS44/5, adopted on 22 April 1998.

⑤ See William H. Barringer & James P. Durling, *Out of Focus: The Use of Section* 301 *to Address Anticompetitive Practices in Foreign Markets*, 1 UCLA J. INT'L L. & FOREIGN AFF. 98 (1996).

合法性缺失。然而,争端解决机制的反向协商一致的决策方式使该机制具有了事实上的自动、强制管辖权,提高了该机制的有效性,但它也减少了政府对争端解决程序的控制,从而有可能损害该机制的主观合法性。

随着国际贸易规则的发展,国际贸易和投资的流动以前所未有的速度增长,不仅促进了经济全球化,而且促进了社会和文化的全球化。因此,即使是不关心贸易规则的国内民众也被迫面对全球化的挑战。当意识到自己是国际贸易争端的重要利益相关者时,民众就会要求在争端解决程序中拥有发言权,并批评争端解决机制是中央集权主义和有贸易价值偏见的。[①] 然而,与企业不同的是,民众个人是无组织的,往往与政府缺乏密切联系,这使他们难以影响政府的决策。[②] 此外,外交政策是一个以高度政治化闻名的领域,通常只受到有限的民主控制,随着全球化的力量将决策论坛从国内层面转移到国际层面,这种民主控制已被进一步削弱。民众对争端解决机制的主观合法性的缺乏由于国内渠道(类似企业与政府的密切联系)的薄弱而加剧。[③] 因此,批评者们认为,争端解决机制应直接考虑和反映民众的各种关切,而不依赖于国家政府之间的协调。

二、争端解决机制(上诉机构)增进民主合法性的路径

(一)争端解决机制(上诉机构)增进其在成员政府间的民主合法性的路径

DSU 设定的多重目标,为争端解决机制的优先事项以及裁决机构法官的任务提供了潜在的相互竞争的愿景。根据第 3.2 条的各个子条款,该制度有望为多边贸易体制提供"安全性和可预见性","澄清 WTO 协定的现有条款","迅速"、"令人满意"和"积极"解决争端,并保持"权利和义务的适当平衡"。[④]

---

① See Steve Charnovitz, *Opening the WTO to Nongovernmental Interests*, 24 FoRDHAM INT'L L. J. 173, 197 - 212 (2000).

② See Eric Stein, *International Integration and Democracy: No Love at First Sight*, 95 AM. J. INT'L L. 489, 489 - 91 (2001).

③ See Eric Stein, *International Integration and Democracy: No Love at First Sight*, 95 AM. J. INT'L L. 489 - 491 (2001).

④ See Robert McDougall, *The Crisis in WTO Dispute Settlement: Fixing Birth Defects to Restore Balance*, 52(6) Journal of World Trade 875 (2018).

特别是,上诉机构"应处理所提出的每一个问题",但"在任何情况下,诉讼程序不得超过90天"。[①] 所有这些目标都将在"不增加或减少成员的权利和义务"的前提下实现,并在《WTO协定》下尊重成员对其WTO义务进行解释的专属权利。[②] 根据具体情况,这些目标和限制可以采取各种形式安排,以证明其要么是一种广泛的、立法的裁决授权,要么是一种更有限的、遵从的裁决授权。在任何法律制度中,通过裁决进行一定数量的立法都是预期的,即使为了解决文本上的歧义不可避免地导致当裁决机构面对的规则在WTO体制中有相当的重要性时,成员就会着重关注裁决机构的解释对它们的权利是否有积极或消极的后果、是否保留或破坏了精心谈判的让步平衡,以及是否使解决贸易合作问题的努力得到加强或被复杂化了。[③] 因此,裁决机构规则解释的合法性主要依赖于实现各方利益的协调与平衡,同时也要遵循DSU规定若干基本原则。因此,人们需要在尊重这些原则的基础上对争端解决机制的程序加以改革,以促进成员之间的利益的协调。这些基本原则主要包括:第一,包括自动发起争端和采纳结果在内的争端解决机制程序以规则导向为基础。第二,WTO成员有责任共同管理争端解决机制,包括有权修改裁决机构的职能,并推翻裁决机构提出的任何解释。第三,要求专家组和上诉机构中的裁决人员保持独立和公正,成员不得采取任何可能破坏这种公正性的行动。[④] 第四,为了维护WTO协定所代表的微妙的政治平衡,裁决人员在解释WTO义务时应该非常小心谨慎。正如杰克逊所言,"在国际上,为了鼓励各国愿意服从裁决体系,该体系有必要谨慎地将法官对政策目标的选择融入先前商定的规则中。因此,这些规则的解释或适用应谨慎而严"[⑤]。第五,上诉审查的目的是防止专家组裁决结果错误和专家组就相同事项作出不同的裁决,而不是为重新评估事实或对法律条款进行广泛的法律资咨询机会。第六,为了保持体制的合法

---

① See DSU, Arts 17.12 and 17.5.

② See Article 9.2 of the WTO Agreement.

③ See Robert McDougall, *The Crisis in WTO Dispute Settlement: Fixing Birth Defects to Restore Balance*, 52(6) Journal of World Trade 878 (2018).

④ See Robert McDougall, *The Crisis in WTO Dispute Settlement: Fixing Birth Defects to Restore Balance*, 52(6) Journal of World Trade 886 – 887 (2018).

⑤ See John Jackson, *Governmental Disputes in International Trade Relations: A Proposal in the Context of GATT*, 13(1) J. World Trade 10 (1987).

性和权利与义务的整体平衡,有效的政治平衡机制是必要的,也是适当的。第七,并不是每一项贸易争端都可以或应该通过裁决程序来加以解决,因此应该使成员之间有充分的机会采取更加灵活的方式来解决争端。①

总体而言,争端解决机制的改革应当进一步实现政治性与法律性的平衡,即裁决程序一方面要保持其公正性和独立性,维护 WTO 规则的完整性;另一方面也要受到 WTO 政治性机构的制约,更好地反映全体成员的共同意图。实际上,所有法律性机制都有某种政治控制机制,否则法律性机制的合法性就很难维持,这是一个如何达到适当平衡的问题。在 GATT 时代,单个成员可以阻止争端解决程序的启动和裁决机构的通过,这提高了它的合法性,但削弱了它的有效性。反之,WTO 争端解决机制通过完全取消成员的这种权利来解决有效性问题,却削弱了其合法性。对此,有学者建议恢复单个成员的否决权,或允许争端各方在通过报告之前删除报告的某些部分,又或者主张上诉机构成员的任期延长一届,而不是目前的单一任期,并将其改为永久性任期。这些建议有的将重新在该机制中引入基于权力的功能,因此不太可能被大多数成员所接受(在修订 DSU 的谈判中确实因此被拒绝);有的将剥夺 WTO 成员干预上诉机构运作的机会。② 无论如何,这些建议并没有解决争端解决机制的根本的合法性问题,而只是抑制其面临的合法性压力或者通过贬损其有效性换取合法性。因此,部分成员很可能无法接受这些措施,至少在不引入另一种有效的政治监督手段的情况下是不能接受的。

恢复平衡和增强合法性的答案在于加强对争端解决程序的集体政治监督。这可能包括增加对某些争端或争端的某些阶段的开始和结束的政治控制,或增加政治上推翻裁决结果的机会。笔者认为,在关于争端解决机制的改革建议中,以下的建议具有一定的合理性,可以在 WTO 体制未来的改革中加以考虑。

首先,进一步明确和细化专家组和上诉机构在审查国内措施时采用的审

① See Robert McDougall, *The Crisis in WTO Dispute Settlement: Fixing Birth Defects to Restore Balance*, 52(6) Journal of World Trade886 - 887(2018).

② See Robert McDougall, *The Crisis in WTO Dispute Settlement: Fixing Birth Defects to Restore Balance*, 52(6) Journal of World Trade 886 - 888(2018).

查标准。可以采用更具说明性和遵从性的审查标准,以补充目前关于“客观评估事实”[①]的要求,特别是在义务不明确或涉及准司法程序导致的国家措施的情况下。这可能包括重新讨论《反倾销协定》第 17.6 条规定的审查标准(对该标准的广义上的解释)是否“能够普遍适用”的问题。对此,可以规定上诉机构对专家组的裁决适用更大程度的尊重标准。至少,这可能包括对专家组事实调查结果采取的审查标准较 DSU 第 11 条[②]所采用的标准采取更大程度的尊重,以及明确排除对与国内法实施有关的专家组调查结果的上诉审查。为了最大限度地减少咨询意见和强制裁决的风险,可以规定上诉机构仅以解决其面临的争端所必需的方式“处理每个问题”。[③] 当然,这一建议实际上是将上诉机构面临的合法性风险转移至专家组,由于专家组是为案件而设的临时性机构,其在对国内措施和国内法进行审查时很可能在不同案件中对审查标准的把握程度有所不同,成员无法将其对个案审查标准的不满发泄至作为争端解决机制中的一审程序专家组机制,由于问题是某个特定案件的专家组造成的,从而避免了成员对争端解决机制中的常设性机构造成的破坏。然而,这一方案可能会引发另一个问题,就是专家组成员的投机和谄媚行为,要避免这种情况的发生,专家组成员的备选名单中的候选人应当具有充分的代表性和多元性,特别是这些人不能有明显的政治倾向性或代表某种特殊的利益。

其次,WTO 的决策机构可以就解释的适当方法提供进一步指导。根据 DSU 第 3.2 条对“国际公法的习惯规则”的引用,VCLT 的解释规则被用于解释 WTO 的规则,但该公约缺少对条约解释方法具体适用的详细指导,特别是缺少对不同领域条约规定的相互冲突的义务之间关系协调的规定。成员可以在 DSU 规则中对此提供额外的指导,重申必须尽可能充分、公平和平等地落

① Art. 11 of the DSU.

② DSU 第 11 条规定:“专家组的职能是协助 DSB 履行本谅解和适用协定项下的职责。因此,专家组应对其审议的事项作出客观评估,包括对该案件事实及有关适用协定的适用性和与有关适用协定的一致性的客观评估,并作出可协助 DSB 提出建议或提出适用协定所规定的裁决的其他调查结果。专家组应定期与争端各方磋商,并给予它们充分的机会以形成双方满意的解决办法。”

③ See Robert McDougall, *The Crisis in WTO Dispute Settlement: Fixing Birth Defects to Restore Balance*, 52(6) Journal of World Trade890 (2018).

实 WTO 成员的意图。①

再次,可以在裁决机构之间(包括专家组和上诉机构之间的对话以及相似案件的不同专家组之间的对话)建立更加活跃和透明的“对话”机制,以更好地服务于争端解决机制的完整性与合法性。② 除此之外,WTO 也可以建立一种机制,使 DSB 在协商一致的情况下仅采纳专家组或上诉机构报告的部分内容,或者仅采纳调查结果和建议,将整个推理置于背景地位。③

最后,WTO 可以每年举行一次 WTO 成员和上诉机构之间的会议,让 WTO 成员定期与上诉机构成员讨论和沟通他们对各种制度和程序问题的关注,双方之间就重要的问题应当尽量寻求达成谅解。WTO 成员与上诉机构成员之间的这一互动渠道将使它们能够在上诉审查的各种问题上建立相互信任。这一建议可以减少或尽量减少未来出现上诉机构目前正在面临的僵局(上诉机构法官遴选程序受到一再的阻挠而陷入瘫痪)的可能性。

(二)争端解决机制(上诉机构)增进其在民间社会中的民主合法性的路径

国际贸易规则和贸易争端对个人的影响越来越大,在解决国际贸易争端中,国内社会中的个人的利益和价值观不容忽视。除非民众认为争端解决机制及其裁决是合法的,否则成员政府在执行争端解决裁决时将遭到国内社会的强烈抵制,可能无法将这些裁决内化到国内法律秩序中。为此,学者们对增进包括上诉机构在内的 WTO 争端解决机制的民主合法性的建议主要包括:第一,向公众开放专家组和上诉机构会议;④第二,允许专家组和上诉机构接受和审议公众主动提交的法庭之友陈述;⑤第三,裁决机构在解释 WTO 规则时应体

---

① See Michel Cartland, Gerard Depayre & Jan Woznowski, *Is Something Going Wrong in the WTO Dispute Settlement?*, 46(5) J. World Trade 979 – 1016 (2012).

② See Meredith Kolsky Lewis, *Dissent as Dialectic: Horizontal and Vertical Disagreement in WTO Dispute Settlement*, 48(1) Stan. J. Int'l L. 1 – 45 (2012).

③ See Henry Gao, *Dictum on Dicta: Obiter Dicta in WTO Disputes*, 17(3) World Trade Review 509 – 533(2018).

④ See, e. g. , J. H. H. Weiler, *The Rule of Lawyers and the Ethos of Diplomats: Reflections on the Internal and External Legitimacy of WTO Dispute Settlement*, 13 AM. REV. INT'LARB. 177, 191 (2002).

⑤ See, e. g. , Steve Charnovitz, *Participation of Nongovernmental Parties in the World Trade Organization*, 17 U. PA. J. INT'L ECON. L. 348 – 357(1996).

现非贸易价值,[①]甚至有观点主张采取立法措施,而不是裁决措施,以便将公众的非贸易关切纳入 WTO。[②]

1. 公开专家组和上诉机构会议

在全球化时代,WTO 应当是一种代表所有个人的跨国民主参与的形式。[③]因此,有观点认为,向民众开放专家组和上诉机构程序将提高争端解决机制的透明度,从而提高其在民间社会眼中的合法性。[④] 然而,这一建议也可能对该机制的整体合法性产生负面影响。例如,民众出席会议可能会阻止争端当事方政府就争端达成有效的和解或调解方案。[⑤] 公开会议还可能损害专家组和上诉机构审查的独立性,并干扰政府对程序的控制。DSU 的立场是,争端解决机制的独立性应优先于该机制的透明度。[⑥] 在美国—持续报复案和加拿大—持续报复案中,争端各方同意向民众开放专家组程序,参加的市民中有记者、非政府组织代表和学者。市民通过闭路电视广播观看了会议,但不允许他们坐在会议室里。[⑦] 这一方法后来在其他专家组程序中也得到采用,因为该方法在提高透明度而不损害程序的独立性方面具有实际价值。

2. 法庭之友陈述的接受和审议

就民间社会中的非政府行为体对 WTO 的民主参与而言,非政府组织在

① See, e. g. , Robert Howse, *Adjudicative Legitimacy and Treaty Interpretation in International Trade Law: The Early Years of WTO Jurisprudence*, in J. H. H. Weiler ed. , The EU, The WTO and The NAFTA: Towards A Common Law of International Trade, 2000, p. 62 - 68.

② See Andrew T. Guzman, *Global Governance and the WTO*, 45 HARV. INT'L L. J. 309 - 328 (2004).

③ See Peter M. Gerhart, *The Two Constitutional Visions of the World Trade Organizaiton*, 24 U. Pa. J. Int'l Econ. L. 73 - 74 (2003).

④ See Dispute Settlement Body Special Session, Further Contribution of the United States to the Improvement of the Dispute Settlement Understanding of the WTO Relating to the Transparency - Revised Legal Drafting, TN/DS/W/86, 21 April 2006, p. 1 - 2.

⑤ DSU 第 3.7 条规定,优先采用双方都能接受的解决办法。在实践中,即使在专家组审查开始后,争端各方偶尔也会继续谈判,以达成友好解决争端的方案。

⑥ DSU 第 8.2 条明确要求选择独立的专家组成员,而第 14 条和第 17 条要求对专家组和上诉机构的程序进行保密,从而违反了透明度要求。

⑦ See Communication from the Chairman of the Panels, United States - Continued Suspension of Obligations in the EC - Hormones Dispute, Canada - Continued Suspension of Obligations in the EC - Hormones Dispute, WT/DS320/8, WT/DS321/8, 2 August 2005.

WTO 中的参与是最主要的形式。然而,就非政府组织在争端解决程序中的参与形式——主动提供法庭之友陈述并得到专家组和上诉机构接受而言,正如笔者在前文中已经论述的原因,这一方法目前不具有可行性,反而可能破坏 WTO 多边体制的有效性。要求在 WTO 中扩大非政府间组织的参与的提议就是一把"双刃剑",以看似一种话语民主来取代国家中的代议制民主,并具有可能产生特殊利益挟持国际组织的危险,因而被发展中成员反对。

3. 替代建议

在民间社会方面,争端解决机制的主观合法性薄弱,对此,其合法性可以而且应当在其他场所得到补充——包括 WTO 的非司法性机构、其他国际机构以及区域、国家和地方机构。

争端解决机制的程序的民主合法性应当以非直接方式或从该制度之外予以加强。首先,专家组和上诉机构应努力适应公民非贸易利益和价值观的多样性,而不是试图在争端解决机制中直接考虑和反映这些利益。① 这种迁就并不意味着专家组和上诉机构应完全尊重 WTO 成员的政策而不作出任何判定政府措施违反 WTO 协定的裁决。相反,它意味着专家组和上诉机构应根据争端的性质选择适当的审查标准,以不干涉公民、企业和成员政府的自主偏好。② 特别是,在裁决涉及非贸易政策(例如环境、人权和卫生政策等)的争端时,它们应采用更偏向遵从的审查标准,这些争端是有意留给 WTO 成员自行决定的。③ 此外,确保执行 DSB 建议的程序为被诉方保留了空间,尽管其有义务遵守建议,但仍可捍卫其组成部分的关键利益和价值观。争端解决的执行建议不直接适用于 WTO 成员的国内法律秩序,因此,成员对裁决是否适用于国内法以及如何适用拥有自由裁量权。

其次,公民应该与政府建立国内伙伴关系,从而影响贸易政策。例如,可以要求政府举行公开听证会,或在制定国内经济和商事争端解决规则时考虑

---

① Sabino Cassese, *The Globalization of Law*, 37 N. Y. U. J. INT'L L. & POL. 973, 987 – 89 (2005).

② See Paolo G. Carozza, *Subsidiarity as a Structural Principle of International Human Rights Law*, 97 AM. J. INT'L L. 38, 42 – 46, 68 – 70 (2003).

③ See David Winickoff et al., *Adjudicating the GM Food Wars: Science, Risk, and Democracy in World Trade Law*, 30 YALE J. INT'L L. 81, 106 – 111 (2005).

非贸易问题。公民之间的利益和价值观冲突可以在国内得到更好的协调。公民的关切在国内领域的充分反映将使其在 WTO 争端解决机制中的直接反映变得多余。[①]

最后,WTO 中的非司法性机构与其他国际机构之间的互动,可以解决民众认为争端解决机制缺乏合法性的问题。虽然争端解决机制与其他国际机构的相互作用可能会引发对其独立性的质疑,但 WTO 的非司法性机构在这方面不受限制,可以积极与其他国际机构合作。[②] 虽然公民参与 WTO 的正式政治进程可能会损害 WTO 的合法性,但 WTO 在非正式场合与民间社会合作可能有助于加强其合法性。事实上,总理事会已经通过了非政府组织参与 WTO 决策进程的指导方针。[③] 例如,WTO 立法机构和国际人权机构之间的相互作用将使前者能够起草更符合人权标准的 WTO 规则。

---

① See John R. Bolton, *Should We Take Global Governance Seriously?*, I CHI. J. INT'L L. 205, 217 – 218 (2000).

② See Alan Boyle & Christine Chinkin , The Making of International Law 24 – 28, 99 – 103, 137 – 41 (2007).

③ See WTO, Guidelines for Arrangements on Relations with Non – Governmental Organizations – Decision adopted by the General Council on 18 July 1996, WT/L/162, 23 July 1996.

第六章　WTO 立法机制的完善理念与路径

WTO 成员对上诉机构加以“司法造法”“司法越权”的指控反映了两个更广泛、更系统性的问题——WTO 立法机构未能更新贸易规则,也未能对司法性机构实施有意义的监督。因此,根本问题不在于司法性机构的“越权”,而更多的是立法机构如何及时有效地发挥填补 WTO 规则空白、澄清 WTO 规则中的模糊之处或找到方法推翻他们认为有问题的上诉机构裁决的作用。[①] 关于上诉机构是否从事了司法造法的争论源于人们对上诉机构对某些 WTO 规则文本的解释的分歧。因此,解决上诉机构司法造法的问题根本上还是要从完善 WTO 立法机制下手。要在 WTO 的立法和司法职能之间建立适当的平衡,有两个要素是必不可少的:首先,必须重新激活 WTO 的立法功能,为司法解释提供必要的文本指导;其次,当这种指导不充分,WTO 裁决机构不可避免地需要填补空白或澄清歧义时,必须建立可行和有效的机制,允许对裁决机构进行政治监督。需要指出的是,在 GATT/WTO 规则谈判的背景下,诉诸“建设性模糊”的历史由来已久,即使用模糊的术语来掩盖各方立场之间的分歧。虽然这种起草技巧可以使各方更容易达成协议,但它并不能解决分歧。这实际上相当于把球踢到后面去,进而产生滚雪球的效应,逐渐演变为更加复杂的问题,让上诉机构难以招架。因此,WTO 成员应尽量避免在谈判中使用“建设性模糊”,以尽量减少条约中的模棱两可和似有若无。[②]

WTO 成立后,多边谈判一直没有取得重大的实质性进展。诸边协定的谈

---

① See Henry Gao & Weihuan Zhou, “*Overreaching*” *or* “*Overreacting*”? *Reflections on the judicial function and approaches of WTO appellate body*, 53 (6) Journal of World Trade 977(2019).

② See Henry Gao & Weihuan Zhou, “*Overreaching*” *or* “*Overreacting*”? *Reflections on the judicial function and approaches of WTO appellate body*, 53 (6) Journal of World Trade 973(2019).

判首先有了突破,收获了成果,1996 年 12 月,29 个成员在新加坡部长级会议上签署了《信息技术协定》。之后 1997 年 69 个成员达成了《电信服务协定》。同年,70 个成员在金融服务方面达成协议。1995 年以来 WTO 达成的首个多边协定是 TFA,旨在简化货物跨境流动。之后 WTO 成员在第十二届部长级会议上通过了另一项多边协定《渔业补贴协定》,关于该协定的谈判是于 2001 年在多哈部长级会议上启动的。这些例子表明,难以就新协定或对现有协定的修正达成积极协商一致意见是多边谈判进展缓慢背后的关键原因。除了通过贸易谈判制定法律外,WTO 成员未能成功澄清起草者在 WTO 法律文本中留下的现有空白。到目前为止,WTO 成员还无法通过权威解释来澄清 WTO 涵盖协定中存在的歧义。尽管《WTO 协定》第 9.2 条允许成员通过获得 3/4 多数来澄清条约语言,但 WTO 成员无法通过权威解释澄清这些灰色地带,这主要是由于他们无休止地寻求共识。① 与此同时,我们也需要思考:是什么原因允许一个 WTO 成员扼杀上诉机构,从而威胁到 WTO 多边贸易体制的存在?这个问题没有简单的答案,但主要原因之一似乎是基于共识(协商一致)的决策规则。上诉机构成员的任命或连任都是通过积极共识的方式进行的,但由于美国的反对,过去几年在这方面未能达成积极共识。WTO 争端解决机制自成立以来,一直面临着各种批评和挑战。但这些挑战从未对它的生存构成过如此大的威胁。

WTO 的法律体系建立在各成员的意愿之上。随着要求和条件的变化,成员要求修改 WTO 法律。《WTO 协定》规定对起草模糊或不明确的条款采取权威解释。然而,有学者认为,WTO 的规则制定和修订程序使澄清或修改现有规则"实际上是不可能的"和"非常烦琐"。与在谈判桌上进行公开交流相比,在 WTO 中适用裁决程序是一种更快、更方便的解决困难问题的方式。这令人担忧,因为它破坏了对国际合作和规则制定的民主控制,阻碍了所有利益攸关方更广泛地参与国际规则的制定。② 协商一致的决策机制与争端解决机制中

① See Amrita Bahri & Daria Boklan, *The WTO's Collapsing Judicial and Legislative Wings: Is "Consensus" the Real Elephant in the Room?*, 17(2) Global Trade and Customs Journal 82 (2022).

② See M. C. Bronckers, *Better rules for a new millennium: a warning against undemocratic developments in the WTO*, 2(4) Journal of International Economic Law 550 – 552 (1999).

的“反向协商一致”（全体成员对裁决报告的通过一致表示反对）的规定造成了立法机构与司法性机构之间的相当大的不平衡，上诉机构的裁决报告通过反向协商一致获得了自动通过的效力，但立法机构又无法通过达成正向的协商一致纠正上诉机构裁决报告中的问题，这使上诉机构获得了事实上的最终决定权。[①] 所以，问题的关键似乎是协商一致的决策机制本身。WTO 全体成员的同意不是静态的，该同意应当是与时俱进的，成员们在 1995 年建立 WTO 及其规则体系时给出的同意不可能永远继续是他们的同意，该同意需要随着时代的发展而演进，但是协商一致阻挠了这种发展的需要。因此，协商一致的决策实际上未能实现其关键的体制目标，即民主合法性、可信性和反映意愿。[②] WTO“全球辅助性原则”不同于权力分配的狭义辅助性原则，主张 WTO 决策应当体现对不同利益群体的多元价值的尊重，保障参与者之间平等的民主对话与协商。WTO“全球辅助性原则”强调多边贸易体制的合法性来源于全体成员方的普遍共识，为抵制贸易强国依靠霸权推行自身价值取向和利益偏好的做法提供了理论工具。

第一节 WTO 立法机制：概念与现状

WTO 协定中有“规则制定”（rule - making）和“决策制定”（decision - making）两个概念，这两个概念基于 WTO 的规定，是有区别的，尽管在实践中这种区别已经不存在。WTO 的立法机制，属于 WTO 决策制定机制中的一种，而规则制定程序又是立法机制中的一种。WTO 的立法机制包括规则制定程序、规则修改程序、规则解释程序、承诺的重新谈判程序和义务豁免程序，决策机制除了包含立法机制以外，还包含成员加入程序。也有观点认为，WTO 的

---

① See Manfred Elsig & Thomas Cottier, *Reforming the WTO: The Decision - making Triangle Revisited*, Cambridge University Press, 2011, p. 299.

② See Amrita Bahri & Daria Boklan, *The WTO's Collapsing Judicial and Legislative Wings: Is "Consensus" the Real Elephant in the Room?*, 17(2) Global Trade and Customs Journal 90 (2022).

决策机制分为立法决策机制和行政决策机制。[①] WTO 的决策规则载于 WTO 协定中,特别是第 9 条(决策)和第 10 条(修正案),以及第 7 条(预算和会费)、第 12 条(加入)、第 13 条(不适用)、第 14 条(接受、生效和交存)和第 15 条(退出)的某些规定。根据这些条款,WTO 规定了两种决策方法:协商一致(作为主要规则,继承 GATT 的习惯做法)和投票(作为在无法达成协商一致或规则特别规定其他情况下的辅助规则)。WTO 每一成员均有一票表决权,但欧盟及其成员的表决权不得超过其成员的票数。

一、WTO 决策机制的总括性规定

协商一致原则产生于 GATT 的做法,尽管 GATT 第 25 条第 4 款规定"缔约方全体的决定应以所投票数的多数做出",以及该条第 5 款规定了在某些情况下以 2/3 多数投票作出决定。然而,早在 1959 年,实际上大多数决定是缔约方全体在协商一致的基础上作出的(弃权、加入和某些修正案除外)。GATT 决策机制从多数投票向协商一致原则的转变,部分原因是缔约方数量的增加和基于地缘政治或经济利益的联盟的出现。此外,赞成协商一致决策原则的其他一些国际组织也产生了相当大的影响。WTO 成立之后,也继承了 GATT 协商一致的决策方式。《WTO 协定》第 9.1 条规定"WTO 应继续遵循 GATT 下的协商一致决策的做法"。可见,WTO 的决策制定程序主要遵循协商一致的习惯。协商一致是指:"作出决定时出席会议的任何成员均不得正式反对所提议的决定。"对此,在表决时,哪怕有一名成员反对一项提案,该提案也无法通过,在这种情况下,下一步通常是通过克服现有阻力,例如找到妥协办法,进行长期努力以达成协商一致意见。如果这不起作用,就不会作出任何决定。[②] 与此同时,《WTO 协定》第 9 条第 1 款也规定:"除另有规定外,如不能以协商一致方式作出决定,则应以投票方式决定所涉事项。"一个例外是 DSU 第 2.4

---

① See Andreas R. Ziegler & Yves Bonzon, *How to reform WTO decision - making? An Analysis of the Current Functioning of the Organization from the Perspectives of Efficiency and Legitimacy*, NCCR Trade Working Paper, No. 2007/23, May 2007, p. 4.

② See Claus - Dieter Ehlermann & Lothar Ehring, *Decision - Making in the World Trade Organization: Is the Consensus Practice of the World Trade Organization Adequate for Making, Revising and Implementing Rules on International Trade?*, 8(1) Journal of International Economic Law 55 (2005).

条,DSB 根据该条款以协商一致方式作出决定,但对争端解决程序中的关键环节[包括专家组的成立(DSU 第 6.1 条)、专家组报告的通过(DSU 第 16.4 条)、上诉机构报告的通过(DSU 第 17.14 条)、中止义务的授权(DSU 第 22.6 条、第 22.7 条)]实行反向协商一致的表决制度。因此,除 DSB 外,WTO 各机构通常会采取两步走的表决方式:首先进行协商一致的表决,如果不行,则采取多数票的表决。

根据《WTO 协定》,有些决定必须以协商一致方式作出(强制协商一致),包括 DSB 的决定(反向共识:第 9.3 条的注释 3 和 DSU 第 2.4 条),以及部长级会议关于放弃受过渡期约束的义务(第 9.3 条的注释 4)、修改 DSU 附件 2(第 10.8 条)或增加诸边贸易协定(第 10.9 条)的决定。此外,WTO 成员作出了若干决定,规定某些决定将以协商一致方式而不是投票方式作出(协商一致代替投票),这些是关于豁免的决定(第 9.3 条)和关于加入的决定(第 12.2 条)。

关于决策程序的其他一些规定可以在各机构的议事规则以及 WTO 的一些多边协定及其附件中找到。WTO《议事规则》载有关于如何进行投票的相当详细的规定。其中,《部长级会议会议议事规则》和《总理事会会议议事规则》第 16 条规定,表决必须有过半数成员出席(表决的法定人数要求)。同时,《部长级会议会议议事规则》第 29 条和《总理事会会议议事规则》第 34 条规定,当决定必须以表决方式作出时,此种表决应以投票方式进行,但任何成员的代表可要求或主席建议以举牌或点名的方式进行表决。① WTO 的各理事会、委员会和其他下属机构在其各自的议事规则第 33 条规定,当它们无法通过协商一致达成决定时,应将事项提交总理事会。②

二、WTO 规则制定程序

国家必须表示明确同意(通常以书面方式表示),才能受一项国际协定的

① See WTO, Rules of Procedure for Sessions of the Ministerial Conference and for Meetings of the General Council, WT/LJ161, 25 July 1996.

② See, e. g., WTO, Rules of Procedure for Meetings of the Council for Trade in Goods, WT/LJ79, 7 August 1995.

约束,这是国际条约的法律效力的来源。在 WTO 中,具有约束力的规则制定通常需要经过全体成员的协商一致程序才能够通过,《WTO 协定》第 9.1 条对此作出了规定。同时,如果有成员缺席或者弃权不会影响协商一致的共识的达成。在国际贸易中,出于经济和法律方面的原因,签署协定的国家越多越好,因此 WTO 中的协定通常希望得到所有成员的同意,以充分发挥多边贸易体制中的最惠国待遇的作用,这涉及妥协、说服,有时经济实力强大的成员会对其他有疑虑的成员施加一定程度的压力。因此,实践中的协商一致决策机制暗含了成员对经济强国的一定程度的顺从,除非重要的国家利益受到威胁时,成员才会考虑提出反对意见。但无论如何,协商一致的机制在实践中被证明当成员们就重大事项无法达成共识时,改革的方案就难以通过,这造成了 WTO 体制存在瘫痪的潜在风险。尽管《WTO 协定》第 9.1 条规定了以投票的方式进行多数决,但对于 WTO 机构来说,投票表决的决策模式仍属于例外,这种方式并未获得 WTO 成员的广泛认可,无论是发达国家还是发展中国家都不支持,因为这与 WTO 的一贯做法相违背。[①] 然而,有时,达成部分协议总比没有协议好,在这种情况下,诸边协议是最好的选择。但是,《WTO 协定》第 10.9 条要求部长级会议协商一致,才能在附件四中增加诸边协定。这种办法将使协定所给予的好处受制于 GATT1994 第 1 条规定的最惠国待遇义务。

三、WTO 规则修改程序

国际公法中关于条约修改的习惯规则是 VCLT 第 40 条[②],根据该条规定,条约修正案不需要所有当事方的同意,但显然,除非当事方同意,否则任何当事方都不受修正案的约束。在此基础上,《WTO 协定》第 10 条的规定更为严格。它首先规定,如果不能在 90 天内达成一致意见,部长级会议必须以 2/3 的成员多数批准修正案提案。然后,2/3 的成员必须接受(批准)修正案,修正案

---

① 参见陈咏梅、陈雨松主编:《世界贸易组织法律实务》,厦门大学出版社 2017 年版,第 109－110 页。

② LCLT 第 40 条规定:“多边条约的修正可以按照下列各项规定进行:(1)在全体当事国间修正多边条约的任何提议都必须通知全体缔约国,各该缔约国均应有权参加关于对此种提议采取行动的决定,以及修正条约的任何协定的谈判和缔结。(2)凡有权成为条约当事国的国家也应有权成为修正后条约的当事国。”

才能生效:如果修正案没有改变实质性的权利和义务,则对于所有成员有效;如果修正案改变了实质性的权利和义务,修正案仅对接受者有效。前一种程序需要部长级会议以 3/4 多数作出决定。在后一种情况下,部长级会议可以 3/4 的成员多数决定,不接受修正案的成员必须退出 WTO,或经部长级会议同意可继续作为成员。DSU 的修改需要协商一致通过,不需要批准,比正常的修改程序负担更轻。根据《WTO 协定》第 10. 2 条,有 5 项规定需要所有成员接受修订:它们是《WTO 协定》第 10 条(关于修订的规定)、《WTO 协定》第 9 条(关于决策的规则)、GATT1994 第 1 条和第 2 条(最惠国待遇和减让表)、GATS 第 2 条(最惠国待遇)和《TRIPS 协定》第 4 条(最惠国待遇)。

《WTO 协定》第 10 条规定了一套复杂的修正程序。根据第 10. 1 条,一般修订程序包括以下三个阶段:第一,成员或相关理事会(在其职权范围内)均可提出修正本协定或附件一所列多边贸易协定条款的提案,并将该修正案提交部长级会议;第二,部长级会议可以协商一致方式作出将拟议的修正案提交各成员接受的决定,如不能达成协商一致意见,部长级会议可以所有成员 2/3 多数作出决定;第三,各成员可在指定期间内向 WTO 总干事交存接受文书,接受拟议的修正案,在此之后修正案将生效。该一般程序有几个具体的限制条件和例外情况,在第 10 条第 2 款至第 10 款中有规定。需要指出的是,第 10 条的修正程序使修正现有的 WTO 协定变得非常困难,甚至不可能。因此,这些规则迄今只使用过 3 次。第一次是 2005 年 11 月 15 日总理事会对《TRIPS 协定》作出的,根据该修正决定,在现有《TRIPS 协定》第 31 条之后增加一个第 31 条之二(Article 31 bis),并在第 73 条后增加一个附录,以此改变了《TRIPS 协定》对基本药物产品授予强制许可的条件,该修正案在得到成员 2/3 多数同意后生效。[①] 第二次是在 2013 年 12 月 WTO 第九届部长级会议通过的一份《修正议定书》,将 TFA 列入《WTO 协定》附件一 A。该协定在获得 2/3WTO 成员批准后,于 2017 年 2 月 22 日生效。TFA 载有加快货物(包括过境货物)流动、放行和通关的规定,它还规定了海关与其他有关当局就贸易便利化和海关合规

---

① See WTO, Decision - Making Procedures under Articles Ⅸ and Ⅻ of the WTO Agreement - Statement by the Chairman - As Agreed by the General Council on 15 November 1995, WT/L/93, 24 November 1995.

问题进行有效合作的措施以及关于这一领域的技术援助和能力建设的规定。[①]第三次是 2022 年 6 月 17 日，WTO 第十二届部长级会议通过了对《WTO 协定》附件一 A 的修正，在《SCM 协定》之后插入本议定书附件所载的《渔业补贴协定》，禁止有害的渔业补贴，该协定要生效需要 2/3 的成员向 WTO 交存“接受文书”。[②] 该协定是 WTO 成立以来继 TFA 之后达成的第二项多边协定。

四、WTO 规则的权威解释程序

WTO 将对规则进行权威解释的权力赋予了部长级会议和总理事会，这种规则解释具有普遍的效力，不同于专家组和上诉机构在案件裁决中为澄清规则作出的仅适用于个案的解释。《WTO 协定》第 9.2 条将通过权威解释的权力授予部长级会议和总理事会，并规定由 3/4 多数成员作出决定，对于 GATT1994、多边货物贸易协定、GATS 和《TRIPS 协定》的解释，由各自的理事会提出建议（关于货物贸易/服务贸易/知识产权）。虽然《WTO 协定》第 9.2 条没有明确规定权威解释的法律效力，但相对明确的是，这种解释将对所有成员具有约束力。[③] 也有观点认为，与专家组和上诉机构的报告以及 DSB 的裁决和建议不同，权威解释可以增加或减少成员在 WTO 涵盖协定下的权利和义务。[④] 因此，总理事会不需要在制定“权威解释”时适用条约解释规则，它可以修改 WTO 法律，包括填补协议文本中的空白或澄清歧义。[⑤]《WTO 协定》第 9.2 条下的权威解释给 WTO 的政治机构提供了一个完善现有贸易规则的机

---

① See WTO, General Council – Protocol Amending the Marrakesh Agreement Establishing the World Trade Organization – Decision of 27 November 2014, WT/L/940, 28 November 2014.

② See WTO, Ministerial Conference – Twelfth Session – Geneva, 12 – 15 June 2022 – Agreement on Fisheries Subsidies – Ministerial Decision of 17 June 2022, WT/L/1144 ; WT/MIN(22)/33, 22 June 2022.

③ See Appellate Body Report, Japan – Taxes on Alcoholic Beverages II, WT/DS8/AB/R, WT/DS10/AB/R, WT/DS11/AB/R, adopted on 1 November 1996, p. 12; Appellate Body Report, United States — Tax Treatment for "Foreign Sales Corporations", WT/DS108/AB/R, adopted on 20 March 2000, paras. 112 – 13, fn. 127.

④ See Appellate Body Report, United States – Tax Treatment for "Foreign Sales Corporations", WT/DS108/AB/R, adopted on 20 March 2000, para 112, footnote 127.

⑤ See Claus – Dieter Ehlermann & Lothar Ehring, *Decision – Making in the World Trade Organization: Is the Consensus Practice of the World Trade Organization Adequate for Making, Revising and Implementing Rules on International Trade?*, 8(1) Journal of International Economic Law 59 (2005).

会,可以纠正专家组或上诉机构作出的解释。[①] 权威解释是制衡 WTO 司法性机构(基于专家组和上诉机构报告的准自动通过性)的必要工具,这种相关性从 DSU 第3.9 条的规定可以看出。但是 WTO 自 1995 年成立以来还没有作出过任何权威性解释。

第二节　WTO 立法机制的优势与不足

在 GATT 时期,国际贸易体系实行俱乐部模式,规模小,参与国家少,经济制度相似、价值相近、目标相同的国家以及这些国家的领导人、外交官和经济学家依赖私人关系组成的社交网络决定国际贸易制度走向,决策过程犹如黑匣子不为外界所知。而在 WTO 中,发展中国家构成了该组织成员的大多数,国际贸易制度议题已经不仅仅局限在诸如降低关税的传统贸易领域,而是涉及知识产权、服务贸易、农业、健康、安全和环境等问题,此时,WTO 的协商一致的立法机制可以确保不同国家之间的决策权的平等,新的规则的确立建立在全体成员的共识的基础上,有利于确保规则反映各成员的不同利益、维护成员间权利与义务的平衡;但与此同时,WTO 成员的身份的多样性决定了其利益的多元化,特别是在新形态的贸易议题和与贸易有关的社会议题中的分歧巨大,协商一致的立法机制成为一种决策障碍,任何一个国家都拥有一票否决的权力,导致立法效率的低下,这一机制在当前的国际贸易关系的背景下也许更多地反映了分歧而非有效地增进了共识。

一、WTO 立法机制的优势

协商一致的好处是明显的,绝不应被低估。如果一项决定是在协商一致的基础上作出的,它往往会得到广泛支持,至少没有人明确反对,规则的执行也能够得到保障。可以说,共识要求维系了国际规制与国家主权之间的微妙

---

① See Appellate Body Report, Japan – Taxes on Alcoholic Beverages II, WT/DS8/AB/R, WT/DS10/AB/R, WT/DS11/AB/R, adopted 1 November 1996, p. 14.

平衡。[①]

西雅图部长级会议失败后，为了确保 WTO 能够继续向前发展，总干事摩尔（Mike Moore）围绕协商一致的表决程序对国家组织的民主进行了一系列的评论。2000 年，摩尔宣布“作为 WTO 体系核心的共识原则……是基本的民主保障”[②]。同样地，摩尔在 2002 年说：“共识规则所体现的是主权、自由选择和自治的权利——换句话说，是最基本意义上的‘民主’。”[③]紧接着，WTO 秘书处也发表了如下声明：WTO 的决定通常是一致的。原则上，这甚至比多数决定原则更民主，因为在所有人都同意之前，不会做出任何决定。[④] 这些观点被写进了 WTO 的年度报告：“WTO 是在共识的基础上运作的……这为谈判议程提供了民主合法性和问责制的坚实基础。”[⑤]这种民主话语有双重目的。一方面，它被用来解释西雅图的失败和成员普遍的决策困难。在这种用法中，协商一致程序的烦琐本质被描述为机构必须为“超级民主”付出的代价。例如，摩尔于 2001 年发表评论意见：“当然，（共识决策）意味着交易有时需要很长时间才能达成。有这么多的利益相关方……这个过程是困难和费力的……但它是民主的。”[⑥]另一方面，摩尔用这种民主话语来提升 WTO 在民间社会团体和发展中成员眼中的合法性。这主要是通过与其他国际组织的比较来进行的。例如，摩尔强调了 WTO 的决策与联合国的不同之处，他说：“WTO 的所有协议都是通过共识达成的……我们没有安全理事会。每个国家都有否决权。”[⑦]他还

---

① See Tomer Broude, *International Governance in the WTO: Judicial Boundaries and Political Capitulation*, Cameron May, 2004, p. 289.

② Mike Moore, *The WTO Is Back on Track for Trade and Development*, 16 February 2000, available athttps://www. wto. org/english/news_e/spmm_e/spmm24_e. htm.

③ Mike Moore, *Democracy*, *Development and the WTO*, 26 *March* 2002, available at https://www. wto. org/english/news_e/spmm_e/spmm82_e. htm.

④ See WTO, 10 *Common Misunderstandings about the WTO*, quoted in Michael Strange, Discursivity of Global Governance: Vestiges of "Democracy" in the World Trade Organization, 36(3) Alternatives (2011), p. 246 – 247.

⑤ WTO, Annual Report 5 (2001).

⑥ Mike Moore, *Trade*, *Development and Democracy*: *The Need for Reform of the WTO*, 10 April 2001, available at https://www. wto. org/english/news_e/spmm_e/spmm57_e. htm.

⑦ See Mike Moore, *Trade*, *Development and Democracy*: *The Need for Reform of the WTO*, 10 April 2001, available at https://www. wto. org/english/news_e/spmm_e/spmm57_e. htm.

强调,与 IMF 和世界银行不同的是,WTO 没有规定……"加权"投票。[①] 摩尔得出结论,即使 WTO 有所谓的"绿屋会议"[②],WTO 仍是"当今最民主的国际组织"。[③]

在 WTO 成立之后,发展中成员在 WTO 谈判中结成同盟,持续反对以美国和欧盟为首的发达成员的提议,并提出代表自身利益的提案。[④] 协商一致的决策规则赋予了每一个成员以有效的否决权。最终,南北僵局导致多哈回合在 2008 年崩溃,至今没有全面复苏的迹象。尽管 WTO 成立以来达成了一些协议,但"一票否决权"的决策在很大程度上将南北双方困在了"WTO 的束缚之中",无法前进或后退。[⑤] 尽管人们普遍承认 WTO 存在"共识问题",但其成员一直不愿放弃这一程序。如果有什么不同的话,那就是 WTO 的"共识决策文化"随着时间的推移而加强了。虽然《WTO 协定》允许在无法达成共识时进行表决,但这一机制从未被使用过。[⑥] 即使是需要投票表决的权威解释,现在也在成员之间被普遍认为必须达成协商一致意见才能通过。[⑦] 这意味着,除了在谈判新规则时遇到困难,各成员还发现难以履行其现有协议。[⑧] WTO 协商一致程序的民主观念已经如此根深蒂固以至于成员不愿也不敢轻易迈出投票的

---

① See Mike Moore, *The Democratic Roots of the World Trade Organization*, in Arthur E. Appleton & Michael G. Plummer, eds., The World Trade Organization: Legal, Economic and Political Analysis (Volume I), Springer, p. 39, 41.

② 绿屋会议在 WTO 总部临近总干事办公室的一个小会议室举行,会议常常有选择地邀请部分成员参加,以作出一些重要的决策和谈判的准备工作。

③ See Mike Moore, *The Democratic Roots of the World Trade Organization*, in Arthur E. Appleton & Michael G. Plummer, eds., The World Trade Organization: Legal, Economic and Political Analysis (Volume I), Springer, p. 47.

④ See Kristen Hopewell, *Breaking the WTO: How Emerging Powers Disrupted the Neoliberal Project*, Stanford University Press, 2016, p. 77 – 104.

⑤ See Claerwen O'Hara, *Consensus Decision – Making and Democratic Discourse in the General Agreement on Tariffs and Trade* 1947 *and World Trade Organisation*, 9(1) London Review of International Law 27 (2021).

⑥ See Jennifer Hillman, *Three Approaches to Fixing the World Trade Organization's Appellate Body: The Good, the Bad and the Ugly?*, Institute of International Economic Law Issue Brief 12 (2018).

⑦ See Isabelle Van Damme, *Treaty Interpretation by the WTO Appellate Body*, 21(3) The European Journal of International Law 605, 612 (2010).

⑧ See Robert Howse, *The World Trade Organization* 20 *Years On: Global Governance by Judiciary*, 27 European Journal of International Law 28 – 29 (2016).

步伐,至少在投票表决问题上慎之又慎。[①] 曾经摩尔多次号召 WTO 成员永远不要放弃协商一致的决策,称"协商一致的原则……是不容谈判的";[②]"在任何协议获得批准之前都需要共识,这一点不会改变"[③]。

在美国基于协商一致程序阻碍上诉机构法官遴选后,WTO 其他成员也没有要求通过投票来打破僵局。这是因为上诉机构法官遴选的依据是 DSU 第 2 条第 4 款,其中只提到了基于"共识"。然而,也有观点认为,通过诉诸《WTO 协定》第 9.1 条规定的一般投票机制,成员可以合法地转向这种投票。《WTO 协定》第 4.1 条进一步支持了这一解释。它的内容如下:"部长级会议有权根据本协定和相关多边贸易协定的具体决策要求,就任何多边贸易协定(包括 DSU)下的所有事项作出决定。""根据本协定和相关多边贸易协定的具体决策要求"一词表示应考虑多边贸易协定(如 DSU)下的决策规则以及《WTO 协定》下的决策规则。这一措辞表明,《WTO 协定》应与相关多边贸易协定(包括 DSU)"整体"解读。如果部长级会议行使 DSB 的职能,如任命上诉机构法官,依据对《WTO 协定》和 DSU 的体系性解释,可以得出结论,即 DSU 第 2.4 条[④]规定的协商一致规则限制在总理事会作为 DSB 召开的情况下,不限制部长级会议的基于投票的决策权,它只明确适用于作为 DSB 召开的总理事会,从而为部长级会议作出的决定安全地保留了多数投票的规则。[⑤] 为了确保多数票通过上诉机构法官任命的合法性,WTO 成员也可以根据《WTO 协定》第 9 条第 2 条,以 2/3 多数投票通过一项权威解释来支持这一举动。然而,即使提出了这样的建议,也没有一个 WTO 成员要求表决。此外,在上诉机构僵局期间,一些成员发表声明支持 WTO 的协商一致程序。在 2017 年的布宜诺斯艾利斯部长

---

① Klaus Dingwerth, Clara Weinhardt, eds., *The Language of World Trade Politics: Unpacking the Terms of Trade*, Routledge, 2019, p. 91 – 93.

② See Mike Moore, *The WTO Is Back on Track for Trade and Development*, 16 February 2000, available athttps://www.wto.org/english/news_e/spmm_e/spmm24_e.htm.

③ WTO, Moore Urges Trade Package for Poorest Countries, 13 April 2000, available at https://www.wto.org/english/news_e/spmm_e/spmm27_e.htm.

④ DSU 第 2.4 条规定:"如本谅解的规则和程序规定由 DSB 做出决定,则 DSB 应经协商一致做出决定。"

⑤ See Amrita Bahri & Daria Boklan, *The WTO's Collapsing Judicial and Legislative Wings: Is "Consensus" the Real Elephant in the Room?*, 17(2) Global Trade and Customs Journal 85 (2022).

级会议上，阿根廷表示，它继续“相信协商一致的途径，这是达成我们都可以称为自己的合法决定的基础”。① 2019 年 5 月，中国表示，虽然 WTO 面临“前所未有的生存危机”，但任何改革都必须“遵循协商一致决策的做法”，并在“平等基础上”进行。② 来自南方的 17 个国家发表了一份联合声明，声称“基于协商一致的多边途径仍然是实现面向发展的包容性成果的最有效手段”③。2019 年 7 月，玻利维亚、古巴、厄瓜多尔、印度、马拉维、南非、突尼斯、乌干达和津巴布韦也分发了一份来文，指出任何机构改革都必须确保“保持协商一致的决策”。④

在这些发言中，我们发现了多年来围绕协商一致程序进行的讨论的回声。中国所说的“平等地位”指的是程序上的平等，它在 20 世纪 70 年代开始与协商一致的决策挂钩，后来在 21 世纪初被推广为国际“民主”的一种形式。在关于发展中国家部长级会议成果的声明中，我们看到协商一致决策被描述为产生“面向发展的成果”的最“有效”方式——呼应了 20 世纪 70 年代对协商一致是实现更大经济平等的最“现实”手段的描述。阿根廷声称，协商一致的决策产生了“我们都可以称为自己的合法决策”。⑤ 尽管像加拿大和欧盟这样的发达成员针对上诉机构的僵局提出了一些建议——包括建立一个临时上诉仲裁的协议⑥——但他们在协商一致的决策问题上基本上保持沉默。此外，欧盟在 2018 年提出，WTO 应该更多地利用诸边协议来克服其决策困难，有人认为这

---

① See Statement by President Macri, Buenos Aires Ministerial, WT/MIN(17)/75, 10 December 2017.

② See WTO, General Council – China's proposal on WTO reform – Communication from China, WT/GC/W/773, 13 May 2019, paras. 1.10, 1.6.

③ WTO, Outcome of the WTO Ministerial Meeting of Developing Countries – New Delhi, 14 May 2019 – Working Collectively to Strengthening the WTO to Promote Development and Inclusivity, WT/L/1062, 27 May 2019, para. 5.

④ See WTO, General Council – Strengthening the WTO to Promote Development and Inclusivity – Communication from Plurinational State of Bolivia, Cuba, Ecuador, India, Malawi, South Africa, Tunisia, Uganda and Zimbabwe, WT/GC/W/778, 11 July 2019, para. 6.2.

⑤ See Claerwen O'Hara, *Consensus Decision – Making and Democratic Discourse in the General Agreement on Tariffs and Trade* 1947 *and World Trade Organisation*, 9(1) London Review of International Law 32 (2021).

⑥ See WTO, Statement on A Mechanism for Developing, Documenting and Sharing Practices and Procedures in The Conduct of WTO Disputes – Addendum, JOB/DSB/1/Add.11, 25 July 2019.

是试图淡化协商一致原则，但反而促使更多的成员明确支持协商一致原则。[①]所以，尽管 WTO 决策的关键问题是第 9 条第 1 款中规定的协商一致规则过于僵化，从而使 WTO 的立法机制“困难和容易瘫痪”。但事实是 WTO 的立法机制中也包括采用多数决或加强多数决的办法，只是成员们一直不愿利用这些办法。因此，也有学者认为，WTO 立法进程缓慢的关键原因在于 WTO 程序的前端（WTO 决策的讨论阶段），而不是在后端（表决规则本身）。[②] 因此，未来 WTO 成员努力的方向仍然是增进 WTO 规则在谈判阶段的民主共识，而不能寄希望于通过多数决的方式达成规则或者对规则进行权威解释。即便是成员们退而求其次达成诸边协议，但是除非诸边协议仅仅是作为对现有规则的解释或修改，或者通过协商一致的方式成为《WTO 协定》附件四中的诸边协定，否则诸边协议在 WTO 框架下的地位是存疑的，难以具备充分的合法性。

二、WTO 立法机制的不足及其难以替代性

由于 WTO 目前有 164 个成员，现有立法机制会严重阻碍政治决策过程的有效性。众所周知，GATT 时期，缔约方通过协商一致的决策机制达成了很多重要的立法成果，似乎这种决策机制运作良好，但这是因为当时缔约方数量较之 WTO 少得多，成员构成也不像 WTO 如此多元化，另外所谈判的议题也主要围绕货物贸易领域的关税壁垒和非关税壁垒，相对简单。

同时，协商一致的共识决策方式也会成为某些成员行使单边权力的工具，例如 2021 年，美国、英国、欧盟和少数其他发达成员利用成员协商一致就豁免作出决定的做法来拖延甚至可能阻止一项暂时放弃对 COVID　19 疫苗和其他医疗技术的知识产权保护的提议，从而保护位于富裕国家的制药公司的利益，并可能阻止较贫穷国家更多地获得救生产品。[③] 美国最近将 WTO 共识程

---

① See Claerwen O' Hara, *Consensus Decision – Making and Democratic Discourse in the General Agreement on Tariffs and Trade* 1947 *and World Trade Organisation*, 9(1) London Review of International Law 32 (2021).

② See Debra P. Steger, *The future of the WTO: the case for institutional reform*, 12(4) Journal of International Economic Law 11 – 12 (2009).

③ See Claerwen O' Hara, *Consensus Decision – Making and Democratic Discourse in the General Agreement on Tariffs and Trade* 1947 *and World Trade Organisation*, 9(1) London Review of International Law 33 (2021).

序武器化的做法远非例外,这种决策方法长期以来一直是美国在多边贸易体制中行使权力的工具。然而,在 20 世纪 60 年代和 70 年代,全球北方国家开始以积极的方式描绘共识决策,以对抗南方在数量上的优势和对国际经济新秩序的追求。从那时起,协商一致的决策继续被包裹在“平等”、“合法性”和“民主”的语言中,直到它与权力的共谋从人们的视野中消失。①

《WTO 协定》第 9.2 条明确规定,只需要 3/4 多数就可采用权威解释,但 WTO 成员却始终遵循 GATT 的传统,只在积极协商一致的情况下作出决定。该条款的文本规定了投票权,然而,许多 WTO 成员认为投票权在政治上是不可取的。例如,欧共体曾就 DSU 第 21.5 条和第 22 条规定的程序“顺序”提出了权威解释的建议。但是,总理事会没有通过这项建议,因为无法达成协商一致意见。② 这个例子再次表明,WTO 以协商一致方式作出决定的传统是上诉机构目前陷入停摆的根本原因。《WTO 协定》第 9.1 条明确地按照下列顺序为 WTO 成员提供了两种不同的决策选择:首先,默认选项是协商一致决策;其次,如果不能以协商一致的方式作出决定,成员可以通过投票的方式作出决定。然而,在实践中,WTO 的决策几乎总是通过协商一致的方式作出的。目前,WTO 的任何成员都可以否决协商一致意见,只要有关成员正式反对该决定。因此,积极共识规则赋予每个 WTO 成员在决策中隐含的否决权。对此,有学者提出,如果不能通过积极的一致意见达成决定,就可以进行投票,在一票一成员的基础上,采取简单多数或特别多数的形式,在难以达成协商一致意见的情况下,投票可以帮助成员及时作出决定。当然,如果 WTO 成员采用投票方式修改实质性法律法规,就会改变成员的权利和义务,这是较为困难的,WTO 成员很可能不愿意放弃他们目前在 WTO 决策过程中享有的否决权。但是,WTO 成员在不直接影响到其自身的权利和义务的决策中,例如任命上诉

---

① See Claerwen O' Hara, *Consensus Decision – Making and Democratic Discourse in the General Agreement on Tariffs and Trade* 1947 *and World Trade Organisation*, 9(1) London Review of International Law 34 (2021).

② See WTO, General Council – Request for an Authoritative Interpretation Pursuant to Article Ⅸ.2 of the Marrakesh Agreement Establishing the World Trade Organization – Communication from the European Communities, WT/GC/W/143, 5 February 1999, p. 32.

机构成员,可以更容易地接受投票表决的方式。[①] 另一种选择可能是在志同道合的国家之间进行 JSIs 谈判,某些 WTO 成员试图利用这种方式来解决这一决策僵局。JSIs 可以被广泛地定义为一种诸边谈判工具,由一群 WTO 成员发起,在不遵循协商一致决策规则的情况下就某些问题展开谈判。这些谈判主要是由志同道合的发达国家成员推动的,尽管发展中国家也有一些参与。然而,这种新方式仍然存在争议,人们怀疑这些谈判工具是否能成为 WTO 体系的一部分,以及它们是否与 WTO 的基本原则相冲突,如非歧视原则和通过基于共识的多边主义等。[②] 使用基于投票的决策和联合倡议声明等政策工具,可能会损害 WTO 作为一个成员驱动机构的合法性和可信度。约翰·杰克逊将支持协商一致的观点更进一步,他观察到,协商一致"迫使成员尽可能广泛地接受新措施",因此它为最终通过的措施提供了民主合法性。[③] 对于一个以成员为驱动的组织来说,协商一致的方式是民主和合法的,因为它考虑到了所有 WTO 成员的需求和意见;然而,目前的生存危机已不再是一方面需要合法性,另一方面需要及时决策之间的斗争;这场危机关乎 WTO 的生存。[④]

在 WTO 中,共识原则已被 WTO 外交官们接受为决策的主要模式。[⑤] 行为遵循社会规则,这些规则由行为者所属的政治共同体所认为的正确、自然和

---

① See Amrita Bahri & Daria Boklan, *The WTO's Collapsing Judicial and Legislative Wings: Is "Consensus" the Real Elephant in the Room?*, 17(2) Global Trade and Customs Journal 89 (2022).

② See Fiama Angeles, Riya Roy & Yulia Yarina, *Shifting from Consensus Decision - Making to Joint Statement Initiatives: Opportunities and Challenges*, December 2020, available at https://tind - customer - iheid. s3. amazonaws. com/d1668164 - 5bcc - 4d68 - 8e2b - db4671bd2a51? response - content - disposition = attachment% 3B% 20filename% 2A% 3DUTF - 8% 27% 27WTO% 2520Capstone% 2520Final% 2520Report% 2520JSIs. pdf&response - content - type = application% 2Fpdf&X - Amz - Algorithm = AWS4 - HMAC - SHA256&X - Amz - Expires = 86400&X - Amz - Credential = AKIAXL7W7Q3XHRF6JAHR% 2F20230418% 2Feu - west - 1% 2Fs3% 2Faws4_request&X - Amz - SignedHeaders = host&X - Amz - Date = 20230418T042058Z&X - Amz - Signature = a8d0d5f8be57dcd482d765f48e58217260f7ed314e292636688eeea7dc76951a.

③ See John H. Jackson, *Sovereignty, the WTO and Changing Fundamentals of International Law*, Cambridge University Press, 2006, p. 114

④ See Amrita Bahri & Daria Boklan, *The WTO's Collapsing Judicial and Legislative Wings: Is "Consensus" the Real Elephant in the Room?*, 17(2) Global Trade and Customs Journal 90 (2022).

⑤ See Manfred Elsig & Thomas Cottier, *Reforming the WTO: The Decision - making Triangle Revisited*, Cambridge University Press, 2011, p. 296.

预期的东西定义。它甚至适用于组织中的内部事务。1999 年在 WTO 成员选任总干事的过程中,当候选人的任命出现明显的僵局时,有两个代表团要求进行表决。作为对这一要求的回应,一个成员表明了自己的立场,并强调“在这个组织中,我们不投票”。随后,绝大多数成员发表了有力的支持声明。① 这种支持有两个主要根源:一是体现和保障成员主权平等的共识。这一原则通常被描述为最民主的决策形式。这与一种观点有关,即各国必须同意国际协议才能受到约束,所有成员正式享有单独反对和阻止决定的可能性。二是成员经济和政治影响力的不平衡以及一国一票的原则使得在不危及组织的情况下几乎不可能实行投票制度。票数被击败的强大成员可能会选择从 WTO 中显性或隐性转移,转而单方面或通过双边或区域协议另起炉灶,在 WTO 之外重新塑造贸易关系。

第三节　WTO 立法机制改革的有关建议

一个人的立场取决于他认为 WTO 的使命是什么。② 对 WTO 的立法机制改革和司法机制改革持有不同看法的根源在于对其基本宗旨和任务的不同看法。对于那些认为 WTO 的使命是通过互惠实现贸易自由化的人来说,WTO 的改革是没有必要的。对于那些认为 WTO 的任务应扩大到更广泛的国际经济管制的人来说,体制改革是一个紧迫的优先事项,③虽然他们不希望把 WTO 变成一个“世界政府”,但也强调,目前在强大的、具有法律约束力的争端解决

① See Interview, 12 July 2006, Senior WTO trade official, cited in Manfred Elsig & Thomas Cottier, *Reforming the WTO: The Decision - making Triangle Revisited*, Cambridge University Press, 2011, p. 297.

② See Debra P. Steger, *The future of the WTO: the case for institutional reform*, 12(4) Journal of International Economic Law 3 (2009).

③ See Debra P. Steger, *The future of the WTO: the case for institutional reform*, 12(4) Journal of International Economic Law 5 (2009).

机制和相对薄弱的、烦琐的、政治性的规则制定和谈判机制之间存在不平衡。[①] WTO 咨询委员会提交总干事素帕猜·巴尼巴滴(Supachai Panitchpakdi)的报告[该报告通常被称为"萨瑟兰报告"(Sutherland Report)]认为:WTO 需要进行机构和决策机制改革。WTO 的任务不仅限于贸易自由化,它包括发展以及与一般国际经济监管有关的许多其他主题。[②]

一、WTO 立法机制改革的目标

现有讨论 WTO 立法机制的文献都围绕着两个核心问题展开:一是该机制的民主合法性,二是该机制的效率性。民主合法性与 WTO 的权力的范围及其与国家主权的关系相关联。随着国家之间在国际贸易中的合作范围越发广泛和深入,WTO 被赋予了一系列传统上属于主权国家的权力范围内的管理职能,这实质上是国家权力向 WTO 的转移。合法性问题由此产生,即 WTO 获得的国家的权力对国内的个人利益产生实质影响,因此涉及民主合法性问题。但是当 WTO 行使了部分国家主权权力时,也就引发了民主合法性问题,即如何确保 WTO 的决策像国内决策符合宪法中规定的普遍的民主原则、体现民主意志?[③]

效率是与 WTO 立法机制有关的第二个普遍问题。自 1999 年西雅图部长级会议以来,WTO 立法机制由于其协商一致的程序模式,已经难以有效运行,而瘫痪正威胁着该组织。[④] WTO 立法程序的拖延甚至瘫痪一方面会导致一些

① See Claus – Dieter Ehlermann & Lothar Ehring, *Decision – Making in the World Trade Organization: Is the Consensus Practice of the World Trade Organization Adequate for Making, Revising and Implementing Rules on International Trade?*, 8(1) Journal of International Economic Law 51 (2005).

② See Peter Sutherland, et al, *Report of the Consultative Board to the Director – General Supachai Panitchpaki, The Future of the WTO: Addressing Institutional Challenges in the New Millennium*, WTO Geneva, 2004, p. 2 – 5.

③ See Andreas R. Ziegler & Yves Bonzon, *How to reform WTO decision – making? An Analysis of the Current Functioning of the Organization from the Perspectives of Efficiency and Legitimacy*, NCCR Trade Working Paper, No. 2007/23, May 2007, p. 2.

④ See Robert O. Keohane & Joseph S. Nye Jr. (2001), *The Club Model of Multilateral Cooperation and Problems of Democratic Legitimacy*, in Roger B. Porter, et al., ed., Efficiency, Equity, and Legitimacy: The Multilateral Trading System at the Millennium, Brookings Institution Press, 2004, p. 264 – 308.

成员可能会转向其他区域贸易组织,从而威胁到 WTO 多边体制的生存;另一方面可能导致 WTO 政治机构和司法性机构之间的权力不平衡,从而减损后者的合法性。[①]

WTO 立法机制的民主合法性与效率性两个问题是相互交织的。提高效率一方面可以同时提高民主合法性,尤其是通过提高立法机构的效率以确保立法机构与司法性机构之间的权力平衡,进而加强立法机构对司法性机构的制约的方面更是如此。提高 WTO 立法机构的效率将使司法性机构的裁决结果的合法性得到审查。另一方面,效率和民主合法性有时会发生冲突。当提高效率意味着正式脱离协商一致的决策模式时,从国家主权平等的角度来看,这对民主合法性产生了负面影响。然而,在这方面,我们已经看到,即使是目前设计的协商一致的决策方式,加上它所包含的所有非正式做法,也不能促进这一意义上的民主合法性。[②] 同时,协商一致的决策程序也抑制了立法机制的效率性。

因此,现有文献对于 WTO 立法机制的改革建议都需要兼顾其民主合法性和效率性。笔者亦认为,WTO 立法机制改革应当以增进该机制的效率性为目标,同时也要兼顾其民主合法性。然而,民主合法性概念较为复杂,不同的人对其有不同的理解,因此笔者在此需要对 WTO 立法机制的民主合法性概念加以明确。这一概念通常包含两层含义:一是 WTO 成员层面的民主,二是 WTO 治理的全球贸易关系层面的跨国民主。首先,传统上,国际立法的主要合法性来源是国家同意原则和国家间主权平等原则。因此,WTO 的基本决策模式就是全体成员间的协商一致,各成员间无论大小,其决策权是平等的,对于成员内部的个人而言,一般是通过国内的民主机制(如代议制民主、压力集团对政府和议会进行游说等)来影响成员在 WTO 中的决策,以此确保成员的决策反映国内的民主意志。其次,针对前一种 WTO 民主模式,有学者指出:WTO 如果仅仅被设计成为保护各国国内的民主价值、限制国内利益集团的工具,就会

---

① See A. Von Bogdandy, *Law and Politics in the WTO – Strategies to Cope with a Deficient Relationship*, 5(1) Max Planck Yearbook of International Law 609 – 674 (2001).

② See Andreas R. Ziegler & Yves Bonzon, *How to reform WTO decision – making? An Analysis of the Current Functioning of the Organization from the Perspectives of Efficiency and Legitimacy*, NCCR Trade Working Paper, No. 2007/23, May 2007, p. 18.

引发全球化时代的民主赤字。在全球化时代，一国的贸易政策不仅影响到国内的生产者和消费者的利益，也影响到与其进行贸易往来的其他国家民众的利益，然而这些民众却不能参与该国的政策制定过程以改变对自身利益有害的政策，这不符合民主的精神。[①] 实际上，WTO 的作用应当被理解为监督国际政治过程，国家可以借此影响他国的政策，如果其他国家实行了对本国利益有害的政策的话。WTO 应当是一个全球性的政治参与和协商的平台，为受到国与国之间贸易政策影响的本国民众和外国民众提供一个参与的通道，共同讨论 WTO 应当体现的价值，改变使其利益受损的政策。民主原则要求那些受到政策影响的人们有机会以某种形式参与到决策中。而以国家为中心的国际民主模式在一个相互联结的世界中仅仅具有民主合法性的外衣而没有民主合法性的实质。[②] 所以，这一观点认为，WTO 的民主合法性应当包含民间社会中的个人的跨国民主参与的内涵。

二、WTO 立法机制改革的具体路径

（一）加权投票制

在决策程序模式方面，多数改革建议首先着眼于提高效率。一些学者建议放弃协商一致，用加权投票制度取而代之。在无法达成协商一致意见的情况下，成员可以使用加权投票制度。他们认为，虽然目前的制度（一个成员一票）代表了成员的正式平等，但它是不平衡的，因为没有考虑到成员的真正政治和经济权力。如果不对 WTO 的投票程序进行这种外科手术式的转变，多边贸易谈判就没有成功结束的机会。传统的一个成员一票的制度会导致代表世界贸易不到 10% 的成员妨碍决策的通过，这是危险的。[③] 因此，他们提出了基于一个公式的加权投票规则，该公式包含几个变量，包括对 WTO 的贡献、GDP、市场开放程度、人口和/或基本投票权。他们认为，这一机制可能有助于

---

① See Peter M. Gerhart, *The Two Constitutional Visions of the World Trade Organizaiton*, 24 U. Pa. J. Int'l Econ. L. 74 (2003).

② See Peter M. Gerhart, *The Two Constitutional Visions of the World Trade Organizaiton*, 24 U. Pa. J. Int'l Econ. L. 73 - 74 (2003).

③ See Gary Clyde Hufbauer, *Inconsistency Between Diagnosis and Treatment*, 8 Journal of International Economic Law 291, 296 (2005).

克服贸易谈判和 WTO 日常事务中的决策程序困境。① 英国华威大学的一项报告考虑了基于两个阈值的加权投票制度的构想:国家大小(全球贸易或全球国民收入的既定百分比)和投票支持一项决定的最低成员数。虽然该报告指出,这样的门槛组合可以保护大国和小国的利益,但该报告的最终观点是不建议采用加权表决制度,相反地,它支持"临界质量"的决策模式观点。②

(二)"临界质量"共识模式

"临界质量"的提出是对 WTO 共识模式的"微调"。"临界质量"的概念意味着一个成员不应阻止一项得到其他相当多成员支持的决定。③ 杰克逊指出,基于共识的决策过程有优点也有缺点。要求达成全面共识的一个缺点是,它可能导致僵局、僵持和瘫痪。换句话说,结果可能是方法虽然对了,但是要做的事情却无法完成。考虑到在达成一致意见的情况下作出决策的困难度,杰克逊提出了"临界质量"的观点。杰克逊的想法是"制定一种惯例,当有足够多的国家支持一项提议的变革时,各国会避免阻碍共识的达成"。临界质量的国家可以被表示为世界上绝大多数的国家和绝大多数的贸易权重,例如占全世界所有国家的 90% 以上的国家和占全球贸易总量的 90% 以上的贸易量的国家。④ "临界质量"观点的提出主要是反对在 WTO 中实行"一员一票"模式。因为在"一员一票"的原则下,以简单多数为基础的实质性问题的决定将不能代表国际贸易的现实,即不能反映不同 WTO 成员在国际贸易中的实际参与度和权重占比。

(三)增加行使否决权的成本

增加否决权的隐性成本的方法是指在保留协商一致模式基础上增进该共识决策机制有效性的一种方法,例如诉诸 WTO《议事规则》第 33 条,或找到其

---

① See Thomas Cottier & Satoko Takenoshita, *Decision – Making and the Balance of Powers in WTO Negotiations: Towards Supplementary Weighted Voting*, in Stefan Griller, ed., At the Crossroads: The World Trading System and the Doha Round (Vol. 8), Springer, 2008, p. 181.

② See Report of the First Warwick Commission, *The Multilateral Trade Regime: Which Way Forward?*, University of Warwick, UK, 2007, p. 29 – 32.

③ See John H. Jackson, *The WTO "Constitution" and Proposed Reforms: Seven "Mantras" Revisited*, 4(1) Journal of International Economic Law 74 (2001).

④ See John H. Jackson, *The WTO "Constitution" and Proposed Reforms: Seven "Mantras" Revisited*, 4(1) Journal of International Economic Law 67, 74 – 75 (2001).

他方法使阻止否决权的成员受到内部和外部的批评等。目标可以是建立一种制度,在该制度中,如果一项决定得到压倒性多数的支持,个别成员就不得加以反对以阻止协商一致意见的达成。[①] 一项使个别成员更难以阻挠决策通过的制度,也将更容易克服国内特殊利益集团的阻力。[②] 因此,成员应该考虑更广泛地使用 WTO 下属理事会、委员会和其他机构各自的《议事规则》第 33 条。这条规则规定,当它们无法以协商一致意见达成决定时,应将某一事项提交总理事会。目前,当不能达成协商一致意见时,往往不进行这种移交工作。例如与贸易有关的知识产权理事会在就《〈多哈宣言〉第 6 段关于与贸易有关的知识产权协定和公共卫生的执行》以协商一致的建议形式提交总理事会之前的长期僵局状态。这种提交可以使有争议的问题得到更高的关注,使辩论政治化,而不是把它留在无法达成协商一致意见的技术性的层面上。这将增加反对成员阻止该提案的成本,从而在某些情况下鼓励他们放弃反对意见。[③] 此外,另一项建议提出,阻挠一项本来得到广泛支持的决定的成员必须书面声明:作出该决定的事项对它至关重要。[④]

(四)扩大立法程序中的民主参与和对话

由于 WTO 的贸易政策已经逐渐侵入了国内立法领域,从而,各国立法机构议员都认为有必要在 WTO 中设立议会制度。对此,WTO 已经建立了国家间的议会联盟制度,WTO 议会联盟大会兼具国家间和跨国性组织的性质,WTO 议会联盟大会由 IPU 和 EP 组成。WTO 的议会制度已经从第一届非正式的议员会议[⑤]发展至现在的制度化的 WTO 议会大会。WTO 的首次议员会

---

① See John H. Jackson, *The WTO "Constitution" and Proposed Reforms: Seven "Mantras" Revisited*, 4(1) Journal of International Economic Law 74 – 75 (2001).

② See Claus – Dieter Ehlermann & Lothar Ehring, *Decision – Making in the World Trade Organization: Is the Consensus Practice of the World Trade Organization Adequate for Making, Revising and Implementing Rules on International Trade?*, 8(1) Journal of International Economic Law 74 (2005).

③ See Claus – Dieter Ehlermann & Lothar Ehring, *Decision – Making in the World Trade Organization: Is the Consensus Practice of the World Trade Organization Adequate for Making, Revising and Implementing Rules on International Trade?*, 8(1) Journal of International Economic Law 74 (2005).

④ See Peter Sutherland, et al, *Report of the Consultative Board to the Director – General Supachai Panitchpaki, The Future of the WTO: Addressing Institutional Challenges in the New Millennium*, WTO Geneva, 2004, p. 64.

⑤ 起始于 1996 年 12 月的 WTO 新加坡部长级会议。

议主要关注议会和议员在 WTO 的角色问题，而随着这一制度的逐步发展，现在，议员们更多地关注 WTO 谈判中的诸多实质性问题。随着 2004 年 WTO《议会大会议事规则》的采纳和 2008 年的修订，WTO 的议会制度已经初步确立，该制度以议员之间的会议的形式呈现，《议会大会议事规则》声明议会大会应当一年召开一次。然而，尚有很多人质疑议会大会在 WTO 中的作用，认为其所能发挥的效用十分有限。有观点认为，WTO 本身不具有议会机制发展的推动力，只是出于诸多原因而不得已认可国内议员在其作为国家间组织的谈判过程中发挥一定的作用。实际上，WTO 所希望的议会议员发挥的作用与他们在实际上所发挥的作用并不相同，甚至有些背道而驰。WTO 议会联盟大会的议员们在 WTO 中主要是代表了其本国的利益集团的利益，从而有一种贸易保护主义的倾向，而 WTO 则是希望通过增加议会制度使 WTO 制度本身更具透明度，并能够与民间社会进行更好的交流，从而使民间社会能够更为认同贸易自由化理念和 WTO 的合法性。毕竟，自由贸易和民主、人权、环境以及发展等价值都是不能减损的价值，它们之间应当寻求某种平衡，但是，这不等于要将贸易自由化导向贸易保护主义的窠臼。①

就非政府组织在 WTO 中的参与而言，其参与的方式包括游说、对发展中国家的能力建设等，有研究表明，在 WTO 的历次回合谈判中，非政府组织都在其中发挥了相当重要的角色。② 可以认为，非政府组织对 WTO 的参与可能增加谈判的复杂性，但也会对 WTO 的谈判体制的效率和实效性施加有利的影响；非政府组织的参与能够增强非贸易问题在 WTO 谈判中的重要性，亦能够为 WTO 制度的长期性变革铺设道路。③ 然而，非政府组织参与 WTO 决策过程的问题也较为突出：WTO 很难吸引到民间社会中的多元性的利益群体的参与，而与特定问题相关的利益群体在 WTO 中的参与的比例过高，尤其是特定

---

① See Hilmar Rommetvedt, *The Institutionalization of a Parliamentary Dimension of an Intergovernmental Organization: The WTO*, 10(4) World Trade Review 443 – 444 (2011).

② See Gunnar Sjostedt, *NGOs in WTO Talks: Patterns of Performance and What They Mean*, 17 (1) International Negotiation 91 – 114 (2012). 该研究考察了非政府组织在 WTO 多哈回合历次部长级会议中的参与，对非政府组织在 WTO 谈判中的参与模式和发挥的影响进行了评估与总结。

③ See Gunnar Sjostedt, *NGOs in WTO Talks: Patterns of Performance and What They Mean*, 17 (1) International Negotiation 91 (2012).

地域的利益群体比如北美和欧洲的利益组织。总之,只有数量和范围相对有限利益组织能够长期保持对 WTO 部长会议谈判的游说,[①]这使 WTO 可能陷入被特殊利益集团挟持的危险,因此非政府组织在 WTO 中的参与被发展中成员反对。[②] 有观点认为,民主的先决条件在于全世界个体之间的平等和相互依赖,[③]因为政治平等性是民主决策的前提。

(五)从多边谈判到诸边谈判

一些学者建议放弃一揽子承诺(Single undertaking)原则以提高效率。WTO 采取一揽子承诺的谈判模式在很大程度上是基于一种共同的看法,即东京回合达成的协定(通常被称为东京回合守则)只适用于同意加入的成员,并对未加入的成员适用最惠国待遇原则,这意味着允许未加入者"搭便车",从而削弱了整个系统,同时也使发达国家对未加入的发展中成员不严格执行东京回合守则的义务。因此,虽然东京回合进一步发展了 GATT 的纪律,但这些规则发展只适用于有限的缔约方,未能真正容纳发展中成员,使发展中成员在很大程度上被排除在多边贸易体制发展的进程之外。同时,守则的缔约方单方面适用最惠国待遇也无法对多边贸易体制作出令人满意的补救,最终导致以 GATT 为基础的条约权利和义务的不对称。因此,在乌拉圭回合谈判时,美国和欧盟敦促各方达成一项必须全部接受的条约体系。其中,发展中成员获得了较长的过渡期限,而就实质性权利和义务而言,特殊和差别待遇仍然微不足道,而且基本上不具备可执行性。[④] 此外,已存在的并经过修订的 GATT 被纳入新的 WTO 法律框架,但不适用于那些弃权加入新成立组织的成员。只有在少数部门协定方面(WTO 协定的附件四诸边协定),成员们保留了弃权的权利,例如在政府采购方面。

---

① See Marcel Hanegraaff, et al. , *Open the Door to More of the Same? The Development of Interest Group Representation at the WTO*, 10(4) World Trade Review 447 (2011).

② See Joel P. Trachtman, *The WTO, Legitimacy and Development*, 4(1) Trade, Law and Development 13 - 14 (2012).

③ See Thomas Christiano, *Democratic Legitimacy and International Institutions*, in Samantha Besson and John Tasioulas, eds. , The Philosophy of International Law, Oxford University Press, 2010, p. 130.

④ See Thomas Cottier, *From Progressive Liberalization to Progressive Regulation in WTO Law*, 9(4) Journal of International Economic Law 779 - 821 (2006).

2017 年 12 月在布宜诺斯艾利斯举行的 WTO 第十一届部长级会议提出了 JSIs 的创新方法。这些倡议,在没有任何一致同意的定义的情况下,被临时定义为一群成员(而非全体成员)在不使用 WTO 中普遍存在的协商一致决策的情况下,就某一问题领域开启谈判的尝试。但是,这个宽泛的定义并不包括将其纳入 WTO 体系,也不包括将 JSIs 下的承诺和利益扩展至全体成员。这给这些举措蒙上了一层争议的光环,并勾勒出了一条模糊的前进道路。[①] 作为 WTO 基于共识的决策的替代方案,JSIs 是可行的选择吗? 2017 年年底,许多 WTO 成员发起了诸边倡议,在电子商务、投资便利化、服务国内监管和支持中小微企业利用贸易机会四个领域确定良好做法和新规则。这些被称为联合声明倡议的诸边倡议是一个积极的发展,为 WTO 成员就共同利益的主题与志同道合的贸易伙伴进行有意义的接触提供了一种手段,也为那些不太可能(也不愿意)彼此签署深度贸易协定的大国提供了合作的机会。然而,诸边合作可能因为最惠国待遇原则的适用而被认为具有被不参加的成员"搭便车"的风险。这一问题显而易见的解决方案——将合作的利益限制在参与者身上——在 WTO 规则下实际上是不可能的,因为将新的诸边协议纳入 WTO,这些协议在适用上的歧视性需要 WTO 全体成员(包括所有未参与的成员)的协商一致同意。因此,在 WTO 中建立一个纳入和管理歧视性协议的法律基础是改革的一个重要领域。[②] 另外,在最惠国待遇基础上适用的 OPAs 原则上很容易被纳入 WTO。对此,有学者主张通过为新的开放式诸边协定的缔约方制定具有约束力的行为准则,为开放式诸边协定创建治理框架,使非缔约方拥有对其实施情况问询的权利。确保协议对任何希望加入的成员真正开放、完全透明,并建立

---

① See Fiama Angeles, Riya Roy, and Yulia Yarina, *Shifting from Consensus Decision – Making to Joint Statement Initiatives*: *Opportunities and Challenges*, December 2020, available at https://tind – customer – iheid. s3. amazonaws. com/d1668164 – 5bcc – 4d68 – 8e2b – db4671bd2a51? response – content – disposition = attachment% 3B% 20filename% 2A% 3DUTF – 8% 27% 27WTO% 2520Capstone% 2520Final% 2520Report% 2520JSIs. pdf&response – content – type = application% 2Fpdf&X – Amz – Algorithm = AWS4 – HMAC – SHA256&X – Amz – Expires = 86400&X – Amz – Credential = AKIAXL7W7Q3XHRF6JAHR% 2F20230418% 2Feu – west – 1% 2Fs3% 2Faws4_request&X – Amz – SignedHeaders = host&X – Amz – Date = 20230418T065830Z&X – Amz – Signature = 087e72b9c425d600e901808dd186cc4f29e06c51564fa86095cca27e48b8d306, p. 4.

② See Bernard Hoekman & Petros C. Mavroidis, *WTO Reform*: *Back to the Past to Build for the Future*, 12 Global Policy 8 (2021).

帮助那些有兴趣参与但因能力不足而未能参与的成员的能力建设机制，这将有助于使开放式诸边协议成为解决 WTO 谈判僵局的一部分。[①]

（六）改革 WTO 组织结构

关于 WTO 机构的组成，一些学者建议成立一个由成员组成的有限小组，根据 GATT 下的十八国协商小组的模式来指导 WTO 的政治进程，从而提高效率。这个小组将建立在所有成员眼中透明、可预测、公平和合法的基础上，以某种方式使实际的决策做法正式化。它将由全体成员选举产生的国家集团组成，这些国家将帮助弥补一些最不发达国家的资源短缺。然而，也有人对此表示反对，认为 WTO 是一个以贸易自由化为主要宗旨和任务的成员驱动型组织，协商一致的决策做法在过去（包括乌拉圭回合）发挥了有效作用，是今后作出决策的唯一合法、有效和公平手段。认识到在 WTO 规则制定中需要外交和政治手段，并特别注意到在 WTO 中给予发展中成员更多的发言权和影响力，持这一观点的学者们普遍反对改变决策中的协商一致规则的想法，并且不赞成设立管理委员会或仅由一些 WTO 成员组成的特殊决策机制。[②] 例如约斯特・鲍威林认为协商一致决策是一种参与和政治投入，是发声机制的一部分，应该得到加强，以便与 WTO 的规则和严格的纪律性保持平衡。在他看来，贸易体制的合法性问题最好的解决方式是在他所谓的法律和政治两方面进行改革。在法律方面的改革意味着为成员提供一些有限的退出选择，并降低纪律；此外，司法性机构必须保持充分的成员控制性，必须加强对专家组和上诉机构的法官的素质检查。[③] 在政治改革方面，他反对任何改变 WTO 协商一致决策程序的行动，也不赞成设立由少数成员组成的管理委员会，他支持提高 WTO 的透明度，包括允许非政府组织参与决策。[④]

尽管有上述反对意见，但仍有学者主张，WTO 立法机制的问题似乎不是

---

① See Bernard Hoekman & Petros C. Mavroidis, *WTO Reform: Back to the Past to Build for the Future*, 12 Global Policy 8 – 9 (2021).

② See Debra P. Steger, *The future of the WTO: the case for institutional reform*, 12(4) Journal of International Economic Law 3 (2009).

③ See Joost Pauwelyn, *The Sutherland Report: A Missed Opportunity for Genuine Debate on Trade, Globalization and Reforming the WTO*, 8 Journal of International Economic Law 329 – 346 (2005).

④ See Joost Pauwelyn, *The Transformation of World Trade*, 104 Mich. L. Rev. 64 – 65 (2007).

在进程结束时无法批准提案，而是在进程开始和进程期间缺乏正式的机制和程序，阻碍了决策。因此，WTO 决策机构的问题可能在于其内部治理结构，也可能在于成员的态度。为了履行其职责，WTO 有必要对其组织结构进行调整，使其能够有效、高效和负责地运作。当人们将 WTO 与其他国际组织或国家政府进行比较时，WTO 缺乏许多在立法机制中被视为理所当然的管理结构。例如，它没有一个小型的执行委员会、议会或立法机构，也没有一个在确定立法优先事项和制定规则建议方面发挥具体作用的官僚机构。以欧盟的体制结构为例，该结构有一个部长理事会、一个议会和一个委员会，每一个都在制定规则的过程中负有具体责任。虽然没有人会认真地主张 WTO 应该遵循欧盟的模式，但在制定未来 WTO 的治理模式时，考虑这些一般的机构职能是有益的。[①] 对此，"善治"的概念必须成为改革 WTO 这一机构的指导原则，该原则具体包含四个评价指标，分别是有效性、效率、问责制和代表性。[②]

首先，"有效性"指的是国际组织及其特定机构及时、高质量地履行其职能的能力。有效治理的先决条件包括明确界定组织结构中每个组成部分的责任和不同机构的协调一致的运作，包括信息交流。[③]

其次，"效率"指的是优化运营成本，最大限度和适当地利用国际组织内部的人员。应避免分配给机构和工作人员的职责出现任何重叠内容。[④]

再次，"问责制"有两个层次：(1)国际组织的工作人员和管理人员对成员负责履行其职能；(2)国际组织对外部世界负责执行其任务。国际组织在问责制中必须纳入组织的业务文化，并以明确界定和确立的标准为基础，以便使评

---

① See Debra P. Steger, *The future of the WTO: the case for institutional reform*, 12(4) Journal of International Economic Law 12 (2009).

② See Independent Evaluation Office of the International Monetary Fund, *Governance of the IMF: An Evaluation*, International Monetary Fund, 2008, p. 4.

③ See Independent Evaluation Office of the International Monetary Fund, *Governance of the IMF: An Evaluation*, International Monetary Fund, 2008, p. 4.

④ See Independent Evaluation Office of the International Monetary Fund, *Governance of the IMF: An Evaluation*, International Monetary Fund, 2008, p. 4.

估业绩和执行问责的过程尽可能保持客观。①

最后,“代表性”是指国际组织成员中的议会的议员能够听取国际组织的报告并参与其决策过程。其他利益攸关方(包括民间社会团体、非政府组织、商业协会等)也能够获得在国际组织中提出其观点并被考虑和采纳的机会。②

总之,WTO 的组织结构改革是使 WTO 向着善治方向的发展,使其在民主合法性和有效性方面取得平衡的最根本有效的路径,但也是最为复杂和困难的路径。不论如何,善治原则为 WTO 立法机制的改革指明了方向。

第四节　“全球辅助性原则”思想对 WTO 立法机制改革的启示

通过上一节的论述可知,对 WTO 现行立法机制的改革可能意味着两件基本不同的事情:一方面,人们可以考虑改变《WTO 协定》中的决策规则(同时改变实践);另一方面,改革可以是在现有规则的框架内探索改进的余地,即改变惯例,而不是改变规则。出于难易程度考虑的原因,后一项工作应优先于前一项工作。第一,在目前通过新的多边贸易规则通常相当困难的情况下,要修改有关决策的规则是极其困难的。第二,在提出修改立法的建议之前,应研究现有的规则,以及在不进行正式修改的情况下,在规则的限制范围内可以在何种程度上加以改进,因为只有这样做才能揭示是否需要修改立法。③ 因此,我们无须修改《WTO 协定》第 9 条和第 10 条的决策和修正规定,这些规定允许 WTO 立法机构在无法以协商一致意见作出决定时可以采用不同类型的多数

① See Independent Evaluation Office of the International Monetary Fund, *Governance of the IMF: An Evaluation*, International Monetary Fund, 2008, p. 4.

② See Independent Evaluation Office of the International Monetary Fund, *Governance of the IMF: An Evaluation*, International Monetary Fund, 2008, p. 5.

③ See Claus - Dieter Ehlermann & Lothar Ehring, *Decision - Making in the World Trade Organization: Is the Consensus Practice of the World Trade Organization Adequate for Making, Revising and Implementing Rules on International Trade?*, 8(1) Journal of International Economic Law 54 (2005).

表决制。虽然学术文献对投票规则给予了大量关注,但 WTO 规则制定和决策的困难可能不在于规则本身,而在于成员的文化或态度。① 所以,现有研究普遍认为首先应该在现有决策规则的框架内探讨可能的改进而不是对其进行根本性的改革。换言之,既然改变 WTO 现有立法规则可能非常困难甚至不可能,那不如考虑将 WTO 的非正式程序正式化,使 WTO 的决策机制更加具有包容性和有效性。因此,笔者认为,WTO 立法机制的改革关键应当是如何促使成员之间达成共识的非正式机制的完善,而这种非正式机制需要依赖于有助于增进成员共识的理论的更新,即放弃传统上的自由主义理论中的国家之间的利益协调的观点,因为这已经不适应 WTO 164 个成员之间的利益多元化的现实,而应当采取建构主义理论中的“全球辅助性原则”思想,对 WTO 民主合法性进行新的解读与构建,该思想通过体现对不同利益群体的多元价值的尊重,保障参与者之间平等的民主对话与协商,进而促进 WTO 共识的形成。“全球辅助性原则”包括八条具体路径,为 WTO 的参与者之间的民主协商提供了基本的行为准则。该原则的提出是基于对 WTO 危机的诠释与应对。近来美国发动大规模贸易战,强调美国利益优先,在全世界推行贸易霸权主义。美国不仅阻挠 WTO 上诉机构成员的遴选,还要求 WTO 实行所谓“公平贸易”,无视不同成员之间的发展水平的差异和独立选择经济发展模式的自主权,向世界推行美国对于自由贸易的理念,并威胁退出 WTO。美国的单边主义行径不仅将 WTO 推向了改革的十字路口,同时也反映了代表以美国为首的发达国家利益的新自由主义不再成为 WTO 全体成员的普遍共识。对此,WTO“全球辅助性原则”在理论上对 WTO 的危机进行了诠释并提供了对策,该原则表明权力不再是推动 WTO 体制发展的决定性因素,而民主合法性才是保障 WTO 体制可持续发展的内生性动力。WTO“全球辅助性原则”思想的目的在于批判 WTO 目前奉行的新自由主义模式,在 WTO 的新条件下重塑 GATT 的嵌入式自由主义模式代表的价值多元主义的多边贸易体制的合法性共识。该思想的重要意义在于强调多边贸易体制的合法性来源于全体成员的普遍共识,为抵制贸易强国依靠霸权推行自身价值取向和利益偏好的做法提供理论工具,但

① See Debra P. Steger, *The future of the WTO: the case for institutional reform*, 12(4) Journal of International Economic Law 12 (2009).

是该原则也可能在一定程度上限制 WTO 体制应对全球化问题的积极作用的发挥。但无论如何,WTO"全球辅助性原则"思想是对 WTO 目前困境寻求破题的一种理论尝试和思想创新,值得人们对其予以关注和探讨。

一、WTO"全球辅助性原则"的价值多元主义内涵

WTO"全球辅助性原则"思想是由罗伯特·豪斯(Robert Howse)①和考吕普索·尼科莱迪斯(Kalypso Nicolaïdis)②提出的。全球辅助性原则的概念来源于辅助性原则(Subsidiarity),当有关文献试图使源于国内治理的辅助性原则适用于全球层面的治理时,就将辅助性原则具体称为全球辅助性原则。然而,罗伯特·豪斯和考吕普索·尼科莱迪斯是最早也是最系统地论述如何将全球辅助性原则适用于 WTO 治理的代表人物。

辅助性原则本身并不是一个新兴的概念,亚里士多德的《政治》一书以及后来德·托克维尔和约翰·斯图尔特·密尔等有影响力的作家都提到了该原则。辅助性原则也成为 20 世纪 30 年代基督教民主社会学说的核心概念。在 1931 年的教皇通谕《安诺四则通谕》(Quadragesimo Anno)中,辅助性原则旨在保护个人免受极权主义的侵害。辅助性原则的所有实现路径都强调国家角色的有限性,即国家应尽可能少地干预地方职权和个人权利。因此辅助性原则在传统上主要是作为联邦制国家内部权力分配的一项基本原则。然而,在 20 世纪 80 年代后半期,欧洲一体化进一步加深,欧共体必须拟定一项关于其内部成员和共同体权限划分的协定,辅助性原则因此也成了人们在国际组织中关注的焦点。③

罗伯特·豪斯和考吕普索·尼科莱迪斯提出的 WTO"全球辅助性原则"思想的来源正是欧盟法中的辅助性原则。辅助性原则作为欧盟法中的一项基

---

① 罗伯特·豪斯是纽约大学法学院劳埃德·C. 纳尔逊国际法教授。罗伯特·豪斯教授也是伦敦经济学院的客座研究员和哈佛大学法学院、以色列特拉维夫大学、耶路撒冷希伯来大学、巴黎大学、清华大学和加拿大奥斯古德霍尔法学院客座教授,并在佛罗伦萨欧洲大学学院的欧盟法学院执教。

② 考吕普索·尼科莱迪斯:牛津大学政治与国际关系学院教授。

③ See Jan Loisen & Ferdi De Ville, *Subsidiarity and Multi - level Governance*, Hoofdaanvrager: Koen Defeyter, Universiteit Antwerpen, October 12, 2011, p. 7.

本原则,规定在经《马斯特里赫特条约》修订后的《欧洲共同体条约》第 3b 条(现为《欧洲联盟条约》第 5 条)中,该条规定:"在其非专属权能领域,本共同体应依据辅助性原则,只有在各成员不能充分实现拟定中的行动目标,而出于拟定中行动的规模和效果的原因,本共同体能更好地完成时,才由本共同体采取行动。"欧盟希望借助该原则消除欧盟成员国及其公民对于欧盟权力迅速扩张进而可能威胁到地方民主政治的恐惧。① 因此,欧盟法通过规定辅助性原则表明共同体干预的本质:国家治理是基本,共同体治理是例外。辅助性原则作为欧盟的一项治理原则具有两个方面的内涵:第一,当成员国能够更有效或适当地实现目标时,欧盟必须避免干预;第二,在必要时(通过欧盟干预能够更好地实现目标时)必须采取有效行动。因此,共同体机构(特别是欧洲委员会)既受到克制要求的约束,也受到干预要求的约束。② 正是基于欧盟法的规定和实践检验,辅助性原则渐渐地被认为其核心要义可以适用到全球层面的多层级治理中去。

罗伯特·豪斯和考吕普索·尼科莱迪斯在借鉴欧盟法的经验的基础上,提出将"全球辅助性原则"适用于 WTO 治理,但是他们对该原则赋予的内涵较欧盟法中的辅助性原则的内涵更为丰富。因为辅助性原则概念就像一个蛇皮口袋,在其历史发展和实践应用中可以并确实地容纳了各种各样的含义,其内涵的模糊性和灵活性也正是这一概念的魅力所在。该原则内涵的丰富性使其成为一种可变几何变量,能够适用于不同层级和不同领域的社会治理。③

辅助性原则在几个世纪的社会和政治变革中始终主要作为一种处理权力分配的原则存在。但除此之外,它也可以为权力如何行使提供指导,例如辅助性原则被认为包括比例原则,要求在达到相同目的之前提下,高层级治理所选择的权力行使方式对较低层级自治的干扰不应比其他可选择方式更大。④ 同

---

① 参见回颖:《欧盟法的辅助性原则》,中国人民大学出版社 2015 年版,第 2 页。

② See Jan Loisen & Ferdi De Ville, *Subsidiarity and Multi – level Governance*, Hoofdaanvrager: Koen Defeyter, Universiteit Antwerpen, October 12, 2011, p. 7.

③ See Pierpaolo Donati, *What Does "Subsidiarity" Mean? The Relational Perspective*, 12 The Journal of Markets & Morality 211 (2009).

④ See Markus Jachtenfuchs & Nico Krisch, *Subsidiarity in Global Governance*, 79 Law and Contemporary Problems, 9 (2016).

时,在 1931 年的教皇通谕《安诺四则通谕》中,辅助性原则也是一项社会多元主义的原则,该原则不仅承认多元化,也要求每个社会都为共同利益或“社会正义”履行其社会角色。就此意义而言,辅助性原则又是自由和良性社会秩序概念的核心,要求尊重个人、家庭和社区的自由。辅助性原则最重要的特征之一便是政治参与,辅助性原则有助于促进公民参与社会和政治关系、加强民主和保护个人自由。① 由此,罗伯特·豪斯和考吕普索·尼科莱迪斯所阐述的 WTO“全球辅助性原则”思想更多地体现了上述辅助性原则内涵中的价值多元主义和尊重民主的理念。

罗伯特·豪斯和考吕普索·尼科莱迪斯所主张的 WTO“全球辅助性原则”首先在性质上是一种道德伦理:“在 WTO 中,有必要将这一原则从权力分配的狭隘主流意义中解放出来,而使全球辅助性原则成为一种‘全球贸易伦理’。”“合法性建立在权力关系能够在多大程度上被人们的信仰、价值观和期望所证明是合理的基础上……因此,我们必须少关注制度设定,多关注行为者的表现,以及他们的精神或政治文化。”“因为机构本身并不能保证产生良性政策……我们需要的是特定的政治文化和性格特征。”②

其次,该原则在内容上体现为价值多元主义的民主协商:民主需要超越权力不对称阴影下的正式共识。“全球辅助性原则理论中所体现的道德规范有助于形成协商空间,在这个空间中,可选择的规则和政策被讨论和协商。”“需要确保尊重地方情况、价值观和偏好,同时强调在地方不具备参与共同治理所需的兼容性的基本要素时,这种尊重的限度。”③由此可见,源自价值多元主义的辅助性原则的本质内涵,与国际机制所要求的民主合法性的论点趋同。

再次,该原则在辅助性原则按照对低层级治理的尊重程度划分的谱系中趋近于“强有力的辅助性原则”(Strong Subsidiarity),即只在有限的条件下,才能允许更高层次的决策,强调公民在实现其不受外部干预的价值、思想或生活方式方面的利益——有点类似于针对不同国内社会的多元文化主义理论。然

---

① See Machiko Kanetake, *Global Perspectives on Subsidiarity*, 13 Int'l J. Const. L. 1086 (2015).

② Robert Howse & Kalypso Nicolaïdis, *Toward a Global Ethics of Trade Governance: Subsidiarity Writ Large*, 79(2) Law and Contemporary Problems 262, 266, 270 (2016).

③ Robert Howse & Kalypso Nicolaïdis, *Toward a Global Ethics of Trade Governance: Subsidiarity Writ Large*, 79(2) Law and Contemporary Problems 261, 266, 268 (2016).

而,强有力的辅助性原则并不意味着根本不应在全球一级作出决定,而是意味着将权力分配给全球一级需要强有力的理由,简单地提及更高的经济效率、解决问题的有效性或问题的跨界性质是不够的。[①]

最后,该原则在概念上被界定为:"至少从最广泛的意义上理解,全球辅助性精神不仅应作为适当分配职权的指导原则,而且也应作为在复杂的多中心政治制度中适当分配各行为体的角色、指导各行为体的行为和相互关系的基本原则。"[②]该原则的目的是提出在 WTO 中如何分析和适用辅助性原则概念的建议,以指导 WTO 与其各成员以及其他国际组织(如国际劳工组织、世界知识产权组织、联合国教育、科学及文化组织)之间建立更加平衡的全球关系,以体现对国家和地区层面的自治以及多元价值与文化的尊重。[③]

基于上述 WTO"全球辅助性原则"的内涵,豪斯和尼科莱迪斯提出了在 WTO 中适用全球辅助性原则的八条具体路径。豪斯和尼科莱迪斯提出该八条路径的目的是为 WTO 中的行为主体之间进行平等对话提供基础,进而通过对话激发出行为主体间对一系列具体做法的道德基础的自我意识,甚至是一种不成文但明确的系统行为准则。同时,他们指出,这些路径并不是详尽无遗的,它们意味着对话的开始,而不是结束。[④] 这表明,豪斯和尼科莱迪斯借助了制度建构主义的理论工具分析 WTO 的合法性问题,并采用了制度建构主义的理论路径来解决这一问题。

制度建构主义代表人物鲁吉(John Gerard Ruggie)认为,国际机制类似于语言,并且是国家行为语言的组成部分。因此,我们认识国际机制需要通过其"生成语法",亦即塑造国际机制的形成和演变方式的秩序和含义的基础性原则。[⑤] 国际机制是权力和共享的合法社会目标之间相互融合的产物,其中,权

---

① See Markus Jachtenfuchs & Nico Krisch, *Subsidiarity in Global Governance*, 79 Law and Contemporary Problems, 21 – 23 (2016).

② Robert Howse & Kalypso Nicolaïdis, *Toward a Global Ethics of Trade Governance: Subsidiarity Writ Large*, 79(2) Law and Contemporary Problems 267 (2016).

③ See Machiko Kanetake, *Global Perspectives on Subsidiarity*, 13 Int'l J. Const. L. 1087 (2015).

④ See Robert Howse & Kalypso Nicolaïdis, *Toward a Global Ethics of Trade Governance: Subsidiarity Writ Large*, 79(2) Law and Contemporary Problems 270 (2016).

⑤ See John Gerard Ruggie, *International Regimes, Transactions, and Change: Embedded Liberalism in the Postwar Economic Order*, 36(2) International Organization 380 (1982).

力只能决定国际机制的形式,而共享的合法社会目标塑造国际机制的实质内容和基本规范。[①]

鲁吉认为,GATT/WTO 体制具有主体间性。一方面,国际层面上的共同观念在一定程度上是国内观念变化的结果,因此国际贸易体制是国内思想和社会价值观不断发展的产物。另一方面,国际贸易体制是由国际层面的行为体之间形成的交际行为、认知方式、特征词汇等组成的,通过国际层面上的参与者之间的谈判和讨论,GATT 的嵌入式自由主义的主体间框架才得以形成。所以,GATT/WTO 体制是由一系列共同的期望(信念)——贸易体制的参与者在彼此的贸易关系中会如何以及应该如何行事——组成的。同时,鲁吉强调贸易体制是由"共同的"信念组成的,构成贸易体制的信念或期望不是以"我相信"的形式存在于个人头脑中,而是以"我们相信"或"我相信只是我们相信的一部分"的形式存在,它们表达的是集体而非个人的意向性。因此 GATT/WTO 体制是"主体间的"。[②] 换言之,国际贸易体制存在并以它们所实践的形式存在,正是因为相关的行为主体相信其自身和其他主体会这样实践。国际贸易机制建立在集体意向性的基础上,它们具有对话式的特征,在某种意义上,它们是经由沟通和解释的基本过程产生的。建立国际贸易机制的谈判结果产生的不仅仅是行为标准和行为规则,他们还建立了主体间性的含义框架,其中包括关于使这些制度成为必要条件以及这些制度的目的是什么的共享叙事。[③]

因此,豪斯和尼科莱迪斯提出的在 WTO 中适用"全球辅助性原则"的八条具体路径均体现了 WTO 中容纳代表不同价值的参与者之间的平等的民主对话与协商的要求:第一,WTO 的决策过程要具有包容性。包容性并不需要每个相关团体或其代表都参与 WTO 的各种决策,而是要求决策者考虑到与有关

① 参见舒建中:《"嵌入式自由主义"与战后多边国际经济机制的演进》,载《世界经济与政治论坛》2008 年第 1 期。

② See Andrew T. F. Lang, *Reconstructing Embedded Liberalism: John Gerard Ruggie and Constructivist Approaches to the Study of the International Trade Regime*, 19(1) Journal of International Economic Law 86, 103, 110 (2006).

③ See John Gerard Ruggie, *Constructing the World Polity: Essays on International Institutionalisation*, Routledge, 1998, p. 21, 96.

问题相关的不同的个人或群体的价值观和利益,而并不赋予 WTO 内部知识共同体的价值观和利益以特权。第二,WTO 决策要具有可逆性,为发展中国家提供一次重新审视和调整乌拉圭回合谈判结果的机会。第三,WTO 与其他国际组织之间、WTO 内部不同机构之间相互制衡。第四,WTO 决策结果要体现对发展中国家的妥协和补偿。第五,发展中国家能够在获得必要援助的情况下选择承担"硬法"义务。第六,在多元主义的要求下,全球辅助性原则不仅要求尊重成员方内的政策空间,以试验不同的经济治理方法,而且要求对某些政策工具在特定的文化背景下可能适当或不适当这一事实保持敏感,WTO 必须对保护环境、动物和人类健康持开放态度。第七,WTO 是一个接近普遍性的机构,其成员具有巨大的多样性,它是热烈辩论全球化条件的适当场所。第八,辅助性原则不仅适用于 WTO、WTO 和其他职权重叠的国际机构(粮食、卫生、环境、人权)之间的适当关系,而且也适用于 WTO 与区域贸易制度之间不断发展的相互作用的行为准则。[①] 因此,WTO"全球辅助性原则"不应被理解为一种技术性的权力分配规则,而应被理解为有助于全球贸易治理中的有关主体之间谈判和调整权利分配的一系列词汇和话语工具。

二、WTO"全球辅助性原则"对 WTO 危机的诠释与应对

豪斯和尼科莱迪斯借助了鲁吉提出的 GATT 嵌入式自由主义的理论模型来观察和分析 WTO 体制的危机,嵌入式自由主义是辅助性原则的早期表现。

豪斯和尼科莱迪斯认为,WTO 危机产生的原因乃是各成员之间对于新自由主义经济治理模式缺乏共识。在乌拉圭回合谈判中,一些成员坚持将部分基于新自由主义观点的经济治理规则(如知识产权保护和服务贸易自由化规则)引入 WTO,这种背离嵌入式自由主义的做法被其他成员(主要是发展中成员)认为不具有合法性。乌拉圭回合谈判虽然达成了广泛的一揽子协定,但不代表成员之间的多元化的利益和价值分歧得到了弥合,而只是代表了一些发展中成员的妥协。通过世界银行和 IMF,新自由主义被强加于发展中国家成员。因此,多哈回合谈判致力于通过贸易促进发展,回应"9·11"事件代表

---

① See Robert Howse & Kalypso Nicolaïdis, *Toward a Global Ethics of Trade Governance: Subsidiarity Writ Large*, 79(2) Law and Contemporary Problems 271 – 282 (2016).

的全球化问题。然而,多哈回合谈判依然进展缓慢,历经十余年,只在巴厘岛会议和内罗毕会议中取得了少量的谈判成果,与预期目标相差甚远。因为 WTO 拥有庞大和多样化的成员集团,权力分散在太多的参与主体之间,有太多不同的议程,使任何议题的推进都举步维艰。全体成员关于在 WTO 中应该谈判什么问题、如何谈判以及什么样的结果是可以接受难以形成共识。所以,豪斯和尼科莱迪斯认为,在 WTO 这样成员广泛、利益复杂的组织中进行谈判时,谈判者之间应当寻找最一般性的基本框架和利益之间的最大公约数作为彼此之间弥合分歧、形成共识的基础。① 为此他们提出,"嵌入式自由主义的精神需要在全球化的新形势下得到恢复和重新诠释"②。当然,豪斯和尼科莱迪斯并不是让 WTO 体制退回到 GATT 体制,而是认为 WTO 体制奉行的新自由主义模式缺乏 GATT 时期嵌入式自由主义模式所体现的民主多元主义的精神,该精神要求 WTO 应当为在全球层面利益和价值严重分歧的人们留下在各自国内的自由民主政体中以各自的合法方式进行自主管理的必要空间。③

嵌入式自由主义(Embedded Liberalism)的实质是设计一种与国内稳定的要求相兼容的多边主义形式,在 GATT 体制中的表现就是国际贸易的多边主义原则和关税减让纪律与一系列国内社会政策的保障措施、义务豁免、例外和限制并存。多边主义和寻求国内稳定相结合并互为条件反映了一组社会目标的普遍合法性。④ GATT 缔约方国内社会的所有部门都同意开放市场,但前提条件是国家需要控制和转移开放市场所不可避免地产生的社会调整成本,即

---

① See Robert Howse & Kalypso Nicolaïdis, *Toward a Global Ethics of Trade Governance*: *Subsidiarity Writ Large*,79(2) Law and Contemporary Problems 260,262 – 264 (2016).

② Robert Howse & Kalypso Nicolaidis, *Enhancing WTO Legitimacy*: *Constitutionalization or Global Subsidiary*? *Governance*: *An International Journal of Policy*,16(1) Administration, and Institutions 86 (2003).

③ See Robert Howse & Kalypso Nicolaïdis, *Democracy without Sovereignty*: *The Global Vocation of Political Ethics*, in Tomer Broude & Yuval Shany eds. , The Shifting Allocation of Authority in International Law: Considering Sovereignty, Supremacy And Subsidiarity, Hart Publishing, 2008,p. 185.

④ See John Gerard Ruggie, *International Regimes*, *Transactions*, *and Change*: *Embedded Liberalism in the Postwar Economic Order*, 36(2) International Organization 396 – 399 (1982).

经济自由化被嵌入于社会共同体的需求之中。[①] 因此 GATT 时期高度的国内干预主义和制度多样性,使国内干预都不能很明确地被视为对自由贸易的阻碍,并且自由贸易的原则也能够与不同种类的市场制度结构相兼容。[②] GATT 体制在战后取得了巨大的成功,其原因除了美国以其实力保障了战后的国际经济机制的多边主义形式、限制歧视性待遇以外,更为重要的是美国和其他 GATT 主要缔约方对国家干预经济、保障社会稳定的必要性达成了共识。虽然美国国内对国家干预主义的态度存在分歧,美国的经济发展模式与西欧国家奉行的凯恩斯主义也存在较大的差异,但是美国与其他工业化国家的经济政策的差异只涉及国家干预的形式和深度,而不涉及这种社会目的的合法性认识。[③] 这说明作为多边贸易体制内核的"合法的社会目的"来源于集体观念,而权力只有为保障该目的而行使才具有合法性。[④]

然而,随着 20 世纪 60 年代晚期和 20 世纪 70 年代美国工业竞争力的下降,美国认为嵌入式自由主义模式的多边贸易规则使德国和日本在美国国内的工业制成品市场取得了巨大成功,也使新兴的工业化发展中国家在劳动密集型产业中取得竞争优势。[⑤] 这引发了美国关于其生产商受到不公平竞争的观点:首先,以欧洲共同体为代表的一部分成员凭借非关税壁垒有效地阻止了美国产品进入欧共体市场;其次,以日本为代表的一部分成员政府对国内市场实施了广泛、系统和有效的干预以期在国际贸易竞争中获得充分的优势。但是,没有具体的数据显示国外非关税壁垒对贸易限制的影响,也没有数据显示外国对进口的限制较美国的限制更多,更没有证据表明非关税壁垒是美国贸

---

① See John Gerard Ruggie, *Taking Embedded Liberalism Global*: *The Corporate Connection*, *Embedding Global Markets*: *An Enduring Challenge*, 2008, available at https://www. researchgate. net/profile/John_Ruggie/publication/253423249.

② 参见[英]安德鲁・朗:《世界贸易法律和新自由主义:重塑全球经济秩序》,王缙凌、樊健译,法律出版社 2016 年版,第 240 页。

③ See John Gerard Ruggie, *International Regimes*, *Transactions*, *and Change*: *Embedded Liberalism in the Postwar Economic Order*, 36(2) International Organization 394 (1982).

④ See Andrew T. F. Lang, *Reconstructing Embedded Liberalism*: *John Gerard Ruggie and Constructivist Approaches to the Study of the International Trade Regime*,19(1) Journal of International Economic Law 86 (2006).

⑤ See Robert Howse, *From Politics to Technocracy – and Back Again*: *The Fate of the Multilateral Trading Regime*, 96 American Journal of International Law 101 – 102 (2002).

易赤字不断上升的原因。尽管如此,美国在 20 世纪 70 年代特别强调“不公平贸易”的概念,并借此要求用经济影响而非形式或意图来重新界定贸易壁垒,自由市场的概念成为判断政府行为是否构成“贸易扭曲”的参考标准。并且,美国实际上将本国的经济市场制度作为判断其他国家的措施是否符合贸易公平或者是否造成贸易扭曲的认定标准。进而,在 20 世纪 70 年代和 20 世纪 80 年代,传统上在嵌入式自由主义模式下正常的政府干预的观点不断受到质疑和挑战,包含在新自由主义思维中的对于政府和市场关系的观点变成了“新的正常”——倾向于将政府干预看作贸易扭曲。这种新的观点导致贸易体制的适用范围大幅地扩大,国家之间越来越多的制度和管制差异被重新定义为贸易壁垒。[①] 同时,美国认为许多世界范围内的非关税壁垒妨碍了美国利用其在知识密集型工业和服务贸易领域具有的显著比较优势,例如知识产权没有得到充分有效的保护,电讯和金融服务领域的自由竞争受到了严重的限制。并且,美国在其他国家的商业存在也遭受了严重的外商投资限制。从而这些新的议题成为乌拉圭回合协定的核心内容。[②] WTO 是在新自由主义占主导地位的时代诞生的,其口号是“公平竞争”。[③]

WTO 建立在这样一种信念之上:贸易自由化能够增进整体的社会福利,从而最有利于国家的利益。从这个意义上说,新的制度反映了对建立一个充分竞争性和自我调节的市场的关切,因此,该制度体现了彻底的自由主义。也就是说,经济被视为是“非嵌入式的”,或者说从其原先被包含进的社会中分离出来了。[④] 从 GATT 向 WTO 的过渡标志了从“嵌入式自由主义/福利国家”向将政府干预限制在纠正市场失灵范围内的“非嵌入式自由主义”的转变,体现了“效率优先”的精神。全球经济一体化在 20 世纪 80 年代和 20 世纪 90 年代得到强有力的推进,而以新自由主义哲学为理论支撑的《华盛顿共识》巩固了

---

① 参见[英]安德鲁·朗:《世界贸易法律和新自由主义:重塑全球经济秩序》,王缙凌、樊健译,法律出版社 2016 年版,第 226 - 240 页。

② See Robert Howse, *From Politics to Technocracy – and Back Again: The Fate of the Multilateral Trading Regime*, 96 American Journal of International Law 102 (2002).

③ See Jan Nederveen Pieterse, *Towards Democratic Globalization: To WTO or not to WTO?*, 35 (5) Development and Change 1059 (2004).

④ See Jane Ford, *A Social Theory of Trade Regime Change: GATT to WTO*, 4(3) International Studies Review 116 - 117 (2002).

这一进程,该进程的首要目标就是推动经济的快速增长。该共识认为,通过经济自由化而达到的全球经济一体化是实现全人类发展的最好的、最自然的以及最普遍的路径。故而,自由贸易被赋予了凌驾于人权和环境等其他价值之上的优先权,该共识假设:自由贸易所创造的财富将最终逐渐惠及全社会,并可用于补偿对环境和资源的破坏;政治自由化将伴随经济自由化自然地实现,并最终实现对人权等其他价值的保护。① 然而,豪斯和尼科莱迪斯对体现新自由主义的乌拉圭回合谈判结果提出了批评,他们认为 WTO 成员之间实质上从未就乌拉圭回合协定所体现的新自由主义观点和路径达成广泛共识,反而存在巨大的分歧。

第一,早在亚洲金融危机之前,华盛顿共识被作为一种意识形态由 IMF 施加于发展中国家,但受到了强烈的质疑,其经济药方经常基于其能够创造成功的严苛的条件而失败。历史事实证明,一系列的政府干预政策工具对某些国家的经济成功是至关重要的,而与新自由主义所主张的"非市场扭曲"的自由贸易的观点是不兼容的。② 在乌拉圭回合谈判中,一些成员坚持将部分基于新自由主义观点的经济治理规则(如补贴规则、知识产权保护、服务贸易自由化等)引入 WTO,遭到了其他成员(主要是发展中成员)的强烈反对,虽然最终达成协议,但并不代表这些分歧得到了解决,而是代表了一些发展中成员的被迫妥协。③ 同时,发展中成员认为,虽然它们可能从 WTO 的某些协定中蒙受损失,但却能够从其他协定中得到好处,例如从发达成员对农业和纺织品贸易自由化的承诺中获益。但是在后来的实践中,发展中成员发现它们难以从农业和纺织品贸易协定中获益,而执行 GATS 和《TRIPS 协定》的社会成本却超出了预期。④乌拉圭回合谈判所达成的交易因上述不公平而变得极不稳定。

---

① See Jane Ford, *A Social Theory of the WTO: Trading Cultures*, Palgrave Macmillan, 2003, p. 59 – 61.

② See Robert Howse, *From Politics to Technocracy – and Back Again: The Fate of the Multilateral Trading Regime*, 96 American Journal of International Law 104, 105 (2002).

③ See Robert Howse & Kalypso Nicolaïdis, *Toward a Global Ethics of Trade Governance: Subsidiarity Writ Large*, 79(2) Law and Contemporary Problems 263 – 264 (2016).

④ See Robert Howse & Kalypso Nicolaidis, *Enhancing WTO Legitimacy: Constitutionalization or Global Subsidiary? Governance: An International Journal of Policy*, 16(1) Administration, and Institutions 79 (2003).

第二,WTO 成员之间对于什么样的国内管制构成贸易扭曲,如何区分合法和非法、必要和不必要的国内管制没有确定的标准,甚至存在截然不同的观点。例如,在美国看来,外国低水平的知识产权保护构成贸易扭曲,因而能够适用《1974 年贸易法》(Trade Act of 1974)第 337 节来解决这个问题,而其他国家却认为第 337 节本身即构成了贸易扭曲。这导致了一个严重的分歧,即一方对于事先存在的贸易扭曲的矫正措施对另一方来说却又是贸易扭曲措施。[①]某一成员对于什么政策属于基准线的一侧而什么政策在另一侧的观念都是不同的,取决于各自的意识形态、管制传统等,所有这些因素都影响着关于某个成员的管制措施属于正常的公共政策还是属于贸易保护的观念认知。对此没有天然的或自明的基准线能够解决这一两难的困境。[②]

第三,贸易自由化的程度是因情况而定的,需要让步于特定社会和经济条件下的正义要求。因为在某些情况下贸易自由化可能会从正义的角度来看,不可避免地使某些群体或很多个人的境况变得更糟。基于华盛顿共识,乌拉圭回合谈判将知识产权保护纳入 WTO,但排除了劳工和环境保护等议题(意味着成员不仅不就这些议题进行谈判,而且将保护劳工或环境的国内措施视为不合法)。新自由主义的有关理论将知识产权的保护与经济增长和生产技术创新相联系,而将环境和人权保护视为奢侈品,即一种直到工业或后工业化的(信息化的)资本主义市场经济创造了更多的实际收入后才应当得到满足的需求。但豪斯认为,任何强有力的经济福利理由都不能反对出于环境或劳工权利目的而采取的贸易措施。[③] 新自由主义理论要求的私有化和去管制化使国家尤其是发展中国家保护国内非贸易价值的干预措施受到严格限制。该理论高估了贸易自由化创造福利的作用,低估了其分配效应,将社会问题边缘化。所以,新自由主义条件下的贸易自由化不过是一系列减弱国内政府保护

---

① 参见[英]安德鲁·朗:《世界贸易法律和新自由主义:重塑全球经济秩序》,王缙凌、樊健译,法律出版社 2016 年版,第 241 页。

② See Robert Howse, *From Politics to Technocracy – and Back Again: The Fate of the Multilateral Trading Regime*, 96 American Journal of International Law 95 – 96 (2002).

③ See Robert Howse, *From Politics to Technocracy – and Back Again: The Fate of the Multilateral Trading Regime*, 96 American Journal of International Law 100, 104 (2002).

国内社会价值的能力的改革。[①] WTO 西雅图和坎昆部长级会议所遭到的反全球化运动充分说明了 WTO 因没有顾及人权、环境、劳工和社会正义的要求而不再具备广泛承认的合法性。

大约从 20 世纪 90 年代中期开始,人们开始对鲁吉的嵌入式自由主义概念产生了浓厚的兴趣。[②] 对许多被嵌入式自由主义概念所吸引的人来说,嵌入式自由主义模式最重要的特点是对社会保护的承诺与国际贸易自由化的努力紧密结合。GATT 奉行的嵌入式自由主义模式将维护国际贸易关系的稳定与寻求国内经济的稳定与增长之间的关系通过对多边贸易体制的有限授权而加以协调。因此真正的问题从来都不是"贸易自由化与否",而是"贸易自由化的条件是什么?"[③]今天,为 WTO 体制的可持续发展,人们需要通过寻找新方法和新形式,将社会保护与自由贸易重新结合,在新的全球化条件下重塑嵌入式自由主义,这就是从嵌入自由主义的概念中汲取的经验。[④] 因此,贸易自由化需要被嵌入在各国对一种特定的政治和社会愿景的政治承诺中,包括对实现这种愿景的多元化方式的尊重。[⑤] 这意味着 WTO 需要尊重国家和地方的独特社会利益、价值和偏好,同时强调这种尊重的限度,确保各国具备参与全球治理的必要的包容性。[⑥] 因此,GATT 体制奉行的嵌入式自由主义模式代表的民主多元主义成为豪斯和尼科莱迪斯所定义的"全球辅助性原则"的核心要义,也是替代新自由主义的 WTO 体制的"合法的社会目的"。

---

① See James Thuo Gathii, *Re – characterizing the Social in the Constitutionalization of the WTO*: *A Preliminary Analysis*, 7 Widener L. Symp. J. 144, 153 (2001).

② See Andrew T. F. Lang, *Reconstructing Embedded Liberalism*: *John Gerard Ruggie and Constructivist Approaches to the Study of the International Trade Regime*, 19(1) Journal of International Economic Law 89 (2006).

③ Jan Nederveen Pieterse, *Towards Democratic Globalization*: *To WTO or not to WTO?*, 35(5) Development and Change 1057 (2004).

④ Aee Andrew T. F. Lang, *Reconstructing Embedded Liberalism*: *John Gerard Ruggie and Constructivist Approaches to the Study of the International Trade Regime*, 19(1) Journal of International Economic Law 97 (2006).

⑤ See Robert Howse, *From Politics to Technocracy – and Back Again*: *The Fate of the Multilateral Trading Regime*, 96 American Journal of International Law 97 – 98 (2002).

⑥ See Robert Howse & Kalypso Nicolaïdis, *Toward a Global Ethics of Trade Governance*: *Subsidiarity Writ Large*, 79(2) Law and Contemporary Problems 266 (2016).

三、WTO"全球辅助性原则"对其他 WTO 合法性理论的批判

豪斯和尼科莱迪斯认为,WTO 的合法性来源于民主政治。"政治"这一概念实际上是一种适用于作出决定的各种过程和机制的概念,而代议制政府理论已经确立了某种协商政治的概念,并以一种民主模式即"审议"来表达。也许这在一定程度上反映了立法过程的理想与其现实之间的差距,也可能是倾向于将政治合法性降低到民主合法性。[①] 关于民主,通常有三种理解方式:一是把民主理解成人民之治,其特点是主权权威直接通过人民大会或者间接通过经由定期选举产生的代表而具有回应性和问责性。二是将民主理解为基于对于公众控制以及民主制度的运作来说至关重要的参与权利,因此应当开放国际组织的程序,允许非国家行为体更多地获得国际组织的文件以及参与争端解决、影响 WTO 规则的制定。三是将民主理解为不仅是自由表达的权利,而且要求国际组织尊重个人的一系列基本权利,尤其是《联合国宪章》中规定的人权作为基本价值应当适用于所有国际组织。[②] 对此,豪斯和尼科莱迪斯认为"全球辅助性原则"能够使受到 WTO 体制影响的国家、团体和个人在 WTO 中获得平等地参与、表达和协商的机会,并使不同主体的多元化的价值选择和利益偏好以及个人的基本权利能够在 WTO 中得到应有的包容和考量,从而为 WTO 体制提供真正的民主合法性。而对于建构 WTO 合法性的另外两种主要理论——法律实证主义理论和彼德斯曼的 WTO 宪法化理论,豪斯和尼科莱迪斯认为,前者将 WTO 的合法性归于成员方形式上的代议制民主而与真实的民主意愿脱节,而后者导致 WTO 陷入人权问题的政治争论而无法有效证明 WTO 具备解决这些政治争论的民主合法性,因此都不能为 WTO 提供充分的合法性基础。

(一)对法律实证主义理论的批判

根据法律实证主义理论的主要观点,法律的合法性来源于国内宪法确立

---

① See Robert Howse, *How to Begin to Think about the "Democratic Deficit" at the WTO*, International Economic Governance and Non – Economic Concerns 85 (2003).

② 参见[美]何塞·E. 阿尔瓦雷斯:《作为造法者的国际组织》,蔡从燕等译,法律出版社 2011 年版,第 905、907 – 908、909 页。

的民主程序,在国际法领域,国际机制的民主合法性则来源于每个国家对有关规则的“同意”,因为该同意最终来源于国内民主程序的立法授权。因此,法律实证主义主张 WTO 的民主合法性建立在成员的“国家同意”基础之上,WTO 及其内部机构(特别是上诉机构)行使权力的依据仅仅是经由成员共识达成的协定规则,因为协定规则的合法性来源于各个成员的宪法规定的民主程序。但是,由于国际机构的行动与最初授权的距离越来越远,或者根本不是基于国内民主授权,因此国家同意所提供的国际机制的民主合法性的效用被削减。[①] 换言之,该理论将 WTO 层面的民主合法性问题进行消解,将其关入国内民主政治的“牢笼”。进而由于国内民主对 WTO 规则的形式同意与实质同意之间的断层,这一理论路径反而更加激化了 WTO 的民主合法性问题。因此,WTO 中的各成员协商一致的决策机制不能为 WTO 提供充分的民主合法性基础,反而由于协商一致程序太慢和太烦琐而无法使 WTO 的权力行使适应不断变化的情况。

首先,豪斯和尼科莱迪斯认为,法律实证主义理论规避了 WTO 体制的政治性,进而对作为政治概念的 WTO 民主合法性避而不见。因为该理论认为,虽然贸易体制是政治性的,但是该政治维度被每一个政治体内部的民主体制消解掉了。依据“国家同意”理论,WTO 在全球层面的民主合法性问题就消失了,或者说它的政治维度就消失了,WTO 的内部机构和官员从而被授权基于 WTO 协定规则和他们的专业技术对贸易制度进行“管理”。随着将政治问题关进国内,去除 WTO 体制本身的政治性,保留 WTO 的技术性,WTO 内部机构和官员就会试图抵制民间社会中的团体和个人争取获得在 WTO 中的参与权利的努力,避免将 WTO 现有规则贴上“反民主”的标签。然而,这种实证主义的举措是彻底弄巧成拙的,该理论实际上会导致成员方对 WTO 体制的形式上的民主同意和实质上的民主同意之间的裂缝的扩大化。[②] 因为在代议制民主模式下,对政府特定政策的同意几乎总是间接的,人民代表的同意通常代替民

---

① See Markus Jachtenfuchs & Nico Krisch, *Subsidiarity in Global Governance*, 79 Law and Contemporary Problems, 4 (2016).

② See Robert Howse, *From Politics to Technocracy - and Back Again: The Fate of the Multilateral Trading Regime*, 96 American Journal of International Law 106 (2002).

意的直接表达。因此,代议制民主从根本上是由人民与其代表的委托代理关系构成的。在多边贸易谈判中,这些代表又把同其他成员方谈判的任务委派给其他具备专业知识的官员和专家等。① 然而,代理人与委托人之间的信息不对称和利益差异导致他们倾向于不同的目标和策略,进而使代理人可能以不符合委托人的要求的方式执行任务,而委托人可能对此无能为力。② 与此同时,委托人对代理人谈判结果的事后立法审查效果有限,因为议员们面临一个严峻的选择:要么不经修改就批准整个 WTO 一揽子协定方案,要么完全拒绝它。③ 可见,在大部分成员方普遍实行代议制民主的情况下,WTO 的民主赤字问题实质上是代理成本问题。

其次,豪斯和尼科莱迪斯认为,国家同意和代议制民主的另一个问题就是成员方民众对 WTO 规则在实施中的实际效果无法进行全面预判和控制。WTO 的许多规则是非常笼统的表述,甚至招致一些评论人士将其定性为"标准",而不是规则,这些规则在事后究竟如何适用和解释可能与成员方民主审议中的预判有很大不同。同时 WTO 部长级会议作为唯一有权对 WTO 协定规则进行解释的权威主体不能对 WTO 协定作出任何有效的解释,因为权威解释必须得到 WTO 中即便不是全部成员也至少是大部分成员的同意,所以 WTO 协定规则最终不得不由上诉机构官员加以澄清,进一步强化了 WTO 的"反民主"特征。

(二)对彼德斯曼 WTO 宪法化理论的批判

豪斯和尼科莱迪斯反对彼德斯曼将 WTO 置于全球治理中心地位的宪法化理论。他们认为,WTO 的宪法化只会加剧其遭遇的合法性危机,或限制适

---

① See Robert Howse, *How to Begin to Think about the "Democratic Deficit" at the WTO*, International Economic Governance and Non - Economic Concerns 82 (2003).

② See Cary Coglianese & Kalypso Nicolaidis, *Securing Subsidiarity: The Institutional Design of Federalism in the United States and Europe*, in Kalypso Nicolaidis & Robert Howse (eds.), The Federal Vision: Legitimacy and Levels of Governance in the United States and the European Union, Oxford University Press, 2001, p. 281.

③ See Robert Howse, *How to Begin to Think about the "Democratic Deficit" at the WTO*, International Economic Governance and Non - Economic Concerns 86 (2003).

当的应对措施。[①]

在豪斯和尼科莱迪斯看来,当一项 WTO 裁决缺乏合法性或者 WTO 协定规则丧失合法性时,成员的选择包括:申请豁免;全体成员对规则作出具备民主合法性的权威解释;重新谈判修改 WTO 协定;退出 WTO。但是,鉴于私人经济参与者对有关规则及其法律效力的依赖,最后一种选择对许多成员可能产生非常严重的,甚至是灾难性的后果,成员几乎不会选择该种方式,然而其他选项的限制条件又过于严苛。从而,WTO 规则可撤销性的高昂成本构成了 WTO 最重要的民主赤字问题。为了解决这一问题,彼德斯曼主张 WTO 规则就像很多成员方内部宪法规则那样是一种更高等级的法律,因此为 WTO 规则可撤销性设置高昂成本的机制是合理的。[②]

彼德斯曼将 WTO 法视为保障作为人权之一的自由贸易权利的宪法性条约。[③] 依据新自由主义的观点,法律的作用在于约束政府权力、保护市场参与者的贸易权利免受政府的干预。相比于实现共同的经济目标,法律更应当保护个人对于经济目标的追求,使之免受公权力专断和不合理的干预。[④] 相比于实现共同的经济目标,法律更主要的是作为保障个人对于经济目标的追求的制度而存在,使个人的经济活动免受公权力专断的和不合理的干预。国际贸易法的存在是为了向政府和私人部门的商人提供可预测性和稳定性,保障他们进行互利的合作和交易。因此,WTO 法通过对各成员的贸易政策进行准宪法性的限制,避免了特殊利益集团要求政府对市场进行不当干预的游说,保护了贸易商的经济自由的基本人权。[⑤] 彼德斯曼据此解释了如下问题:如果专家

---

① See Robert Howse & Kalypso Nicolaidis, *Enhancing WTO Legitimacy: Constitutionalization or Global Subsidiarity?* Governance: An International Journal of Policy, 16(1) Administration, and Institutions 74 (2003).

② See Robert Howse, *How to Begin to Think about the "Democratic Deficit" at the WTO*, International Economic Governance and Non - Economic Concerns 94 (2003).

③ See Robert Howse & Kalypso Nicolaidis, *Enhancing WTO Legitimacy: Constitutionalization or Global Subsidiarity?*, Governance: An International Journal of Policy, 16(1) Administration, and Institutions 75 (2003).

④ 参见[英]安德鲁·朗:《世界贸易法律和新自由主义:重塑全球经济秩序》,王缙凌、樊健译,法律出版社 2016 年版,第 244 页。

⑤ See Ernst - Ulrich Petersmann, *International Economic Law in the 21st Century: Constitutional pluralism and multilevel governance of interdependent public goods*, Hart Publishing, 2012, p. 7 - 8.

组和上诉机构的裁决使一项环境保护计划无效，该裁决应当被理解为仅仅是执行了一项所有国内政策都必须与之保持一致的更高等级的法律规范，而非以专家组或上诉机构自己的政策权衡（将一项贸易限制措施取得的环境收益与对贸易限制的成本相比较）取代成员方内部的民主机构的政策选择。[①] 不仅如此，WTO 保护知识产权并非因为这样做必然会使全球或国内福利最大化（在许多情况下，这可能会降低某一成员的福利），而是因为这些是个人的基本权利，具有独立于预期福利效应的道德基础。[②]

豪斯和尼科莱迪斯认为，彼德斯曼的理论虽然据称受到了欧盟法的经验的启发，但却未能对欧盟法的实践进行正确的理解。经济自由作为人权并没有在欧盟法中得到证明。欧盟法对个人经济自由权利的保护仅仅被欧洲法院限定为追求共同利益——欧洲单一市场的副产品。如果欧盟法的目的是达成集体性目标而非个人需求，人们又依据什么相信个人经济权利能够为 WTO 这样的全球性机制创造更多的合法性？[③] 并且，如果自由贸易被冠以“人权”之名，它显然必须与国际法律文件中明确规定的其他人权相平衡和统一。然而，由于其他权利并非关于贸易，因此 WTO 或者 DSB 不具有将自由贸易权与其他国际法领域中的人权进行权衡的合法权利，DSB 也没有得到成员许可其处理人权问题的特别授权。而联合国作为主要保障人权的最具普遍性的国际组织似乎更具备平衡各种人权保护的合法权利，同时，不同人权之间的平衡应当首先通过每一个国家内部的民主决策机制进行。[④] 所以，彼德斯曼原本试图避免 WTO 体制在无休止的政治争论中分崩离析，但最终却使 WTO 体制陷入了关于不同人权之间如何协调的复杂的政治争论中，也无法为 WTO 作为处理人权问题的适当场所找到充分的理由。

---

① See Ernst - Ulrich Petersmann, *Human Rights and WTO Law*, 37(2) Journal of World Trade 246 - 248 (2003).

② See Ernst - Ulrich Petersmann, *The WTO Constitution and Human Rights*, 3 Journal of International Economic Law 19 (2000).

③ See Robert Howse & Kalypso Nicolaidis, *Enhancing WTO Legitimacy: Constitutionalization or Global Subsidiarity*? Governance: An International Journal of Policy, 16(1) Administration, and Institutions 83 (2003).

④ See Robert Howse, *From Politics to Technocracy - and Back Again: The Fate of the Multilateral Trading Regime*, 96 American Journal of International Law 105 (2002).

综上所述,豪斯和尼科莱迪斯认为,法律实证主义理论和彼德斯曼的WTO宪法化理论都企图令WTO摆脱民主合法性的问题,前者将WTO的民主政治问题关入各成员方内部民主制度的牢笼中,后者将保障贸易人权的WTO法置于政治之上。然而,我们要解决WTO体制的合法性危机,就必须采取相反的行动:WTO需要更多的政治,而不是更少。虽然贸易精英对WTO中无休止的政治争论甚为反感,他们寻求通过技术官僚、概念工具、科学路径、事实或人为的边界监管手段来实现治理。但是由于WTO是一个接近普遍性的机构,其成员具有巨大的多样性,它是热烈辩论全球化条件的适当场所,所以WTO的民主合法性需要通过不同国家和群体对多元价值和利益的激烈争论来获得。

四、WTO“全球辅助性原则”的启示与不足

豪斯和尼科莱迪斯的“全球辅助性原则”的核心思想在于为WTO体制提供合法性基础。他们从鲁吉的制度建构主义的理论视角审视WTO体制遭遇的困境,认为问题的关键是WTO成员之间以及利益受到WTO制度影响的个人、非政府组织和市场参与者之间对WTO体制缺乏普遍共享的合法性目的。无论是WTO西雅图和坎昆部长级会议谈判的失败、多哈回合谈判历时近20年而收获寥寥,还是成员对上诉机构裁决报告是否具备合法性的不同意见,都是这一根本性问题的外部投射。因此,豪斯和尼科莱迪斯不再对WTO“头痛医头,脚痛医脚”,而是抓住了问题的实质:当人们对最强势的成员对WTO体制施加的新自由主义的合法性目的缺乏普遍共识时,WTO的合法性目的应当是什么?

豪斯和尼科莱迪斯认为,WTO早已不是西方发达国家之间的俱乐部,它有164个成员,各成员之间经济发展水平参差不齐,存在较大的价值与利益差异,不存在国际经贸合作与发展的单一模式。正如杰克逊所说:“一个尺寸不能适合所有的身材。”①因此,WTO成员之间的普遍的合法性基础应当是民主多元主义,只有这样一个最大的框架才能将所有存在价值和利益差异的国家

---

① [美]约翰·H.杰克逊:《国家主权与WTO:变化中的国际法基础》,赵龙跃、左海聪、盛建明译,社会科学文献出版社2009年版,第64页。

与群体容纳进来。WTO“全球辅助性原则”的核心思想就是要求 WTO 决策体现不同国家(无论大小、强弱)、个人、非政府组织的多元价值以及对各成员方内部的民主决策的充分尊重。而该原则的实现路径是民主协商。他们借助制度建构主义的理论工具,认为 WTO 的合法性目的是一种集体的观念,没有一个群体能够垄断“自由贸易”的含义。因为集体观念的形成依靠各个成员之间的民主、平等的对话交流,通过民主协商形成认知共同体,建立对贸易制度是什么的共同认识,并在这样做的过程中改变贸易制度本身。

WTO“全球辅助性原则”最大的现实意义就是为 WTO 应对美国的贸易霸权主义行为、使变动中的全球贸易秩序适应发展中国家要求提供理论工具。豪斯和尼科莱迪斯关于该原则的阐释较为充分地论证了这一观点:如果不是基于广泛的民主协商和普遍的合法性共识,美国关于自由贸易和市场经济的观念和国内制度不可能在 WTO 体制中加以推广。同时他们通过该原则提出了很多有利于发展中成员平等参与 WTO 决策、争取公平的谈判结果的路径。例如,他们提出反派性原则(factionalism),该原则针对 WTO 中的贸易强国组成的利益共同体提出的不符合全体参与方的普遍利益的提案,要求 WTO 立法机构审议的提案应当符合全体成员的共同利益,而非只代表某个集团的特殊利益。同时,他们认为,乌拉圭回合达成的 WTO 协定的内容不利于发展中国家的利益,所以旨在为发展中国家提供一次审查和修正乌拉圭回合谈判结果的机会的《多哈宣言》是对“全球辅助性原则”的充分体现。[①] 但可惜的是,多哈回合谈判最终以失败结束,内罗毕部长级会议实际上已经将发展议题束之高阁,《多哈宣言》中确立的发展目标都未能实现。并且,从巴厘岛部长级会议到布宜诺斯艾利斯部长级会议所达成的谈判成果来看,WTO 进入了实用主义的时代,WTO 成员放弃了一揽子协定的多边谈判方式,要么只在一部分成员间达成协议,要么只就个别议题在全体成员间达成协议。这使得发达成员可以仅就其利益需要与有关成员达成协议,无须与占绝大多数的发展中成员的

---

① See Robert Howse & Kalypso Nicolaïdis, *Toward a Global Ethics of Trade Governance: Subsidiarity Writ Large*, 79(2) Law and Contemporary Problems 272, 275 - 277 (2016).

利益进行协调,大大削弱了发展中成员以庞大集团的方式进行谈判的能力。[①]由此我们更能发现“全球辅助性原则”对于 WTO 的重要意义:如果 WTO 全体成员之间就 WTO 体制的合法性目的不能达成共识,那么 WTO 体制就会分裂为若干集团,损抑 WTO 多边贸易体系的普遍合法性。而“全球辅助性原则”试图为 WTO 体制中的价值多元化的主体(发达成员、发展中成员、个人、非政府组织、市场活动参与者)之间的平等的交流互动提供一种行为准则的基本框架和利益的最大公约数,以此为这些主体之间形成关于 WTO 体制的合法性目的之共识创造条件。

但是,WTO“全球辅助性原则”也存在以下不足:

首先,WTO 在全体成员之外不具备正式权力,辅助性原则作为规范全球治理层级之间的权力分配的基本原则在 WTO 中可以施展的空间有限。辅助性原则作为一种规范性概念,通常被认为是在中央、多边或全球层面的机构逐渐获得越来越多的权力时,使国内或地方民主保持自下而上的影响力的一种方式。该原则认为除非有令人信服的理由,规则和政策应当在较低的层级而非较高层级进行审议,从而确保决策更好地体现和回应民主要求,同时也能够减少人们对国际组织通常固有的民主缺陷的诟病。但是,众所周知,WTO 是一个成员驱动型组织,WTO 的权力实际上都掌握在每个成员手中或成员之间在 WTO 内部和外部的互动。[②] WTO 的决策机制是全体协商一致,允许任何成员,无论大小,都可以阻止其他成员就任何议题达成协议。这种决策机制使 WTO 缺乏有效的立法程序,陷入规则发展停滞和体制运转瘫痪的境地。虽然 DSB 具有裁决和授权报复的权力,并且专家组和上诉机构的裁决报告能够获得自动通过,但是专家组和上诉机构进行裁决的出发点是保障由全体成员经协商一致达成的各项协定规则得到遵守。同时,成员(如美国)也可以因为对上诉机构的程序拖延、怀疑其进行司法造法以及对个别上诉机构法官的不满而阻碍上诉机构成员的甄选,使该机构无法正常运转。除此之外,WTO 没有

---

① See Erin Hannah, ed. ,*The WTO in Buenos Aires: The Outcome And Its Significance For The Future of The Multilateral Trading System*,41 The world economy 2594 (2018).

② See Tomer Broude, *Selective Subsidiarity and Dialectic Deference in the World Trade Organization*,79 Law and Contemporary Problems53 – 54 (2016).

独立于全体成员的行政权，WTO 的官僚体系——秘书处不完全独立于各成员，秘书处成员基本不会担任 WTO 下设各委员会的主席职务。WTO 各成员担心一旦赋予秘书处过多的权力，会导致 WTO 推行与其成员方内部政治要求不一致的贸易政策。[①] 由此可见，WTO 在各成员之上没有多少正式权力，从而在其中引入辅助性原则并强调权力自上而下地转移、给予地方更多的自主权则显得无的放矢。

其次，豪斯和尼科莱迪斯为"全球辅助性原则"赋予的内涵过于宽泛，难以使 WTO 对自身的权力边界进行更加清晰的界定。WTO 全体成员对上诉机构什么时候属于据法裁判、什么时候属于司法造法并不存在一个明确的标准，这本质上反映了各成员授予上诉机构的裁判权和自身保留的裁量权之间的分配不清晰的问题。因此 WTO 更多地需要一种为权力在成员和 WTO 之间、WTO 和其他国际组织之间进行更加清晰的划分的合法性依据。而 WTO"全球辅助性原则"只强调权力应分配给最有资格行使这些权力的个人或机构，[②]要求 WTO 的决策和争端解决过程要体现成员、非政府组织、其他领域国际组织以及区域贸易体制的多元利益偏好和价值取向，没有对全球贸易多层级治理主体之间的权力进行明确的划分。因此，WTO"全球辅助性原则"类似于在众多全球贸易治理主体之间进行权力划分的漫谈手段，使权力在不同的方向上进行拉扯。[③] 因此，WTO"全球辅助性原则"基于其内涵的宽泛性而不太可能产生显著的分权效应，反而可能减损 WTO 作为多边贸易体制的权威，助长成员的单边主义，难以为 WTO 遭遇的实际问题的解决提供有效的指导。

再次，豪斯和尼科莱迪斯的"全球辅助性原则"过于强调在尊重不同利益主体的多元价值基础上的民主决策方式，但这仅仅是对 WTO 体制涉及的利益主体的广泛性和多元性现状的承认，虽然能够为 WTO 全体成员提供最一般性的合作基础，但却不是类似于战后 GATT 缔约方之间所共享的具有实质意义

---

① 参见[美]约翰 · H. 巴顿等：《贸易体制的演进——GATT 与 WTO 体制中的政治学、法学和经济学》，廖诗评译，北京大学出版社 2013 年版，第 223 页。

② See Markus Jachtenfuchs & Nico Krisch, *Subsidiarity in Global Governance*, 79 Law and Contemporary Problems, 6, 9 – 10 (2016).

③ See Tomer Broude, *Selective Subsidiarity and Dialectic Deference in the World Trade Organization*, 79 Law and Contemporary Problems 73 (2016).

的合法性目的。衡量多边贸易体制是否成功的核心要素,是各方对行为是否合法所达成的共识,而非规则所具有的政治妥协和互惠性。[①] 虽然 WTO 体制曾试图以实现发展目标为自身导向,[②]但多哈发展回合的失败说明 WTO 在新自由主义之后还没找到新的具有普遍共识的合法性目的。WTO"全球辅助性原则"只是为全体成员找到普遍共享的 WTO 体制的合法性目的创造了条件。

又次,辅助性原则在 WTO 中的适用似乎更应当强调权力自下而上的授予,便于 WTO 协调各成员方的内部政策,以共同应对全球性的经济问题。传统上辅助性原则一般多用于国际人权法领域,[③]因为国际人权法的本质在于规范每个国家在其内部对待其本国国民的行为,国家通过国际人权法约束自己而非他人,较少涉及国与国之间的关系,因而国家更倾向于要求国际人权法为各国预留一些裁量空间。而就国际贸易领域而言,各成员方的内部贸易政策具有更多的外部性,WTO 法在协调各成员方的贸易政策、保障国家和个人对外贸易利益不受其他国家单边贸易政策的影响、维护国际贸易秩序的稳定性方面发挥着重要作用,因此 WTO 需要在全球层面发挥更为积极的作用。每个成员方都对其他成员方遵守 WTO 法具有重要的利益,因此比起辅助性原则发挥的使权力下放给国家和地方作用,辅助性原则具有的将必要的权力上移至 WTO 的作用似乎更为重要。尤其是在全球化程度日益加深的条件下,世界各国已经紧密结合成为命运共同体,任何一国国内的民主决策都会影响到其他国家及其国内个人的利益,因此更应当强调 WTO 体制的多边性及其规制的义务性,谨防辅助性原则催生各成员的单边主义和贸易保护主义。WTO"全球辅助性原则"更多地体现为对低层级治理体系中的民主决策的偏好,而较少关注 WTO 在全球层面发挥的监督各国贸易政策、促进集体行动、避免囚徒困境的重要作用,这种辅助性原则概念也很难说能够符合 WTO 中大多数成员的普遍利益。

---

① 参见[美]约翰·H. 巴顿等:《贸易体制的演进——GATT 与 WTO 体制中的政治学、法学和经济学》,廖诗评译,北京大学出版社 2013 年版,第 226、230 页。

② 参见[美]约翰·H. 巴顿等:《贸易体制的演进——GATT 与 WTO 体制中的政治学、法学和经济学》,廖诗评译,北京大学出版社 2013 年版,第 230 页。

③ See Harlan G. Cohen, *From Fragmentation to Constitutionalization*, 25 Pacific McGeorge global business & development law journal 390 (2012).

最后，豪斯和尼科莱迪斯在论述"全球辅助性原则"时借助了嵌入式自由主义的概念，然而，嵌入式自由主义作为一种概念工具虽然能够促进新自由主义之后 WTO 贸易政策理念的发展，但是从重塑嵌入式自由主义的角度思考问题可能会限制 WTO 在增进全球贸易合作中的积极作用的发挥。GATT 起草者们所关注的是各成员内社会问题，国际规则的构建也服务于这一根本目标，GATT 体制主要调整缔约方管理贸易的边境措施。这主要是基于嵌入式自由主义对于国内事务和国际事务的泾渭分明的区分，也是基于国家自主调控国内社会和经济秩序能力的自信。然而，随着全球化程度的加深，贸易问题与社会问题越发相互影响，WTO 开始更多地关注各成员边境之内的贸易管理措施以及影响对外贸易关系的社会管理措施，"贸易与"的问题大量出。这说明国际事务和国内事务之间的界限已经非常模糊了，一国之内的任何社会管理措施都可能影响其他国家的对外贸易利益，同样地，一国之内的任何贸易管理措施都会影响到其他国家国内民众的社会利益。例如自由贸易和投资便利化不利于发达国家对国内劳工权利的保障，同时知识产权保护制约了发展中国家政府对国内贫困人口进行健康保障的能力。① 因此各国在应对全球化引发的问题时，单靠一己之力已经不太可能，这就需要 WTO 在全球层面发挥积极的协调作用，引导全体成员采取集体行动解决全球层面的分配正义问题。与 GATT 相比，WTO 作为一个全球性的、成员身份更为多元化的贸易体制，在其中重塑嵌入式自由主义有可能使我们对国际和国内事务的区分仍然建立在过时的观念之上，受到传统的国内政治优先事项观念的限制。同时，嵌入式自由主义倾向于在狭隘的单一国家视角范围内观察和回应自由贸易与社会保护之间的关系问题，阻碍了人们在全球层面考虑分配正义的问题。② 所以，在目前的条件下，贸易制度需要为全球化时代各国的贸易合作发挥更加积极的作用，为贸易体制重塑嵌入式自由主义可能只会产生在贸易体制中引入更多的社会保护措施、例外条款和义务豁免的效果，贬损 WTO 多边贸易体制的完整性和有效性。

---

① See Jeffrey L. Dunoff, *The Death of the Trade Regime*, 10 (4) European Journal of International Law 751 (1999).

② See Andrew T. F. Lang, *Reconstructing Embedded Liberalism: John Gerard Ruggie and Constructivist Approaches to the Study of the International Trade Regime*, 19(1) Journal of International Economic Law 98 – 100 (2006).

五、结论

发达成员同发展中成员之间的价值和利益分歧始终是 WTO 谈判难以取得进展的主要症结,多哈发展回合谈判的流产更是凸显了两大利益集团之间的矛盾。由于美国一直阻挠 WTO 上诉机构法官的甄选,欧盟、加拿大等国纷纷针对美国对 WTO 的指责提出改革 WTO 的方案,美国也发表了相应的改革要求。它们提出的关键性主张就是要求 WTO 使用明确某一成员是否为发展中成员的正式标准,并据此使一大批发展中成员不再能够享受特殊和差别待遇的权利。同时,发达成员要求先进的发展中成员接受“毕业”条款、放弃特殊与差别待遇早已成为多哈回合谈判中各方辩论的主要焦点之一。对此,中国同印度、南非、委内瑞拉等十个发展中成员联合表示反对。可以认为,多哈回合谈判的成果寥寥以及 WTO 及其上诉机构的生存危机在很大程度上是因为美国单方面推行和施加本成员方内部的经济发展模式、以成员方内部的利益需要压制广大的发展中成员的利益诉求、以本成员方利益优先代替各方合作共赢。

然而,在全球化时代的今天,发达成员和发展中成员在政治、文化和经济制度等方面的多样化差异是各方进行合作的前提和实现取长补短、互利共赢的基础。因此,WTO 应当承认并尊重各成员之间的多元化的利益差异。同时,随着主要发展中成员的崛起,加之广大的发展中成员在政治和经济等领域的紧密合作,发达成员和发展中成员的实力差距在快速缩小,世界经济中心逐渐从发达成员向新兴经济体转移,世界权力格局正在向均衡化发展。因此,少数成员不再能够依靠自身权力塑造 WTO 体制的内容。相反地,WTO 多边贸易体制的发展动力在根本上取决于它所体现的合法性,即只有在反映全体成员基于民主协商达成的普遍共识、保障各成员通过合作真正实现利益共赢的基础上才能实现可持续发展。权力不能对 WTO 体制单方面施加某种目的,而只能为 WTO 体制的合法性目的形成进行服务。对此,WTO“全球辅助性原则”为 WTO 体制充分尊重各成员主权和民主、包容多元价值以及促进发展提供了理论支持。WTO“全球辅助性原则”有助于不同的利益主体在 WTO 中平等地参与和表达,使 WTO 成为各方就多边贸易体制的目的进行辩论的民主政治论坛,确保 WTO 谈判结果体现公平和发展,增进 WTO 体制的民主合法性。

第七章　中国在上诉机构改革中的立场及对“司法造法”问题的对策

在美国主导的反全球化和贸易保护主义政策影响下，WTO 多边贸易体制遭受了其自建立以来的最大危机，作为皇冠上的明珠的上诉机构已经停止运转，何时恢复尚不确定。对此 WTO 各成员积极应对，纷纷提出改革 WTO 和上诉机构的提案。中国自加入 WTO 以来一直是该多边贸易体制的坚定支持者和维护者，随着中国成为全球第二大经济体和推动经济全球化的主要贡献者，在 WTO 中的话语权不断攀升，中国对于 WTO 改革的主张将对该体制的未来发展起到举足轻重的作用。中国对于 WTO 和上诉机构改革的建议是以构建人类命运共同体思想为指导的，始终主张 WTO 的制度建立和实施要遵循真正的多边主义，反对伪多边主义和有选择的多边主义，以真正的多边主义理念为指导，中国主张各成员和 WTO 机构都应当坚定地维护 WTO 多边贸易体制的有效性，遵循共识决策，维护上诉机构法官的独立性，坚持平等、包容、发展和公平的价值观，坚决与单边主义、贸易保护主义和霸权主义作斗争。

第一节　中国关于 WTO 及其上诉机构改革的立场与建议

在美国不断阻挠上诉机构法官遴选时，主要成员就纷纷针对美国对 WTO 和上诉机构的不满提出相应的改革方案。然而，在各国对于美国提出的一些技术性和程序性的问题表示赞成并提出规则修改建议的同时，也对美国提出的 WTO 体制的实质性问题表示了异议。美国对上诉机构以及提出的 WTO 改革的方案本质上是要推倒重来，重构国际经贸体制，或者绕开 WTO 另起炉灶。

美国无视作为 WTO 体制基础的非歧视原则和最惠国待遇，主张单边主义，实现美国利益优先和所谓的对等贸易；美国意图以自身的价值观取代其他不同的价值，以国内规则解释 WTO 规则，不承认平等与包容，对不同的市场给予不公平的待遇，反对发展中成员享有特殊与差别待遇；美国不承认争端解决机制的权威性，反对上诉机构法官的独立性和上诉机构的司法化，希望退回到 GATT 时代的权力导向的争端解决机制；美国反对给予 WTO 秘书处更多的资助，并特别针对中国的国有企业和发展中国家身份表达不满，要求中国接受更加严格的义务。① 对此，中国也作出了有力的回应，以多边主义为基本理念提出了相应的 WTO 及其上诉机构改革的主张。中国已就 WTO 改革提交两份正式文件，分别是 2018 年 11 月的《关于世贸组织改革的立场文件》②和 2019 年 5 月的《中国关于世贸组织改革的建议文件》③。同时，中国于 2018 年 12 月与欧盟、加拿大、印度等国家一起向 WTO 总理事会提交了关于上诉机构改革建议的联合提案④。可喜的是，WTO 第十二届部长级会议（MC12）通过的《MC12 成果文件》承认争端解决和上诉机构问题的重要性和紧迫性，承诺将在 2024 年前恢复全体成员可及、充分的和运转良好的争端解决机制。⑤ 相信中国关于 WTO 上诉机构改革的建议将对 WTO 部长级会议关于恢复争端解决机制的谈判产生重要影响。

一、中国关于 WTO 改革的立场与建议

中国认为，各成员已经达成共识，认为 WTO 为全球贸易发展和经济治理作出了突出贡献，是经济全球化和贸易自由化的"基石"，是全球经济治理的

---

① 参见黄建忠：《WTO 改革之争——中国的原则立场与对策思路》，载《上海对外经贸大学学报》2019 年第 2 期。

② See WTO, General Council – China' s proposal on WTO reform – Communication from China, WT/GC/W/773, 13 May 2019.

③ 参见《中国关于世贸组织改革的立场文件》，载中国商务部官方网 2018 年 12 月 17 日，http://www. mofcom. gov. cn/article/jiguanzx/201812/20181202817611. shtml。

④ See WTO, General Council – 12 – 13 December 2018 – Communication from the European Union, China, Canada, India, Norway, New Zealand, Switzerland, Australia, Republic of Korea, Iceland, Singapore and Mexico to the General Council, WT/GC/W/752, 26 November 2018.

⑤ 卢先堃：《世界贸易组织的新起点——对第 12 届部长级会议成果的评价与前景展望》，载《国际经济评论》2022 年第 5 期。

“支柱”,WTO 争端解决机制在解决贸易争端、维护 WTO 协定下成员的权利和义务的平衡以及为多边贸易体制提供安全和可预测性方面发挥了重要作用。[①] 但同时,WTO 并不完美,其改革势在必行。但是,各成员就 WTO 的改革力度、改革的关键领域以及如何推进等问题上存在分歧。中国认为,WTO 面临的生存危机实际上是由单边主义和保护主义造成的,主要体现在上诉机构危机和滥用国家安全例外规则上。WTO 改革要始终坚持该组织长期以来的基本原则,如非歧视原则、共识决策原则、特殊和差别待遇原则等,同时,WTO 应该是“包容的”,尊重“不同的发展模式”。WTO 存在的问题主要是《WTO 协定》中规定的目标尚未完全实现。WTO 作为各国贸易谈判论坛的作用发挥不明显,在农业、发展和规则等问题上进展缓慢,电子商务和投资便利等反映 21 世纪国际经济和贸易现实的新问题没有得到及时解决。相比之下,双边和区域贸易协定,在贸易自由化和便利化领域取得了显著的进展和成就。WTO 的贸易政策审查和监督职能有待改进,成员贸易政策的透明度有待加强,WTO 的运作效率有待提升。[②] 基于这些基本理念和指导原则,中国提出了如下 WTO 改革的总体立场和四项具体建议。

(一)中国对 WTO 改革的总体立场

首先,中国一直是多边贸易体系的积极参与者、坚定的支持者和主要贡献者。全面参与 WTO 各领域的工作,积极促进贸易和投资的自由化和便利化,尊重和全面执行争端解决裁决,深入参与贸易政策审查。中国竭尽全力让发展中成员加入多边贸易体系。[③]

其次,中国支持对 WTO 进行必要的改革,以克服其生存危机,增强其权威和效力,提高其在全球经济治理方面的相关性。为此,中国于 2018 年 11 月提出了关于 WTO 改革的以下三个基本原则。第一,改革应保留多边贸易制度的不歧视和开放的基本原则,以期为国际贸易创造一个稳定和可预测的环境。

---

① See WTO, General Council – China's proposal on WTO reform – Communication from China, WT/GC/W/773, 13 May 2019, paras. 1.1, 1.4.

② See WTO, General Council – China's proposal on WTO reform – Communication from China, WT/GC/W/773, 13 May 2019, para. 1.7.

③ See WTO, General Council – China's proposal on WTO reform – Communication from China, WT/GC/W/773, 13 May 2019, para. 1.9.

WTO 改革应维护多边贸易体制的核心价值。中国认为,非歧视和开放是 WTO 最重要的核心价值,也是 WTO 成员在多边规则框架下处理与其他成员经贸关系的遵循。非歧视涉及最惠国待遇和国民待遇,核心是确保任何成员不得在进出口方面针对某一成员采取歧视性做法。开放涉及关税约束和禁止数量限制,核心是确保任何成员不得随意将进口关税提高到超过其约束水平,不得随意对某一成员产品设立数量限制。改革应维护多边贸易体制的规则基础,为国际贸易创造稳定和可预见的竞争环境。[①] 第二,维护发展中国家成员的发展利益。特别是,必须在现有的 WTO 规则中消除发展赤字,解决发展中的成员在融入经济全球化方面所遇到的困难,并帮助实现《联合国 2030 年议程》的可持续发展目标。WTO 改革应保障发展中成员的发展利益。发展是 WTO 工作的核心。WTO 明确规定发展中成员可以享受特殊与差别待遇,包括比发达成员更小的市场开放程度、更长的开放过渡期、保留政策空间的灵活性以及接受技术援助等。中国认为,改革应解决发展中成员在融入经济全球化方面的困难,赋予发展中成员实现其经济发展所需的灵活性和政策空间,帮助达成联合国 2030 年可持续发展目标,缩小南北差距。[②] 第三,改革应遵循共识决策的实践。需要改革的具体问题、工作议程和最终成果,应在相互尊重、广泛参与和平等对话的基础上,经过广泛协商后达成一致。WTO 规则应该由国际社会共同制定。改革关系到多边贸易体制的未来发展方向,改革的议题选择、工作时间表和最终结果都应由 WTO 广大成员在相互尊重、平等对话的基础上,通过协商一致的方式作出。磋商进程应保证所有成员特别是发展中成员的共同参与,不能由少数成员说了算,也不能搞小圈子。[③]

最后,中国认为,多边进程是促进全球贸易和投资自由化和便利化的最理想渠道。与此同时,新一轮的科技革命浪潮和数字经济的转型力量也带来了机遇和挑战。在这方面,我们可以考虑一种开放、透明、包容、务实和灵活的方

---

① 参见《中国关于世贸组织改革的立场文件》,载中国商务部官方网 2018 年 12 月 17 日,http://www.mofcom.gov.cn/article/jiguanzx/201812/20181202817611.shtml,p.1 –2。

② 参见《中国关于世贸组织改革的立场文件》,载中国商务部官方网 2018 年 12 月 17 日,http://www.mofcom.gov.cn/article/jiguanzx/201812/20181202817611.shtml,p.2。

③ 参见《中国关于世贸组织改革的立场文件》,载中国商务部官方网 2018 年 12 月 17 日,http://www.mofcom.gov.cn/article/jiguanzx/201812/20181202817611.shtml,p.2 –3。

法，以探讨一套关于国际贸易和投资的新规则，以响应时代的发展和商业界的需要。在这一进程中，应充分考虑到发展中国家成员的利益和能力的限制。

(二)中国对 WTO 改革的具体建议

基于上述立场，中国认为，对 WTO 进行必要的改革，应从以下四个方面采取具体行动。

1. 解决威胁 WTO 生存的重大紧迫问题

首先，打破上诉机构成员任命程序的僵局。目前，个别成员阻挠启动上诉机构成员遴选程序，滥用国家安全例外条款加征关税，并以国内法为由采取单边主义措施，冲击多边贸易体制的规则基础。中国认为，改革应尽快解决上诉机构成员遴选问题，并将违反 WTO 规则的单边主义和保护主义做法关进制度的“笼子”，确保 WTO 各项功能的正常运转。[①] 应立即启动上诉机构成员的任命程序，以填补空缺，确保争端解决机制的有效运作。中国与其他一些 WTO 成员共同提交了《关于上诉机构的改革的联合建议》，敦促各成员积极参与总理事会主持下的非正式进程，并参与基于该文件的实质性讨论。这些努力是为了解决某些成员的关切，如即将离任的上诉机构成员的过渡规则、上诉程序的 90 天时间框架、国内法律的地位、解决争端不必要的调查结果和先例问题。这些建议还强调，有必要保持和加强上诉机构的独立性和公正性，并应当尽快启动上诉机构成员的任命程序。[②]

其次，严明纪律，遏制滥用国家安全例外。中国认为某些成员对钢铁和铝产品征收了不合理的关税，并以国家安全为借口，威胁要提高对汽车和汽车零部件的关税，以保护其国内工业。某些成员还不恰当地扩大了出口管制措施的覆盖范围，并以不透明或不公正的方式执行这种措施。这些行为扰乱了国际贸易秩序和国际市场，阻碍了正常的技术交流和应用，损害了有关成员的利益，破坏了 WTO 的有关规则。WTO 成员应对援引国家安全例外规定加以克制，并且国家安全例外规则需要在 WTO 框架内得到进一步澄清和适用上的限

① 参见《中国关于世贸组织改革的立场文件》，载中国商务部官方网 2018 年 12 月 17 日，http://www.mofcom.gov.cn/article/jiguanzx/201812/20181202817611.shtml，p. 3。

② See WTO, General Council – China's proposal on WTO reform – Communication from China, WT/GC/W/773, 13 May 2019, paras. 2.3 – 2.4.

制。为此,WTO有必要加强对以国家安全例外情况为理由征收进口关税等措施的通知要求,并对这些措施进行多边审查。同时,利益受到影响的WTO成员有权立即采取合理、有效的补救措施,以保持其在WTO项下的权利和义务的平衡。①

最后,收紧纪律,以遏制不符合WTO规则的单边措施。中国认为某些成员采取了单边主义措施,未经WTO授权,任意地提高贸易壁垒和征收进口关税。此外,某些成员还未经WTO授权或者不具有国际条约下的法律依据,对其他国家实施了经济制裁,并对第三国国民或公司的海外商业活动扩大适用"次级制裁"。这种行为严重违反了国际承诺和WTO规则。虽然这种单边主义措施明显与WTO不一致,并造成了严重后果,但现行的WTO规则并没有提供及时或有效的纪律和补救措施。因此,WTO必须有效遏制这种单边主义措施,重振WTO的效率和权威,维护以规则为基础的多边贸易体系,保护WTO成员的合法权利。WTO对这种单边主义措施应通过加强多边审查机制、授权受影响的成员在紧急情况下采取迅速和有效的临时补救措施,以及加快恢复上诉机构程序来加以限制。②

2. 提升WTO在全球经济治理中的地位

中国主张WTO改革应维护多边贸易体制的主渠道地位。中国反对个别成员以新概念和新表述"偷换概念""另起炉灶",混淆并否定多边贸易体制的权威性。改革应维护多边贸易体制在全球贸易自由化和便利化进程中的主渠道地位。③ WTO改革应解决贸易规则的公平问题并回应时代需要。中国反对有些成员滥用现有规则漏洞行贸易保护主义之实。改革应解决发达成员过度农业补贴对国际农产品贸易造成的长期严重扭曲,纠正贸易救济措施滥用特别是反倾销调查中的"替代国"做法对正常国际贸易秩序的严重干扰。同时,改革应推动WTO规则与时俱进,涵盖反映21世纪经济现实的议题,例如投资

---

① See WTO, General Council – China's proposal on WTO reform – Communication from China, WT/GC/W/773, 13 May 2019, paras. 2.5 – 2.7.

② See WTO, General Council – China's proposal on WTO reform – Communication from China, WT/GC/W/773, 13 May 2019, paras. 2.8 – 2.10.

③ 参见《中国关于世贸组织改革的立场文件》,载中国商务部官方网2018年12月17日,http://www.mofcom.gov.cn/article/jiguanzx/201812/20181202817611.shtml,p.3。

便利化、中小微企业等议题。①

首先，WTO 应当纠正农业规则中的不平等性。WTO 现行的《农业协定》，特别是关于 AMS② 的规定，仍然存在严重的不平等、不平衡和不公平。一些发达的成员享有高水平的 AMS，比如美国、欧盟、日本分别拥有 191 亿美元、723 亿欧元和 39720 亿日元的 AMS 承诺水平。意味着这些成员拥有巨量的国内农产品支持空间，可以对特定产品提供大量扭曲性补贴，严重扭曲了农业生产和贸易。相比之下，绝大多数成员（主要是发展中成员）的 AMS 值被要求控制在微量允许以内。因此 WTO 改革必须纠正《农业协定》中的不公平规定，以促进农业贸易，为发展中的成员创造一个公平的竞争环境。同时《农业协定》还应当加强发展中成员保障粮食安全和生计安全的能力，以便它们能从多边贸易制度中获得切实利益。为此，发达成员的权利应逐步分期取消。与此同时，成员应就以食品安全为目的的公共储备的永久解决办法达成协议。③

其次，改进贸易救济规则。WTO 现有的贸易救济规则中存在一些模糊和歧义，导致某些成员滥用贸易救济措施。WTO 成员基于产品原产地和企业类型的歧视性做法日趋增多。发展中成员公共利益和中小企业的特殊情况在 WTO 贸易救济规则中没有得到充分或适当的考虑。因此，贸易救济规则未能发挥其应有的职能，或未能响应多边贸易制度发展的需要，从而损害了国际贸易的正常进程。因此，需要进一步明确和完善 WTO《补贴与反补贴措施协定》、《反倾销协定》和《保障措施协定》的相关规则，限制贸易救济措施的滥用、消除歧视性的规则和做法，并充分考虑发展中成员和中小企业的特殊情况和各成员基于公共利益的需要。对此，WTO 应当首先恢复关于不可起诉补贴的规定，并扩大其覆盖范围；与此同时要努力澄清和完善反倾销程序中有关价格比较的相关规则，完善日落审查规则，探讨协调反规避规则的可能性；澄清和改进有关补贴的确定、给予利益的计算；提高反倾销和反补贴调查的透明度和正当程序要求，加强对其合法性的评估；充分考虑发展中成员公共利益和中

---

① 参见《中国关于世贸组织改革的立场文件》，载中国商务部官方网 2018 年 12 月 17 日，http://www.mofcom.gov.cn/article/jiguanzx/201812/20181202817611.shtml，p. 3－4。

② 对生产和贸易产生扭曲性影响的各种农业支持政策的支出加总额就是 AMS 值。

③ See WTO, General Council – China's proposal on WTO reform – Communication from China, WT/GC/W/773, 13 May 2019, paras. 2.11－2.13.

小企业的特殊情况。①

最后,促进对新问题的讨论。当今世界的贸易和投资是紧密相连的,投资便利化措施在改善营商环境、吸引外国投资、促进贸易和可持续发展方面发挥着越来越重要的作用。然而,企业的境外投资仍然受到不透明的政策和政府效率低下的阻碍。同时,中小微企业为扩大就业机会和技术创新作出了重大贡献,但是它们在并入全球价值链方面遭受着挑战,如获得信息的机会较为有限、参与国际贸易的成本较高。因此,中国主张 WTO 体制必须满足商业界的发展需要,促进包容性贸易,以确保多边贸易体系与时俱进。为此,WTO 改革应当坚持公开、透明和包容的原则,使关于上述问题的讨论迈上新台阶。另外,在促进投资方面,WTO 应建立专门机制,使成员能够进行有效的政策协调,并探讨建立多边框架。这一进程应侧重于提高透明度、简化行政程序和加强国际合作等要素,同时适当尊重各成员的管理自主权。随着 WTO 改革进程以发展为中心,发展中成员应当更加受益于发达成员的技术援助和能力建设,同时中小微企业应当在 WTO 体制中获得更多地参与国际贸易、更加便利地获取信息的机会。②

3. 提高 WTO 运行效率

首先,提高通知义务的遵守性。目前,成员履行通知义务的总体情况仍未达到 WTO 涵盖协定的要求。由于其能力有限和其他限制,一些成员不能按时向 WTO 提交有关国内贸易政策的通知。同时,一些成员提交的反向通知的质量仍有待进一步提高。所以,中国认为 WTO 必须提高成员贸易政策的透明度。更大的透明度将有助于创造一个开放、稳定、可预测、公平和透明的国际贸易环境,并提高成员对多边贸易体系的信心。对此,中国提出如下建议:第一,发达成员应以身作则,提交全面、及时、准确的通知;第二,成员应提高其反向通知的质量;第三,各成员应加强通知方面的经验交流;第四,WTO 秘书处需要尽快更新通知技术合作手册,并加强在这方面的培训;第五,发展中成员

① See WTO, General Council – China's proposal on WTO reform – Communication from China, WT/GC/W/773, 13 May 2019, paras. 2.14 – 2.16.

② See WTO, General Council – China's proposal on WTO reform – Communication from China, WT/GC/W/773, 13 May 2019, paras. 2.23 – 2.25.

还应努力改善其履行通知义务的情况。如果发展中成员，特别是最不发达成员，不能及时履行通知义务，WTO 应向它们提供技术援助和能力建设帮助。①

其次，提高 WTO 附属机构的效率。WTO 各附属机构的潜力和职能尚未得到充分发挥。中国认为 WTO 秘书处和各附属机构应找到办法，更好地回应各成员的利益诉求。具体而言，中国提出了如下可行的备选办法，以提高 WTO 在下列领域的效率：第一，改进附属机构的程序规则；第二，根据各机构的具体情况，调整定期会议的频率；第三，鼓励秘书处就重要的经济和贸易问题进行更多的研究，加强与其他国际组织的合作，并帮助发展中成员在定期会议上处理和解决具体的贸易问题；第四，进一步提高发展中成员在秘书处的代表人数，并稳步增加他们在工作人员中的份额。②

4. 增强多边贸易体制的包容性

WTO 改革应尊重成员各自的发展模式。目前，有些成员否认发展模式的多样性，一方面指责其他成员的国有企业、产业补贴等正常的发展模式和政策措施，另一方面限制正常的科技创新成果交流，实际上就是希望维护自身的垄断地位，限制其他成员的发展空间，中国对此坚决反对。改革应取消一些成员在投资安全审查和反垄断审查中对特定国有企业的歧视，纠正发达成员滥用出口管制措施、阻挠正常技术合作的做法。中国反对借 WTO 改革对国有企业设立特殊的、歧视性的纪律，也不同意将没有事实依据的指责列为 WTO 改革议题。③

首先，尊重发展中成员享有特殊和差别待遇的权利。中国主张 WTO 改革应保证发展中成员的特殊与差别待遇。发展中成员在经济社会发展阶段、产业结构和竞争力、区域发展层次、教育文化水平、社会保障体系、参与国际治理能力等方面与发达成员存在全方位差距，不能简单地用经济总量来衡量。中国反对有些成员借 WTO 改革质疑甚至剥夺一些发展中成员享受特殊与差别

① See WTO, General Council – China's proposal on WTO reform – Communication from China, WT/GC/W/773, 13 May 2019, paras. 2.26 – 2.28.

② See WTO, General Council – China's proposal on WTO reform – Communication from China, WT/GC/W/773, 13 May 2019, paras. 2.29 – 2.31.

③ 参见《中国关于世贸组织改革的立场文件》，载中国商务部官方网 2018 年 12 月 17 日，http://www.mofcom.gov.cn/article/jiguanzx/201812/20181202817611.shtml，p. 4 – 5。

待遇的权利。中国是世界上最大的发展中国家,愿意在 WTO 中承担与自身发展水平和能力相适应的义务,但绝不允许任何成员剥夺中国理应享受的发展中成员特殊与差别待遇。[①] WTO 协定为发展中成员制定了特殊与差别待遇规定,然而,这些规定大多数本质上是最佳努力条款,它们的可执行性还有待加强。此外,一些成员正在挑战发展中成员的合法权利,无视发展中成员和发达成员之间的系统性差距。它们甚至要求一些发展中成员承担与发达成员同样的义务。对此,中国认为 WTO 必须保障发展中成员的特殊与差别待遇,使特殊与差别待遇条款更精确、有效和可操作,这将有助于减少贸易规则中的发展赤字,并有助于实现《联合国 2030 年议程》中的可持续发展目标。为此,中国与其他一些 WTO 成员提交了联合提案,呼吁继续维护发展中成员的合法权利。同时,中国进一步提出以下建议:第一,加强对现有特殊与差别待遇条款的实施和监测,特别是对最不发达成员服务和服务提供者的免税、免配额待遇和其他优惠待遇的实施;第二,提供更具针对性和可操作性的技术援助,以确保发展中成员更好地融入多边贸易体系和全球价值链;第三,根据多哈部长级宣言,推进特殊与差别待遇条款的谈判;第四,在未来的贸易和投资规则谈判中,给予发展中成员充分和有效的特殊与差别待遇;第五,鼓励发展中成员积极承担与其发展水平和经济能力相适应的义务。[②]

其次,坚持贸易和投资公平竞争原则。中国认为国有企业与其他类型的企业在市场上是平等的竞争者。但是,一些成员对不同所有权的企业制定了不同的规则。例如,在《SCM 协定》有关规则的解释上,某些成员不加区分地将所有国有企业列为"公共机构",为国有企业规定了额外的透明度要求和纪律,并在外国投资安全审查中歧视国有企业。这种做法不利于建立一个公平竞争的体制框架,如果不加以制止,将在今后产生更多具有歧视性的规则。中国主张 WTO 必须尊重各成员之间发展模式的多样性,并促进贸易和投资领域的公平竞争。这些努力将加强多边贸易体系的包容性。WTO 应采取行动,维

① 参见《中国关于世贸组织改革的立场文件》,载中国商务部官方网 2018 年 12 月 17 日,http://www.mofcom.gov.cn/article/jiguanzx/201812/20181202817611.shtml,p. 4。

② See WTO, General Council – China's proposal on WTO reform – Communication from China, WT/GC/W/773, 13 May 2019, paras. 2.32 – 2.34.

护公平竞争的原则，以确保不同所有制企业在公平的环境中从事市场竞争。中国提出：第一，WTO 成员在讨论补贴纪律时，不得以 WTO 改革的名义对国有企业实行特殊或歧视性的纪律；第二，外商投资安全审查应公正进行，遵循透明度、正当程序等原则，对具有不同所有权结构的企业的同类投资，应当给予非歧视性待遇。①

二、中国关于 WTO 上诉机构改革的立场与建议

中国认为，由上诉机构事实上的瘫痪所导致的争端解决机制失灵是最重要的问题，这危及上诉机构的生存。如果没有有效的争端解决机制，国际贸易秩序就会退。权力导向下的弱肉强食的丛林世界，每一次的贸易争端都可能演变为各国单方面提高关税等贸易壁垒、进行相互报复的贸易战。在这种情况下，世界上的发展中国家以及各国的人民将成为主要受害者。② 因此，以上诉机构为代表的规则导向的 WTO 争端解决机制是维护各成员之间权利义务的安全性和可预测性、保障个人的经济权利的重要机制，为推动国际法治进步、维护世界和平与发展发挥了举足轻重的作用。上诉机构的重要作用和成就已经成为国际社会特别是 WTO 成员的共识。因此，当美国阻挠上诉机构法官遴选并致使其停滞时，120 多个 WTO 成员呼吁尽快重启为 WTO 上诉机构筛选法官的程序。中国承认 WTO 争端解决机制存在缺陷，但也坚决支持该机制在 WTO 中发挥关键作用，并一直与欧盟等成员一道努力寻求解决危机的途径。虽然包括中国在内的 WTO 部分成员通过诸边协定建立了 MPLA，但该安排仅仅是一个临时的上诉仲裁机制，无法取代常设性上诉机构的重要作用，因此中国将继续致力于最终恢复上诉机构的正常运作。为此，中国对上诉机构恢复运行提出了如下建议。

1. 上诉机构即将离任成员的过渡规则

中国建议 WTO 成员对 DSU 进行修订，通过对即将离任的上诉机构成员

---

① See WTO, General Council – China's proposal on WTO reform – Communication from China, WT/GC/W/773, 13 May 2019, paras. 2.35 – 2.37.

② See Chen Lu, *WTO Reform: China's Approach*, 12 November 2020, available at https://www.chinausfocus.com/finance-economy/wto-reform-chinas-approach.

的过渡性规则。DSU可以增补一项规定:一名即将离任的上诉机构成员应完成对在该成员任期内已经进行了听证的未决上诉的处理。①

2. 上诉机构程序的90天时限问题

中国建议修改DSU第17.5条中的90天规则,为上诉机构提供更强的咨询和透明度义务。第17.5条修改其规定,允许当事各方可以同意超过90天的时间框架。实际上,如果上诉机构估计该报告将在90天之后分发,则需要在上诉程序的早期——或在提出上诉之前——与当事各方进行协商。如果当事各方没有就超过这个时间框架达成协议,就可以有一种机制,根据该机制调整特定的上诉程序或工作安排,以确保90天时间框架的实现。例如,上诉机构可以向当事各方建议自愿集中上诉的范围,对当事各方提交的文件设定指示性页数限制,或者可以采取适当措施减少其报告的长度。这还可能包括只以上诉的语言出版报告,以便满足90天的时间框架(翻译成WTO其他语言并稍后正式分发和采用)。②

3. 国内法作为一个事实问题的含义

鉴于有成员对上诉机构审查专家组关于国内法含义的裁决结果表示关切,为了更明确地澄清,建议澄清DSU第17.6条的意义上的专家组报告中所涉及的法律问题和专家组所作的法律解释。虽然它们包括根据WTO规则对有关措施的法律定性,以及专家组根据DSU第11条的客观审查,但不包括国内措施(包括国内法在内)本身的含义。③

4. 对争端解决不必要的裁决

有成员认为上诉机构倾向于对解决争端所不必要的问题作出裁决结果。DSU第17.12条规定上诉机构"应在上诉程序中处理提出的每个问题",对此

---

① See WTO, General Council – 12 – 13 December 2018 – Communication from the European Union, China, Canada, India, Norway, New Zealand, Switzerland, Australia, Republic of Korea, Iceland, Singapore and Mexico to the General Council, WT/GC/W/752, 26 November 2018, p. 1.

② See WTO, General Council – 12 – 13 December 2018 – Communication from the European Union, China, Canada, India, Norway, New Zealand, Switzerland, Australia, Republic of Korea, Iceland, Singapore and Mexico to the General Council, WT/GC/W/752, 26 November 2018, p. 2.

③ See WTO, General Council – 12 – 13 December 2018 – Communication from the European Union, China, Canada, India, Norway, New Zealand, Switzerland, Australia, Republic of Korea, Iceland, Singapore and Mexico to the General Council, WT/GC/W/752, 26 November 2018, p. 2.

建议在原条文的基础上增加限定条款,将 DSU 第 17.12 条改为:“上诉机构应在解决争端所必需的范围内,处理争议各方在上诉时提出的每一个问题。”[①]这将解决有关上诉机构作出对解决争端不必要的、冗长的“咨询性意见”或“附带判决”的问题。这也将间接解决与 DSU 第 17.5 条(90 天时限)相关的问题。[②]

5. 先例问题

有成员对上诉机构将自己的报告有效地视为专家组在缺乏“令人信服的理由”的情况下遵循的先例的做法表示关切。因此建议在 DSB 中,在上诉机构和 WTO 成员之间举行年度会议,成员可以与通过特定报告无关的方式表达他们的意见(目前在 DSU 第 17.14 条中规定)。这将提供一个额外的“沟通渠道”,WTO 成员可以借此表达对上诉机构某些方法、系统性问题或法理趋势的关切。为避免对上诉机构成员施加不适当的压力,需要为此类会议制定足够的透明度和基本规则。[③]

6. 上诉机构成员的独立性

建议为上诉机构成员提供一个单一但较长的(6 ~ 8 年)任期,其目的是提高上诉机构及其成员的独立性。[④] 此举将解决欧盟(以及绝大多数 WTO 成员)对上诉机构独立性的关注,并将改善上诉机构的效率(成员的任期将更加确定,且更长的任期将有助于从工作经验中获益)。[⑤]

7. 上诉机构提交裁决报告的效率和能力问题

除了就 90 天问题提出的修正案外,为了提高上诉机构的效率并使其能够满足所需的时间框架,中国提出以下建议:

第一,将上诉机构成员的人数从 7 人增加到 9 人。这将提高上诉机构的效

---

① WTO, General Council - 12 - 13 December 2018 - Communication from the European Union, China, Canada, India, Norway, New Zealand, Switzerland, Australia, Republic of Korea, Iceland, Singapore and Mexico to the General Council, WT/GC/W/752, 26 November 2018, p. 2.

② 参见郑伟、管健:《WTO 改革的形势、焦点与对策》,载《武大国际法评论》2019 年第 1 期。

③ See WTO, General Council - 12 - 13 December 2018 - Communication from the European Union, China, Canada, India, Norway, New Zealand, Switzerland, Australia, Republic of Korea, Iceland, Singapore and Mexico to the General Council, WT/GC/W/752, 26 November 2018, p. 2 - 3.

④ See WTO, General Council - 12 - 13 December 2018 - Communication from the European Union, China and India, to The General Council, WT/GC/W/753, 26 November 2018, p. 1.

⑤ 参见郑伟、管健:《WTO 改革的形势、焦点与对策》,载《武大国际法评论》2019 年第 1 期。

率和内部组织,同时也改善上诉机构成员来自全球不同地区的平衡性。

第二,规定上诉机构成员的工作成为一种全职工作(目前,根据 DSB 在 WT/DSB/1 中的决定,这是一项兼职工作)。这将伴随着就业条件的适当变化。这并不排除上诉机构成员从事符合其职责性质的学术或科学活动。

第三,作为一项附带的措施(不需要修改 DSU 第 17.7 条的规定),扩大上诉机构秘书处的资源,向上诉机构提供行政和法律支持,以促进上诉机构报告的迅速分发,同时保障报告的质量。根据 WTO 的一般招聘政策,目标应该是吸引和留住提供最高效率、能力和诚信标准的工作人员,同时确保这些人员在身份上的尽可能的多元化,反映 WTO 成员的多样性。①

8. 启动上诉机构遴选程序

建议明确指出,替换即将离任的上诉机构成员的遴选程序应不迟于其任期届满前 X(例如 6)个月自动启动。②

第二节　中国对上诉机构改革和"司法造法"问题坚持的基本原则

习近平主席指出,"世界上的问题错综复杂,解决问题的出路是维护和践行多边主义,推动构建人类命运共同体"③。中国只有捍卫与践行真正的多边主义,才能进一步维护开放合作的世界经济体系,才能进一步推动全球治理朝着公平、公正的方向发展,才能维护国际秩序的稳定,为实现第二个百年奋斗目标,实现中华民族伟大复兴创造良好的外部环境。④ 中国的多边主义理念,将联合国作为世界上最重要的多边机制,将是否符合《联合国宪章》的基本原

① See WTO, General Council – 12 – 13 December 2018 – Communication from the European Union, China and India, to The General Council, WT/GC/W/753, 26 November 2018, p. 1 – 2.

② See WTO, General Council – 12 – 13 December 2018 – Communication from the European Union, China and India, to The General Council, WT/GC/W/753, 26 November 2018, p. 2.

③ 习近平:《让多边主义的火炬照亮人类前行之路》,载《习近平谈治国理政》(第 4 卷),外文出版社 2022 年版,第 461 页。

④ 参见刘贞晔:《习近平关于多边主义论述的思想内涵和实践价值》,载《国际展望》2022 年第 6 期。

则作为多边主义的判断标准。2020 年 9 月 23 日，习近平主席会见联合国秘书长安东尼奥·古特雷斯时指出：“世界上只有一个体系，就是以联合国为核心的国际体系；只有一套规则，就是以联合国宪章为基础的国际关系基本准则。”[①]习近平主席曾多次在重要国际场合特别呼吁国际社会要旗帜鲜明反对一切霸权主义和强权政治，毫不动摇反对任何单边主义、保护主义、霸凌行径，同时也要明确反对一些推行霸权主义的国家以多边主义之名、行单边主义之实，强调“‘有选择的多边主义’不应成为我们的选择”。[②] 真正的多边主义应当是开放包容、厉行法治、协商合作、与时俱进。[③] 为了坚持真正的多边主义原则，“反对有选择的多边主义”，一是要坚持和维护国际公平正义原则，二是要恪守相互尊重和平等原则，三是要坚持多样包容原则，四是要坚持互利共赢原则，五是要坚定不移地推进国际关系民主化。所以，真正的多边主义应当成为中国在解决上诉机构僵局问题中的基本理念，这一理念具体包括如下重要原则：一是维护 WTO 多边贸易体制的有效性；二是坚持 WTO 的共识决策；三是维护上诉机构法官的独立性；四是 WTO 规则应体现包容、发展和公平的价值观；五是 WTO 应坚决与单边主义、贸易保护主义和霸权主义作斗争。

一、维护 WTO 多边贸易体制的有效性

《2005 年世界首脑会议成果》文件指出：“一个普遍的、有章可循的、开放的、非歧视的和公正的多边贸易体系以及有意义的贸易自由化，可以在全世界范围内极大地促进发展，使处于发展所有阶段的国家从中受益。”[④]习近平主席也指出：“我们要继续维护以世界贸易组织为核心的多边贸易体制，积极推动世界贸易组织改革，推进贸易和投资自由化便利化，推动建设开放型世界经

---

① 习近平会见联合国秘书长古特雷斯，载新华社 2020 年 9 月 23 日，https://baijiahao.baidu.com/s? id=1678635174134613588&wfr=spider&for=pc。

② 参见习近平：《让多边主义的火炬照亮人类前行之路》，载《习近平谈治国理政》（第 4 卷），外文出版社 2022 年版，第 462－463 页。

③ 参见王毅：《希望美国践行真正的多边主义》，载海外网 2021 年 4 月 24 日，https://baijiahao.baidu.com/s? id=1697873261505456467&wfr=spider&for=pc。

④ 联合国大会 2005 年 9 月 16 日决议：《2005 年世界首脑会议成果》，A/RES/60/1，2005 年 10 月 24 日，第 27 段。

济。"[①]"中国将坚定不移维护真正的多边主义。以世界贸易组织为核心的多边贸易体制,是国际贸易的基石。"[②]WTO 及其基本原则在维护国际经贸秩序稳定和历史上反经济周期、特别是在拯救 2008 年以来全球性经济危机中发挥了不可或缺的作用,WTO 及其基本原则已经成为全球共识。[③] 因此维护 WTO 多边贸易体制的有效性是 WTO 改革的出发点和建立新贸易秩序的不二现实基础。

笔者在前文中已经论述过国际制度的有效性的评价指标,包括六项,分别是:(1)解决成员所要解决的问题的有效性;(2)实现目标的有效性;(3)影响成员行为的有效性;(4)成员执行义务的有效性;(5)建构成员自我利益和身份认知观念的有效性;(6)制度性能评价的有效性。WTO 的制度有效性也要基于这六项指标进行衡量,第一,WTO 体制是政府合作以减少跨境买卖交易成本的一项公共物品,通过该体制,成员能够在经济上获得整体财富的增长,该体制通过提供更多选择和更优价格使消费者获利,以及通过开拓市场给出口产品生产商带来好处。并且,该体制的一整套执行机制还能够解决成员内部利益集团施压的问题。[④] 第二,通过考察 WTO 及其前身 GATT 以及 1948 年 ITO《哈瓦那宪章》的目标与宗旨,会发现 GATT/WTO 体制目标包括维护和平、促进世界经济发展与福祉、保护环境以实现可持续发展、减少贫困、控制可能由于全球化和相互依赖程度提高而引发的经济危机。其中,WTO 特别强调促进世界经济福祉这一目标。这一目标意味着遵循自由市场的价值理念,市场机制是非常有益的,即使在市场不能很好地发挥作用的情况下,市场原则还是需要遵守的,否则将导致更严重的问题。[⑤] 对此,法律在保证市场有效运行所必需的人类制度中发挥着最重要的作用。在市场经济体制中,规则在经济活动特别是自主决策的经济活动中,可以发挥其重要的维持运行的功能,规则

---

① 2022 年 11 月 15 日习近平主席在二十国集团领导人第十七次峰会第一阶段会议上的讲话。

② 2021 年 11 月 4 日习近平主席在第四届中国国际进口博览会开幕式上的主旨演讲。

③ 参见黄建忠:《WTO 改革之争——中国的原则立场与对策思路》,载《上海对外经贸大学学报》2019 年第 2 期。

④ 参见[美]约翰 · H. 巴顿等:《贸易体制的演进——GATT 与 WTO 体制中的政治学、法学和经济学》,廖诗评译,北京大学出版社 2013 年版,第 30 – 34 页。

⑤ 参见[美]约翰 · H. 杰克逊:《国家主权与 WTO:变化中的国际法基础》,赵龙跃、左海聪、盛建明译,社会科学文献出版社 2009 年版,第 102 – 103 页。

可以提供预见性与稳定性,降低企业家从事跨国经营所需的风险成本,从而提高各种经济活动的效益,有助于所有人得到更大的经济福利。这就是 WTO 规则导向方法的价值,其核心是将争端各方的注意力集中到规则上来,集中到预测由公正的法庭对规则的执行作出的判决上来,这样做的结果反过来又可以促使成员更加密切关注条约体系的规则,而且能够带来更大的确定性和可预见性,这对于国际事务的处理,特别是对于由市场导向的分权决策原则驱动的、有数以千万的企业家参与的经济事务而言,是至关重要的。[①] 所以,WTO 的目标中更重要的任务是建立一套具有预期性的行为规范。[②] 第三,WTO 通过达成一系列行为规则,并就成员之间何时和如何进行贸易谈判达成合意,WTO 成员摒弃了经常变换贸易政策的做法,为商业贸易活动创设了一个具有可预见性的全球市场。WTO 并没有要求开放所有的国内市场,但确实将高关税措施从成员政府领导人所能采取的管制措施中剔除出去,尽管其并没有实现完全的自由贸易,但却使国际贸易变得更具有预见性。[③] 第四,相比于其他在“二战”之后建立的国际组织而言,GATT/WTO 体制是最为成功的,原因不仅是从经济学家关于衡量贸易开放的指标角度来理解,也是因为该体制即使在世界面临经济衰退的情况下也得到了成员的普遍遵守,保障自由贸易的开展。[④] 尤其是专家组和上诉机构的裁决在大多数情况得到了广泛的接受和遵守,裁决的执行率达到 90% 以上。第五,WTO 体制事实上建立了贸易政策的基准点,使各成员不会认为对于市场进行任意干预是合法行为,衡量 WTO 多边贸易体制是否成功的核心因素,是各方对行为是否合法所达成的共识,而不是认定该行为是否与多边贸易体制要求相一致。[⑤] 第六,WTO 规则在制定和

---

① 参见[美]约翰·H. 杰克逊:《国家主权与 WTO:变化中的国际法基础》,赵龙跃、左海聪、盛建明译,社会科学文献出版社 2009 年版,第 104 - 106 页。

② 参见[美]约翰·H. 巴顿等:《贸易体制的演进——GATT 与 WTO 体制中的政治学、法学和经济学》,廖诗评译,北京大学出版社 2013 年版,第 227 页。

③ 参见[美]约翰·H. 巴顿等:《贸易体制的演进——GATT 与 WTO 体制中的政治学、法学和经济学》,廖诗评译,北京大学出版社 2013 年版,第 215、227 页。

④ 参见[美]约翰·H. 巴顿等:《贸易体制的演进——GATT 与 WTO 体制中的政治学、法学和经济学》,廖诗评译,北京大学出版社 2013 年版,第 226 页。

⑤ 参见[美]约翰·H. 巴顿等:《贸易体制的演进——GATT 与 WTO 体制中的政治学、法学和经济学》,廖诗评译,北京大学出版社 2013 年版,第 226 页。

适用的过程中通过与人权规则、环境规则进行协调，提升了全球性问题的治理功效，有效保障了世界经济发展、人权保护和环境资源保护，促进了人类社会的可持续发展。

上述 WTO 多边贸易体制有效性的评价指标均指向一个核心要求，即确保国际贸易规则的确定性和可预见性。这种有效性要求需要通过 WTO 争端解决机制来实现。以规则为基础的争端解决方案有利于实力较弱的成员，因为它可以迫使实力较强的成员遵守协议条款。对于实力较强的成员而言，作为准司法体制的 WTO 争端解决机制能够形成一种约束，加强各成员政府在其内部制定相关规范的权力，限制其内部保护主义利益集团的政治游说。① 而且如果不通过规则导向的争端解决机制，而是通过采取其他方法来保证对多边贸易体制的遵守，这样的做法已经证明不可行，这会使发展中成员转而缔结更具有政治意味的区域化安排。但是，对于发展中成员而言，对普适性的贸易规则持逃避态度无疑是一种鼠目寸光的行为——WTO 规则为成员提供了大量的市场准入和投资的机会，提高了发展中成员对贸易的可预见性，提升了发展中成员 的贸易地位，为南北合作奠定了基础。而区域一体化则可能对多边贸易体制造成损害，任何一项优惠性或区域性的贸易安排都是违反最惠国待遇原则的，而最惠国待遇最根本的利益之一，就在于不再需要通过作出广泛的政治让步，才能获得对他国经济市场实现市场准入的效果。② 因此，WTO 多边贸易体制最有利于发展中成员的利益，其有效性对发展中成员实现发展和福利增长至关重要。其中，上诉机构也就执行其《上诉审查工作程序》建立了统一的标准和实践，上诉机构已为多边贸易体制的稳定性和可预测性作出了重要贡献。③ 因此，以上诉机构为核心的规则导向的争端解决机制是实现 WTO 体制有效性的重要保障，相应地，上诉机构进行规则解释需要以维护 WTO 多边体制的有效性为首要目标。

---

① See RachelBrewster, *Rule – Based Dispute Resolution in International Trade Law*, 92(2) Virginia Law Review 251 – 252 (2006).

② 参见[美]约翰·H. 巴顿等：《贸易体制的演进——GATT 与 WTO 体制中的政治学、法学和经济学》，廖诗评译，北京大学出版社 2013 年版，第 229 页。

③ 参见赵宏：《条约下的司法平等——离任演讲》，载《国际经济法学刊》2021 年第 2 期。

二、坚持 WTO 的共识决策

从国内社会到国际社会,法律体系经历了一个从个人本位到国家本位再到国际社会本位的演进过程,而“建设人类命运共同体的主张,恰恰与国际社会本位理念相呼应”。[①] 虽然,当下的国际法还是国家本位的法律体系,但“人类命运共同体”理念将引导国际法朝着国际社会本位的方向发展。[②] 中国在倡导构建“人类命运共同体”的同时,始终强调国家主权的重要性。2014 年 7 月 16 日,习近平主席在巴西国会发表演讲时指出:“维护和弘扬国际公平正义,必须坚持主权平等。主权是国家独立的根本标志,也是国家利益的根本体现和可靠保证。”[③]2017 年 1 月 18 日,在联合国日内瓦总部所作的题为《共同构建人类命运共同体》的演讲中,习近平主席再次强调:“主权平等,是数百年来国与国规范彼此关系最重要的准则,也是联合国及所有机构、组织共同遵循的首要原则。主权平等,真谛在于国家不分大小、强弱、贫富,主权和尊严必须得到尊重,内政不容干涉,都有权自主选择社会制度和发展道路。……新形势下,我们要坚持主权平等,推动各国权利平等、机会平等、规则平等。”[④]

习近平主席指出,“国际规则只能由联合国 193 个会员国共同制定,不能由个别国家和国家集团来决定。国际规则应该由联合国 193 个会员国共同遵守,没有也不应该有例外”。[⑤] 同样地,WTO 规则也只能由全体 164 个成员共同制定,真正体现全体共识,而非由个别国家和国家集团通过威逼利诱的方式对其他成员加以胁迫,制定仅符合自身利益、打压其他成员的规则。因此,中国始终坚持在 WTO 中实行以协商一致为基础的决策机制,以此维护发展中成员的利益,确保成员间的平等。

在国家主权地位难以撼动的情况下,国际社会的基本结构不会发生改变,

---

① 参见李赞:《建设人类命运共同体的国际法原理与路径》,载《国际法研究》2016 年第 6 期。

② 参见车丕照:《“人类命运共同体”理念的国际法学思考》,载《吉林大学社会科学学报》2018 年第 6 期。

③ 《习近平在巴西国会的演讲:弘扬传统友好 共谱合作新篇》,载《人民日报》2014 年 7 月 18 日,第 3 版。

④ 习近平主席 2017 年 1 月 18 日在联合国日内瓦总部的演讲《共同构建人类命运共同体》。

⑤ 参见习近平:《在中华人民共和国恢复联合国合法席位五十周年纪念会议上的讲话》,载《习近平谈治国理政》(第 4 卷),外文出版社 2022 年版,第 476 – 477 页。

国际法的创设机制不会发生改变，国际法的国家本位特征也难以发生根本性改变。然而，“人类命运共同体”的理念则有可能促使未来的国际法更多地考虑国际社会的整体利益，从而推动国际法朝着国际社会本位的方向发展。其原因在于，“人类命运共同体”的理念将引导各国普遍接受安危与共的共识，从而脱离完全根据本国利益进行决策的传统模式。① 因此，各成员要在 WTO 中实现真正的共识决策，使协商一致发挥积极的作用，充分体现国际关系的民主化，就需要各成员抛弃价值偏见和意识形态对立，真正意识到你中有我、我中有你的相互依存的重要意义。WTO 应当坚决反对搞针对特定国家的阵营化和排他性小圈子。阵营化和排他性的小圈子往往通过意识形态、价值观划线，借多边主义之名行意识形态对抗之实，这种“有选择的多边主义”并非真正的多边主义，恰恰是对全球多边主义的开放性、包容性和有效性的巨大危害。②

习近平主席认为：“沟通协商是化解分歧的有效之策，政治谈判是解决冲突的根本之道。只要怀有真诚愿望，秉持足够善意，展现政治智慧，再大的冲突都能化解，再厚的坚冰都能打破。”③“坚持真正的多边主义，推进国际关系民主化，推动全球治理朝着更加公正合理的方向发展。”④“坚持协商一致原则。”⑤不断扩大世界各国的利益汇合点，为最大限度上实现人类福祉画出最大同心圆。可见，中国关于多边主义的主张，重视“应然性”，认为多边主义应该具备包容性、开放性、平等性等特征，中国认为，真正的多边主义是成员秉持合作和协商的精神进行沟通，以增进利益、避免冲突，而不是动辄以武力相威胁甚至诉诸武力。中国认为，通过对话、协商解决国际纷争，而不是通过暴力和胁迫，是国际社会持续进化、告别弱肉强食的丛林世界的重要体现。作为着眼于促进国家行为体之间良性互动的社会性安排，多边主义机制以协调与合作

---

① 参见车丕照：《“人类命运共同体”理念的国际法学思考》，载《吉林大学社会科学学报》2018 年第 6 期。

② 参见刘贞晔：《习近平关于多边主义论述的思想内涵和实践价值》，载《国际展望》2022 年第 6 期。

③ 习近平主席 2017 年 1 月 18 日在联合国日内瓦总部的演讲《共同构建人类命运共同体》。

④ 习近平：《高举中国特色社会主义伟大旗帜　为全面建设社会主义现代化国家而团结奋斗——在中国共产党第二十次全国代表大会上的报告》。

⑤ 习近平主席 2022 年 11 月 15 日在二十国集团领导人第十七次峰会第一阶段会议上的讲话。

为基本特征，体现了国际社会的文明与进步。[①] 中国的多边主义主张更强调“价值理性”。中国认为，多边主义不只是纯粹的工具性方案，而是多方参与全球共治、以预先协调的方式处理全球性、公共性议题的最佳选择，并通过制度化安排为多边协商结果付诸实施提供有效性和合法性，从而使其在全球治理中占据重要地位。[②] 因此，如果一国希望通过将本国利益凌驾于国际组织之上、通过控制国际组织来实现一国私利，这样的愿望明显有悖于多边主义的基本精神，也注定无法引领该国际组织实现组织宗旨。

综上所述，WTO 共识决策的本质是各成员在彼此尊重、秉持善意、包容理解基础上达成利益的相互妥协，从而实现互利共赢，因此共识的形成需要建立在积极的对话、协商的基础上，各自利益有得有失也需反映各自真实的意愿和总体的平衡。共识决策一方面要求成员不能以少数意愿替代多数意愿，将本国的意志强加于其他国家；另一方面共识决策虽然尊重每一个成员的意志，需要得到每一个成员的同意，但是单个国家对其主权的行使亦不能违背国际法的基本原则（如国际合作原则）、不应与国际社会已经形成的广泛共识相违背，否则它将违背国际法上的义务，其主权权利的行使也将丧失国际法上的合法性。

三、维护上诉机构法官的独立性

就各国司法机构和国际司法性机制的制度设计而言，有三项积极的价值是人们普遍追求的，一是司法中立，二是司法责任制，三是司法透明度。首先，司法中立是指法官根据事实和法律决定争议的自由，而不受外部因素——例如大国偏好的影响。[③] 在一个或多个其他行为体有能力和动机破坏独立性的情况下，简单地宣布法官独立恐怕是不够的，因此，学者们已经识别了制度或宪法上的保护措施，例如不可连任的法官任期或固定薪资，这些制度将阻碍政

---

① 参见董向荣：《中国的多边外交实践与多边主义理念》，载《中共中央党校（国家行政学院）学报》2022 年第 6 期。

② 参见董向荣：《中国的多边外交实践与多边主义理念》，载《中共中央党校（国家行政学院）学报》2022 年第 6 期。

③ 参见［美］杰弗里·邓诺夫、［美］马克·波拉克：《国际法庭的司法三难困局》，孙鑫伟等译，载刘志云主编：《国际关系与国际法学刊》（第 9 卷），厦门大学出版社 2021 年版，第 392 页。

治部门操纵法官的动机的形成，削弱政治部门破坏其独立性的能力。[①] 由于独立法院可以发现、辨别和曝光违法行为，往往会增加违法行为的成本，并提高国家遵守其义务的可能性。通过激励各方遵守义务，独立法院可以提升国际合作的价值。其次，司法责任制意味着一些行为体有权使其他行为体遵守一套标准，有权根据这些标准判断他们是否履行了职责，如果他们确定这些职责没有得到履行，则将施以制裁。司法责任制只针对法官个人而非法院。几乎每个国际法院的法官都在有限的时间内任职，大多数人有可能在任期届满时续任。此外，大多数国际法院的法官在其任职期间不得被罢免，除非获得其同事法官的一致投票，并且只有当法官"无法满足要求的条件"（如无法履行法官的职责）时才能被罢免。因此，连任是成员使个别法官对其行为负责的主要机制。WTO 上诉机构成员的任期为四年，可以连任一次。上诉机构成员在提名阶段需要其本国的支持。但是，一旦获得提名，WTO 的共识规则意味着任何一个 WTO 成员都可以阻止法官的任命。法官连任遵循的过程大致相同，根据 WTO 协商一致规则，其他成员有阻止其连任的能力。因此，在这种情况下，法官既对本国负有直接责任，对每个投票国也负有很大的责任。[②] 最后，司法透明度包括两个方面：一是司法投票决议情况的公开报告，二是法官独立同意或不同意见的陈述，这两个方面实际上就是指拥有不同意见的法官的可识别性。[③] 在 WTO 上诉机构的程序运作中这种少数意见的可识别性在制度设计上是较低的，因为在其发布的报告中，只有极少数的裁决包含不同意见，并且在发表时都是匿名的。

然而，上述司法体制的三项价值无法同时实现，任何一个特定的法院可以最大化这三个特征中的两个，却无法将这三个特征都予以最大化。[④] 那么，WTO 上诉机构应当追求这三项价值中的哪两项呢？

---

① See G. Vanberg, *Establishing and Maintaining Judicial Independence in The Oxford Handbook of Law and Politics*, in K. E. Whittington, R. D. Kelemen and G. A. Caldeira, eds., Oxford University Press, 2008, p. 100.

② 参见［美］杰弗里·邓诺夫、［美］马克·波拉克：《国际法庭的司法三难困局》，孙鑫伟等译，载刘志云主编：《国际关系与国际法学刊》（第 9 卷），厦门大学出版社 2021 年版，第 402 – 404 页。

③ 参见［美］杰弗里·邓诺夫、［美］马克·波拉克：《国际法庭的司法三难困局》，孙鑫伟等译，载刘志云主编：《国际关系与国际法学刊》（第 9 卷），厦门大学出版社 2021 年版，第 405 – 406 页。

④ 参见［美］杰弗里·邓诺夫、［美］马克·波拉克：《国际法庭的司法三难困局》，孙鑫伟等译，载刘志云主编：《国际关系与国际法学刊》（第 9 卷），厦门大学出版社 2021 年版，第 407 页。

首先,司法中立对任何运转良好的司法体系而言都是至关重要的。司法中立有助于确保强大的行为体不能以其他行为体不可为的方式操纵法律程序进而使之对自己有利,从而有助于在不同的法律行为体之间保持程序和实体上的公正。在一个高度相互依存的世界中,各国面临着无数需要作出多边反应的问题。然而,在一个相对无政府的国际环境中,各国所面对的法律体系缺乏在运作良好的国内法律体系中通常具有的强制执行机制。因此,各国很难相互作出可信的承诺,可能会因此放弃相互有利的交易。通过提高法院准确识别和标注违反承诺行为的概率,独立的国际法庭可以帮助各国解决这些信任问题。这些司法判决反过来又造成并提高了违约的物质成本和声誉成本。提高违约成本会鼓励未来的履约行为,这会提高国际协议对所有参与方的价值。[①] 因此,为了促进国际贸易合作,提升国际贸易法治化水平,实现国际经济秩序的公平公正,维护 WTO 成员的权利与义务的稳定性和安全性,司法中立应当成为上诉机构具备合法性和权威性的基础性价值和要实现的首要目标。

其次,上诉机构的司法透明度在实际中高于制度设计之初人们的预期。美国不断阻挠一些上诉机构法官连任,例如 USTR 前官员詹妮弗·希尔曼,因为美国贸易代表认为希尔曼在贸易救济案件中发表反对意见时不够积极。这表明,在上诉机构报告中保持独立意见的保密性存在困难,美国能够找出反对其主张以及不充分支持其利益的上诉机构成员并通过阻挠其连任来对其实施报复。[②] 对此,其他 WTO 成员认为美国的行为可能会削弱人们对这个体制的信心,是对当前和未来上诉机构成员的独立性和公正性的严重威胁。[③] 同时,所有在世的前上诉机构成员共同签署了一封批评美国立场的文件。他们表示,无论有什么考虑,都绝不能为任何政治干预打开口子,基于规则的 WTO 裁决体制必须保持公正的法律裁判。上诉机构成员无可置疑的公正性和独立性

---

① 参见[美]杰弗里·邓诺夫、[美]马克·波拉克:《国际法庭的司法三难困局》,孙鑫伟等译,载刘志云主编:《国际关系与国际法学刊》(第 9 卷),厦门大学出版社 2021 年版,第 452 - 453 页。

② 参见[美]杰弗里·邓诺夫、[美]马克·波拉克:《国际法庭的司法三难困局》,孙鑫伟等译,载刘志云主编:《国际关系与国际法学刊》(第 9 卷),厦门大学出版社 2021 年版,第 444 - 446 页。

③ See WTO Members Debate Appointment/Reappointment of Appellate Body Members, World Trade Organization News, 23 May 2016, available at https://www.wto.org/eng - lish/news_e/news16_e/dsb_23mayl6_e.htm.

是 WTO 争端解决体制取得成功的关键，而这又是整个 WTO 取得成功的关键。破坏上诉机构的公正独立性不仅会影响到上诉机构的完整性，也将使整个 WTO 贸易体制的未来面临风险。[①]

最后，上诉机构成员的任期明显短于其他国际司法性机构的成员（例如欧洲联盟法院法官的任期为 6 年，可以连任。国际法院和国际海洋法法庭的法官任期为 9 年，可以连任，欧洲人权法院和国际刑事法院的法官任期也为 9 年，但不 可以连任）。此外，由于上诉机构成员只有在协商一致的情况下才能被任命或连任，因此上诉机构成员也许是所有国际法官中承担司法责任最大的。同时，他们所处的体制环节相比于该机构成立之初人们所预想的更加透明。DSU 关于个人意见匿名的指示可能是为了加强司法中立。然而，少数人组成的法庭和消息灵通的贸易圈子相互结合致使匿名机制基本不可能发挥作用，还会催生出一种本质上具有高度司法可识别性的体制。鉴于这一结构结合了极高的司法责任制和较高的司法透明度，与传统观念相反，三难困局表明，上诉机构的司法中立性是脆弱的且有风险的。[②] 所以，司法责任制相对于其他两项价值而言是最不应当被最大化的，因为它在根本上会使法官遭受强大的外部压力，从而贬损另外两种价值，最终损害司法的公正性。所以，上诉机构应当改变法官任期较短、可以谋求连任的任期制度，而应当改为只能担任一届较长的任期，从而使上诉机构法官的独立性价值和司法透明度价值得以最大化，从而确保 WTO 争端解决机制的规则导向、公正性以及法理的融贯性发展。

四、WTO 规则应体现包容、发展和公平的价值观

WTO 改革所涉议题广泛，成员之间的立场极其多元。有关中国的议题，主要集中在中国的市场经济地位和发展中国家成员身份以及由此所致的所谓“不公平”问题上。首先，关于发展中国家成员身份，美国主张应取消一大批发

① 参见［美］杰弗里·邓诺夫、［美］马克·波拉克：《国际法庭的司法三难困局》，孙鑫伟等译，载刘志云主编：《国际关系与国际法学刊》（第 9 卷），厦门大学出版社 2021 年版，第 447 页。

② 参见［美］杰弗里·邓诺夫、［美］马克·波拉克：《国际法庭的司法三难困局》，孙鑫伟等译，载刘志云主编：《国际关系与国际法学刊》（第 9 卷），厦门大学出版社 2021 年版，第 449 页。

展中成员享受 WTO 特殊和差别待遇的权利，中国首当其冲。[①] 但事实上，中国在 WTO 中享受的特殊和差别待遇是相当有限的，在现行 WTO 协定 155 条特殊和差别待遇条款中，直接涉及成员权利和义务的条款只有 25 条，中国只享有其中 8 项实质性权利。其次，关于市场经济地位问题，自 2017 年至今，美欧日已接连发布七个联合声明，提到了专门针对中国经济发展模式的“非市场经济导向”问题。现有 WTO 规则未对“市场经济地位”国家进行界定，仅提及在反倾销案件中，当一国是“非市场经济地位”国家，政府具有垄断定价权时，进口国可采用市场经济“替代国”的价格确定被诉产品的正常价值。同时，非市场经济地位问题规定在《中国入世议定书》第 15 条中，该条的内容只涉及反倾销中正常价值的计算方法问题，同时该条也规定在中国加入 WTO 15 年后，采用“替代国”的价格测算被诉产品正常价值的方法将自动终止。但在中国入世 15 年到期后，美国、日本和欧盟等不仅没有放弃使用替代国方法，反而有将“非市场经济”的概念泛化使用的倾向。[②] 美日欧的做法实质是继续坚持对中国的反倾销案件采取“替代国”标准做法，从而实现对本国传统产业的贸易保护，不仅违反了《中国入世议定书》第 15 条的规定，也不符合 WTO 的非歧视原则。最后，关于不公平问题，美国专门针对中国的国有企业，通过将其认定为《SCM 协定》第 1.1.(b)条中的“公共机构”，试图将中国国有企业的市场经营行为认定为政府补贴，从而发起反补贴调查。所有制类型不应成为判定某一企业是否为“公共机构”的准绳。在论证中国国有企业及补贴相关议题时，应以是否符合《中国入世议定书》及 WTO 相关协定为法律依据，坚持公平竞争原则，为不同所有制企业在进行商业竞争时创造公平竞争的制度环境；不应以所有制不同为由，将所有国有企业不加区别地认定为“公共机构”，并对其设立额外的歧视性透明度要求及补贴纪律。[③]

习近平主席指出：“各国要同舟共济，而不是以邻为壑。”[④]“要维护世界贸易组织规则，支持开放、透明、包容、非歧视性的多边贸易体制，构建开放型世

① 参见肖冰：《国际法治、国际法律秩序变革与中国的角色——兼及世界贸易组织的危机与改革》，载《外交评论（外交学院学报）》2021 年第 2 期。

② 参见郑伟、管健：《WTO 改革的形势、焦点与对策》，载《武大国际法评论》2019 年第 1 期。

③ 参见高疆：《全球化变局中的世贸组织改革：困境、分歧与前路》，载《世界经济研究》2022 年第 11 期。

④ 习近平主席 2017 年 1 月 18 日在联合国日内瓦总部的演讲《共同构建人类命运共同体》。

界经济。如果搞贸易保护主义、画地为牢,损人不利己。”①“法律的生命也在于公平正义,各国和国际司法机构应该确保国际法平等统一适用,不能搞双重标准,不能‘合则用、不合则弃’,真正做到‘无偏无党,王道荡荡’。”②WTO 致力于打造并维护公开、公平和不扭曲竞争的规则体系。最惠国待遇和国民待遇确保公平的贸易条件,倾销和补贴规则更是试图确定对企业而言何为公平,并依政府的反应不同而规定收取额外的进口关税以补偿不公平贸易带来的损害。WTO 的其他协定,包括《农业协定》、《TRIPS 协定》、GATS、《政府采购协议》等都旨在支持公平竞争。追求公平竞争符合全体成员的利益。但是,美国对公平竞争的诉求更多的是针对特定所有制企业,试图以歧视性的规定维持并不公平的国际经济竞争格局现状,这不仅与公平竞争毫无关系,也深刻地侵蚀了 WTO 规则的非歧视基本原则。同时,非市场导向经济体问题的提出是对其他成员经济体制和发展模式的随意干涉。③ 每一个主权国家都有自主选择其经济发展模式的权利,是《联合国宪章》所规定的国家主权平等原则的内涵之一。在世界范围内,市场经济的发展模式是多样的,世界上也并非只有一种市场经济模式,没有哪一国的模式具有凌驾并取代其他模式的合法性,国际组织和国际规则应当体现出对各国不同发展模式的包容,如果摒弃求同存异、和而不同的基本理念,国际合作就丧失了根基。因此,WTO 规则应当对不同国家的不同模式的市场经济给予平等的包容与尊重,并对不同类型的市场主体在公平竞争的基础上适用非歧视的待遇。WTO 如果对市场经济加以界定,甚至采取单一认定标准,将是对国家主权的严重侵犯。

五、WTO 应坚决与单边主义、贸易保护主义和霸权主义作斗争

习近平主席指出:“我们应该倡导人类命运共同体意识,在追求本国利益时兼顾他国合理关切,在谋求本国发展中促进各国共同发展,建立更加平等均衡的新型全球发展伙伴关系。”④人类命运共同体的理念体现了真正的多边主

---

① 习近平主席 2017 年 1 月 18 日在联合国日内瓦总部的演讲《共同构建人类命运共同体》。

② 习近平主席 2017 年 1 月 18 日在联合国日内瓦总部的演讲《共同构建人类命运共同体》。

③ 参见张磊、卢毅聪:《世界贸易组织改革与中国主张》,载《世界经济研究》2021 年第 12 期。

④ 《习近平在巴西国会的演讲:弘扬传统友好 共谱合作新篇》,载《人民日报》2014 年 7 月 18 日,第 3 版。

义的深刻的内涵。真正的多边主义强调在全球化时代各国一荣俱荣、一损俱损的现实，因此应当秉持安危与共、守望相助、合作共赢的价值观。一荣俱荣、一损俱损的现实提醒各国摒弃以邻为壑的思维，不将自己的利益建立在伤害他国的基础上，而是互利共赢，相得益彰。“安危与共”的基本内涵是共享安乐，共担危难。其中，共享安乐的积极含义是指各方共同努力以增进大家的福祉，而共享安乐的消极含义则在于不损人利己；共担危难的积极含义是指齐心协力化解共同面临的危难，而共担危难的消极意义是要求不从事危及他人的事情。“人类命运共同体”理念所传达出的安危与共的内涵如此重要，以至于其有可能形成一项新的国际法原则——“安危与共原则”。安危与共原则可为国家的行为设定最低标准，即不得危害国际社会的共同利益；与此同时，它也具有“规则的规则”的效用，即各种国际法规则或制度的创设，都可以凭借“安危与共”标准来加以衡量。由此，国际法所肯定的国际社会利益的比重就会逐渐增多，逐步发展成国际社会本位的国际法。①

相反地，“伪多边主义”无视国际法和国际准则的普遍性原则，经常以所谓“特殊性”和“例外”为自己的行动张目。当国际准则和国际法不符合某个时期美国的利益和需要时，国际法和国际准则便可弃之如敝屣。“伪多边主义”就是披着“多边主义”外衣的单边主义，泛化国家安全，强调经济安全就是美国的国家安全。② 霸权思维和冷战思维是隐藏在“伪多边主义”之中的核心内容。③美国在 WTO 中一方面要求其他成员严格遵守贸易义务，而自己则利用 WTO 规则的模糊和漏洞大行贸易保护主义政策，对 WTO 规则采取有利于自身的单边主义解释，破坏 WTO 规则的多边性和完整性，当 WTO 规则不利于自身利益时，就试图改变甚至破坏该体制，极大地损害了 WTO 多边贸易体制的权威性和有效性，违反了国际合作的基本原则、有悖于真正的多边主义准则。对此，国际社会和 WTO 都应当给予这种破坏国际合作的伪多边主义以坚决的反对，

---

① 参见车丕照：《“人类命运共同体”理念的国际法学思考》，载《吉林大学社会科学学报》2018 年第 6 期。

② 参见王鸣野：《看清国际关系中的“伪多边主义”》，载《人民论坛》2022 年第 18 期。

③ 参见王鸣野：《看清国际关系中的“伪多边主义”》，载《人民论坛》2022 年第 18 期。

“反对保护主义,反对‘筑墙设垒’、‘脱钩断链’,反对单边制裁、极限施压”[①]。WTO 应当严格控制成员滥用国家安全名义的措施出台,并对不符合 WTO 规则的单边措施要严加管控。现有 WTO 规则没有对单边主义措施提供及时、有效的监督和对受到责难成员的救济,但这些措施已严重影响到其他成员的合法权益。为此,中国应在推动上诉机构重新恢复的基础之上加快争端案件诉讼程序,同时以更强大的多边监督机制限制部分成员的肆意妄为。[②] WTO 争端解决机制是为多边贸易体制提供可靠性和可预测性的一个重要因素,是维护多边贸易规则,包括无条件最惠国待遇基石条款、关税减让消除关税壁垒原则、反倾销和反补贴的公平贸易原则、透明度原则、多边解决争端原则和对发展中国家的特殊和差别待遇原则的执法机制。中国加入 WTO 20 多年来积极参与多边贸易争端解决,尤其是当遭遇不公平贸易限制措施时,中国依据 WTO 规则主动将之诉诸争端解决。这表明中国政府对 DSB 独立性和公正性的信任,也展现出中国对国际贸易治理体系的尊重和维护。[③] 习近平总书记强调:“中国走向世界,以负责任大国参与国际事务,必须善于运用法治。在对外斗争中,我们要拿起法律武器,占领法治制高点,敢于向破坏者、搅局者说不。”[④]因此,中国应当坚决维护 WTO 争端解决机制的有效性,在争取上诉机构恢复运行的同时提出上诉机构在规则解释中应当遵循的多边主义的合法性标准,以有效识别和过滤单边主义措施的有效路径。

第三节 上诉机构规则解释的合法性标准:对解决主要争议问题的建议

WTO 成员间缺少对 WTO 规则解释权限和上诉机构规则解释合法性标准

---

① 习近平:《高举中国特色社会主义伟大旗帜 为全面建设社会主义现代化国家而团结奋斗——在中国共产党第二十次全国代表大会上的报告》。

② 参见张磊、卢毅聪:《世界贸易组织改革与中国主张》,载《世界经济研究》2021 年第 12 期。

③ 参见张月姣:《中国在 WTO 诉美国反补贴措施案中胜诉的意义及启示》,载《国际法研究》2022 年第 3 期。

④ 习近平:《加强党对全面依法治国的领导》,载《前线》2019 年第 3 期。

的共识，这是 WTO 的成员驱动和规则导向两种治理模式间的冲突导致的，两种模式的协调是解决问题的关键，而问题的答案就是 WTO 多边主义的基本原则。WTO 多边贸易体制是国际贸易秩序的基石，中国提出的真正的多边主义理念应当成为判断上诉机构规则解释是否具备合法性的标准，并应当作为我国在 WTO 中主张上诉机构改革的基本遵循。“真正的多边主义”的内涵要求 WTO 规则解释要尊重与包容“不同的发展模式”，有助于促进国际贸易合作而非破坏合作，在增进一国人民福祉的同时也有助于其他国家人民福祉的增加。据此，本节对涉及中国的 WTO 争端案件中的焦点问题——上诉机构在反倾销案件中适用的审查标准和“公共机构”解释的合法性进行分析。同时，本节指出上诉机构的规则解释应当确保规则的安全性和可预测性目标的实现，在“合理的”条件下优先选择促进争端的有效解决的目标，合理的条件就是符合多边主义的内在要求，由此实现 WTO 成员驱动和规则导向两种模式所要求的规则解释的合法性的协调统一。

一、上诉机构对《反倾销协定》审查标准的适用建议

美国国内的很多不满直指上诉机构司法造法行为影响了国内贸易救济法规的适用。有美国学者研究称：上诉机构对反倾销规则中的模糊之处进行的澄清，通常都以美国国内反倾销调查和规则与 WTO 协定不符为结果，特别是上诉机构对《反倾销协定》第 17.6 条[①]的解释尤其引发了美国的不满。有观点认为，第 17.6 条规定了一种特殊的审查标准，要求对成员当局给予实质性的尊重，以至于成员当局的决定几乎不应该被推翻。[②] 但实际上，这种观点是建立在对第 17.6 条的错误解释的基础上的，会对 WTO 多边贸易体制造成严重的损害，破坏成员之间的权利与义务关系的平衡。

---

① 《反倾销协定》第 17.6 条规定：“17.6　在审查第 5 款所指的事项时：(i)在评估该事项的事实时，专家组应确定主管机关对事实的确定是否适当，及他们对事实的评估是否无偏见和客观的。如事实的确定是适当的，且评估是无偏见和客观的，则即使专家组可能得出不同的结论，而该评估也不得被推翻；(ii)专家组应依照关于解释国际公法的习惯规则，解释本协定的有关规定。在专家组认为本协定的有关规定可以作出一种以上允许的解释时，如主管机关的措施符合其中一种允许的解释，则专家组应认定该措施符合本协定。”

② See James P. Durling, *Deference, but Only When Due: WTO Review of Anti-Dumping Measures*, 6(1) Journal of International Economic Law 141 (2003).

关于第17.6(i)条的解释和事实问题的审查,上诉机构指出:根据第17.6(i)条,专家组的任务只是审查主管机关对事实的"确定"和"评估"。为此,第17.6(i)条要求专家组"对事实进行评估"。这句话的措辞密切反映了DSU第11条规定专家组"对事实进行客观评估"的义务。因此,这两个条款的案文都要求专家小组"评估"事实,我们认为,这显然需要对有关事实进行积极的审查。[①] 可见,上诉机构将"评估"理解为要求积极审查事实,而不是被动接受成员主管机关可能发现的任何事实。这种解释是对"评估"的简单含义的非常恰当的理解。上诉机构进一步指出:《反倾销协定》第17.6(i)条还规定,专家组应确定,第一,调查当局"对事实的认定是否适当";第二,调查当局"对这些事实的评价是否无偏见和客观"。虽然第17.6(i)条的检验是以专家组的义务(专家组"应"作出这些决定)的形式提出的,但该条款同时实际上界定了主管机关在"确立"和"评估"有关事实的过程中,其行为何时可被视为与《反倾销协定》不符。[②] "无偏见"和"客观"两词都强调了专家组和上诉机构必须对事实进行积极审查,而不是被动接受或完全遵从的观点。重要的是,第17.6(i)条第2句是有明确条件的,即只有当事实是"适当的""无偏见的""客观的"时,遵循合理结论的义务才会发挥作用。因此,该案文明确规定,只有在这些重要的正当程序保障措施得到满足时,专家组才会对成员主管机关事实调查结果表示尊重。[③]

关于第17.6(ii)条的解释和对法律问题的审查,上诉机构注意到该条款中各句子之间结构严谨的相互关系:第17.6(ii)条第2句的前提是,适用VCLT第31条和第32条中的条约解释规则,至少会导致对《反倾销协定》某些条款的两种解释,根据该公约,这两种解释都是"允许的解释"。在这种情况下,成员主管机关采取的一项措施如果是依据的这些允许的解释之一,就能够被视为符合《反倾销协定》。[④] 因此,上诉机构强调了上升到"允许的"水平的解释

---

① See Appellate Body Report, United States – Anti – Dumping Measures on Certain Hot – Rolled Steel Products from Japan, WT/DS184/AB/R, adopted on 23 August 2001, para. 55.

② See Appellate Body Report, United States – Anti – Dumping Measures on Certain Hot – Rolled Steel Products from Japan, WT/DS184/AB/R, adopted on 23 August 2001, para. 56.

③ See James P. Durling, *Deference, but Only When Due: WTO Review of Anti – Dumping Measures*, 6(1) Journal of International Economic Law 142 (2003).

④ See Appellate Body Report, United States – Anti – Dumping Measures on Certain Hot – Rolled Steel Products from Japan, WT/DS184/AB/R, adopted on 23 August 2001, para. 59.

的重要性,“允许的”区别于“任何可能的”,即第17.6(ii)条没有要求专家组采纳任何《反倾销协定》条款可能的解释。有观点认为如果条约文本没有明确排除某种方法,那么成员的主管机关就有自由裁量权使用这种方法。这种观点是不成立的。VCLT规定的习惯法解释规则旨在鼓励对条约进行单一的可允许的解释。VCLT第31条规定,对条约的解释应以术语的“一般含义”为基础,但应“在其上下文中并根据其目的和宗旨”。这一解释性规则至关重要。孤立地看似乎含糊不清的条约语言,放在上下文中看往往清晰得多。因此,这种根据具体情况审视条约条款的义务是WTO争端解决的一个关键特征。[①] 因此,就事实和法律问题而言,第17.6条给予成员主管机关的调查的尊重程度远比人们最初想象的要少得多,该条款实际上为专家组审查成员主管机关的调查决定规定了一套相当细致的审查标准。

如果人们考察《反倾销协定》第17.6条的谈判历史,会发现美国对该条的制定意图并未得到其他成员的一致同意。美国想要通过该条将国内先例法确立的雪佛龙式的审查标准移植到GATT/WTO体制中。雪佛龙原则要求联邦法院尊重行政机构对模糊的法律条款的解释,只要这种解释是“合理的”或“允许的”,即使审查法院在初审时考虑这个问题会以不同的方式解释法规。[②] 据此,美国的谈判代表们建议,如果一成员方的做法或解释是“合理的”,WTO应该限制专家组作出不利于该成员方的裁决。美国的建议至少引起了两方面的反对:首先,它引起了许多成员方的反对,这些成员方认为这样的规则会过度限制专家组,同时给各成员方政府太多的回旋余地,使其以与WTO协议宗旨不一致的方式行事。此外,“合理”标准将允许不同成员方对WTO协定的具体规则采取不同的做法,从而降低一致性和互惠性,并可能允许不同成员对同一条约语言的不同的理解并据以采取不同的实践。其次,“合理”标准令某些利益集团感到担忧,他们希望确保WTO规则的有效性,特别是在知识产权领域的规则。这些利益方还认为,“合理”标准对专家组的约束过大,使其难以成功

① See James P. Durling, *Deference, but Only When Due: WTO Review of Anti – Dumping Measures*, 6(1) Journal of International Economic Law 143 (2003).

② See Steven P. Croley & John H. Jackson, *WTO Dispute Procedures, Standard of Review, and Deference to National Governments*, 90(2) The American Journal of International Law 204 (1996).

地对不符合 WTO 各项规则的令人反感的做法提出挑战。由于这些反对意见，美国与其他国家的谈判代表们在谈判最后几天的紧张时刻，达成了几项妥协。首先，第 17.6 条的案文被改写为使用“允许的”而不是“合理的”，但是在这一规定之前使用了 17.6(ii)第 1 句的语言作为限制条件。其次，谈判代表们使有关审查标准的限制性语言只适用于反倾销的规则文本，而未用于 WTO 其他领域的协定文本。并且 WTO 部长级会议决定在 3 年内考虑第 17.6 条是否“能够普遍适用”，并“认识到”在“反倾销和反补贴税措施”方面“需要一致解决争端”。[①] 虽然 1994 年的部长决定声明将在 3 年后对《反倾销协定》第 17.6 条进行审查，以考虑其普遍适用的可能性，但迄今为止尚未进行这种审查。这清楚地表明了《反倾销协定》第 17.6 条规定的审查标准的使用所涉及的困难。[②] 这种困难的根源就在于美国主张的雪佛龙式的对国家充分尊重的审查标准在 WTO 多边贸易体制中的水土不服。因为国内法院和国际机构的职责不同，雪佛龙案确立的审查标准是对美国国内的司法权和行政权分配的一种体现。摆在国际机构面前的问题一般是，一个国家政府的行动所依据的对国际协议的解释究竟是否与该国际协议一致，这与国家法院面临的权力分配的问题是不同的。在美国国内法体系中，“雪佛龙服从”将解释权从多个法院转移到一个机构，而在反倾销环境下，类似的“服从”将解释权从一个机构转移到 WTO 中的不同的争端当事方，每个当事方都有不同的文化和法律制度，[③]这就使 WTO 规则适用的完整性、一致性和可预测性受到了极大的挑战。在 WTO 中，裁决机构需要在成员的自由裁量权和通过统一适用 WTO 法律来确保贸易体系的“安全性和可预测性”之间寻求微妙的平衡。因此，在不同的 WTO 协议下，让专家组在考虑案件的事实和情况后，依据客观审查标准逐案确定必要的审查标准，是可取的。根据 DSU 第 11 条，专家组的客观审查的义务将在采取贸易救济措施的成员和其他成员的利益之间发挥平衡作用，为任何可能的贸易救

---

① See Steven P. Croley & John H. Jackson, *WTO Dispute Procedures, Standard of Review, and Deference to National Governments*, 90(2) The American Journal of International Law 199 (1996).

② See Sandeepa Bhat, *Article 17.6 of the Anti – Dumping Agreement: A Boon or a Bane in the Functioning of WTO Panels?*, 6(1) BiLD Law Journal 84 – 85 (2021).

③ See Steven P. Croley & John H. Jackson, *WTO Dispute Procedures, Standard of Review, and Deference to National Governments*, 90(2) The American Journal of International Law 210 (1996).

济措施的滥用提供足够的保障，减少 WTO 成员政府和公民群体做出不当单边行动的危险。随着时间的推移，这一提议将为争端解决程序带来必要的可预测性，这对于保持各成员方对 WTO 争端解决机制的信心至关重要。[①] 几乎所有类型的案件都需要这种方法，而不仅仅是反倾销或其他特定类别的案件。

各成员之间的成功合作在很大程度上取决于 WTO 裁决机构对于规则的一致性、可预测性以及公正地适用，WTO 裁决机构在加强 WTO 旨在维护的一系列复杂规则的实施、有效性和可信度方面发挥着至关重要的作用。《反倾销协定》第 17.6 条是美国在乌拉圭回合贸易谈判中为自身利益留下的安全后门，用于维护国内的贸易保护主义集团的利益。但是随着世界政治经济格局的巨大变化，国际社会特别是广大发展中国家对强调公平、公正理念的国际贸易新秩序的强烈诉求，美国这种基于自身利益的霸权主义规范已不再被其他国家接受。毫无疑问，《反倾销协定》第 17.6 条阻碍了在不同 WTO 涵盖协定下的公平司法，同时会导致各成员基于自身的自由裁量权破坏 WTO 规则的有效性，或引发其他成员纷纷效仿破坏国际贸易合作的单边行动。对此，无论是基于国际合作的基本原则，还是 WTO 裁决机构为实现其机构目的——维护 WTO 多边贸易体制的有效性——而言，WTO 裁决机构都需要对成员滥用自由裁量权导致的对于多边贸易合作的破坏行为给予较少的尊重，这恰恰是其审查具备 WTO 合法性的表现。

二、上诉机构解释“公共机构”的建议

《SCM 协定》第 1 条第 1 款[②]中规定的“公共机构”的解释问题，和《反倾销协定》中的倾销计算中的归零法的使用问题一样，也是中美贸易争端中的焦点

---

① See Sandeepa Bhat, *Article 17.6 of the Anti – Dumping Agreement: A Boon or a Bane in the Functioning of WTO Panels?*, 6(1) BiLD Law Journal 85 (2021).

② “1.1　就本协定而言，如出现下列情况应视为存在补贴：(a)(1)在一成员领土内，存在由政府或任何公共机构(本协定中称“政府”)提供的财政资助，即如果：(i)涉及资金的直接转移(如赠款、贷款和投股)、潜在的资金或债务的直接转移(如贷款担保)的政府做法；(ii)放弃或未征收在其他情况下应征收的政府税收(如税收抵免之类的财政鼓励)；(iii)政府提供除一般基础设施外的货物或服务，或购买货物；(iv)政府向一筹资机构付款，或委托或指示一私营机构履行以上(i)至(m)列举的一种或多种通常应属于政府的职能，且此种做法与政府通常采用的做法并无实质差别；或(a)(2)存在 GATT1994 第 16 条意义上的任何形式的收入或价格支持；及(b)因此而授予一项利益。”

问题之一,对此,美国、日本和欧盟自 2017 年以来发布的七次《美日欧三方贸易部长会议联合声明》中有三次提及"公共机构"的解释问题。美国主张公共机构的解释采取政府控制标准,主要判断依据是政府所有权,例如政府对国有企业的多数股权,据此反对公共机构解释采取政府权力标准(或称为政府职能标准)。政府权力标准是将公共机构解释为拥有或行使政府权力的实体,美国认为该标准损害了 WTO 补贴规则的有效性。① 中国则主张政府权力标准。公共机构是《SCM 协定》中规定的补贴的一类主体(另外还有政府和受到政府或公共机构委托或指示的私人机构),采取什么解释标准关系到中国的国有企业是否会被认定为补贴的适格主体,如果采取政府控制标准,则国有企业具有很大的可能性被 WTO 裁决机构认定为公共机构,成为补贴的适格主体;而如果采取政府权力标准,国有企业则有很大可能不被认定为公共机构,此时如果有成员主张国有企业提供了补贴,需要将国有企业假定为私人机构,进而证明其受到了政府或公共机构的委托或指示,否则国有企业就不是补贴的适格主体。在 WTO 的裁决案件中,专家组最初在韩国—商船案、欧共体—民用大飞机案以及美国—双反措施案中采取政府控制标准,将公共机构界定为"政府控制的实体",主要从政府对该实体的所有权以及政府对实体的人事任免、经营管理方面的干预控制方面加以判断。② 但这种解释在美国—双反措施案中被上诉机构推翻,上诉机构采取了政府权力标准解释公共机构,认为被赋予并行使政府权力以履行政府职能是第 1 条第 1 款 (a) 项(1)意义下公共机构的核心特征。③ 对于上诉机构的解释,美国提出了异议,其认为上诉机构的解释与协定

---

① See Office of the United States Trade Representative, Report on the Appellate Body of the World Trade Organization, February 2020, available at https://ustr.gov/sites/default/files/Report_on_the_Appellate_Body_of_the_World_Trade_Organization.pdf, p. 82.

② See Panel Report, Korea – Measures Affecting Trade in Commercial Vessels, WT/DS273/R, adopted on 11 April 2005, p. 28; Panel Report, European Communities and Certain Member States – Measures Affecting Trade in Large Civil Aircraft, WT/DS316/R, adopted on 1 June 2011, p. 742 – 743; Panel Report, United States – Definitive Anti – dumping and Countervailing Duties on Certain Products from China, WT/DS379/R, adopted on 25 March 2011, p. 50.

③ See Appellate Body Report, United States – Definitive Anti – Dumping and Countervailing Duties on Certain Products from China, WT/DS379/AB/R, adopted on 11 March 2011, p. 120.

文本用语“公共机构”的通常含义不一致；[①]作为一个上下文问题，“政府”和“任何公共机构”这两个不同的词语以这种方式一起使用，表明这些词语具有相互独立和不同的含义，“公共机构”一词不能采用使“政府”一词变得多余的方式来解释；[②]如果一个实体没有规制或监督权力，但是被政府所控制——使该实体的任何经济资源转移成为政府自身资源的转移——那么断定这种公共资源的转移不是《SCM 协定》第 1.1 条(a)款(1)项中规定的财政资助是说不通的，如果一个实体拥有“规制”个人或“限制他们的行为”的权力，但是没有提供政府资源的财政资助的权力，它的规制权与《SCM 协定》无关。[③] 因此，美国认为上诉机构的解释没有体现在《SCM 协定》及其第 1.1 条(a)款(1)项的结构中，认定上诉机构在公共机构的解释问题上属于司法造法，这成了美国攻讦上诉机构的主要理由之一。

对于美国主张的公共机构的政府控制标准，中国政府[④]和学者[⑤]都提出了批评，笔者在此不再赘述。然而，上诉机构采取的政府权力标准并未完全否定国有企业构成补贴提供者的可能性。根据上诉机构的意见，可将政府权力分为法律上的授权和事实上的授权。法律上的授权是指国内法律或其他法律文件明确授予相关实体政府权力；事实上的授权是指该实体在事实上行使政府

① See Office of the United States Trade Representative, Report on the Appellate Body of the World Trade Organization, February 2020, available at https://ustr.gov/sites/default/files/Report_on_the_Appellate_Body_of_the_World_Trade_Organization.pdf, p. 82 – 83.

② See Office of the United States Trade Representative, Report on the Appellate Body of the World Trade Organization, February 2020, available at https://ustr.gov/sites/default/files/Report_on_the_Appellate_Body_of_the_World_Trade_Organization.pdf, p. 87.

③ See Office of the United States Trade Representative, Report on the Appellate Body of the World Trade Organization, February 2020, available at https://ustr.gov/sites/default/files/Report_on_the_Appellate_Body_of_the_World_Trade_Organization.pdf, p. 89.

④ See WTO, General Council – China's proposal on WTO reform – Communication from China, WT/GC/W/773, 13 May 2019, paras. 2.35 – 2.37.

⑤ 参见廖诗评：《“中美双反措施案”中的“公共机构”认定问题研究》，载《法商研究》2011 年第 6 期；龚柏华：《国有企业是否当然为〈补贴与反补贴协定〉第 1.1 条意义上“公共机构”辨析——兼评美国对来自中国某些产品最终反倾销和反补贴税措施 WTO 争端案》，载《国际商务研究》2010 年第 6 期；蒋奋：《反补贴语境下的国有企业定性问题研究》，载《上海对外经贸大学学报》2017 年第 1 期；陈卫东：《中美围绕国有企业的补贴提供者身份之争：以 WTO 相关案例为重点》，载《当代法学》2017 年第 3 期；张军旗：《WTO 改革背景下〈补贴与反补贴措施协议〉中“公共机构”法 律解释的反思》，载《当代法学》2021 年第 3 期。

功能可以作为其拥有或被授予政府权力证据，尤其是当上述证据表明是持续且系统性的惯常做法。上诉机构指出，一政府对一实体及其行为行使“有意义的控制”的证据，在特定情况下，可以作为该实体拥有政府权力且在从事政府职能时行使上述权力的证据。[①] 其后，上诉机构在具体分析争议的国有企业和国有商业银行时，多次运用了“有意义的控制”这一概念。上诉机构在否定了“政府控制说”之后，又留下了“有意义的控制”这一尾巴。尽管“有意义的控制”并不等于“政府控制”，但也意味着上诉机构并未完全废弃“政府控制”，而是试图保留“政府控制说”的某些要素并将其包含在政府权力要素的分析中。然而，什么是“有意义的控制”，上诉机构也并未提出具体的认定标准。而在后来，“有意义的控制能否直接认定公共机构”的问题也产生了进一步的争议。由于对“政府权力”的内涵和范围尚未有明确的界定，“双反措施案”上诉机构打开了从“有意义的控制”来考察是否赋予政府权力这一缺口，而美国在反补贴实践中利用这一缺口，力图迂回折返到“政府控制说”的老路上。[②] 并且，还有学者认为，政府权力标准在规则解释上具有严重的逻辑缺陷，表现为上诉机构援引的辞典中规定的“公共机构”的定义与上诉机构最终得出的结论脱节，上下文解释存在逻辑错误，对实体本身性质的判断与其行为性质的判断混为一谈。[③] 因此，虽然政府权力标准更加符合中国政府的一贯立场，并且一直得到上诉机构的支持，但该标准在法理上是不可靠的，上诉机构的解释在以后可能会被修正。同时，从争端解决实践看，即便专家组和上诉机构适用了“政府权力标准”，中国国有企业仍被认定为公共机构。[④] 例如在美国—双反措施案中，上诉机构将中国的国有商业银行认定为公共机构，[⑤]在之后的美国—

---

① See Appellate Body Report, United States – Definitive Anti – Dumping and Countervailing Duties on Certain Products from China , WT/DS379/AB/R, adopted on 11 March 2011, para. 318.

② 参见陈卫东:《中美围绕国有企业的补贴提供者身份之争:以 WTO 相关案例为重点》，载《当代法学》2017 年第 3 期。

③ 参见张军旗:《WTO 改革背景下〈补贴与反补贴措施协议〉中“公共机构”法 律解释的反思》，载《当代法学》2021 年第 3 期。

④ 参见张军旗:《WTO 改革背景下〈补贴与反补贴措施协议〉中“公共机构”法 律解释的反思》，载《当代法学》2021 年第 3 期。

⑤ See Appellate Body Report, US – Definitive Anti – Dumping and Countervailing Duties on Certain Products from China, WT/DS379/AB/R, adopted on 25 March 2011, p. 130 – 137.

反补贴税案中，该案执行问题专家组支持了美国的主张，将中国国有商业银行之外的其他国有企业也认定为公共机构，这一结论得到了上诉机构的肯定。[①] 这些案件中的认定标准虽然在名义上仍然是政府权力标准，但在实际中已经非常接近政府控制标准，并且主要以政府所有权的标准来加以判断。所以，中国坚持政府权力标准解释公共机构的意义已经不大，应当对公共机构寻求一种更加能够体现 WTO 多边共识的并且更加符合自身利益的新的解释观点，在今后的争端中进行主张并争取获得 WTO 裁决机构的支持，并帮助上诉机构摆脱美国在这个问题上对其进行的司法造法的攻讦。

实际上，对于公共机构的解释，其关键在于这一概念基于在 WTO 全体成员中共享的含义是什么，WTO 成员有着不同的法律制度、政治制度和文化价值观，WTO 及其裁决机构作为基础广泛的多边性机构，必须要在这种差异性和多元性中找到各方对于一个概念的最核心的共同理解，也就是各成员在 WTO 背景中对于公共机构理解的最大公约数。然而，各成员对于公共机构的共同的理解并不能来源于《SCM 协定》的文本及其宗旨和目的。首先，就其文本解释而言，词典中的定义暗示了"公共机构"一词具有相当广泛的潜在含义，它包括各种实体，包括被授予或行使政府权力的实体和属于社区或国家的实体。同时"公共机构"在作为 WTO 官方语言的西班牙语和法语的字典定义中同样赋予了广泛的潜在含义。[②] 其次，在界定《SCM 协定》第 1.1 条(a)款(1)项中"公共机构"一词的范围时，考虑《SCM 协定》的宗旨和目的的作用有限。这是因为一个实体是否构成一个公共机构的问题并不等于这个实体所采取的措施是否属于《SCM 协定》的范围的问题，关于某一特定实体不构成公共机构的裁决并不排除该实体的行为不属于《SCM 协定》的范围。因此，对《SCM 协定》的目的和宗旨的考查不支持对于"公共机构"宽泛或狭义的解释。[③] 公共

---

① See Panel Report, United States – Countervailing Duty Measures on Certain Products from China (21.5 – China), WT/DS437/RW, adopted on 15 August 2019, p. 45 – 46; Appellate Body Report, United States – Countervailing Duty Measures on Certain Products from China (21.5 – China), WT/DS437/AB/RW, adopted on 15 August 2019, p. 41.

② See Appellate Body Report, US – Definitive Anti – Dumping and Countervailing Duties on Certain Products from China, WT/DS379/AB/R, adopted on 25 March 2011, p. 110 – 111.

③ See Appellate Body Report , US – Definitive Anti – Dumping and Countervailing Duties on Certain Products from China, WT/DS379/AB/R, adopted on 25 March 2011, p. 116 – 117.

机构的解释关键在于“公共”二字,要与私人相区分,二者最基本的区别就在于公共机构的目的是服务于公众,追求公共利益,而私人机构的目的是追求个人利益。亚里士多德认为公共利益服务于公众,公众不是少数人也不是多数人,而是共同体中的所有人。同时,公共机构也不同于政府,政府具有宪法和法律上明确授予的权力,而公共机构可能享有这种法律授权,也可能不具有这种授权,例如一些公益性质的民间组织。判断某个实体是否属于公共机构的标准在于该实体的目的,WTO 显然属于公共机构,其条约文本的诸多规定表明了该组织旨在提高人类生活水平、减少和消除贫困,促进发展,以及鼓励相互依存,从而防止冲突和战争的目的。WTO 基于其对全体成员的整体福祉的关注而成为公共机构,进而追求公共利益这一目标的行为或机构就是我们所认为的“公共的”。[①] 当然现代国家也是公共机构,国家的目的基于其宪法的规定也是促进国内的人民福利,但是国家基于其主权权利是最为重要的一类公共机构,《SCM 协定》将政府和公共机构并列,显然公共机构指的是除政府以外的其他公共机构。需要指出的是,公共机构是基于其目的判断其公共属性的,而并非基于其行为的效果来判断,例如如果我们接受贸易带来的好处可以是广泛的,自由贸易有助于增进所有人的福祉,而且对共同利益是必要的,那么企业从事贸易行为,银行贷款给企业从事贸易活动不都有助于共同利益吗?我们可以说企业和银行以及从事市场交易活动的个体都是公共机构吗?当然不可以。对此我们要问企业或银行作出交易行为的目的是寻求私人利益还是共同利益?在某些情况下,行为符合共同利益,但却使个人私下受益。所以公共性和私人性的区别在于目标:行为者是为了共同利益的目标而行动吗?或者其行为对于共同利益只是一个可能是无意的结果?[②] 因此,公共机构应当是在一个政治共同体中以服务于公共利益为目标的实体。一个实体的公共性质不是由它所执行的职能的任意分类决定的,也不是由它是否为政府所有决定的,

---

① See Gregory Messenger, *The Public – private Distinction at the World Trade Organization: Fundamental Challenges to Determining the Meaning of “Public Body”*, 15(1) International Journal of Constitutional Law 78 (2017).

② See Gregory Messenger, *The Public – private Distinction at the World Trade Organization: Fundamental Challenges to Determining the Meaning of “Public Body”*, 15(1) International Journal of Constitutional Law 80 (2017).

而是由它的目标以及这些目标在多大程度上为更广泛的共同体所共享决定的。[①] 当然这一概念中的一个难题是作为公共利益的目标的确定,不同国家的公共利益目标都不相同,至少存在较大差异,如果完全以 WTO 的目的来认定国家的目的,则是国际优于国内的一元论观点,具有侵犯国家主权的危险,如果 WTO 表现出对各国主权的充分尊重,由各国自主认定其公共利益,就会破坏 WTO 协定规则精心构筑的各成员间的权利义务的平衡性。对此,上诉机构可以采取它在此类问题中的一贯做法,即在个案中根据具体事实的不同对什么是公共利益进行具体认定,但是公共利益的认定应当在 WTO 多边共识和成员内的特殊政治和文化价值之间寻求平衡,同时公共利益的确定也可以通过 WTO 部长级会议的讨论达成共识。

基于上述分析,笔者认为,对于国有企业或国有商业银行是否构成公共机构,要作出以下分析:首先,WTO 及其成员共享的目标是什么?在最广泛的意义上,共享的公共利益的目标无论具体表现为何种形式,在本质上都是为了共同的善,即有助于每个人的对于美好生活的追求,例如保护自然环境和人体健康一般而言属于此种共享的目标。其次,国有企业或国有商业银行是否寻求实现这一目标?要回答这个问题,我们需要考察的并非国有企业或国有商业银行行使权力的性质,也不是谁持有控股权(有观点认为,控股权是在一个静态的时间点上任意决定的),而是它们的目标在多大程度上是为了促进对美好生活的追求。[②] 在此要注意区分国有企业和国有商业银行主动追求的目标和其行为的效果,也就是在共同利益中追求共同利益与追求私人利益的区别。因此我们还需要分析第三个问题:国有企业或国有商业银行是寻求私人利益还是共同利益?在某些情况下,行为符合共同利益,但却使个人私下受益。对此可以分析国有企业提供物资或国有商业银行贷款在多大程度上有利于私人利益而不是共同利益?那些想要从中受益的人在多大程度上感受到了利益

---

① See Gregory Messenger, *The Public – private Distinction at the World Trade Organization: Fundamental Challenges to Determining the Meaning of "Public Body"*, 15(1) International Journal of Constitutional Law 82 (2017).

② See Gregory Messenger, *The Public – private Distinction at the World Trade Organization: Fundamental Challenges to Determining the Meaning of "Public Body"*, 15(1) International Journal of Constitutional Law 79 (2017).

（如果有的话）？这些分析有助于我们确定目标，而不是结果——根据《SCM 协定》第 1.1(b) 条，确定是否实际给予了某种利益是另一项工作。①

公共机构的范围可以通过上述三个问题的分析加以限制，有助于明确《SCM 协定》对公共但非政府的机构的有限适用，既能使之与政府和受到指示和委托的私人机构有所区分，同时也防止通过简单的多数股权广泛扩大了公共机构的含义，以至于它所涵盖的机构数量远远超出预期。最重要的是，以追求公共利益目标为内核的公共机构判断标准能够更加清晰地凸显并准确界定《SCM 协定》的宗旨与目的：对政府（此处是广义的政府，涵盖了公共机构和受政府指示行事的私人机构）某些种类的补贴的禁止或限制的目的只是在于规范政府介入市场的目的，为了共同利益而采取的行动不应寻求使某些行为者胜过其他行为者，也不是为了限制政府职能的行使或者限制政府的所有权。

三、上诉机构目标选择的排序建议

笔者在本书第一章中已经提出，上诉机构的职责在根本上是增进 WTO 多边体制的有效性，为此，它期望在裁决中进行规则解释时达成三项目标，分别是：(1) 促进争端解决，主要表现为对成员管理自主权的尊重；(2) 增进 WTO 协定规则的安全性和可预测性，主要表现为阐明 WTO 法理，除非有特别充分的理由，否则需要同案同判，以及正确地解释 WTO 协定规则，维护各成员在 WTO 协定项下的权利和义务；(3) 保持政策选择的开放性与包容性，主要表现为在规则解释中通过援引外部国际法、价值权衡、目的解释等方式回应受到 WTO 规则影响的国家、群体和个人对非贸易价值的诉求。然而，上诉机构在个案裁决中无法同时达成三项目标，而只能选择实现三项中的两项。正如以赛亚·伯林所言："我们在日常经验中所遇到的世界是这样的：我们同样面临着在终极目标和同样绝对的要求之间的选择，其中一些目标的实现必然需要其他目标的牺牲…… 如果像我相信的那样，人的目标是多种多样的，而且并不是所有的目标在原则上都是相互兼容的，那么冲突和悲剧的可能性就永远不

① See Gregory Messenger, *The Public - private Distinction at the World Trade Organization: Fundamental Challenges to Determining the Meaning of "Public Body"*, 15(1) International Journal of Constitutional Law 80 (2017).

可能从人类生活中完全消除，无论是个人的生活还是社会的生活。在绝对诉求之间进行抉择的必要性是人类境况中一个不可避免的特点。”①因此，并非所有可取的价值都能够同时最大化，在积极的价值观中作出选择是人类不可回避的特点。② 那么，问题在于，当上诉机构面对司法造法的质疑时，它当如何进行目标选择以最大限度地避免这种质疑呢？对此，无论是从中国关于改革 WTO 的立场与建议来看，还是基于笔者在本书第二章中提出的观点，上诉机构作出目标选择应当是基于多边主义这一标准。正如本书第二章和本章中所揭示的多边主义在 WTO 中的内涵与表现，我们可以肯定地说，增进 WTO 协定规则的安全性和可预测性应当是上诉机构规则解释所要实现的首要的、必不可少的目标。正如上诉机构前主席、大法官赵宏教授所言：“（我们）认识到争端解决在向多边贸易体制提供稳定性和可预测性上居于中心位置的重要性。” ③

多边主义最核心的价值和原则是促进各国间的合作与协调，减少零和博弈式的单边行动和冲突对抗。多边主义是确保各国在相互依存的世界中实现互利共赢的唯一正确的道路，在各国一荣俱荣、一损俱损的今天，没有国家可以独善其身，国际贸易更是如此。那么，什么能够确保各国在国际贸易中的协调与合作呢？对此，杰克逊认为，以合作各方认可的规则为基础或为导向的制度是至关重要的，对于在过去半个世纪中保持的和平与经济增长，至少其中的一部分成就应当归功于布雷顿森林体系（包括 GATT/WTO）相关制度及其一系列完整的规则。但是，仅仅有规则还是不够的，合作的达成和持续还必须使各方相信规则的执行或解释是公平的。因此，问题的关键是通常作为争端解决程序核心的规则适用程序，其设计应当尽可能地促进该规则体系的确定性与可预测性。其结果是越来越多的个人、国内的立法机构开始参与到国际经济决策过程中来，社会公民、议会、政府与国际组织都将拥有自身的参与渠道，虽然这样达成一个规则将会费尽周折，但是规则一旦确定，商务人员和其他基

① Isaia Berlin, *Two Concepts of Iiberty*, *reprinted in Four Esays on Iiberty*, Oxford University Press, 1969, p. 167 – 168.

② 参见［美］杰弗里·邓诺夫、［美］马克·波拉克：《国际法庭的司法三难困局》，孙鑫伟等译，载刘志云主编：《国际关系与国际法学刊》（第 9 卷），厦门大学出版社 2021 年版，第 450 页。

③ 赵宏：《条约下的司法平等——离任演讲》，载《国际经济法学刊》2021 年第 2 期。

层决策者就能够依赖与该规则相关的、合理稳定并且可预测的政府行为。①

在确保上诉机构规则解释达成增进 WTO 协定规则的安全性和可预测性的目标之外,其他两项目标该如何作出选择呢? 这种选择取决于上诉机构和 WTO 全体成员的立场。笔者想要指出的是,纯粹地避免上诉机构司法造法不应该成为一种立场上的选择,因为这本身没有意义。一方面,上诉机构澄清 WTO 协定规则中的模糊,对规则作出合理、公正的解释是上诉机构的核心职能,这一点是全体成员的共识,不仅体现在 DSU 第 3.2 条的规定中,也体现在自 1995 年 WTO 成立以来的争端解决实践和上诉机构获得的"皇冠上的明珠"的美誉。另一方面,从尊重成员主权(或者说是管理自主权)角度而言,WTO 体制本身就是对成员主权的限制,或者说是将管理对外贸易的权力在 WTO 和国家之间进行分配,因此问题的关键不在于上诉机构规则解释是否限制了国家主权,而在于这种限制的程度是否是合理的、能否增进各国的福利、能否促进 WTO 多边贸易体制的有效性,以及这种限制在不同国家间是不是公正的。因此,笔者从考察上诉机构司法造法这一问题的起点出发,基于"澄清模糊、填补漏洞"这一普遍而简单的司法造法定义来观察上诉机构的规则解释实践,在终点时并没有回归这一简单的定义,而是发现这一定义之下掩盖着的问题的本质,即 WTO 成员在争端解决机制运行的过程中都或多或少、或早或晚地指责过上诉机构的司法造法问题,不仅包括美国,也包括广大的发展中成员,但并非所有的司法造法都为某个成员或某些成员所反对,成员们只是反对上诉机构的某些造法活动,并且成员彼此之间对上诉机构的哪些解释属于司法造法也持有不同的观点,这些现象都源于成员的不同的利益,这是一个简单且明显的事实。所以,问题的本质就是成员之间就上诉机构进行司法造法的合理的程度需要达成共识,什么是允许的司法造法,哪些司法造法是不允许的,需要有一个标准。笔者在第二章中已经提出这一标准就是多边主义,上诉机构的规则解释需要以多边主义为基本准则,以促进 WTO 多边贸易体制的有效性为机构目的,这在全体成员之间是一种基本共识。以此为依据,上诉机构在规则解释中除了要确保增进 WTO 协定规则的安全性和可预测性的目标的实现

---

① 参见[美]约翰·H. 杰克逊:《国家主权与 WTO:变化中的国际法基础》,赵龙跃、左海聪、盛建明译,社会科学文献出版社 2009 年版,第 104 - 105、107 - 108 页。

之外，在其他两个目标的选择中需要根据个案的具体情况的不同而作出不同的选择，当然尊重成员方管理自主权、快速解决争端在“合理的”条件下应当被作为优先的选择，在给予 WTO 成员自由裁量权和维护 WTO 法律的统一性之间找到“正确的”平衡。因此重点是要在“合理的”条件下，这种合理性在多边主义原则下的要求主要应当是在平等基础上增进共同的福利，缓和威斯特伐利亚体系中国家基于单方面的自利行事的失败和危险，规诫某个或某些国家对另一些国家造成的威胁或损害。

首先，WTO 应该是“包容的”，尊重“不同的发展模式”——真正的多边主义，要恪守相互尊重和平等原则，要坚持多样包容原则，如果只允许一种价值、一种制度模式，否认发展模式的多样性，那么就是虚假的多边主义和真实的专断独裁，与国际法最基本的民主合法性要求所不相容。因此，在 WTO 中，无论是专家组还是上诉机构，在涉及各成员方的经济制度和其内部价值时都应当秉持开放、包容的态度，对不同的国家以及从事国际贸易中的各类主体，无论是组织还是个人，无论是何种所有制和形式的企业都应当平等对待，多边主义首先是在价值理念中的价值多元主义，否则任何形式的多边合作都无法达成。例如上诉机构在解释《SCM 协定》第 1 条第 1 款中的“公共机构”概念时没有采纳美国主张的所有权标准，就是对多边主义中所要求的平等、包容的体现，对于不同的市场主体，不能因其所有制就先入为主地对国有企业、国有商业银行适用相比于私有企业而言较为不利的规则，不应不加区分地将所有国有企业列为“公共机构”、为国有企业规定额外的透明度要求和纪律。任何成员都不应因其政治或经济制度而受到歧视性待遇。所以，上诉机构的规则解释应当遵循对不同成员和市场主体的平等与包容原则。

其次，真正的多边主义要求各国的行为有助于促进合作而非破坏合作，国际合作原则是《联合国宪章》中规定的国际法的基本原则，联合国宪章最好被理解为不是仅仅通过合同或签字约束的协定，而是一种所有国家都具有将其作为法律的道德义务的一种秩序。这种义务不是通过国家同意创设的，而是通过显著性的道德力量作为一种通往令人满意的国际秩序的路径。[①] 为此要

① See Ronald Dworkin, *A New Philosophy for International Law*, 41(1) Philosophy & Public Affairs 20 (2013).

防止个别成员以公平贸易为名行贸易保护主义之实的行为,国内贸易保护的单边行动具有传播效应,能够引发其他国家的报复行为,从而严重破坏 WTO 多边贸易体制的有效性。尽管存在这些(和其他)“司法克制”的理由,但专家组必须同时理解 GATT/WTO 裁决体系在加强 WTO 旨在维护的一系列复杂规则的实施、有效性和可信度方面所起的核心作用。成员当局之间的成功合作在很大程度上取决于被赋予帮助实施 WTO 争端解决程序的责任的机构。因此,当某一特定成员当局的活动或决定将破坏 WTO 规则的有效性,或将建立一种可能引发其他成员破坏性活动的做法时,专家组无疑将对其给予较少的尊重。① 例如,上诉机构对美国在反倾销调查中适用归零法的审查,其审查标准没有按照美国所主张的依据《反倾销协定》第 17.6 条规定适用完全遵从成员管理自主权的标准,而是基于 17.6 条的规定进行了客观、公正的审查,认定美国归零法不符合 WTO 的规定。美国归零法是利用了 WTO 协定规则的模糊性,单方面将国内的规则强加于其他成员,采取了更加易于认定倾销存在的方法,引发了大多数成员的不满,助长了贸易保护主义。如果允许归零法大行其道,结果就是其他国家也会纷纷效仿,对彼此间的进口产品发起反倾销调查并征收不合理的反倾销税,重新筑起贸易壁垒,与 WTO 促进自由贸易、保障贸易公平的目的相违背,破坏 WTO 多边贸易体制的有效性,最终损害了所有成员的利益。因此,上诉机构在规则解释中对于成员管理自主权的尊重应当建立在不破坏 WTO 体制有效性、不违背 WTO 的目标与价值的基础之上,不能因为尊重某一个成员的主权利益,而损害大多数成员的主权利益。

最后,真正的多边主义要求各国的行为在增进本国人民福祉的同时也有助于其他国家人民福祉的增加。每一个国家都有负有减轻主权国家体系(威斯特伐利亚体系)的失败和危险的义务,这种减轻的责任提供了国际法的最为一般的结构性原则和解释的背景。② 如果 WTO 裁决机构对 WTO 规则的解释完全遵从成员管理自主权,会逐渐导致一些国家主权权力的不受限制和不合

---

① See Steven P. Croley & John H. Jackson, *WTO Dispute Procedures, Standard of Review, and Deference to National Governments*, 90(2) The American Journal of International Law 213 (1996).

② See Adam S. Chilton, *A Reply to Dworkin's New Theory of International Law*, 80 The University of Chicago Law Review Dialogue 109 (2013).

法的扩张，不受限制的主权将阻碍一些国家与其他国家进行合作以克服囚徒困境、促进全球性问题的解决，不仅损害了其他国家公民的利益，最终也会有损于本国公民的利益，这些国家本身就会丧失权力的合法性。① 世界首先是由国家组成的，而国家又是由个人组成的，因此最终世界是由个人组成的，同时世界又是由相互依存的个人组成的，任何人、任何国家都无法在损害或漠视他人合法利益的同时而独善其身，无论是经济问题、环境问题还是人权问题都会像新冠病毒一样经由全球化效应传导至世界各地，损人利己只是一种假想的虚妄，损人者终损己。因此，“各国相互联系、相互依存，全球命运与共、休戚相关”，只有做到“人人为我，我为人人”，才能增进每一个国家的个人的福祉。所以，WTO 裁决机构需要在尊重单个成员合法利益和维护全体成员共同利益之间寻求平衡，特别是在解释 WTO 协定中的例外规则（主要是贸易救济规则、一般例外规则、安全例外规则）时，这种平衡的要求尤为重要。

具体而言，第一，以善意原则为依据判断成员内部利益的合法性，并维护成员的合理期待。VCLT 第 31 条关于条约解释的一般规则要求条约应“按照条约条款在其上下文中所赋予的一般意义，并根据其目标和宗旨，善意地进行解释”。VCLT 为条约解释提供了规则。即使是美国等未签署该条约的国家，也承认 VCLT 作为习惯国际法的约束力。与任何其他国际司法性机制一样，WTO 的裁决机构在解释 WTO 协定规则时必须遵守这些规则。专家组和上诉机构应当依据这些规则来确保成员不扩大或减少《WTO 协定》的权利和义务。根据 VCLT 的规定，条约的每一方都有义务善意地履行和执行条约，这是对其他各方的义务。诚信原则作为解释条约的基本原则，是一种适用于条约当事人之间的横向原则，保证了条约当事人权利之间的平衡。

关于善意原则的适用，笔者以 GATT1994 第 21 条的解释为例进行分析。第 21 条的措辞充满了灵活性，其起草历史表明，WTO 成员试图通过该条款维护国家安全的重大利益，同时又要对该条的适用施加限制，以防止伪装成国家安全措施的商业关税。“有一个很大的危险，那就是有一个过于宽泛的例外……允许太阳底下的任何事情。”该条的起草者保留了看似自我判断的语言

---

① See Adam S. Chilton, *A Reply to Dworkin's New Theory of International Law*, 80 The University of Chicago Law Review Dialogue 109 (2013).

("其认为"),同时将该条的适用明确限制在战争或国际紧急情况,却没有列举这些术语的具体定义,起草者试图在这种立法方式下实现国家安全与自由贸易的平衡。起草者认为,成员的善意遵守将防止该条在未来的滥用,即企图用所谓的国家安全紧急情况掩盖贸易保护主义措施。[①] 因此,起草者认为作为国际法基本原则的善意履行国际义务的原则为成员适用第 21 条施加了如下限制:首先,各成员在行使其自由裁量权以遵守条约条款时必须善意行事。第 21 条的起草者认识到善意的重要性,并呼吁成员通过对第 21 条的善意解释来尊重 WTO 协定的完整性。其次,由于国际司法性机构有权审查一项国家政策是否符合该国承担的国际义务的目标和宗旨,因此 WTO 的裁决机构也拥有审查国家基于第 21 条采取的国内措施是否符合该国在 WTO 中的义务的职权,以确定其是否违反了 WTO 协定的目标和宗旨。[②] 最后,俄罗斯—过境案的专家组认为,WTO 成员应决定其认为受善意原则约束的基本安全利益是什么。因此,成员必须"充分阐明基本安全利益……以证明其真实性"。[③] 专家组提醒了善意义务,根据该义务,WTO 成员有义务出于真诚的意图而不是意图规避其 WTO 义务对第 21 条加以适用。[④]

然而,美国试图根据文本解释来区分第 20 条和第 21 条,美国提出,第 21 条规定的关键的"其认为"措辞使各成员在决定什么构成自己的国家安全例外方面拥有更大的自主权。与第 20 条要求成员考虑多边贸易体制稳定性的序言不同,第 21 条省略了序言,免除了成员考虑其保护主义措施对多边贸易体制影响的责任。[⑤]

事实上,在 GATT/WTO 的历史上,无论是第 21 条的文本,还是它的先例,

---

① See Stuart Davis, *Inherent Limits to the World Trade Organization's Article XXI Self – Judging Security Exception*, 34 Md. J. Int'l L. 369 – 370 (2020).

② See Stuart Davis, *Inherent Limits to the World Trade Organization's Article XXI Self – Judging Security Exception*, 34 Md. J. Int'l L. 377 (2020).

③ See Panel Report, Russia – Measures Concerning Traffic in Transit, WT/DS512/R, adopted on 27 February 2022, para. 7.131.

④ See Panel Report, Russia – Measures Concerning Traffic in Transit, WT/DS512/R, adopted on 27 February 2022, paras. 7.132, 7.138.

⑤ See Eyal Benvenisti, *Margin of Appreciation, Consensus, and Universal Standards*, 31 N. Y. U. J. INT'L L. & POL. 843, 843 (1999).

都不允许将第21条与多边贸易协定的目标和宗旨分开解释。美国可以为了国家安全利益而宣布和颁布措施，但这并不意味着美国可以完全回避WTO削减并消除成员间贸易壁垒的根本宗旨。上诉机构在美国—虾案中的分析反映了政治和环境问题与WTO贸易体系的完整性之间的微妙平衡。因此，美国仅通过第21条的文本作字面上的解释是不足以证明其行为的合法性的。[①] 美国在不考虑其他WTO成员的情况下，错误地适用第21条实施单边行动，这对多边贸易体制构成了严重的威胁，这种威胁具有极大的破坏力，因为美国创造了一种贸易保护主义措施，该措施可以很容易地被其他成员模仿。

第二，通过对成员制定、实施国内规制的程序加以规范，可以为成员保护国内非贸易价值的管理自主权与遵守WTO协定下维护多边贸易合作、增进贸易自由化的义务设定了一条平衡线，[②]这种平衡线的设定为成员制定国内贸易政策的限度与方式提供了是否符合WTO合法性的可预测性的指引。

例如在美国—赌博案中，上诉机构认为成员不能单边地定义公共道德，从而使得某些措施即便在成员的文化中对保护公共道德非常重要，但也无法引发国际共鸣。[③]

又如，在美国—虾案中，上诉机构认为，虽然美国对进口虾实施限制的第609节法案符合第20条(g)项，但第609节法案要最终适用GATT第20条例外，还必须符合第20条序言的规定。实际上，GATT第20条序言是对善意原则的一种表述。这一原则作为国内法和国际法上的普遍原则，规范着国家权利的行使，即要求国家应当合理地行使权利，而反对滥用权利。上诉机构进而考察了美国的措施是否构成情况相同的国家间的不合理的歧视。对此，上诉机构认为，美国第609节法案在其实施中要求所有其他出口成员都采用与美国国内所要求的适用于拖网捕虾渔船的措施完全相同的措施。因此，美国实施的是一种僵硬刻板不具灵活性的措施。在国际贸易关系中，WTO成员不应

---

① See Stuart Davis, *Inherent Limits to the World Trade Organization's Article XXI Self-Judging Security Exception*, 34 Md. J. Int'l L. 386 (2020).

② Sungjoon Cho, *An International Organization's Identity Crisis*, 34 Nw. J. Int'l L. &Bus. 390 (2014).

③ See Jeremy C. Marwell, *Trade and Morality: The WTO Public Morals Exceptions after Gambling*, 81 NYUL Rev. 817-819(2006).

当为达到一个特定的政策目标而要求其他成员采用与其管制措施完全相同的措施,而不考虑其他成员域内的不同条件和具体情况。①

同时,由于美国在实施针对其他出口成员的禁令前没有与本案的被上诉方以及其他向美国出口海虾的成员以缔结保护海龟的双边或多边协定为目的进行磋商。上诉机构援引了《里约环境与发展宣言》的"12 条原则"、"21 世纪议程"的 2.22(i)段、CBD 第 5 条中的要求,即解决进口国管辖权以外的环境问题时,单边行动应当被禁止,解决跨境或全球性的环境问题的环境措施应当尽可能地建立在国际共识的基础上。② 因此,上诉机构认为,美国的进口禁令构成了第 20 条前言所说的"武断和不合理"的歧视。

在上述案件中,WTO 裁决机构的解释表明,成员可以为保护其他非贸易价值而违反 WTO 协定中有关促进自由贸易的义务,只要成员的措施遵守了 WTO 所要求的基本的程序性规定,例如多边合作原则、善意原则和正当程序原则等。这些程序性原则属于国际法的一般原则,当然构成 WTO 法的渊源,裁决机构在解释中适用这些程序性原则具有合法性。

四、结论

综上所述,中国主张 WTO 的改革和 WTO 上诉机构的恢复和运行都要践行"真正的多边主义",要求各成员和 WTO 的机构在制定规则和适用规则时要站在人类命运共同体的责任高度看待国家主权和 WTO 多边贸易体制之间的关系。每个国家的权力的合法性在根本上来源于该国是否承担了缓和主权国家体系失灵的风险的义务,这是解释国家所承担的国际法义务的普遍背景和依据,因此,每个国家都负有基于本国民众和他国民众的福祉的考量而参与国际合作的义务,不存在绝对不受限制的国家主权。进而 WTO 裁决机构对成员的管理自主权的尊重只能建立在确保 WTO 多边贸易体制的有效性的基础之上。WTO 多边贸易体制是国际贸易秩序的基石,是全球化时代的国际社会的

---

① See Appellate Body Report, United States – Import Prohibition of Certain Shrimp and Shrimp Products, adopted on 6 November 1998, paras. 158,161 – 164.

② See Appellate Body Report, United States – Import Prohibition of Certain Shrimp and Shrimp Products, adopted on 6 November 1998, paras. 166,168.

公共物品，对各成员方的和平发展、减少贫困、避免冲突发挥着举足轻重的作用。WTO之所以能够发挥这种作用是因为其制度和实践总体上体现了作为全球共识的多边主义理念：主权平等、开放包容、民主协商、践行法治、反对单边行动和贸易保护。这种真正的多边主义理念应当成为上诉机构规则解释是否具备合法性的标准，并应当作为中国在WTO中主张上诉机构改革的重要内容。当今世界，全球供应链的压力加大，贸易保护主义日渐猖獗，全球贸易环境受到严重冲击，世界比过去任何时候都更需要一个强大而有效的WTO。中国将根据自身能力，为振兴多边贸易体制、建立公平、公正、高效、包容的全球贸易体制作出贡献。

后　　记

著名法哲学家罗纳德·德沃金教授认为，法律的概念不是标准性概念，而是解释性概念，法律概念的解释既要符合当下的社会实践，也要体现时代的道德共识，由此才能得出唯一正解。WTO 成员对于规则解释的争论表面上源于规则的模糊性，实则关乎对利益、公平与国家主权的不同理解。当今世界是价值多元的世界，新自由主义已经不再能够成为 WTO 规则解释的语境背景，关于全球贸易的旧的共识逐渐瓦解，新的共识正在形成的过程中，那么是否有一种道德原则作为保障各成员共同利益的最大公约数，为 WTO 规则解释提供最底线的合法性要求？当以美国为代表的个别国家不断破坏国际合作，欲使国际关系退回到弱肉强食的丛林时代时，人们越发意识到多边主义这一不可突破的人类道德原则的重要性。作为国际法基本原则的主权平等原则、不干涉内政原则、国际合作原则、善意原则为文明各国所承认，是国际法的合法性的根本来源，也构成了中国提出的"真正的多边主义"理念的内涵。上诉机构的实践在大多数情况下体现了这一原则，该原则应当成为上诉机构规则解释的最低限度的合法性要求。上诉机构作为司法性机构，其规则解释应当成为一种教义，起到教化人心和增进共识的作用，上诉机构的合法性与权威性不会因为权力的打压而瓦解，却会毁于对基本道德原则的亵渎。多边主义原则是 WTO 和上诉机构的合法性的根本来源，我们应当不断地在国际实践中发现各国共享的真正的多边主义原则的内涵与要求，重塑上诉机构，同时，上诉机构只有在真正的多边主义的基础上运行，才能重获新生。

在本书即将付梓之时，我首先要感谢南开大学原政法学院院长车铭洲先生。先生已于 2021 年 4 月 1 日逝世，享年 85 岁，先生不仅是著名的哲学家、政治学家，更是著名的教育学家，桃李满天下。在我人生最困顿晦暗的时刻、在我即将放弃信念放弃希望的时刻，是先生给予了我无私的帮助，我将永远铭记先生的教诲、永远怀念先生！

感谢我的博士生导师左海聪教授。在我毕业工作的几年里，老师时常关心我的工作，鼓励我持之以恒地努力，当我取得哪怕一点微不足道的成绩时，老师也会欣喜非常。老师为人正直、宽厚，我从老师身上学到了很多做学问和为人师者的优秀品质。

感谢我的先生车剑锋博士，在我写作的最后冲刺阶段，他主动肩负起奶爸的职责，只要下班在家就一力承担起照顾女儿的重任，让我心无旁骛地工作。他面对繁重的工作和家庭琐事，总是风轻云淡、四两拨千斤，他强大的内心是我们这个家庭的稳定剂。感谢我的女儿车彧磐，她不到两岁半就被父母送去了幼儿园，她独立、聪慧、开朗，使父母可以同时兼顾工作与家庭。我还要感谢我的母亲赵秀芝女士，她不仅把小外孙女带大，还在我父亲重病期间体谅我们年轻人的不容易，一力承担联系医院、照顾病人的全部压力，让我对她的强大和乐观有了新的认知。现在本书即将付梓，正值春暖花开、万物萌动，父亲也在这个四月重获新生，身体日益康健，让人倍感欣慰。

感谢我的研究生池芊浔、张文杰和谢平萍，她们参与了本书的校对工作，帮我调整了格式和文字错误，在此过程中展现了她们一贯的认真、负责、细致的优秀品质。

最后要特别感谢我的单位天津财经大学法学院和院长张勤教授对本书出版的大力支持，本书得到了来自法学院的出版资助。近年来，天财法学院日益壮大、蒸蒸日上，我作为其中一员感到由衷的骄傲，也希望尽己所能为学院的发展贡献力量。学术之路艰辛，我只愿自己坚守本心、笔耕不辍，相信乘风破浪会有时，只须一笑不须愁。

范笑迎

2023 年 4 月 19 日于天津滨海新区远洋城